JN290368

Key Concepts in Critical Social Theory

社会学キーコンセプト

「批判的社会理論」の基礎概念57

ニック・クロスリー[著]

西原和久[監訳] 杉本学/郭基煥/阿部純一郎[訳者代表]

新泉社

Key Concepts in Critical Social Theory
by Nick Crossley
Copyright © 2005 by Nick Crossley
Japanese translation rights arranged with Sage Publications Ltd.
through Japan UNI Agency, Inc., Tokyo

社会学キーコンセプト

目　次

目次 Contents

序　文　ニック・クロスリー ……… 6

01　疎外 ……… 12
02　アノミー ……… 19
03　主観身体 ……… 24
04　身体 - 権力／生 - 権力 ……… 42
05　資本：ブルデューにおける資本概念 ……… 50
06　シティズンシップ ……… 58
07　生活世界の植民地化 ……… 63
08　危機 ……… 66
09　争議サイクル ……… 81
10　脱構築 ……… 86
11　ディスコース（言説／談話／討議） ……… 93
12　討議倫理学 ……… 99
13　ドクサ ……… 104
14　認識論的断絶 ……… 110
15　界 ……… 123
16　自由 ……… 132
17　グローバル化 ……… 149
18　ハビトゥス ……… 157
19　ヘゲモニー ……… 170
20　ヘクシス／身体技法 ……… 176
21　ヒューマニズムと反ヒューマニズム ……… 183
22　異種混成性 ……… 193
23　主我と客我 ……… 196
24　イド・自我・超自我 ……… 204
25　理想的発話状況 ……… 210
26　アイデンティティ：個人的・社会的・集合的アイデンティティと「アイデンティティの政治学」 ……… 215
27　イデオロギー ……… 220
28　イリュージオ ……… 233
29　想像界・象徴界・現実界 ……… 243

- 30　間主観性 ……… *251*
- 31　知識の構成的関心 ……… *265*
- 32　生活世界 ……… *271*
- 33　鏡像段階と自我 ……… *282*
- 34　新しい社会運動 ……… *290*
- 35　オリエンタリズム ……… *296*
- 36　家父長制 ……… *300*
- 37　パフォーマティヴィティ ……… *308*
- 38　権力 ……… *315*
- 39　権力／知 ……… *327*
- 40　公共圏 ……… *335*
- 41　レイシズムとエスニシティ ……… *344*
- 42　合理性 ……… *349*
- 43　実在論 ……… *362*
- 44　承認：承認への欲望と闘争 ……… *377*
- 45　関係主義（vs 実体主義）……… *389*
- 46　争議レパートリー ……… *395*
- 47　精神分析における抑圧 ……… *400*
- 48　セックス／ジェンダーの区別 ……… *410*
- 49　社会資本 ……… *416*
- 50　社会階級 ……… *424*
- 51　社会的構築／社会的構築主義 ……… *433*
- 52　社会運動 ……… *439*
- 53　社会空間Ⅰ：ブルデューの場合 ……… *448*
- 54　社会空間Ⅱ：ネットワーク ……… *454*
- 55　象徴権力／象徴暴力 ……… *460*
- 56　システムと生活世界 ……… *466*
- 57　無意識：あるいは無意識的なもの ……… *474*

参考文献 ……… *482*

監訳者あとがき ……… *504*

人名索引 ……… *512*

序　文

　本書は、現代の批判的な社会理論のいろいろな側面を学んでいくための本です。つまり本書は、批判的な社会理論をこれから読み進んでいきたいと考えている学生の役に立つようにと願って構想した本です。このように考えて筆者である私にすぐに思い浮かんだことは、本書が「原書」の代わりとして本当に役に立つだろうかということでした。このような思いがあったので、筆者はこの試みを実行に移すかどうか少し迷いました。本物の「原書」の代わりになるようなものはありません。理論に取り組んで理解するには、実物を紐解くこと、つまり第一次文献やその批判的研究から学んでいくことが必要です。とはいえ、このような問題を深くあれこれ考えているうちに、筆者は、現代においてはぜひ本書のような著作が必要である、という結論に思い至りました。

　今日、大学の授業科目の規格化・機能化などの変化によって、次のような状況が生み出されています。すなわち、理論の領域に関して学生にはほとんど何も教えられていないような状況、あるいは学生はほとんど理論の基礎を学ぶことがなく、またそれを理解する時間もないままに、最新の理論が教えられたりするような状況です。こうした状況が、教える側にも学ぶ側にも非常な困難を生じさせています。しかし逆に、そのような困難があるからこそ、「キーコンセプト」つまり理解の鍵となる概念を説明して、理論家がそのような概念を用いたり展開したりしている理由を考える本書のような著作が、ぜひとも必要とされるのです。そうしなければ、社会学や他の社会科学にも必要不可欠な要素である理論が、非常に小さなグループに任されて見えにくくなると筆者には思われるのです。

　第一次文献が重要であると考える筆者の思いは、いまも変わりません。学生諸君が、たとえば「ハビトゥス」や「生活世界の植民地化」に関す

る筆者の説明でわかったからといって、「ハビトゥス」についてブルデューの書いたものや、「生活世界の植民地化」についてハーバーマスの書いたものを、わざわざ読む必要がないと考えるのは、筆者が一番嫌う考え方です。そうではなくて、本書は、読者がこれらの難しい考えや文献にこれから接近するための手助けとして役立つようにと考え、また実際にそうあることを願って書きました。学生諸君がこの本を活用して、さまざまな概念に対する自分の理解をチェックし、これまで理解しにくかった溝を埋め、さらに複雑な題材に進んでいくために必要となる準備段階での理解を明確にすること、これが筆者の願いです。

選択の基準について

　筆者が最初に本書の計画を立てたとき、理論に対する筆者自身の「見解」や筆者自身の関心・優先順位を考慮に入れるべきだという示唆がありました。この示唆に従って、あれこれ考えながら、筆者は本書のために諸概念を選択するという過程を突き進んだことは確かです。そして、本書に含まれた概念もあれば、含まれなかった概念もあります。もちろん筆者は、そうした選択において少しでも体系的で公平な形にしようと努めました。とくに筆者は、次の5つの原則に従って作業を進めました。

　第一に、筆者は、原著者自身は正確で明解であるようにと努力はしたようですが、それでももっと明瞭化する必要があると思われる概念を取り上げるように努めました。その結果、筆者の見方からすれば、一見したところ議論の必要がないほど簡潔にみえても理にかなった定義を拒否すると思えるような不明瞭さや曖昧さをもついくつかの概念は、本書から除くことにしました。

　このことは、「裸の王様」状態に引き込まれるのを拒否することを意

味します。「ポスト〜」理論の旗印の下で生じてきた概念の多くは、かなり曖昧で、一貫性の欠如、大きな弱点、実質のなさという状態に陥っていると筆者は考えています。複雑に思われる概念の意味は、素朴な自明さと自明な素朴さとの間で揺れ動いています。筆者は、この種の理論作業の言い訳は拒否したいと思っていますし、それがもつ「見栄を張る」ような自惚れに手を貸すことも拒否したいと思っています。そして筆者は、学生諸君にも同じように考えることを勧めたいと思います。筆者の経験からすれば、原著者の述べることに深みや複雑さがほとんどないような場合ほど、その原著者はそれを賢明で難解なようにみせようとする傾向があります。

　もちろん私たちは、原著者が一貫したものをもち、興味深いことを述べていると想定して、原著に思いを込めてアプローチすべきでしょう。しかし、これはつねに正しいわけではありません。とくに王様が何も衣服を身に着けずに裸でいるときは、そのことを認めることも大事です。筆者自身のフィルターを通してですが、本書の中で筆者が言及している著作のいくつかには、こうした点がみられます。ただし、その数はあまり多くないと判断しています。

　第二に、筆者は、これまである程度さまざまに論じられてきた概念を選択しました。何人かの論者においては、ある特定の議論においてある特定の目的のために役立つようにと考えて、使い捨てのような概念が展開され、その後は二度と取り上げられないということもあります。それは必ずしも悪いことではありませんが、そのような概念はその概念自体の文脈で取り扱われるのが最良であると思われます。そこから何かを引き出し、抽象的にそれらを論じる必要性は、本書のような著作においてはないだろうと考えています。

第三に、筆者はより社会学的な理論や概念を取り上げようとしました。現代の批判理論は、心理学、文学／文化研究、哲学、地理学、人類学、歴史学、およびその他の学問に依拠しています。実際のところ、現代の批判理論を特徴づけている主要な部分は、その学際性にあります。しかし、これらの学問全体の成果を余すところなく扱うのは不可能です。筆者の強みは、（哲学の諸流派を含めた）社会学研究にあります。そこで本書では、現代の批判理論に対する社会学的成果を明らかにしたいと思っています。あるいはむしろ、次のようにもいえるでしょう。筆者は、現代の批判的な社会理論のもっとも中心的な（学際的な）概念をいろいろ検討しつつも、それを超えて最後には一つの社会学的方向へと進んでいく、ということです。筆者は、自分が考えているかぎりで批判理論のもっとも中心的な概念を、それが何であれ学問的な基礎からできるだけ正当に扱おうと努めますが、そうした概念は、その中心的な概念をさらに超えたところで、より社会学的な理論の流れの中で選択されています。
　ここで、筆者の強調が「理論」にあることを改めて述べておくことは重要でしょう。多くの批判的著作は、理論的ないしは学問的な文脈というよりも、むしろ実践的な文脈から生じています。そして、大部分の批判的な社会運動（フェミニズム運動、人種差別反対運動、労働者運動など）においては、非学問的な著作の重要性を強調する人もいます。そうした社会運動関係者は、学問研究者が政治的目的に対しては比較的明確なはずの争点を曖昧にし、批判の要求と学問の要求との間にあってどちらを優先するかという点で引き裂かれた状態にあると考えています。そのような社会運動の著作で論じられる考え方は、ここでは真に必要性があるとは見なせないので、本書には含まれていません。そうした考え方は、その一次資料で十分明確に表明されていますし、また学問的な議論

や検討の目的のために書かれているわけではないからです。

　第四に、以上のように述べた後でいえることですが、筆者は本書で、社会学理論の内部からみて批判的であったり批判という試みに属していたりする概念を選択するよう努めました。さまざまな理論が「批判」についてのさまざまな定義をもって機能しているとき、このことをいうのは簡単ですが、実行するのはなかなか難しい点があります。

　確かに、すべてではないとしても、大部分の社会学や社会理論にまで広げることができるような「批判」の意味が一つあります。「批判」という言葉で、「探究と分析に開かれていること」ないしは「構成諸要素を探索すること」といった流れに沿ったものが意味される場合です。それは、ほとんどすべての社会学を包含するような「批判」の意味です。さらにいえば、ロバート・マートンが社会学的機能主義は本来的に保守的であるという批判に応えて論じたように、社会的な実践や関係についての厳密な探求はすべて、そのような実践や関係がもっている自然な「感覚」を搔き乱すことになりますし、その程度にはそうした探求は進歩的で、潜在的には破壊的です。このことは、マートンが述べているように、政治的に批判的な理論をもつ社会学であるとか、政治的に保守的な理論をもつ社会学であるといったこととは無関係です。たとえば、改革論者も保守論者もともに、機能主義的な説明や合理的選択の分析を行うことがあります。改革論者か保守論者かを区別するのは社会学ではなく、むしろ鍵となる要求や知見についてなされる評価上での強調点、あるいは概念が発動され使用される仕方です。

　要するに、筆者の経験からいえば、自分たちが行っていることについて何らかの「批判的」「根底的」あるいは「政治的」な体裁をまったく整えていないような社会学者などは今日いないといってよいでしょう。

もちろん、私たちが「重要だと見なす」政治的経済的な支配者たちによる要請が議論を強いるような場合は別としての話です。以上のようにみてくれば、批判的だからその概念を選択するという筆者の要求は、注意して取り扱われるべきでしょう。ただし筆者は、可能なところではどこでも、社会的／政治的な批判が比較的よく展開された考え方を示す理論や、その考え方を自らの試みの中心におく理論を引き出すように努めました。

　最後に、筆者は、現代の諸概念と古典的な諸概念とを組み合わせるように試みました。とくに後者の場合は、現代的な意義をもちつづけ、現代の研究により多くの情報を与える古典的な諸概念を選択しました。こうした組み合わせは、筆者の選択の意義を最大にすると信じています。

　本書の執筆は必ずしも容易ではありませんでした。しかし本書は、読み進めるのはそれほど難しくはありません。学生諸君が現代の批判的社会理論を読もうとするとき、それにスムーズに入っていくことに本書が役立てばよいと願っています。先に示したように、原典を読むことに代わりうるようなものはありません。少しの手助けがあれば、原典を読むことが難しすぎるということにはならないでしょう。本書を手がかりに、ともかく実際に乗り出してみましょう。

ニック・クロスリー

01 疎外 Alienation

◎関連概念：アノミー、イデオロギー、承認

　疎外という概念は、さまざまに異なったタイプの批判的な社会理論で広く用いられてきた。もっとも一般的なレベルでは、疎外とは、人間が他の人間から、あるいはその生活や自己から、あるいは社会から、分離され疎隔されることを指す[1]。この分離は、行為者自身が疎外を感じるという意味で主観的であるか、そうした感じをもつかどうかにかかわらず、実際に何ものかから分離されているという意味で客観的であるか、あるいはその両方でありうる。ヘーゲル（Hegel [1979]）やジンメル（Simmel [1990]）を含めて、数多くの重要な社会理論家や哲学者が疎外の理論を提示してきた。しかし、今日の批判理論における多くの研究は、とくに初期のカール・マルクスの中でなされた概念形成に立ち戻ることができる。とりわけ1844年のマルクスの『経済学・哲学草稿』が疎外を詳細に論じており、そこでは、マルクスによれば、疎外が資本主義体制の核心部分にあるということになる（Marx [1959]）。疎外理論を手短に概説してみよう。だがまず、舞台の中心にあるものから説明に入るのがいいだろう。

　マルクスの疎外モデルは、労働に、とくに労働者が資本主義社会で労働する仕方に、中心がおかれている。その説明は、ヘーゲル（Hegel [1979]）に、とりわけヘーゲルの承認の議論において展開された労働に、その多くを負っている（→【44承認】）。だが同時にマルクスは、ヘーゲルの研究のこの部分や他の箇所でも、ヘーゲルに対しては非常に批判的であった。その批判には多くの側面があるが、しかしここでとくに関連があるのは、人間活動は、その活動からは独立した「客観的精神」の展開

---

[1] 厳密にいえば、人は自分が「結びつけられている」か、結びつけられていると感じているものからも疎外されうるが、また同時に、分離され疎隔されているものからも疎外されうるというべきであろう。

の論理を示しているとするヘーゲルの考えに、マルクスが反対したことである。マルクスによれば、文化や社会の形をとる客観的精神は、人間労働の所産であって、人間労働の原因ではない。したがって、この等式を逆にしたことがすでに疎外の兆候なのである。疎外とは、その大部分において、人が自分自身の労働によって生み出した世界を、人の行為をコントロールするか、あるいは少なくともその行為に影響を与える独立した実体ではあるが、人がそれをコントロールすることはできないような独立した実体として、経験する傾向のことをいうのである。このことは、多かれ少なかれヘーゲルの歴史哲学によって示唆されているように思われる。

　疎外概念のこの側面は、導入部のここでは十分に取り上げることはできないが、マルクス陣営の内外で多くの著者によって「物象化」(reification) という見出しのもとで展開されてきたものである（Lukács [1971]；Berger and Luckmann [1979]）。物象化はそれ自体が複雑で多義的な概念であるが、この概念はとくに、諸個人の相互行為によって生み出された社会が、社会科学者だけでなく社会の通常の成員にとっても同様に、これらの個人から離れたモノとして立ち現れる仕方に焦点を当てている。マルクスは、まさにこの点においてヘーゲルが見誤っており、彼がその誤解に基づいて自分の歴史哲学を打ち立てていると考えたので、ヘーゲルに批判的なのである。

　マルクスの疎外の議論のもう一つのレベルは、「ブルジョア的な」政治経済学[2]についての批判、とりわけ、そのような政治経済学が経済生活の活動を説明しようとする際に自明視してしまっているものすべてについての批判を含んでいる。マルクスにとって、疎外および疎外された労働の分析は、人間が生み出した歴史的な労働の形態ないしは条件の分析であるが、その形態は、政治経済学者にとっては逆に、自分の分析

---

2)　これはすなわち、資本主義的（つまり「ブルジョア的」）な社会において生じる政治経済学や経済学の形態のことであるが、マルクスの見解によれば、社会の諸特徴を自明視しているそのような政治経済学や経済学の形態は、それゆえに、批判を遮断して、これらの諸特徴が自然で不可避なものにみえるようにして、そうした社会を正当化するのである。

01　疎外　Alienation

の問われることのない出発点として想定された資本主義的経済システムなのである。ブルジョア経済学者が自明視しているものは、マルクスによれば、これこそ説明されるべきものなのである。さらにこの点において、マルクスの疎外の説明を、労働が資本主義的な生産条件のもとで疎外されている仕方に関する説明だと論じることは、しばしば有用ではあるけれども、おそらくより正確にいうならば、彼の説明は労働疎外が特定の資本主義的生産形態を生み出す仕方に関する説明だ、といった方がよいだろう。

マルクスが「疎外」や「疎外された労働」で意図していたことを理解するためには、まず最初に、マルクスにとって「労働」は「賃金労働」よりもずっと広い意味をもっていたことを理解しなければならない。マルクスによれば、労働は感性的で身体的な実践(マルクス主義者は「プラクシス」と呼んでいる)であり、その実践を通して、人間は計画や企図や美的感覚に応じて、自分たちの周りの世界を変革するのである。このことが、動物的欲求の単なる充足以上のもの、つまり生存の基礎を確保することを超えたものであるかぎり、労働は自分たちの動物的性格を超えた位置にまで人間を高めるものである、とマルクスは考えていた。たとえば、美のために美しい対象を制作することは、他の動物の特徴である必要と満足の循環を超越することである[3]。

さらに、労働は、私たちの外部の世界——私たちが感性的に知覚する世界——を変革することであるから、労働は私たちに立ち戻る形で、私たちの人間性や個性を映し出す鏡としての効果をもって役立つものである。私たちが作ったものを見やり、それを私たち自身の労働の所産だと

---

[3] マルクスにとって、私たちが動物であることはまったく明らかなことである。彼は人間を動物以外の存在として神学的ないし形而上学的に捉えることはなかった。むしろ彼のポイントは、すべての種と同様に、私たちは種に固有のいくつかの特性をもっているということであり、彼の分析はそれが何なのかを探究することであった。さらにいえば、彼にとっては、動物として私たちは自然ないし自然的世界の一部であることも明らかである。それゆえ、人間が「自然を変革する」仕方について語ることは、厳密にいえば、自然が自然自らを変革する仕方について語ることであると、マルクスは主張する。

見なすことによって、私たちは自分自身の本性に適合した自己意識の形を作り上げるのである。言い換えれば、私たちは実際に自分自身を、あるがままの創造的存在としてみるのである。このような観点からみれば、労働は、客観的世界を形づくるのと同様にまさに私たちの主観的生活を形づくる仕方なのである。だが、これは孤立した営みではない。ヘーゲルと同様にマルクスも、人間は他者によって承認されるとき、かつまた他者を承認するときに、はじめて自分自身をこのような仕方で真に十分に認識すると考えていた。人間の主観性は、相互依存的、間主観的である。各々が確認を求めて他者に依存する（→【44承認】【30間主観性】）。

「労働」は、「賃金労働」と同じでもなければ、それに還元できるものでもないと述べて、マルクスの疎外に関する議論は、資本主義的な生産様式を構成する特定の労働条件に焦点を合わせる。そしてここではじめて、労働は実践的、客観的に賃金労働に関連づけられる。労働者は、生存賃金をもとめて雇用者に自分の労働力を売る。さらに労働者は、（工場という）状況の中で働き、そこで自分の労働を定型化し、技術を不要なものとして、それを生産ライン過程での基本的に機械的な行為に貶めてしまう。このことによって、以下の四つのレベルの疎外が生み出されるとマルクスは論じる。

第一に、労働者は、自分の労働の生産物から疎外される。労働者は、その生産物が作られたときには、それを自分のものとすることはできない。たいてい労働者は（たとえばハンドル操作に没頭して）そうした生産の一部分となるだけであって、生産過程全体を決して見られるわけではないし、いうまでもなく自分自身の考えや計画に従ってじっくりと確実に生産過程に関われるわけではない。生産過程は、規格化された計画に応じてなされる規格化されたものであり、労働者がその過程に寄与することは、機械がそれに寄与するのとほとんど同じである。そのようなものとして、労働は疎外されたものであり、労働者にとって何も意味しないものなのである。

第二に、以上のことと同様に、労働者は生産活動それ自身からも疎外される。労働者は、自分自身の指導のもとで生産することもないし、生産過程に自分自身による制御の力を発揮することもない。労働者は、機

械の歯車として生産過程に適合し、そしてその過程からも疎遠なものとなる。

　第三に、労働者は、マルクスが「類的存在」と呼ぶものからも疎外される。先に記したように、マルクスは、基本的欲求の満足以外の理由で、あるいは美的理由およびそれに関連した理由で生産するのが人間の本性であり、そのような生産活動を通して自分自身の本性を発見するのであると考えていた。だが、疎外された労働者は、商品として、まさに自分の基本的欲求を満足させる仕方として、自分の労働力を売るのであって、そこには自分の創造性や「内部性」[4]のイメージとして自分自身にまで立ち戻って鏡のように映し出す労働という性質は何もない。労働者の労働は生産過程における商品の地位を得るだけであるから、労働者は自分の労働環境から商品以外の何ものかであることを示すようなフィードバックを受け取ることはない。自分の動物的性質を超えて自らを高め、そして（その不可欠な側面として）動物の領域を超えて高められたものとして自らを認識する人間的な可能性は、実現されていない。

　最後に第四として、生産の組織化のこのような仕方は、人間が互いに他の人間から疎外されているということである。実際、人間が自分の類的存在から疎外されているという主張に深く結びついているのは、人間が互いに他の人間から疎外されているという主張である。自分たちの類的存在に従って生きるということは、集合的かつ相互的に、互いをまさに人間として認めて生きるということであり、それゆえ自分たちをこのように認識することができるということである。だが、自分たちの生産の条件がもつ性質によって、私たちは自らを欲求充足という基本レベル

---

[4] 筆者はこの言葉によって、マルクスは人間の主観性を、いわば人が透視可能である非物質的な内的領域だと信じていた、などと言うつもりはない。「内部性」は、ここでは比喩的に用いられている。だが要点となるのは、私たちの主観的な生は、まず第一に、いかなる意味でも、自らに気づくことがない感性的で身体的な諸活動のうちにあるということである。私たちは自分たちの労働を通して、自分たちの周りの世界の変革を通して、自分たちに気づくようになるだけであり、そしてそうしたことが、自分たちがどのようなものであり、自分たちが何に気づかっているかを逆にはっきりと鏡のように映し出すのである。

から高めることができず、創造的実践によって自分たちの類的存在を表現することができないのであれば、他者によって自分たちが何であり、何でありうるのかを認識させられる基盤や、またそれゆえに私たちがこのようにして自分自身を十分に認識することができる基盤は、私たちにはないことになる。各々の労働者が一つの商品に還元されるとき、各々は自己と他者をこのように認識するのである。

マルクスの疎外概念は哲学的で「客観的」である[5]。それは、人間の現在のあり方とあるべき姿を比較しているが、労働者が疎外を感じているかどうかという心理学的問いには焦点を当てていないのである。しかしながら、疎外に関しては、社会科学のいくつかの場で批判がなされ、疎外の概念が哲学的意味から、たとえば無力感とか無意味感といった感情と同一視される形で、より心理学的領域ないしは社会学的領域に移されている場合がある。そのもっとも有名な例の一つが、ブラウナー (Blauner [1964]) の例である。疎外概念に関するこの、より社会科学バージョンは悪いとは思わないが、マルクスの哲学的考え方とは異なっている。したがって、私たちはこの区別を曖昧にしないことが重要だろう。

マルクスは、その後期の著作で「商品のフェティシズム」という概念を導入する。この概念は、資本主義の核心部分で生産の疎外された性格に関する基本論点をくり返して述べることになる。この説明によれば、商品の「フェティシズム的」な性格は、人間の生や主観性からは独立した対象として見られるという事実にある。それは、商品を生産する人間的状況とは切り離されるようになった存在形態をとるモノのことである。消費者として私たちは、他者の労働による対象物を購入して所有するが、

---

[5] 私たちは、「意見の問題ではなく、証拠を注意深く考察する者すべてにとって明白で議論の余地のないもの」を指すために、「客観的」という用語を使う場合がある。正確には、ここで示すつもりの意味はこれとは異なっている。マルクスの理論は一つの理論にすぎず、多くの人はその理論に同意しないかもしれない。ここでいう「客観的」とは、マルクスが、労働者の心理や労働者が疎外を感じるかどうかに関する問いに関心があるのではなく、むしろ言葉で疎外を定義することを意味している。その用語は、労働者が労働する状態に関して何を感じようとも、労働者が働く際のその状態に依拠して定義されているのである。

01 疎外 Alienation

その対象物に対する私たちの経験は、労働者のどんな経験からも、労働者の労働やその労働条件からも切り離されている。私たちは自分たちが買った生産物の中に他者の労働を認識することはない。私たちは対象を自立し独立した「モノ」として捉える。

先に記したように、とくにマルクスによって定式化されたような疎外の概念は、さらに数多くの社会批判の基礎として役立ってきた。その数は非常に多いので、ここで取り出して説明することすらできない。ただし、フランクフルト学派の批判は簡単にでも言及しておくに値する。とくにこの学派は、フェティシズムという先に言及した概念（さらにこの概念には、性的フェティシズムいう概念に由来する精神分析的な要素も加えられている[6]）を用いながら、疎外の関係を生産者だけでなく消費者にまで遡及させた。消費者として私たちは生産物を、それを生産した人間からは独立したモノとして経験する、とこの学派は記す。私たちは生産物を人間労働の生産物とは認識しない。同時に、「消費社会」において私たちは、これらのモノを追い求めることによって、自分たち自身の幸福を追い求めている。性的フェティシズムの内部ではフェティシズムの対象物が象徴となるような仕方で、商品が幸福を象徴するようになる。そして、こうした商品財の所有が私たちを幸福にし完全なものにすると私たちは信じている。こうした点において、私たちは労働における場合と同様に、自分たちの消費やレジャーにおいても大いに疎外されるのである（Marcuse [1986]；Adorno and Horkheimer [1983] を参照）。

---

[6] フェティシズムにおいては、性的な行為とは一見関係がないようなもの（しばしば引用される例は靴である）が性的な刺激や興奮の源泉となって、実際に性的刺激のための必要物になる場合がある。

【基本文献案内】
マルクスの1844年の『経済学・哲学草稿』（Marx [1959]）は、本項と直接深く関係するので、この一次文献に直接当たらない手はない。マルクーゼの『一次元的人間』（Marcuse [1986]）も比較的短くて読みやすい。類似してはいるが、マルクスとは別の疎外という考え方は、ジンメルの『貨幣の哲学』の最終章に見いだすことができる（Simmel [1990]）。そして、「疎外」の包括的な説明としては、G.ルカーチの『歴史と階級意識』（Lukács [1971]）における「物象化」の有名な議論は見落とすべきではないだろう。

（西原和久訳）

02 アノミー Anomie

> ◎関連概念：疎外、生活世界の植民地化

　アノミー概念は、現代社会学において広く用いられている。けれども、この概念の主要な創始者はエミール・デュルケムであった。本項では、デュルケムにおけるアノミー概念の展開について主に焦点を当てることにする。

　デュルケムにとって、社会とは道徳的秩序である。彼の議論するところでは、人間がともに集団において生きているという事実が、まさにその集合的構成によって、真に社会的である一連の現象を生み出すのである。そしてこうした仕方で発生した一つの重要な現象群は、「規範」である。つまり、私たちが特定の文脈においてなすべき行為の仕方についての暗示的・明示的に共有された期待や規則である。デュルケムの用語でいえば、「規範」は「社会的事実」である。私たちの目的にとって、このことは以下の四つのことを意味する。

　第一に、先に述べたように、規範は集合的な生活から発生するし、必然的にそうでなければならない。つまり、仮説上の孤立した個人が規範システムを生み出すことはないし、またそうすることはできない。あるいはそうするべき理由も有していない。ただし、個人が相互行為に参加するという局面においては、規範が生み出される傾向がある。規範の場合、この集合的性質は、規範が私たちの互いに対する関係性を規制するという事実によって部分的に説明される。要するに、規範は私たちが他者との関係においていかに振る舞うべきかを規定する規則である。これらの規則を支配する原理が私たち自身の内部から引き出されると信じたカント（Kant [1948] [1993]）のような道徳哲学者に反対して、デュルケムは、規則は他者との関係性から引き出されると主張する。より正確には、規則は、すべての個人を集団に結びつけ、その集団を社会として構成する関係性のシステムから引き出されると主張するのである。

第二に、規範のシステムは、生身の人間の社会生活（つまり人間の相互行為）と本質的に結びついているが、いかなる特定の人間にも先立つものであり、その後も存続するものであるといえる。言い換えれば、今日まで私たちがそのもとで生きている規範の多くは、私たちが生まれる以前の何世紀も前に出現し、その多くは私たちが死んだ後も存在しつづけるであろう。

　第三に、これらの規範は私たちに賦課され、私たちを拘束するものである。これは二つの仕方で起こりうる。まず一つに、たとえ私が規範に同意しなかったり、規範に気がつかなかったりしても、規範は、私の同時代人の行為や期待の中に具現されて依然として存在しうる。つまり、私が認識しようとしまいと、彼らが規範を押しつける、ということである。規範は私から独立した事実的実在である。もう一つは、私たちはこれらの規範を、幼児期や子どもの頃に、規範が私たちの心理的構造の一部となるように内面化する傾向をもつということである。デュルケムによれば、私たちは生まれつき「道徳的」存在ではないし、また定義上、「文明化された」存在でもない。そうではなくて、人間の相互行為を通して生じる規範が、私たちの性質のうちに定着し、道徳的でもあり文明的でもある「第二の自然」を生じさせるのである。このような仕方で、私たちは社会によって形づくられる。けれどももちろん、私たちは自分たちの（道徳的で文明的な）行為と相互行為によって社会を存続させてもいるのである。

　　……個人は、自分のもっともよいもの、他の存在の間でこの個人を特色あるものにし固有の地位を占めさせるすべてのものを、そしてこの個人の知的および道徳的な教養を、社会から受けとる。……人間性の特質である諸属性は社会から生じる。しかし、他方では、社会は……諸個人によってのみ、存在し生存するのである（Durkheim [1915 : 389]）。

　このように述べた後でデュルケムは、個人はそのような社会的な性質と個人的な（生物的な）性質との間で板ばさみとなって苦悩するままで

あろう、と付け加える。自然的で利己的な衝撃は、社会から引き出された道徳的命令と競合する。

最後に、私たちの観点からしてもっとも重要であるのは、社会の部分として規範システムは他の部分と相互依存していること、それゆえ規範システムは社会の他の部分で起こる変化や出来事によって逆に影響を受けることがありうることを、デュルケムが確信している点である。たとえば、規範システムが解体した場合、それらは事実上新しい世代へ伝えられなくなったり、社会の他の力によって行為者に賦課される要求や事態と整合しなくなったりすることがある。これはとくに急速な社会的変化の時期に起こりがちなことである[1]。デュルケムが「アノミー」として言及したのは、まさに規範システムにおけるこの断絶のことである。そしてデュルケムは、アノミーが社会や社会に編み込まれた個人に劇的な結果をもたらす、と考えていたのである。

デュルケムの研究におけるアノミーの明確な使用例は、『自殺論』という研究におけるものである。そこでアノミーは、社会における高い（増加している）自殺率の主要な三つの原因[2]のうちの一つとして位置づけられている（Durkheim [1952]）。この研究におけるデュルケムの焦点は、個々の自殺よりもむしろ自殺「率」におかれている。要するに、自殺率の変化という「社会的事実」を、他の社会的事実に言及することで説明しようと努めるのである。デュルケムは、あれこれの人がなぜ自殺するかについての個人史的事実を説明しようとは努めなかった。そうではなく、デュルケムは自分の議論において、彼が確信していること、つまり正常な人間の精神機能が社会やとりわけ社会規範にいかに依存して

---

1) 諸個人の期待は過去の経験に基づいているゆえに、急速な社会変動の時期には遅れがちになり、またそれゆえに、諸個人の現在の状況と整合的でなくなる。同様に、異なった速度で変化するさまざまな生活諸領域が互いに整合的でなくなることもありうる。
2) 他の二つは、それぞれ「自己本位」と「集団本位」である。基本的に、これら二つの原因は社会の統合と自殺との間につながりのある関係を示す。過度の統合は社会を（集団本位的）自殺の増加へと傾かせるが、統合がほとんどない場合にも自殺の増加に傾くのである（自己本位的自殺）。

02 アノミー Anomie

いるかということを明らかにしたのである。彼が議論するに、アノミー的状況において、個人は精神的方向性を失いやすい傾向にある。人びとの期待は無規制状態になり、自分たちが生きている世界に位置づけられなくなって苦悩し、ときに自殺を引き起こすのである。人間の欲望と期待は自己規制的ではないとデュルケムは論じる。(行為者に内面化されている) 社会規範の強力な確立されたシステムが不在の場合に、人びとの欲求や期待が、獲得可能な範囲を超えて高まりがちとなり、また不安定になりがちである。この両方のケースとも、失望や幻滅や不満を引き起こす。それゆえ、アノミーと自殺とは密接に関連しているのである (Durkheim [2002] を参照)。

先に示したように、デュルケムは社会変動をアノミーの重要な源泉とみている。というのも、社会変動は規範を変化させたり、規範システムを混乱させたりして、規範が対処するにふさわしくない状況をも生み出すからである。しかしながら、より総体的なレベルでいえば、デュルケムが同じように関心をもつのは次のこと、すなわち機械的連帯から有機的連帯[3]への移行とともに、とりわけもし社会の成長が機械的連帯の崩壊を導くのであれば、その成長は不安定性やアノミーへと向かうような傾向を生み出す可能性があることである。

これは、ユルゲン・ハーバーマス (Habermas [1987b]) が生活世界の植民地化に関する彼の研究において、批判的な文脈で取り上げたテーマである (→【07生活世界の植民地化】)。デュルケムの『社会分業論』(Durkheim [1964]) における議論とかなり類似した議論において、ハーバーマスは以下のように論じる。これまで以上に人間生活の領域に入り込む市場経済と国家の両者の拡大は、人間生活の領域をそれまで規制していた伝統や規範の土台を掘り崩す傾向をもち、社会レベルではアノミーを、そして個人心理的レベルでは疎外や精神病理を生み出すのである、と論

---

3) ここでは、これら二つの連帯について論じる紙幅はない (これら二つの連帯については、デュルケムの最初の主要な研究である『社会分業論』(Durkheim [1964]) にある)。有機的連帯の形態は、結合規範にはあまり焦点がおかれず、まさにその理由でよりアノミーに陥りやすいことを語っておけば十分である。

じている。

【基本文献案内】
　デュルケムは非常に明確でわかりやすい著者であり、彼の著作は多くの批判者や評者が見なしているよりも洗練されていて微細なニュアンスにも富んでいる。『自殺論』（Durkheim [1952]）と『社会分業論』（Durkheim [1964]）はともに魅力的な研究であり、最初に読むにはとても価値のあるものである。『道徳教育論』（Durkheim [2002]）は、アノミーとは直接的には関係が薄いが、心理現象としての人間の欲望や期待が（内面化された）社会規範を通して規制される必要性に関するデュルケムの考えのいくつかを、的確に要約したものである。**生活世界の植民地化**は、本書では項目を設けてある。

（翁川景子訳）

03 主観身体 Body-subject

◎関連概念：**自由、ハビトゥス、ヘクシス／身体技法**

　主観身体という概念は、フランスの実存主義的な現象学者モーリス・メルロ＝ポンティの研究と密接に関連している。メルロ＝ポンティ自身はこの語をほとんど用いてはいないものの、それは彼の中心的研究である『行動の構造』と『知覚の現象学』（Merleau-Ponty [1962] [1965]）の中で論じられた身体的主観性のモデルを記述するために、解説者の間で一般的に用いられたものである。この概念は、メルロ＝ポンティの多くの非常に興味深い革新的な考え方と同様に、メルロ＝ポンティが他の研究者による研究の内部あるいはその間にある不十分な二分法や二項対立であると考えているものの間を媒介する、弁証法的な「第三項」[1]として出てくる。

　主観身体という概念によって語られている主要な二分法は、精神と身体との間の二分法（すなわち「心身二元論」）であり、その二分法は近代哲学の萌芽期にルネ・デカルトによって論じられたことで有名である。デカルト（Descartes [1969]）は1600年代はじめの著書の中で、精神と身体とがまったく異なる二つの実体であって、人間はこれら二つの実体から構成されていると考えていた（Crossley [2001a] を参照）。心身二元論を擁護する現代哲学者はごくわずかしかいない。したがって、心身二元論に対抗したという点ではメルロ＝ポンティはとくに独創的というわけで

---

[1] この文脈で「弁証法的」という言葉が意味するのは、メルロ＝ポンティが二項の対立、たとえば心／身、主体／客体、自由／決定論へと、世界およびその部分を分割してしまう哲学的見解あるいは哲学的二元論に反対する批判によって、自らの考えを定式化しているということである。主として、メルロ＝ポンティは、そうした対立にある両「項」がどれだけ概念的に不適切であるかを示し、両項を結合する、より優位な局面あるいは概念（筆者がここで「第三項」と呼んでいるもの）を探求するのである。

はない。だが、彼の批判と代案とは相対的にみて独創的であり、非常に興味深いのである。では、この点から説明を始めるとしよう。

メルロ゠ポンティはまず『行動の構造』(Merleau-Ponty [1965]) において心身二元論に挑んでいる。もし私たちがデカルトの行ったように精神と身体とを異なる実体として分離するならば、私たちは一連の不可解な哲学的問題を引き起こすことになる、とメルロ゠ポンティは記している。なかでもとくに、これら二つの根本的に異なる「実体」が全体的人間という文脈の中でどのようにして随伴したり相互作用したりしているのか[2]——私たちはそれらが実際に随伴したり相互作用したりしてい

---

[2] デカルトにとって、身体は、空間へと延長される分割可能な実体であり、また自然的世界の法則に従う実体である。だが精神は、空間へと延長されずに分割不可能で、自然的世界の法則にも従わない。より明確にいえば、精神は思惟するのである。

このように定義されると、この二つがいったいどのようにして相互作用することができるのかを調べることは非常に難しい。たとえば、身体が自然的世界の法則に従い、しかもまたこうした法則に従わない実体と相互作用したり、それによって影響されたりすることは、いったいどのようにして可能なのか。身体は自然の法則に従うという場合、その身体は「精神 (spirits)」によっては影響されないのか。あるいは身体は非物質的な精神によって動かされており、したがって (つねに) 物理的自然の法則に従うというわけではないのか。あるときにだけ自然の法則に従うということは、その法則に完全に従っているわけではないということである。なぜなら、そうした法則に従っているということは、つねにその法則に従うことを意味し、その法則に背くようなまったく別様の仕方で——非物質的な精神によって動かされるものが伴う仕方で——行動するということを意味しないからである。同様に、もし身体が空間的なもので、それに対する外的な力を加えることによって動き、精神は非空間的なもので、したがってそれに触れることもできなければ、それに対する力を加えることもできないのだとしたら、精神と身体との相互作用がどのようにして媒介されうるのかを想像するのは難しい。

ここでの真の問題は、意識 (精神) と身体の物理的部分 (感覚器官) との両方に関わる知覚のような経験が、明らかに精神と身体とが分離されたものであるというありそうもない状況の中で、実際に相互作用していることを示しているという事実から生じる。このことは、私たちが心身二元論を棄却する十分な理由を与えてくれる。簡潔にいえば、その理由に関する議論は次のようになるであろう。私たちは通常の経験によっ

03 主観身体 | Body-subject

ることを知っているのだが **3)**——という哲学的問題を引き起こすというわけである。私たちは二つの実体からなるのではなく一つの実体からなるのであるという見解、すなわち単一論は、先の見解よりも明らかにより説得力のある立場である。さらに、私たちが二つの実体からではなく唯一の実体からなると認めるならば、私たちが身体的存在であることはもっとも懐疑的な哲学者を除けば誰にとっても自明であることから、ここでいっている唯一の実体というのは「身体」のことであると考えるのが、もっとも妥当である。こうしてメルロ゠ポンティは、人間が身体とそこから分離した精神とからなるのではなく、むしろただ身体のみからなるという多くの現代哲学者の見解と一致している。

しかしながら、唯物論的な単一論、すなわち私たちの全体が身体であると主張する単一論も、もし私たちがデカルトによる身体についての見解を採用するならば、非常に問題がある。デカルトは身体を、ぜんまい仕掛けの人形と同様の機械的物体、言い換えればその動きを単純で物理的な因果関係でもって説明することのできる物体と見なしていた。デカルトにとって、身体とは知覚と行為の対象なのである。身体は外側から知覚され影響を受けるものである。だが、身体は経験の主体でも経験の場でもない。身体はそれ自体で知覚したり行為したりしない、というわけである。実際、レーダー（Leder [1998]）は、デカルトの描く身体が「肉塊」、あるいは「死体」にすぎないと論じている。「身体」に関するこうした説明は、私たち自身の生についての経験と合致しない。その説明は、人間有機体の行動はもちろんのこと、きわめて基本的な有機体の行動に関する科学的な証拠とさえも合致しないのである（Merleau-Ponty [1965]; Goldstein [2000]; Buytendijk [1974]）。そして、その説明はデカルト自身の人間観とさえ明らかに合致しないのであって、このことは、デカ

て、心的過程と物理的過程とが調和してともに働く傾向にあると教えられる。したがって、もし精神と身体とが分離した実体ならば、それらは相互作用しなければならない。しかしながら、デカルトが精神と身体とを定義する仕方は、それらが相互作用することを不可能にする。よって、精神と身体とは、少なくともデカルトが示しているような仕方で分離しているということは、そもそもありえないのである。

3) 前注 2) を参照。

ルトが人間についてより広い考え方をもって、身体についてのかなり粗末な考え方に「精神」を付け加えようとした理由でもある（Husserl [1970a]；Leder [1990]；Ryle [1949]）。デカルトは自分自身に言い聞かせるようにこう述べている。

> 私とは、人体と呼ばれるこの肢体の集まりではない。また私は、これらすべての部分に広がる、希薄な状態で遍在するような空気でもない……。（Descartes [1969：105]）

ここで、私たちは一つの問題に突き当たる。私たちは、多くの哲学的問題を引き起こすという理由から、人間が二つの実体、すなわち精神と身体とからなるのではない、ということができる。だが、「一つの実体という解決策」にもっとも適当であると思われる代案、すなわち身体という代案もまた、うまくいかないように思われる。より正確にいえば、もし私たちがデカルトによる「身体」の定義に固執するならば、身体という代案であってもうまくいかないように思えるのである。

メルロ゠ポンティは、こうした状況から抜け出す方法として、まず人間の心的生が身体に付属する、身体と分離した「実体」なのではなく、むしろその環境との相互作用の中で有機体によって構成される（ひとまとまりのものと見なされる）「全体」から生じる「創発構造」[4]であると論じる。有機体‐環境は、その動態と特性とがそれ自体のレベルすな

---

[4] 創発構造という概念は、科学哲学に由来する。この概念は、異なる要素の組み合わせが、それら個々の要素の特性との関連でではなく、それらの要素によって形づくられる構造との関連でのみ説明できるか、あるいは少なくともそうすることでもっともよく説明できる、過程、動態、効果を生じさせる状況を示すために用いられている。たとえばこの場合、人体のさまざまな部分とそれを取り巻く環境は、行動によって組み合わされているため、身体自体の生、言い換えれば身体それ自体によって理解されなければならないような生を帯びており、身体の個々の生物学的部分に還元されえない。メルロ゠ポンティは「創発構造」という語を用いてはいないが、『行動の構造』における彼の議論は実際のところ、まさにこのことについて記述しているのである。

わち心理的レベルで、もっともよく説明される全体を形づくっており、その全体は、もし私たちがその全体を構成部分へと分解したならば理解も説明もされえないものである。

　メルロ＝ポンティは、彼の生きた時代の心理学的研究だけでなく、とりわけ前述した科学的研究の証拠を引き合いに出しながら次のことを論じている。第一に、身体のさまざまな部分は人間行動という文脈の中で相互に補完的で体系的な仕方で相互作用しており、このことが、個々の部分についての原子論的説明によっては説明されえない構造を行動にもたらしているということ。第二に、人間行動には目的性、すなわちある程度の目的志向性があるが、それもまた身体の個々の物理的諸部分によっては説明されえず、(全体的な)身体-環境構造によってのみ説明されうるということ。第三に、人間の場合には、有機体と環境との相互作用がシンボリックな意味を含む「意味」によって媒介されているということ。同じ「刺激」が、現れる文脈に応じて、したがって帯びている意味に応じて、有機体から非常に異なる反応を引き出しうる、とメルロ＝ポンティは記している。さらに人間の場合には、刺激の意味は、さまざまな種類のシンボルの体系、とりわけ言語の内部で解読されることによって形づくられるのである。第四に、こうした動的な構造の内部では、意識の創発特性が生じる、とメルロ＝ポンティは論じている。

　有機体はそれを取り巻く環境を知覚する。有機体はそうした環境を自覚するようになる結果、この環境は有機体の経験の相として有機体にとって存在するようになるのである。このことによって人体[5]のような生きている有機的な身体は、鉛の塊のような非有機的な物質からはっきりと区別される。この後者は、デカルトによる「身体」[6]についての記述とぴったりと一致するであろう。鉛の塊は、まさに「物的」存在を有している。それ自体が知覚したり、それ自体で動いたりすることはでき

---

[5]　メルロ＝ポンティによると、率直にいってすべての動物の身体は、それが生きていること、そして知覚や行為の能力をもっているなどということから、デカルト的身体とは異なっている。しかしながら、動物身体の「行動の構造」の複雑さや、したがって知覚や意識の複雑さは、もっとも複雑で進化している人間有機体とは大きく異なっている。

ない。デカルトの「身体」と同様に、それは外的視点から知覚されたり影響を受けたりされうるだけなのである。それとは対照的に、有機的な身体は、その環境を自覚し、環境と相互作用し、その結果、環境が有機的身体にとって存在するといえるのである。

　メルロ゠ポンティがここで言及している身体−世界の全体性は、デカルト的な意味での「精神」ではない。また、デカルトの「精神」という概念——それが身体という概念と両立しないことはさておき——にはそれに伴う他の多くの問題があることから、この全体性というのは優れた考え方である（Crossley［2001a］を参照）。むしろ、意味に志向し、目的に応じて活動し、世界を意識する行為者を生じさせるのは一つのシステムなのである。この身体的な行為者は、その身体物理的諸部分の合計以上の大きな一つの心理的全体であり、私たちがメルロ゠ポンティの研究の中で見いだす「主観身体」にもっとも近い考え方なのである。

　メルロ゠ポンティは『知覚の現象学』において、今日の現象学の創始者であるエドムント・フッサールの議論を発展させながら、以下の主張をくり広げている。フッサール（Husserl［1970a］）は、デカルトの二元論の主張が——哲学的目的のために——自分の身体の存在を疑うことはできても自分の精神の存在は疑うことができないという事実に基づいている、と論じている。またフッサールは、デカルトはまさに自分が身体をもっているという夢もしくは幻覚を見ている精神にすぎない、ということが理論的には可能であると示している。だとするならば、デカルトの身体と精神とは異なる「実体」でなければならない——一方の存在を疑うことなくして、他方の存在を疑うことなどできようか——、とフッサールは続ける。この懐疑論が出てくるのは、通常の思惟に影響を及ぼす偏見によって混乱させられていたので科学のための確固たる基盤を確立しようとしていたデカルトが、科学と哲学とを基礎づける疑うこと

6） デカルトに対して公平にいうならば、彼の「身体」という概念は、後述のように、人体にのみ言及しようと意図されているのではなく、非有機的物質を含むすべての物質的身体に言及しようと意図されている。彼の方でのこうした区分の欠落は、おそらく彼の説明に伴う問題の一部である。

のできない真理の核心を発見しようとする中で、自分が確信できないすべての存在を疑うという道を選んだ文脈の中においてである。もちろん、これを行うためにデカルトは、彼の時代における常識の外側だけでなく、広く受け入れられていた科学的および哲学的な真理の外側にも立たなければならないし、また直接的に自明なものにだけ訴えなければならなかった。フッサールは、ここがデカルトの議論の破綻点であると論じている。

　というのも、デカルトが自分の身体の存在を疑うことは、非身体的な心的生についての疑いようのない経験に基づくのではなく、身体に関する前もって考えられた考え方、言い換えれば、彼の宗教的背景と、彼が執筆していたとき（1600年代初頭）に現れはじめていた「物質」という科学的概念との両方によって形づくられた偏見に基づいているからである。これら両方の歴史的に特有な文化的源泉は、すでに上述したように、それが通常私たちが心的生と結びつけているものの多くを除外するようなやり方で「身体」を定義しており、それによって（分離させた）精神という別の概念──それは宗教的教義の場合には、不死の魂という形式ですでに存在しているものである──が必要になってくるのである。したがってデカルトは、哲学的推論に関していえば、厳密さにおいて不十分なのである。彼は身体についての偏見でもって自分の推論を形づくっており、結果的に、科学を確立するために科学的および宗教的な考えを用いるという循環論的な議論に陥っている。心身二元論は、こうした危うい哲学的探求の一つの副産物なのである。

　デカルトが取り入れている身体や「物質」という概念は必ずしも誤ったものではないが、それは抽象概念であり、身体の特定の様相、とりわけもっとも基本的な形式の生命のない物質でさえも共有している様相を前面に引き出すあまり、他の様相を捉え損なっている不完全な見解である、とフッサールは続けている。したがって、二元論の問題を解決する手掛かりとなるのは、私たちが、デカルト的な考え方が無視している身体のもつ他の諸相──メルロ゠ポンティ（Merleau-Ponty [1968a]）は、「肉」という概念[7]を描いている『見えるものと見えないもの』において、これを扱いはじめた──を付け加え直しながら、「物質」について

再考しなければならない、ということである。だがもっと重要なことは、フッサール（Husserl [1973]）が、自分の意識経験についての自分自身による現象学的分析を基礎として、デカルトとは対照的に私たちの意識的生が還元できない形で身体的であるという結論を引き出していることである。もし私たちが偏見のないやり方で自分の意識経験に焦点を当てるならば、その意識経験は私たちの身体的生から分離できない、とフッサールは論じている。メルロ゠ポンティが『知覚の現象学』において展開しているのは、こうした洞察である。

メルロ゠ポンティが記しているように、デカルト哲学が示しているのは、私たちの身体が、対象となる客体であって、私たちと異なるものであり、私たちによって経験されるものだということである。デカルト図式では、私たちは、世界における他のすべての物的客体を経験するのと同じように、自分の身体を経験する。そうした経験はもちろんありうる。鏡、写真、ファッション産業、他者からの批評やまなざしなどによって、私たちは自分の身体が「外的客体」であると自覚させられる。だが、私たちの身体についての最初の経験はこのような形ではない。私たちは、自分の身体をそれ自体として経験しない。むしろ、私たちの経験が身体的なのである。たとえば知覚は、感覚的な経験である。知覚は感じられた感覚からなり、まぶしく輝く光、強烈な音、激辛のチリソース、熱湯などによって引き起こされる不快感が、このことを例証している。つまり、私たちの身体は経験される客体というよりも、むしろこれらの経験の場、経験の主体である。より正確にいえば、これらの感覚は知覚主体を生み出すのである。私たちが知覚するものは、自分の身体という境界の外部にある客体である。

現象学的にいうと、知覚意識は感覚経験としての志向的経験である。

7） 筆者はここで「肉」の概念について議論するつもりはない。なぜなら、この概念は不必要に事を複雑にすると思われるからである。したがって、次のことを述べておけば十分である。すなわち、メルロ゠ポンティは、「物質」と関連のあるデカルト的な考え方を超越するという意味で、そしてとりわけ、物質的／有機的な生の「心的」で意識的な相を捉えるという意味で、世界の物質的性質を再考する仕方としてこの概念を定式化しているのである。

知覚意識はそれ自体についての意識ではなく、それ自体の外側にある何ものか、それ自体を超越している何ものかについての意識である。私たちは「感覚」を知覚するのではない[8]。私たちは感覚を「もっている」のであり、その感覚によって私たちは自分たち自身の外側にある世界を知覚するのである。より正確にいえば、私たちはそうした世界の内部で特定の客体や状況を知覚するのである。くり返しておけば、この意味で、私たちの身体はデカルトが主張するような私たちの経験の客体ではなく、私たちの経験のまさに基盤であり場なのである。知覚するのは私たちの身体である。より正確にいえば、私たちは身体なのであり、私たちが知覚するのは身体としてなのである。

メルロ=ポンティは、この点をさらに展開していきながら、私たちが自分たちの身体的存在と世界への関与とによって構成される地点もしくは観点から、客体や状況を知覚しているということ、また私たちは必然的にそうしなければならないということを論じている。「どこにもないところからの観点」など考えられないし、それは確かに私たち自身の経験では何ものにも相当しない。知覚することは、知覚される対象との関係で、つまりある距離で、ある角度で、前景と背景とを識別しながら[9]、どこかに立脚することである。私たちの身体はどこかにあるも

---

[8] 痛みでさえも、この分析に当てはまる。痛みを伴う多くの経験は、その痛みの元である客体を「志向している」(たとえば、私たちを傷つけた鋭い刃物、爪先に落ちてきた重たい物体など)。そうでない場合でさえ、痛みを伴う経験の中で、身体が、何らかの形で私たちに痛みを引き起こすように作用する外的行為体として私たちに立ち現れてくることはない。むしろ、身体は私たちの痛みの場なのである。私たちは「手が痛い」ということもあるが、私たちは(「この新しい靴が痛い」と言うときのように)「手が痛みの原因だ」ということを意味しているのではなく、むしろ私たちは自己の「手という領域」において痛みを経験しているということを意味しているのである。

[9] 家や立方体や他の人間のような三次元的対象を、特定の観点あるいは視点に立つことなしに見るということが、どのようなことであるかを想像してみてほしい。それは一度にあらゆる側面からその対象を見ることを意味するが、何らかの仕方で「複数の側面」でもってその対象を見ることを意味するのではない。

のである。私たちの身体は、世界との関係の中に私たちを位置づけており、その結果、私たちは自分の身体を知覚することができ、そういうものとして、自分の身体は私たちの経験に不可欠なのである。

　同様に、メルロ゠ポンティは、私たちは世界内の客体を動かすのと同じ仕方で自分の身体を動かすのではない、と記している。私たちは自分の身体を動かす「ために」何かをするのではないし、実際にどうやって自分の身体を動かしているのかはよくわからない。私は、自分が風呂場の中で歌を歌うときどうやって自分の喉頭を動かしているのか、あるいはタイプを打つときどうやって自分の手を動かしているのかを知らない。喉や手は「ただ動く」のである。そして、私はこれらの事柄を行おうと自覚しているわけでも、そうしようと努力していると自覚しているわけでもない。私は、自分の脚を動かそうということも、そして実際に脚を動かしていることも、自分の中で意識的に考えているわけではない。私の身体はただ動いている、より正確にいえば、私は身体としてただ動いているのである。これは、テーブルのような世界内の客体を動かすという私の経験とはかなり異なる。客体、とりわけ大きな客体を動かすとき、私はしばしば大きさを測ったり、どうやって動かそうかと計画したり、もちろん動かすために何かを行ったり──すなわち、つかんだり、持ち上げたり、引きずったり [10] ──もする。くり返していえば、自分の身体についての私の「経験」[11] は、外的客体についての私の経験とはきわめて異なっていることは明らかであり、したがって身体を一つの客体と考えるデカルト的傾向は問題視されるのである。私は、外的世界にお

10）　私たちが自分の身体に対してもつのと同じように、世界内の客体に対しても自動的な関係を発展させることができるとメルロ゠ポンティが考えていたかどうかという点は、必ずしもそれほど単純ではない。しかし、当面の目的にとってはこの議論で十分であろう。

11）　「経験」という語は、ここでは必ずしも正しいとはいえない。というのも、メルロ゠ポンティの焦点は、私たちが自分の身体をそれ自体として経験していない、ということであるからである。むしろ、前述のように、身体は私たちの経験の場であり、私たちの意識的経験は概して、私たち自身の個々の身体的存在を超越している世界についての経験なのである。

ける客体を経験するのと同じ仕方で自分の身体を経験するのではないし、デカルトによる二元論の議論の基本的な想定が、現象学的にいえば誤ったものであるということが、こうして明らかになるのである。

　メルロ＝ポンティはこの点を続けながら、身体のさまざまな「部分」がどのようにして相互に対応しているのか、また全体としての身体がどのようにして、知覚においても行為においても、その環境に対応しているのかを記している。「同じ」行為が、そのとき有機体がとっている体勢に応じて、その有機体にとって非常に異なった帰結をもたらすことがある、と彼は記している。ある場所で身体のバランスを保っていても、別の場所だったらバランスを崩すこともあろう。しかし、身体は統合された仕方で動くのであり、左手は、右手のやっていること──そして脚、胴、頭などがやっていること──を、つねに知っているかのように思われる。もし私がある特定の仕方で腕を動かさなくてはならないが、そうするとバランスを崩してしまうような場合、無事に腕を動かせる体勢がとれるよう、まず私の脚が動くであろう。そして、このことは意識の介入なくして生じる。こうした身体の自己抑制は、その直接的環境についての身体による理解と同時に働いているように思われる。たとえば、もし足下で地面が動いたら、あるいは目前に障害物が現れたら、私たちは自分の体勢を自動的に変える。そしてこのこともまた、意識の介入なくして生じるのである。身体と世界は、一つの統合されたシステムとして、意識的／反省的な思惟から独立して、一緒に働いているのである。

　これらの場合に、反省的思惟の介入なしに有意味で目的的な仕方で、そしてしばしば私たちが意識的には用いることのできない知や理解の形式でもって、私たちは身体として行為する。私たちは行為する前に意識的に反省したり思惟したりすることはない。しかも、私たちの行為は一定程度（身体それ自体と環境との両方についての）理解と知に背いているし、何らかの刺激に対する機械的な反応ではないこともきわめて明らかである。これは、メルロ＝ポンティの主観身体という概念のきわめて重要な相である。

　さらに、彼は文化的な状況や客体についての私たちの知や理解に関する考察も含めるために、その概念を拡大している。たとえば、私はさま

03 主観身体 Body-subject

ざまな文字がワープロのキーボード上のどこにあるかを反省的感覚において知っているのではない。「K」という文字がどこにあるかをあなたに示そうとするときには、キーボードを見たり、たぶん「K」を打とうとしたりしなければならない。もちろん、私はキーボードを打つことはできる。事実、筆者はちょうどいましがた、探す必要もなく「K」という文字を打ったところである。私の指はキーボードの配置を「知っている」し、私が「K」という文字を打つ必要があれば、私の指のうちの1本が私の意識の介入なしに正しい方向に向かう。いうまでもなく、私はこのことを学んできていなければならない。それは「習慣」であるとメルロ＝ポンティは論じている。そしてメルロ＝ポンティの観点では、主観身体の行為の多くは習慣的である。だが、彼は習慣についての自らの考え方と、多くの文献に見られる粗野な機械論的考え方とを非常にはっきりと区別している。習慣は機械的な反応ではないと彼は論じている。つい先ほど記したように、それは目的的行為という文脈で用いられる理解や知の形式なのである。習慣を獲得してきたということは、特定の活動様式に参与するために必要な原理や前提を「理解」してきたということである。

　さらなる例として、素早い動きが要求される試合で、巧みなショットを返すスカッシュプレイヤーを考えてみよう。スカッシュをするために、個人はまずそれをすることを学ばなければならない。人びとはその試合の目的が何であるか、その規則は何であるかを学ばなければならない。人びとはラケットの握り方や、さまざまなショット（たとえば、フォアハンド、バックハンド、オーバーヘッドサーブ、「スピン」など）を学ばなければならないし、手と目の協働性を鍛えなければならない。だが、試合という脈絡の内部では、プレイヤーはほんの一瞬のうちに、ボールを打ち返せる体勢、そして（練習では一度も試したことのない体勢かもしれない）その体勢からショットを打てる体勢へ、さらに、規則の下で許されてはいるが敵にとってはボールを返すのが非常に難しくなるような場所に戦略的にボールを打ち返す体勢へと移っていくであろう。プレイヤーは、このようにゲームについての理解と知とを示しながら、その試合が要求するものによって技能的かつ戦略的な仕方で行為しなければ

ならないし、それらを「思惟することなく」——思惟している余裕はないので——行わなければならない。もちろん、スカッシュプレイヤーはまた、サッカープレイヤーやネットボールプレイヤー、そして異なるやり方ではあるがギタリストやタイピストや自動車運転者や歩行者までも、こうしたことをつねに行っている (Crossley [1996b])。私たちは身体的存在として、身体的で実践的なやり方で理解する物理的かつ社会的に複雑な環境を通じて、自分たちのやり方を継続的に作り出しており、その結果、私たちはそのやり方について思惟する必要なしに行為することが結果的にはできているのである。実践的な知や理解として定義されるこうした能力や傾向、つまり獲得された習慣と目的的行為との組み合わせは、主観身体の概念に不可欠である。メルロ＝ポンティも示しているように、主観身体は「習慣身体」なのである。

主観身体のもつ習慣的性質と主観身体それ自体の習慣的感覚は——メルロ＝ポンティも時どき「身体図式」という題目でそれらについて語っているが——、身体や世界の客観的次元との連合からはみ出る例の中でしばしば明確に示される。たとえばアイリス・ヤング (Young [1998]) は、妊娠に伴う急激な身体的変化が、ときに女性の実際の身体的サイズ／形や能力と習慣的感覚とが一致しないような状況をどれほど引き起こすかということ、そしてその結果、特定の仕方で行為しようとするも、その試みが混乱させられてしまうということを記している。その女性は、たとえば妊娠前であればうまく切り抜けたであろうことと、今、自分が試みていることとの不一致をうまく切り抜けないでいる。あるいは、彼女はある行為——それを行うための自分の遂行能力をこれまで問題視したことのない行為——を遂行するには、素早さにもスタミナにも欠けていると気づく。彼女の習慣的行為は、彼女の身体が妊娠前と同じ状態であるといまだ想定しており、こうした想定に基づく行為が、その想定のもとではうまくいかないというような状況においてはじめて、彼女は自分の身体がかつてと同じ状態ではないと理解しはじめるのである。

同様な脈絡で、新しい車や別の日用品を買うと、以前使っていたものへの習慣的な「感覚 (feel)」は新しいものの方に移調されるが、その移調は必ずしも十分な形では行われないため、いくつもの問題を経験す

る場合がある。もちろんここで重要なことは、私たちはいついかなるときもこうした想定や習慣に頼っているのだが、しかし不慣れな環境によって自分の習慣や想定が不適切なものになってはじめて、想定や習慣に頼っていることを了解する、ということである。

　この点についてメルロ゠ポンティが論じていることは、ハイデガー（Heidegger [1962]）が「すでに手中にあること」という題目で語っていることとも非常に似ている。両哲学者は、人間がどんな反省的あるいは概念的な理解にも先立って世界に関してもっている非常に基底的で実践的な理解に、私たちの注意を引きつけたいと考えている。つまり両哲学者は、もっぱら特定のタイプの実践的統御力の中にあって、そのようなものとして他に還元不可能な形で身体化されている知や理解の形式に、私たちの注意を引きつけようとしているのである。両哲学者が私たちに示しているのは、世界は何よりもまず、私たちがそれについての反省的知をもつ何ものかではなく、私たちがそこに実践的に巻き込まれ、それに対してある程度の統御力をもつものなのである。

　もちろん、多くの人間行為は意識的で反省的である。しかしながらメルロ゠ポンティ（Merleau-Ponty [1962]）は、反省的活動が「主観身体」の前反省的活動を前提にしている、と論じている。ここで、この点について詳細に論じる紙幅はない。だが、次のことだけ述べておけば十分であるに違いない。すなわち、メルロ゠ポンティの観点では、意識的で反省的な活動は知覚と言語使用を前提にしており、また逆に、知覚と言語使用も主観身体の前反省的活動を前提にしているということである。

　たとえば、私たちはまず言語形式で、反省的に、自分の思惟について自覚するようになる。思惟することとは、ある意味では、自分自身に対して語るということである。私たちは、自分の思惟を他者に伝える前に構成しようと、たとえ声に出さずにそれを行う場合であっても、自分の言いたいことが何であるかを知るためには——自分がいままさに言っていることを知ることなしに——語らなければならない。このことは、私たちの（獲得された）語る能力を前反省的に動員することを必要とする。私たちは定義上、思惟することなくして語らなければならない——そして私たちは、自分の「言う」ことによって自分自身が驚かされる場合に

みられるように、思惟せずに語っていることをときに自覚するようになる。したがって、反省的思惟は前反省的で習慣的な基盤をもつ。同様に、知覚に関する膨大な研究によって、反省的思惟とは「外部のそこに」あるものを意識するようになるという単純な事柄ではなく、知覚主体による前反省的で習慣的な解釈活動に支えられている、ということが明らかなのである。

　社会学的な観点からいうと、この説明からさらに二つの様相を引き出すことが重要である。第一に私たちは、主観身体が行為者未満で相互行為者以上のものである、ということを記しておくべきであろう。すなわちメルロ゠ポンティは、人間の行動や行為が主観身体の環境とともに一つの「システム」を形づくっている仕方に非常に関心をもっているのである。その環境に他の人びとが属している場合、これは明らかに社会システムである。行為者a）の行為は、行為者b）の行為に対する反応であり、行為者b）の行為は、行為者a）の行為に対する反応であることから、この二つは還元できない様式で組み合わされている。

　第二に私たちは、メルロ゠ポンティが自分の考え方を、私たちが現在いうところの「構造化論者」の方向に発展させているということに留意しておくべきであろう。主観身体は、特定の社会的文脈の内部で行為する能力を獲得する、と彼は記している。主観身体は、スカッシュの例でみたように、「ゲームの規則」を学ぶ。しかしながら、スカッシュゲームでみたように、社会的世界はそれ自体が存在するために、主観身体の技能的で能力的な活動に依存している。社会的行為者は社会的世界を構成する「ゲーム」を行うことを学ばなければならないが、そうしたゲームはそれを行う人びとの活動によってのみ存在するのである。主観身体は社会的世界の構造を「内自化」してから、それ自体の行為の中で社会的世界の構造を再生産する。スポーツについて、そしておそらく言語についても、このことが端的に示されているが（私たちが言語を話すためには学ばなければならないが、言語が存在するためには私たちによって話されなければならない）、メルロ゠ポンティによれば、このことは社会的世界の中で構造化されたすべての活動に当てはまるのである。

　メルロ゠ポンティが主観身体という概念によって挑戦しようとしてい

るもう一つの二元論は、サルトル（Sartre [1969]）による即自存在と対自存在[12]との間の差異である。サルトルにとって、人間の存在は事物の存在とは根本的に異なり、純粋意識的、超越的、自由（→【16自由】）であるが、メルロ＝ポンティはより均衡のとれた観点を追求している。私たちの身体性は、私たちを世界に根づかせ、サルトルが描いている超越性とバランスをとり、私たちを傷つきやすいものにしている、とメルロ＝ポンティは論じている。これはある程度、身体物理的な可傷性の問題である。身体としての私たちは傷つきやすく、病や死や怪我に至る。さらに、私たちの身体は、時間‐空間の内部に身体物理的に私たちを文字どおり位置づけ、身体の構造によって私たちの経験と行為可能性を構造化する。

だがさらに加えて、身体は、私たちが社会的世界内に存在し、社会的世界に属する仕方でもある。メルロ＝ポンティは、習慣と習慣の社会的性質を強調することによって、私たちが社会と歴史に非常に深く根づいていること、すなわち私たちの習慣を形にする文脈が構成される特定のコミュニティや社会集団に非常に強く根づいていることを示そうとしている。このことは、「文化的な判断力喪失者」としての人間という考え方、すなわち単なる環境の産物としての人間という考え方を意味するのではない。スカッシュプレイヤーの例が示しているように、私たちは戦略的かつ革新的に行動する。しかしまた、同じ例が示しているように、私たちが戦略的かつ革新的に行動するときでさえ、私たちは獲得された技能や暗黙知、あるいは私たちが（「ゲーム」の）中にいる状況の類型に関する理解に、前反省的に依拠しているのである。私たちの行為は、機械的反応と自由意志の自発的な突発との間のどこかにある——このこ

---

[12] この概念は、「自由」に関する項目で（→【16自由】）より詳細に扱われている。当面の目的にとっては、人間の「存在する」仕方が「事物」の存在する仕方とは非常に異なっており、とりわけその理由は、世界は人間にとっては存在しているが、「事物」にとっては存在していないからである、とサルトル（Sartre [1969]）が論じていることを記しておこう。明らかにメルロ＝ポンティは、人間と事物との間には差異があることには同意しているが、本文で述べるように、サルトルが示しているような形で人間が他の「事物」と異なっているとは考えていない。

とのさらに詳しい議論については、【16自由】を参照してほしい。

メルロ=ポンティの説明は、いくつもの批判にさらされてきたが、筆者の見解ではその多くは誤っている（簡潔な概略についてはCrossley [2001d] を参照）。しかしながら、メルロ=ポンティの議論にはきわめて共感的だが、彼の身体的経験についての記述がジェンダー間の差異を無視している傾向に異論を唱えるフェミニストからは、非常に重要な一連の批判が向けられている。

たとえば、とりわけアイリス・ヤング（Young [1980] [1998]）は、メルロ=ポンティの説明では、行為者は自らの身体性との間で問題のない関係性を享受していると想定されている、と論じている。このことは男性にとっては真理であるかもしれないが、女性にとってはそうではなく、女性の身体性は西欧文化における女性身体の客体化に媒介されている、と彼女は論じる。ヤングによると、たとえば、女性はつねに望んでもいない注目から自分自身を守ろうとしなければならないため、女性の動きはそれほど柔軟ではない。また女性は、容姿や男性からの望んでもいない注目によって自己意識的にさせられているため、自分の実践的行為活動にとって不利になるようなやり方で自分の動きや身体的範囲を最小化する傾向がある。さらに、女性は女としての形を判断し綿密に洞察する傾向を内在化しており、メルロ=ポンティの説明が想定しているような身体の心地よさを感じられないような仕方で、自分自身をその形に適応させている。同様に、ジュディス・バトラー（Butler [1989]）は、メルロ=ポンティによる（ここでは議論しないが、にもかかわらずメルロ=ポンティの主観身体という考え方と関連のある）セクシュアリティの説明が、男性の、異性愛的な主体を想定していると記してきた。

だが、メルロ=ポンティが彼の説明の中で身体的差異について一切触

13) メルロ=ポンティは部分的には、「シュナイダー」——重大ないくつかの点で経験が規範（norm）から外れてしまっている、脳を負傷した戦争経験者——の症例との対照を通じて、「正常な」（normal）身体的経験についての説明を組み立てている。このことは、障害そのものへの取り組みとはかけ離れており、確かに（包括的な説明をすべき）障害者の社会モデルとはかみ合わないが、少なくとも身体的差異に気づいていたことは示している。

れていないというのは正しくないだろう、と筆者は考えている。たとえば彼は、試論的ではあるが階級的差異について議論しており、また彼の説明には少なくとも障害をもった、あるいは怪我を負った身体についての明白な考察がある [13]。しかしながら、たとえばファノン（Fanon [1993]）が行おうとしていたように、生きられる身体性との関係で「人種」との関連性を指摘することによって、こうしたフェミニストの批判を拡張することもできるであろう。

【基本文献案内】
　デカルトの『省察』（Descartes [1969]）は魅力的で哲学史にとって非常に重要である。この本はまた、非常に簡潔で、比較的読みやすい。本項と密接に関連するメルロ゠ポンティの主要文献である『知覚の現象学』（Merleau-Ponty [1962]）と『行動の構造』（Merleau-Ponty [1965]）は、学部学生にとってはかなり読みにくく、哲学と心理学との両方に関するかなり多くの予備知識を必要とする。この予備知識について本書では言及しないことにするが、これらの問題に関しては拙著の『社会的身体』（Crossley [2001a]）を、またメルロ゠ポンティの研究をより広い文脈に位置づけたい読者には、同じく拙稿の「メルロ゠ポンティ」（Crossley [2001d]）をお勧めしたい。

(堀田裕子訳)

04 身体-権力／生-権力
Body-power/Bio-power

◎関連概念：イデオロギー、権力、権力／知

　「身体-権力」と「生-権力」という概念は、「解剖-政治学」や「規律訓練型権力」のような関連用語とともに、フランスの哲学者であり歴史学者であるミシェル・フーコーによって、近代西洋社会における権力の主要な形式を描こうとする取り組みと同時に、リベラルな政治理論家とよりラディカルな思想家とが権力を概念化しようとする際のある仕方に異議を唱えようとする取り組みの中で創り出された。私たちの目的にとっては、権力についての私たちの理解を形づくる傾向のある次の二つの慣例にフーコーが異議を唱えようと試みている、ということを述べておけば十分であろう（より詳細な説明については【38権力】参照のこと）。

　第一の慣例は——**権力**の項の導入部でより詳細に議論されているのではあるが——、商品として、能力として、あるいは、たとえば国家や政治エリートや支配者階級のような存在の手中に集約されうる「物のような」実在物として、権力を概念化する傾向である。フーコーはこうした傾向に反対して、どのようにして権力の効果が生み出されるのか、すなわち、どのようにして諸個人と大部分の人びととが、エリートの要求やより一般的にいえば現状の要求に沿うために、実践的に影響を受けるのかについて私たちが考えるべきである、と主張している。このようにして権力分析を再定義する中で、フーコーは、現状からみて集団の中には他の集団よりもずっと影響力をもつ集団があるということを否定するつもりなのではなく、受益者を特定することが権力の働きについての私たちの理解を実際にはほとんど発展させていないということを意味しているのである。さらに、「主体」[1]に関する伝統的な理解に対する反感から、フーコーは「力をもった個人」を権力のさまざまなテクノロジーの産物としてみようと考えている。権力は、社会関係の一特性として、能

力ある行為者を生み出すのであり、その逆ではないのである。

　フーコーが批判しようとしている第二の慣例は、「権力」と社会秩序とが「観念」や「意識」を通じて独占的にあるいは本来的に確保されている、という考え方である。こうして一方でフーコーは、近代初期の主要な政治理論家の多くによって進められ、タルコット・パーソンズ (Parsons [1951]) のような比較的最近の社会理論家の多くによって暗黙のうちに引き受けられた「社会契約」という考え——すなわち、社会秩序とさまざまな形式の「権力」（あるいは権威）とが、主要な価値やそこから引き出されるべき規範や政治的目標に関する市民間での同意に起源をもつという考え——に異議を唱えている。他方でフーコーは、市民が社会的世界の性質に関するさまざまな誤った考えや信念を宣伝する権力集団によって躍らされているために社会秩序は維持されていると示すような、（フーコーの観点では）「あまり洗練されていない」イデオロギー理論に対して、異議を唱えている。これら二つのアプローチがともに共有しているのは、社会秩序が個人の意識的合意を通じて保たれているという考えである。

　これに対してフーコーは、権力が、ずっとより基底的で前意識的なレベルで、個人の身体において働いていると論じている。

> 　私は、意志の普遍性によって構成された社会的身体という考えが大いなる幻想であると考えている。そうなると、社会的身体の現象は合意の効果ではなく、諸個人のまさしく身体に作用する権力の物質性の効果なのである。(Foucault [1980 : 55])

> 　……私たちは、私たちの生きるブルジョア的な資本主義社会にお

---

1)　この場合、「主体」に対する反感というのは、集合的であれ個人的であれ、行為者の存在を前提とするあらゆる理論的アプローチに対する反感のことである。そのアプローチは「権力」を含む諸特性によって特徴づけられるものであり、そうした特性は、あたかも他者との関係の布置の中で当該の行為者が置かれている状況に先立って存在しているかのように、想定されたり取り扱われたりしているのである。

いて、権力が精神、意識、観念性（すなわちイデオロギー）を重視して、身体のリアリティを否定してきたという、広く受け入れられている仮説を退けなければならない。事実、権力の行使ほど、物質的で物理的で身体的なものはない。身体へのどんな様式の投資が、私たちの社会のような資本主義社会を機能させるのに必要で適切なものなのであろうか。(Foucault [1980 : 57-58])

　問題は、人びとが何を考えているかではなく、人びとがどのようにして習慣的に振る舞っているのか、そしてリベラルな秩序という前提条件がどのようにして人びとの習慣の中にしみ込むのかである、とフーコーは論じている。権力は、無数のテクニックという形式で——その歴史と効力については、フーコーが『監獄の誕生』で暴いている——、リベラルな社会によって前提されたやり方で身体を形づくりながら、身体に投資する。とりわけ19世紀には、タイムテーブルや新しい形式の建築術から、「換券経済」[2]や「科学的管理」[3]を経て、狂気の「道徳療法」[4]に至るまで、人間の振る舞いを操作し管理するための大量のテクニックが成長をみせた。これらのテクニックが気づかれないようになりつつも効果的なものでありつづけながら日常生活の中へとしみ込むかぎり、リベラルな秩序は意識的な熟慮を超えたレベルで再生産される。こうして熟慮は、秩序に対する挑戦ができないものにさせられる。実際に『監獄の誕生』の中で、リベラル民主主義は、それを持続するための前提となる

---

2)　換券経済は、19世紀後期と20世紀初期の「特殊学校」や精神病院において一般的にみられた特色である（これは、程度は少ないものの今日でも残存している）。換券経済は、良い行いには引換券で報酬を与え、悪い行いには引換券を奪うこと（すなわち罰金）で罰するというものである。また引換券は、一週間に一、二度、「売店」やそれに類する所でさまざまな物を買うために使うことができる。

3)　管理という技法は活動を最小単位へと分解することを意味するが、それはその活動を効果的に遂行するもっとも有効な仕方を案出したり、労働者が遅れをとっていないかをチェックするために労働を計測したりすることである。いわゆる「時間と動作」の研究は、こうした管理的アプローチの一部をなしている。そのアプローチの諸相は、今日でも実行されており、過去には非常に広く行われていた。

追従が、こうしたミクロコスモス的で習慣的なレベルで確保されているから民主主義であることができるにすぎない、とフーコーは論じている。社会的ミクロコスモスのレベルでの身体の形成は、フーコーが「身体‐権力」について語る際に言及しているものである。

フーコーが記述する、行動統制のテクニックに不可欠なものは、監視のテクニックである。旧体制(アンシャン・レジーム)5)において、権力のテクニックはそれ自体の可視性によって働いていたとフーコーは論じている。権力的であることは可視的であること、そして可視的な仕方で唯一の権力者の存在と権力とを感知させることであった。たとえば、そうした権力者の「臣民」を恐れさせる強大な城や教会を通じて、また逸脱者の最期や権力者の力をすべての見物人に思い知らせる処置として権力者の規則を破った者に対する公開処刑や公開体罰を通じて、さらに権力者の存在と権力者のこれまでの出来事を記録し讃えた肖像や成文書——封建時代においては裕福で権力ある者だけが記され描かれていたとフーコーは記している——を通じて、である。しかしながら、近代の文脈においては、こうした事態は逆転する。すべての人の生が非常に詳細に観察され、調査され、記録される。新たな権力形式が、とりわけ身体を可視的で可知的な対象にすることによって機能する。部分的には、自己監視を奨励することによって、この形式は働く。行為者は外的監視を内在化し、その結果、行為者は自己管理的となる。だが、この形式が効果的なものとなるのは、身体操作のための知を備えた能力ある身体がどの程度生成するのか、と

---

4) 狂気の道徳療法は、18世紀後期と19世紀初期に登場した。その療法は、狂気は誤った学習に由来し、その療法にとって重要なことは患者を「再教育」することであるという——ある部分はジョン・ロックにも起源をもつ——見解に基づいていた。このことはまた、患者に正しいことを行うよう期待することや、(18世紀初期以前により頻繁に用いられていた鞭や鎖によってではなく) 叱責し警戒するまなざしによって患者を統制することを主張することもしばしば含意していた。イギリスでは、この進展はとりわけヨーク・リトリート病院 (York Retreat) と結びついており、それについてはフーコーが『狂気の歴史』の中で、フランスでの同様の進展に沿う形で論じている。

5) フランスの場合、これは1789年のフランス革命以前の時期を意味している。より一般的には、中世における封建社会の秩序のことをいう。

いう点にもかかっている。

　以上のことに関連していえば、身体‐権力は権力の積極的な形式である。すなわち、旧体制(アンシャン・レジーム)における権力のテクニックが、身体を否認し、身体的欲望や衝動を否定し、痛みや傷を負わせ、そしてときには生を奪うこともありながら働いていたその地点で、身体‐権力は、生と身体の可能性を育成しながら、社会によって要請されるやり方で身体を形成することを目指しているといえる。身体‐権力は、身体の性質を否定するのではなく——フーコーはいかなる場合においても固定的な人間の性質といったものを信じていない——特定の望まれた仕方で身体とその性向とを形づくろうとするのである。身体‐権力は、社会で認められた欲求に対応するようにして、健康で有能で効果的な身体を増進しようとするのである。

　「身体‐権力」はこのように定義されるものの、単に権力の概念であるだけではない。それは、身体の概念でもある。フーコーにとって、身体はそれ自体で完結した生物学的／生理学的システムではない。身体は歴史的に構成されるのである。

>　私たちは少なくとも、身体が生理学という唯一の法則に従っており、歴史の影響を免れると考えるが、それも間違っている。身体は非常に多くの異なる仕組みによって壊乱されるのである。言い換えれば、身体は、労働や休憩や休日のリズムによって壊乱され、習慣や道徳的法則を通じて食物や価値によって汚染される。だがまた同時に、身体は抵抗をも作り上げる。人間においては何ものも——その身体でさえも——自己認識や他者理解にとっての基礎として働くほど、十分には安定していないのである。(Foucault [1980b : 153])

>　……身体は……政治の領域の中に直接に巻き込まれている。そして、権力関係は身体に対する直接的な支配力をもっている。権力関係は身体に投資し、身体に烙印を押し、身体を訓練し、身体を苦しめ、そして私たちの任務を遂行し、儀式をとりおこない、表徴を発するよう、身体に強要する……。(Foucault [1979 : 25])

さらにフーコーは、私たちが享受している、自分自身の身体や意識や自己意識に対するそれぞれの統御力が——それによって、私たちは自分たちの身体に再帰的に立ち返ることができるのだが——権力による私たちの身体への投資の結果である、と主張している。

> 自分自身の身体への統御力と自覚は、権力への投資——たとえば、体育、運動、ボディビルディング、身体美の賛美——の結果を通じてはじめて身体において獲得されうる。これらすべては、子どもや兵士の身体といった健康な身体に対する、権力の、執拗で、持続的で、細心な働きかけによって、自分自身の身体の欲望へと導く道につながっている。しかし、いったん権力がこうした効果を生み出すと、そこには、権力に対する自分自身の身体、経済システムに対する健康、さらにはセクシュアリティや結婚や礼儀正しさといった道徳規範に対する快楽など、権力に応対する主張や肯定が不可避に現れてくる。突如として、権力を強固なものにしていたものが、権力を攻撃するために用いられるようになる。権力は、それ自体を身体に投資してから、その同じ身体において反撃にさらされていると気づくのである。(Foucault [1980a : 56])

上の引用が示しているように、権力による身体への投資は、にもかかわらず抵抗を引き起こしうる。私たちはさまざまな仕方で自分たちの身体に権力が投資されるようになってから、投資に関する自分たちの主張（たとえば国家に関する主張）をするように方向づけられることになる。たとえば、私たちは健康な身体を作られ、そして健康に対して意識的にさせられてから、私たちの社会の諸相が自分たちの健康にとって有害である点について抗議するのである。

『監獄の誕生』でフーコーは、個人的なレベルで身体を生産し統制する（より正しくはおそらく、身体を個人化 6) し、「個人」という感覚を作り上げる）テクノロジーと言説について議論している。だが『性の歴史』の第1巻では、彼は、たとえば人口統制のテクノロジー、公衆衛生や福祉戦略のテクノロジー、公的調査による監視のテクノロジーなど、

04 身体‐権力／生‐権力 Body-power/Bio-power

テクノロジーと言説とが人口全体を構成し操作するのと同じ過程を探求しはじめている (Foucault [1984])。彼は、こうした実践と言説のより高次のレベルのネットワークを「生 - 権力」と呼んでいる。旧体制(アンシャン・レジーム)における権力が、処刑を通じて、そして権力者の臣民に対してはその権力者のために戦争(これは、軍事組織のメンバーにとっては明らかに依然として存在しており、戦闘に適していると見なされる普通の市民にとっても依然として担う可能性のある義務である)で戦うよう命ずることによって、生を奪う権力であったのに対し、近代社会における権力は主として、生を監視し記録すると同時に、保護し陶冶することに焦点を当てているとフーコーは論じる。近代社会において、国家は生 - 権力の主要な行為者として、健康をもたらすために市民の環境を操作しようとするだけでなく、同時に、健康を保護し、人口に関する規範を維持するために、人びとの行動に対してひとまとめに影響を及ぼそうとする。

身体 - 権力と生 - 権力の概念は、それぞれ重要で興味深い。しかしながら、身体を無限に可塑的なものとしてみるフーコーの傾向、あるいは一方での無限の可塑性という観点と、他方でのディオニソス的なリビドー過剰[7]との間で揺れるフーコーの傾向を批判してきた論者も——筆者自身を含めて——いる (Levin [1989]; Burkitt [1999]; Crossley [1994] [1996b])。さまざまな身体形式に対する「抵抗」、あるいは生 - 権力に対する身体の「抵抗」に関してフーコーがその場に応じて簡潔に行っている解説のいくつかを、彼が身体を完全に可塑的なものとは考えていない

6) 旧体制(アンシャン・レジーム)において「人びと」は匿名の塊を形づくっていた、とフーコーは論じている。人びとは、公開処刑に歓呼し、野次るために集まった群集であった。だが、近代の規律訓練型権力は、大衆をより小さな集団に、そして最終的には個人のレベルへと分解しながら、分離する。権力は各身体を、個人として、その歴史などとともに「知っている」。このことは、権力の効果にとって不可欠である。

7) いくつかのフーコー解釈(たとえば、Levin [1989]; Burkitt [1999])では、フーコーが「完全に歴史によって刻印される」という白紙(タブラ・ラサ)としての身体という歴史学的観点と、社会的に分裂させられる可能性のある衝動と欲望との中枢としての身体という観点との間で揺れ動いている、と示されている。この後者の観点は、哲学者ニーチェのフーコーへの影響に由来するといわれている。

ことを示すものと読むことも可能である。しかし彼は、行動を形成しようとすることへの抵抗の度合いについても、あるいは逆に、そもそも身体を訓練にとって従順なものとする一定の身体能力についても、考え損なっている。可塑性と学習能力は、エリアス（Elias [1978]）が論じてきたように、自然としての人間性の相である。その相によって、人体は他の生物の身体とは異なるのである。さらにいえば、すでにある程度の秩序を示していない身体に、新たな秩序を課すことはできない。身体が管理可能なのは、身体がつねにすでに調和しており、管理されているからにほかならない。人がどれほど真剣にこうした考察を受け取るかは、人の関心と視点とにかかっている。だがフーコーが主張するように、これらの考察は、身体は完全に歴史的現象なのであって「自然」なところなど何もないと主張するあらゆる人びとに対する警告として、受け取られるべきであろう。

【基本文献案内】
　フーコーの著書の多くは非常に読みやすく、彼についての解説を書いている者の著作よりも読みやすいことは確かである。「身体‐権力」を理解するための主要な文献は、『監獄の誕生』（Foucault [1979]）と、『権力／知』（Foucault [1980a]）に収録されているさまざまなインタビューや講演である。なお、生‐権力は『性の歴史』第1巻で論じられている（Foucault [1984]）。

（堀田裕子訳）

05
資本：ブルデューにおける資本概念
Capital (in the work of Pierre Bourdieu)

◎関連概念：界、ハビトゥス、ヘクシス／身体技法、
社会資本、社会階級、社会空間Ⅰ

　資本という概念は経済学に由来するものであるが、経済学で資本といえば、財貨や資産、すなわちまさに何らかの貨幣価値をもったものを指す。ところが近年、経済学の内外で、貨幣資本あるいは経済資本とは異なったタイプの「資本」について探求しはじめる人たちが出てきた。すなわち、その人たちは、行為者が利用できる資源のうち、厳密には貨幣に換算できない価値をもった形態について、考えをめぐらしはじめるようになったのである。経済学の内部では、ゲリー・ベッカー（Becker[1996]）の業績が、この点に関して代表的なものである。一方、経済学の外部でそのような資本の形態についての重要な理論家といえば、ピエール・ブルデューである。私たちがここで考察しようとしているのは、まさにこのブルデューの業績にほかならない。

　筆者がここで示そうとするブルデューの資本概念をできるかぎり簡潔に定義してみれば、おそらく次のようになるであろう。この概念はさまざまな種類の資源を分類するものであり、その資源とは、社会的行為者が自分の企図を成就させるために投入でき、しかもそれらの資源は価値があるために、行為者たちが追い求め、蓄えようとするものである。別の見方をすれば、このような資本の形態は、いわば非常に多くの座標軸であって、その座標軸に沿って、行為者たちそれぞれが相対的に有利（あるいは不利）な位置にあるということができるものなのである。ブルデューの著作の中で確認された四つの主要なタイプの資本について考察してみれば、上記のことがよりはっきりするだろう。

経済資本

　これは行為者の収入や、それが蓄積されてできた富、さらには行為者

たちがもっているさまざまな財（とくに財産や土地など）の貨幣価値を指す。この形態の資本は、経済界[1]の中で、そして経済界によって生まれるのだが、しかしこの経済界が他のほとんどの界に浸透することで、経済資本がほとんどの社会的文脈の中で重要な資源になっているのはいうまでもない。経済資本はまた、きわめて合理化された資本形態でもある。というのも、この資本は数量化された（あるいは数量化されうる）形態（要するに貨幣または貨幣価値）で現れるからである。この数量化という性質のおかげで、分析者はこのタイプの資本の交換や蓄積などを、他の資本形態に比べて研究しやすくなる。あらゆる資本形態のうちで、この形態はもっとも簡単に、ある行為者が貨幣に換算してどれだけ財を所有しているのかを算出することができ、私たちは経済資本の流れについて、インフレーションなどの経済の動きと同じように、比較的正確な形でつきとめることができるのである。

文化資本

これはブルデューの資本の形態の中で、おそらくもっともよく知られたものであろう。この概念は、行為者がそれをもっていると有利になるような文化的な資源のことを指す。ブルデューは初期の論文で、文化資本が三つのうちいずれかの形態をとることを示唆している。まず、それは「客観化された」形態であり、本や絵画、CDといった、個人がもつことのできるものである。またそれは「制度化された」形態をとることもあり、ブルデューはとくに教育上の資格のことを念頭においている。さらに文化資本は、「身体化された」形態をとることもある。それは次のようなことを意味する。ある人は文化的に価値のある能力（たとえば、芸術について含蓄のある話ができる能力）をもっているだろうし、またある人の「身体ヘクシス」（→【20 ヘクシス／身体技法】）あるいは身体技法のうちには、「上品な」口調の話し方や「端正な」身のこなし方などのような、人から尊ばれるような文化的態度がにじみ出るだろう。

---

1) 界の概念については、本書の別のところで定義している。当面の「経済界」を理解するためには、【15 界】の項目を読まれたい。

身体化された文化資本は、ハビトゥスの概念と重なり合うところも多いが（→【18ハビトゥス】）、相違点もある。たとえば、ある人がある程度哲学を理解する能力をもち、哲学を愛好しているので哲学をすすんで読もうとするとすれば、ここにその人のハビトゥスとその中間階級特有の構造を指摘することができる。その人がこのように哲学を愛好することによって、哲学を享受することで本来得ることのできる以上の財（哲学の解説者としての仕事や高い地位）をその人は獲得することができるが、その限りで、これは文化資本といった方がよいであろう。ここに示唆されているのは、この区別はマルクスが使用価値と交換価値と呼んだものに関係しているということである[2]。ある人の身体化された能力を資本と見なすことができるのは、その人がこの能力を、ただ単に哲学本来の利得や効用を享受するだけではなく、むしろさらなる財を獲得するために哲学を道具的に利用し、それを交換するからである。もしある人が単純に自分の能力から本来得られる恩恵を受けているだけならば、これは資本ではなくハビトゥスに関する事柄である。というのも、その人はその能力を交換関係へともち込んではいないからである。

　ところが、筆者はこの文脈で「交換価値」という用語の使用を控えてきており、したがっておそらく「資本」という用語それ自体についても留保が必要であろう。交換される客体とは違って、身体化された能力や教育上の資格はつねに私たちに付いてまわる。それらは決して、本当の意味で交換されたり使い果たされたりはしない。たとえば、「上品な口調」によってさまざまな機会に恵まれている行為者は、その利点を活か

---

[2]　マルクスは、人間が生産した物は使用価値とともに交換価値ももちうる、と論じている。たとえばある人の車は、便利なものであるためにその人にとって価値がある。車は人が行きたい場所へ、行きたいときに運んでくれるのである。ところがこの車には、交換価値もある。というのは、もしある人がいくらかお金が必要かまたは欲しかったら、車を売ってお金に換えることもできるからである。さらにマルクスによれば、経済システムとしての資本主義を特徴づけるのは、あるいはその特徴づけの少なくとも一つは、もっぱら物に交換価値があるからこそ物を作るのであって、作る本人にとって必要だから作るのではない、という事実である。

しきった後でもなお、上品な口調を用いつづけて、この資源をくり返し用いることができる。したがって、人が自らの能力を自分自身で享受するのに用いることと、社会的な状況の中で道具的に利用することとの間に違いがあることは確かであるが、さらなる利益を得るということについては、交換の概念では本当に適切な捉え方ができないし、おそらく「資本」の概念でも同じであろう。そこで「資源」という用語を使えば、少しは誤解を招きにくくなるだろう。

　貨幣の価値が経済界に結びついているのと同様に、文化資本の価値は明らかに文化界に結びついている。しかし文化界では、教育システムが決定的な役割を果たしている。教育システムは、ある文化的な特性や領域を価値のあるものとして効果的に定義し、その結果、他の文化的な特性や領域の価値を貶めてしまう。たとえばフランスでは1960年代に、絵画や彫刻は教育システムによって高尚で価値のある「芸術」として認定されていたが、写真あるいはジャズなどは認められておらず、それらの価値を主張する人たちは、せめて写真やジャズに「中程度の教養」という地位が認められるようにと苦心していた（Bourdieu［1990b］）。さらに対照的なことに、ポピュラー音楽や大衆ファッションは「中程度の教養」ですらなかった。それらは軽蔑されていたのである（前掲書）。

　さらに、教育システムは文化資本を、資格という形で制度化（あるいは合理化）する。今度は、その資格が、職を得てお金を稼いだりするのに利用できるのである。たとえば絵画についてよく知っている人たちは、その知識を、資格を手に入れるために利用することができる。そしてその資格が、良い職業や相応の給料をもたらしてくれるのである。教育システムについてブルデューが行った批判的検討の多くは、以上のような考え方に基づいている。ブルデューが論じるところによれば、教育と文化資本とが結びついているために、教育システムは階級構造を再生産する機能を果たしているのである。中間階級の子どもは学校で有利な条件に恵まれている。なぜなら、学校によって価値を認められ、文化資本として認定され、資格によって報いられる文化の諸形態は、中間階級内部に偏って存在している文化諸形態であり、中間階級の子どもたちが家庭環境や幼少期の教育から授かっているような文化諸形態だからである。

中間階級の子どもたちは、生まれたそのときから、文化資本を客観的な形態（古典文学やクラシック音楽など）で手に入れる条件に恵まれている。しかもその子どもたちは、考え方、話し方、行為の仕方の中に、文化資本を体現している。学校はこの文化的な優位を資格へと「ロンダリング」して、つまりは変換して、今度は、この資格が中間階級の子どもが良い職を得るのを助けるのである。

さらに、ブルデューは教育に関する研究と「趣味」に関する研究(Bourdieu [1984]) の両方で、多くの文化資本には身体化される性質があることによって、社会的な不利益の形態とその形態の再生産が自然なものと見なされて隠蔽されがちであるということを主張している。身体化され習慣化された文化的な獲得物は、自然にそなわった生まれつきの能力や他と区別される卓越した特徴（ディスタンクシオン）と誤解される傾向があり、そのため、実際にはそうした能力や特徴がそこから生じてきた社会的ヒエラルヒーを正当化してしまっているように思われる。逆説的なことに、ある人たちは生まれつき教養があり、したがって高い地位に相応しいのだと単純に思われているが、しかし実際には、そういう人たちの教養ある性質は教え養われたもの、つまり文化習得の過程がもたらした結果にすぎないのである。

象徴資本

象徴資本が意味しているものの核心は、地位あるいは承認である。象徴資本をもっているということは、他の人びとによって重んじられたり高く尊敬されたりしているということであり、その意味で、人は象徴資本に基づいて有利な立場を手に入れることができる。象徴資本は、ブルデューが扱った他の資本形態に比べて組織化や合理化の程度がかなり低く、また、ある特定の社会界に限定することは難しい。私たちの社会のような高度に分化した社会では、威信というものが特定の領域に局地的に位置づけられる。微生物学や切手収集、あるいはボディビルといった世界で、主導的人物となる人たちがいる。そういった人は、その分野の中ではきわめて有名で尊敬されているものの、その分野の外へ出れば無名である。したがって、その人が得ている称賛は、より広い「市場」あ

るいは界ではたいした価値をもたない。ところが、「紳士録」のようなリストや、ノーベル賞やナイトの爵位といった名誉ある賞、そしていうまでもなく名声の価値などが存在しているということはすべて、少なくともある程度は一般的に社会的価値をもった象徴資本の形態が存在することの証拠である。

社会資本

社会資本は現代の文献で広く言及されており、おそらくブルデューよりもロバート・パットナムの著作を連想させることが多い用語であろう（本書で資本の項目が【05資本：ブルデューにおける資本概念】と【49社会資本】の二つの内容に分かれていることを確認されたい）。広く知られていることだが、「社会資本」の語が用いられる文脈を広く見た場合、少なくとも二つの異なった用法がある。どちらの場合においても、この語は社会的ネットワークを指しているのだが、第一の場合、このネットワークを構造的に、そしてネットワーク自体の観点から扱う概念として用いられている。たとえば、特定の地理的な場所を研究する分析者は、その地域の中で市民のネットワークや友人ネットワーク、あるいはその他のネットワークがどれほどの広がりと強さをもっているかを調査し、その研究結果を地域に結びついた社会資本という表現で言い表すであろう。第二の用法はネットワークを、そこに属する個人の観点からみた資源として概念化する。この見地からみれば、多くのコネクション（友人あるいは仲間など）をもった個人は、わずかな友人や仲間しかいない人よりも多くの社会資本をもっている。

この第二の用法はブルデューの考え方にもっとも近いのだが、ブルデューが社会資本という語を用いる際、真に力点をおいているのは、「地位の高い友人」や「OB」のネットワークである。ブルデューは「社会資本」を、「何を知っているかではなく、誰を知っているかが肝心だ」という常識的な格言に社会学的な意味をもたせるために用いている。他の資本形態と同様に、社会資本は社会的集合体の隅々までランダムに配分されているわけではない。ある行為者は、たとえばオックスフォード大学やケンブリッジ大学（あるいはハーバード大学やエコール・ノルマ

ル・シュペリュールなど）への進学につながるような非常に門戸の狭い私立校に在籍していることによって、地方の公立学校に通う人や16歳で教育システムから離れた人よりも、はるかに「地位の高い友人」を得やすいのである。

　これらの資本形態に加えて、ブルデューはときどき他の資本形態も導入している。その中には、上述の資本形態をより特殊なものに下位区分したものもあれば、まったく異なるタイプのものもある（たとえば体力資本、言語資本、教育資本、政治資本など）。これはしばしばブルデューの、より特殊な界に焦点を合わせた研究と関連している。私たちがある特定の界、たとえばプロレスリングとかアマチュアのバードウォッチング、あるいは社会学といった特殊な界に焦点を合わせれば、比較的その界に限定された価値をもつ一連の財や資源を見いだすようになるだろう。そうした財や資源は、より広い社会編成の中ではほとんど直接的には価値をもたない。

　そのような資本形態の中には、間接的な価値をもつものもあるだろう。たとえば、社会学の主導的人物とネットワークでつながっているとか、あるいは有名な理論に対する痛烈な批判の主唱者であるといった、社会学界での成功を可能にするような他と区別される一定の卓越した特徴（ディスタンクシオン）は、社会学の外ではほとんど価値がないにせよ、間接的には価値をもつであろう。というのも、専門家としての昇進や大学での肩書き（教授など）は、より広い世界でも価値をもっているからである。ところが他の資本形態は、固有の界の外では何の間接的な価値もないかもしれないし、それどころか否定的な価値をもってしまうことさえあるだろう。カタツムリ競走の世界で名を上げるのを可能にするような卓越性は、カタツムリ競走界そのものの外部ではほとんど間接的な価値をもたない。また麻薬密売者や小児性愛者をその界の中で高い評価を得させるような卓越性は、より広い世界では評価を下げられるようになろう。

　以上の解説は、資本のさまざまな形態を、個人にとっての資源として扱ってきた。個々の行為者または組織は、自らの企図を遂行する際に利用できるさまざまな形態の資本をもちあわせている。そしてそのようなものとして、それらの資本形態は、その個人の力の形態と見なされる。

ただし、社会空間の項目（→【53社会空間Ⅰ】）で説明しているように、ブルデューには資本概念のもう一つの用法もある。どんな社会または界でも、そこに属する人びとの間にさまざまな資本形態が不均等に配分されているということを考慮すれば、より構造的な見地に立って、行為者たちを社会的世界の中に、本人がもっている資本の総量に従って位置づけることも、その資本ストックの詳細な内訳に応じて位置づけることもできる。たとえばある人びとは、財政的には裕福であっても、さほど高い教育も受けていなければ「教養がある」わけでもない。そのような人びとは、経済資本の面では裕福だが、文化資本の面では相対的に貧困であり、その人のもつ力は結局のところ経済資本に由来するのである。また、文化資本の面では裕福だが経済資本の面ではかなり貧しい人もいる。また、あらゆる資本形態に恵まれた人びともいれば、すべての資本形態に乏しい人びともいる、といった具合である。それらの可能性を地図に描き、そこに行為者をしかるべく位置づけることは、ブルデューの見方によれば、社会的世界の本質を理解するための非常に重要な手段である（→【53社会空間Ⅰ】）。

【基本文献案内】
　以上の事柄についてブルデュー自身がもっともわかりやすく解説しているのは、「資本の諸形態」という論文である（Bourdieu [1983]）。『ディスタンクシオン』もまた、文化資本の問題を探求するのに重要な参考文献である（Bourdieu [1984]）。

(杉本学訳)

06 シティズンシップ Citizenship

◎関連概念：公共圏、承認、社会階級

　シティズンシップに関する今日のほとんどの議論にとって、鍵となる参照文献は T. H. マーシャルの比較的初期の著作『シティズンシップと社会的階級』(Marshall and Bottomore [1992]) である。よく知られているように、その著作においてマーシャルは三つの要素からなるシティズンシップのモデルを提示した。彼の示すところによれば、その三つの要素は、制度としてのシティズンシップの歴史において、互いに区別されながらも連続した段階を踏んで発展してきたものである。マーシャルにとって、シティズンシップは諸々の権利と義務の体系であり、そしてそれらのために設けられた基幹的な諸制度によって支えられている。

　その発展の最初の段階――それはおおまかに（まったくそれに限定されるというのではないが）18世紀と見なすことができる――において、こうした諸々の権利、義務そして制度は、市民的領域、つまり法的領域において発展させられた。市民たちは、その法的地位や法的権利によって定義されたのである。それはたとえば、公正な裁判の権利、法の下での保護、などである。制度的な観点においては、このことは近代的な法体系の初期の形態の出現に関わっていた。

　第二の段階において、それはおおまかに19世紀に対応しているのだが、これら諸々の権利と義務の体系に政治的権利が加えられた。つまり、「政治的権威を付与された団体の成員として、あるいはそういった団体の成員たちの選挙人として、政治的権力の行使に参加する権利」である (Marshall and Bottomore [1992：8])。このことは、基幹的な政治制度の改革を伴っていた。とはいえ、社会におけるすべての集団が同時にこういった諸権利を獲得したというわけではない。とくにマーシャルが関心を寄せるのは、労働者階級がはるかに遅れてこうした権利を獲得することになったということである――女性もまたそうなのだが、このことはマ

ーシャルの取り上げる争点にはなっていない（以下を参照）。そのうえ、彼は、これらの諸権利は、19世紀に特徴的であった、かなりの物質的な不平等と不遇さという諸条件においては不十分なものにとどまっていたと主張している。

完全なシティズンシップは、彼の主張によれば、20世紀の半ばにおいて、特定の社会的権利、つまり福祉に関する諸権利が、諸々の権利と義務の束に付け加えられたときにはじめて達成されたのである。

> 社会的な要素ということで、私は、ある程度の経済的福祉と安全保障への権利から、十分な社会的な分け前を分かち合い、その社会で普及している基準に応じた一人の文明的な存在としての生を生きる権利に至るまでの、全体的範囲のことを指している。シティズンシップともっとも密接に結びついている制度は、教育システムと社会的サービスである。(Marshall and Bottomore [1992:8])

この説明における力点は、もっぱら権利に関するものである。しかし、マーシャルは、後の多くの学問的および政治的な論者たちが指摘してきたように、権利と義務は同じコインの二つの面であることを認識している。いかなる個人の権利も、他のすべての諸個人に対する義務と責務を必然的に伴っているのである。たとえば、私たちには、他者の法的権利と政治的な選択を重んじること、そして福祉供給のシステムによって必要とされる税を払うことが要求されているのである。

権利と義務との関係は、ほとんどの場合、補完的で相互に強化しあうものである。義務なしの権利などありえないのである。同じように、シティズンシップの三つの要素——市民的、政治的、そして社会的——は、ともに相互に強化しあう形で作用している。たとえば、教育への社会的権利は、市民がその法的および政治的諸権利を十分かつ効果的に用いることができるような力を与えるのである。しかしながら、新自由主義そしてリバタリアンの論者たち[1]は、とりわけ次のような理由に基づいて福祉国家の成長を批判してきた。つまり、福祉国家は個人の自由に介入する、というわけである。こうした論者たちにとっては、シティズ

ンシップの法的な側面と社会的な側面の間には対立があるのである。

さらに、一般にシティズンシップという点から批判をしているわけではないが、フーコー派の論者たちや左派の側に立つ何人かの論者たち（Offe [1993] や Habermas [1988] を含む）も、こういった批判の諸側面を共有している。たとえば、フーコーによる「規律」「身体‐権力」そして「生‐権力」についてのさまざまな説明（→【38権力】【04身体‐権力／生‐権力】）は、福祉国家の諸実践に明確に焦点を当てており、それに対して異議申し立てを行っている。同じように、**生活世界の植民地化**に関するハーバーマスの説明は、（福祉）国家の拡張が日常生活に与える有害な影響について説いており、そうした有害な影響には人間の意味や自由に関するものが含まれている。そういうわけで、批判的な社会理論の内部においてさえも、シティズンシップの社会的側面を疑問視する余地が存在しているわけである。

マーシャルは、一般にシティズンシップを概念化するための重要な出発点と見なされている一方で、彼の著述した時代以降の社会変化は、さまざまな仕方で彼の説明と食い違い、それを掘り崩してきており、多くの見直しが必要とされているということもまた広く認められている。上で述べたような、右派による福祉批判やそういった反福祉的諸政策の実践上での履行が進んでいることは、近年における理念と制度の両面でのシティズンシップに対する重要な挑戦の一つでありつづけている

---

1) これらは、（イギリスの場合は）マーガレット・サッチャーやケイス・ジョセフ卿といった政治家たちを含む、右派の政治思想家たちのことであるが、彼らは少なくとも経済的な領域では、個人の自由、経済交換や市場の自由、国家の介入の最小化に重きをおいている。だが諸個人はあらゆる点で自由であるべきであると論じて、自分の見解を主張する新自由主義者もいる。後者の人びとは、自由市場の経済政策と同様に、大麻やヘロインの合法化も提唱する場合がある。というのも、個人には「選択の自由」がある、あるいはむしろ「選択の自由」があるべきだと信じているからである。ただし、マーガレット・サッチャーや英国の「新しい右派」と結びついた新自由主義派は、経済的自由という信念と強い道徳的権威主義とを混ぜ合わせる傾向にあった。つまり、経済関係の自由化への信念と、しかしながら同時に人間生活の他の多くの側面への強い規制といった信念をもっていたのである。

（Roche［1992］）。新自由主義政権——それはいくつかの場面では「再構築された」左派政権によっても追随されているのだが——は、福祉国家の解体（と再設計）の一連の過程を開始し、そしてマーシャルが思い描いたようなモデルから福祉国家をかけ離れたものにしてきている。

　またマーシャルの描いたようなシティズンシップのモデルに対する別の挑戦が、ヨーロッパにおいてはヨーロッパ共同体（EU）の成長によって、そして世界規模では世界銀行、国際通貨基金（IMF）や世界貿易機構（WTO）といったグローバルなガバナンスの諸制度の出現によってなされている。こういったさまざまな国際的な統治団体の出現は、政治的な地図のあらゆるところから、批判のための問題提起を行っている。こうした諸団体は諸国家に、そしてとりわけそういった国家の内部の市民たちに対してかなりの権力を行使しているように思われるが、その際市民に対する多少なりの、少なくとも何らかの直接的な意味における説明責任を欠いているのである。市民たちの政治的な諸権利は、そういった諸権利がいまや直接に彼らに対して説明責任があるわけではない国際政治機関によって統治されているがゆえに、掘り崩されているのである。このことは、アカデミックな批判だけでなく、一般の人びとの不安や抗議を大いに促してきた。さまざまな国民社会の市民たちが、グローバルな統治団体に対してグローバルな市民的権利を要求するために、ともに働きかけを始めている。こうしたことによって、多くの著述家たちは、シティズンシップが再考される必要があるかどうかについて考察を行うよう促されているのである（Roche［1992］）。

　そのうえ、マーシャルの三つの要素からなるモデルは十分に包括的なものかどうかを問題にする批判も存在してきた。とくに、多くの論者たちが、マーシャルのモデルに「文化的な」要素を付け加えることを主張してきた（たとえばStevenson［2001］）。部分的には、「文化的シティズンシップ」という概念が、シティズンシップの文化的な土台に言及している。つまり、さまざまな文化的な資源がシティズンシップの「実現」には必要なのであり、それはたとえば、市民の役割を効果的に遂行するために必要な知識や技術といったものである。だがそれに加えて、この概念は、シティズンシップに深く関連する「承認」や文化的多様性といっ

た広範な争点があることを見いだしている（→【44承認】）。この議論の主要な論点は、社会におけるさまざまな集団が、文化的偏見そして／あるいは文化的差異によって、シティズンシップに不可欠な十全な意味での社会的帰属や社会的受容を拒否されているということである。マーシャルのモデルは、この観点からすると、市民に関する特定の文化的モデルを前提にしており、それはかつては有効だったとしても、もはやその有効性を失っている。

たとえば、先に筆者は、マーシャルがシティズンシップの発展という観点で「ジェンダー的な遅れ」よりも「階級的な遅れ」により注意を払ったということに留意を促しておいた。文化的シティズンシップという考えは、それが単にジェンダーに関する諸々の争点と不平等だけに関わるものではないとしても、おそらくこの問題に関連する「遅れ」を扱うには遅すぎた試みとして読まれるであろう。ちょうどマーシャルが、法的、政治的シティズンシップの地位は、社会的不平等という条件からみれば、シティズンシップを実現するには不十分であると主張したように、文化的シティズンシップの理論家たちもまた、次のように述べている。すなわち、法的、政治的、そして社会的な諸々の制度は、文化的な不平等と相互的な承認の欠如という文脈からみれば、すべての人びとのためのシティズンシップを実現するためには不十分なのである（→【44承認】）。

【基本文献案内】
　　マーシャルの『シティズンシップと社会的階級』は、簡便でたいへんに読みやすい論稿である。それは、少し時代遅れであるが、古典的なテクストであり、直に触れて読むに値するものだということは上の説明から明らかになったと思う。モーリス・ロッシェの『シティズンシップ再考』（Roche [1992]）は20世紀後半における社会的、政治的変化によってシティズンシップに課せられた挑戦に関して優れた説明を提供してくれる。ブライアン・ターナーの『シティズンシップと資本主義』（Turner [1986]）は、シティズンシップに関する力強い理論的探求を示している。ニック・スティーヴンソンの編書『文化とシティズンシップ』（Stevenson [2001]）は、文化的シティズンシップというアイデアに関して、いくつかの有用な議論を提示している。

（檜山和也訳）

07 生活世界の植民地化
Colonization of the Lifeworld

◎関連概念：疎外、アノミー、シティズンシップ、新しい社会運動、公共圏、システムと生活世界

「生活世界の植民地化」は、ユルゲン・ハーバーマスの研究におけるキーコンセプトであり、彼の主著である『コミュニケーション的行為の理論』の第2巻で詳細に説明されている。ハーバーマスは、彼の著作において、社会の「システム」要素と呼ばれるものと、「生活世界」要素と呼ばれるものの根本的な違いを示している。この違いについては、独立した項目を設けてあるので、ここでは触れない（→【56システムと生活世界】）。**生活世界**が、相互の理解を志向する社会的行為者間の、直接のコミュニケーション的相互作用によって構成される一方で、**システム**は経済および近代の行政国家や司法の文脈内で、非人格的・戦略的に貨幣や権力を交換することによって構成されるといっておけば十分であろう。ハーバーマスによれば、システムと生活世界はともに、社会に対して必要不可欠な機能を成し遂げる。とりわけ生活世界は正当的規範の資源であり、社会が依存する文化的パターンを再生産するために機能する一方で、国家と経済は、基本的な物財を生産し配分するために機能する。

生活世界の植民地化は、システムがますます生活世界を侵犯し（「植民地化し」）、それによって生活世界を浸蝕するというこれらの二要素間の不均衡のことを指す。この過程に関するハーバーマスの議論の多くは、日常生活に国家がますます関与することに焦点を当てていた。彼はここで、たとえば法の発達である「法制化」の過程に言及する。それは、生活のより多くの領域が今や法規制に従い（法システムの拡大）、法が内的により複雑になる（法のよりいっそうの集中化）という両面を伴う。しかしながらこれに加えて彼は、「商品化」のようなプロセスによって、日常生活への経済のさらなる拡大を指摘していた。すなわち、生活のための非常に数多くの領域が、生産され、パッケージ化され、個人に商品

として売られるのである。たとえば、われわれの余暇生活はレジャー産業によって、われわれの私的な生活や幸福はセラピー産業や精神薬学的な産業によって、ますます構造化される。

　このことは、ハーバーマスの考えによれば問題である。というのは、生活世界への経済的構造や政治的構造の侵犯が、代替や補給が不可能な構造である生活世界の現場の様相を破壊するためである。「土着」文化は破壊され、それとともに、その破壊は、人びとの生活に意味を与える物語構造と、人びとが生活する際に用いる規範的枠組みにまで及ぶ。しかし経済と国家は、生活世界のこれらの不可欠な様相に取って代わることも、それらを再建することもできない。「意味」および「道徳」は、法制化されることはありえないし、売買もなされえない。ハーバーマスの見方からすれば、それらは、生活世界の構成要素であるコミュニケーション的行為によってのみ創造されうるのである。したがって、生活世界の植民地化は病理的な帰結をもつことになる。共同体のレベルでは、規範的退行もしくはアノミーが生じ（→【02アノミー】）、これが個人のレベルでは疎外（→【01疎外】）や精神病理へと転換される。

　この過程にとって不可避なのは、「公共圏の縮小」である。公共圏というこの概念も、別項で取り扱われるので、ここで論じるつもりはない（→【40公共圏】）。ここでは、国家がそのフロンティアを拡大して前進するにつれて、政治の過程は根本的に変革されてきたとハーバーマスが考えていた、と述べておけば十分だろう。ハーバーマスはとくに、私的個人が団結して集まり、政治的問題を論じ、変革のための圧力を生み出すことができるような、国家と私的個人の間にある「緩衝地帯」が浸蝕されてきていると感じていたのである。

　しかしながら、すべてが必ずしも失われてしまうわけではない。ハーバーマスは、生活世界を再活性化する可能性を、フェミニズム、エコロジー、平和運動などのような新しい社会運動の形態の中に見いだしていた（→【34新しい社会運動】）。伝統や文化的書字（エクリチュール）の破壊は、必然的にある種の保守的で反動的な反発を生み出す、とハーバーマスは記している。既存の状態から利益を得る傾向があった集団は、自分たちの特権の基盤が浸蝕されたときには抵抗しがちである。しかしながら、伝統に対する

挑戦はまた、日常生活の（規範的で実存的な）問題により持続的かつ広範に取り組む可能性を生じさせる。そしてそれがまさに、私たちが新しい社会運動の活動の中に見いだすことなのである。生活世界の解体は、これらの社会運動に、ハーバーマスが日常生活の「道徳文法」と呼んだものの主要な相を再考するための余地を与える。もちろん、新しい社会運動はまた、生活世界の植民地化によって引き起こされるより直接的な脅威（たとえば、エコロジー的脅威や上述したアノミーや疎外の問題）によって促進されるが、植民地化による伝統の動揺は、変革の機会をも生み出すのである。

【基本文献案内】

　ハーバーマスの書いたもの自体は、学部学生レベルの読者にとっては読み解くのがかなり難しい。彼はこと細かく記述しており、幾人かの「批判的」な論者のように故意に曖昧にしているのではないと言われているが、彼の定式化はしばしば複雑である。しかし、忍耐強く読んでいけば、必ず報われる。『コミュニケーション的行為の理論』第 2 巻（Habermas [1987]）の最後の節は植民地化を扱っており、おそらく独立して取り組むことが可能である（もちろん、十分理解のためには、二つの巻の残りの部分を読むことが必要である）。

　参考になる解説は、S. ホワイトの『ユルゲン・ハーバーマスの最近の研究』（White [1988]）、W. アウスウェイトの『ハーバーマス』（Outhwaite [1993]）、そして（植民地化の効果に対する心理学的な視点のためには）T. スロン『傷つけられた生活』（Sloan [1996]）がある。筆者は、ハーバーマスによる植民地化の説明と新しい社会運動の説明を、拙稿「より新しい社会運動」（Crossley [2003a]）で改めて論じている（Edwards [2004] も参照願いたい）。

（保坂稔訳）

08 危機 Crisis

◎関連概念：生活世界の植民地化、争議サイクル、界、ハビトゥス、新しい社会運動、公共圏、社会階級

　批判的社会理論は、支配という諸状況に焦点を合わせることが非常に多い。この社会理論は、その観点からみればさまざまな面で不当であり欠陥のある現状が、それでもなお自らを再生産し、その体制に関わるものの支持あるいは少なくとも共犯関係を発生させることによって、いかに時間的に存続しているかを説明するのである。この点において批判理論は、あるべきではないものがそのようにあり、しかもうまい具合にあるのはいかにしてなのかに関する理論である、と私たちは述べることができるかもしれない。もしこれが、批判理論が存在する理由のすべてであるならば、それはむしろその冒険的企てを意気消沈させるものであろう。けれども多くの批判理論は、そしてとりわけマルクス主義に根差しているものは、さまざまな危機や危機的傾向という形のトンネルの終わりに光を見いだすこと、あるいは変化をもたらすことを願う人びとにとって、少なくともその機会を創り出すような「システム」の亀裂を見つけること、につながっていく。

　上述のように、これら危機に関する理論の多くに共通している起源はマルクスにある。ここで筆者は、マルクスのアプローチのアウトラインを描き、ハーバーマスの研究における危機理論の非常に精緻化された再定式化を述べ、またピエール・ブルデューにおいて見いだされる危機についての興味深いコメントを概説する。これは決して危機に関する文献の包括的な研究ではないが、もっとも重要で密接な関連性がある議論の筋道をカバーするものであると確信している。

マルクス

　周知のように、資本主義に対するあらゆる批判のうちもっとも偉大な

批判者でありながら、マルクスはまたこの経済システム、および彼が執筆した時代までにこのシステムが成し遂げてきたものに対する偉大な賞賛者である。それはひとえに、彼の観点からすれば、資本主義がよりよい生活様式への潜在力を創造したので、社会主義というオルタナティヴが、可能性としてはもちろん実現できそうにさえ思われるようになったからである。しかしながら、資本主義は搾取的なシステムであり、そうしたものとして道徳的にも疑問の余地がある。さらにいえば、資本主義は矛盾したシステムであり、結果として崩壊をもたらすかもしれない闘争や危機を孕む傾向がある。

　マルクスにとって資本主義が内包する主要な緊張は、プロレタリアートとブルジョアジーの間における利害関係である（→**【50社会階級】**）。一方は他方を犠牲にしてのみ利益を得ることができ、両者は一定の均衡状態にあるが、それは周期的に決裂し、規制のない闘争を生じさせる。しかしながら、これはあらゆる点において、経済そのものの危機傾向によって悪化したものなのである。マルクスが言及する危機傾向の鍵は、「過剰生産」に関連しており、また彼が「市場の無政府性」と呼んだものに根差している。彼の観察では、生産者は消費者に売るための商品を市場にもってくる。そのシステムは、商品生産の量（供給）が潜在的な消費者によって必要とされていた、あるいは要求されていた商品量（需要）と等しいかぎりでは均衡となる。（マルクス主義の用語を使えば）「ブルジョア経済学者」は、経済において鍵となる調整メカニズムとして供給と需要の力関係をみており、供給が需要に出会い、均衡に向かっていく傾向があると想定している。

　しかしながらマルクスは、供給と需要がリンクするメカニズムはないとし、そのような関係性は偶然であり、時として悪い方向に行くに違いないと書いている。とりわけ、消費者が消費できたり望んでいたりする以上に生産者が生産する場合がそうである。つまり、生産者は過剰に生産するのである。この結果は、財政的に多大な損害となる。小さな会社は損害に対抗することができず、壁にぶつかる。大きな会社は損害に対抗することはできるが、会社自体の収支バランスを保つために余剰労働者たちを解雇する傾向になる。どちらのケースにおいても、最終的な結

果は失業者の増加である。そして需要は（失業者は商品を買うための経済力がないために）、急速に、警告なしにいっそう落ち込む結果となり、それゆえ過剰生産をいっそう促進する。仮に、このような下向きの傾向が続けば、マルクスが観察したように、このことが資本主義経済を混乱させ、同時に、自らが労働の外または失業の脅威のもとにあり、劣悪な状況で生活していると感じる労働者たちの間に、不安を生じさせていくことになるだろう。悪化した階級対立と大規模な過剰生産の結合は、資本主義の終局のはじまりを描くものとなるだろう。

たとえ、経済がどん底の状態になる前にこうしたスパイラルが打開され、供給と需要の間における均衡の基準が回復したとしても、過剰生産の危機傾向はマルクスが「後期」資本主義——すなわち、資本主義の最終段階であり、最後の支柱である——に結びつけたような資本の集中化と中央化を導くことになる。そのままいけば、小さな会社はくり返される過剰生産の危機によって一掃されてしまい、それゆえ経済は、壁に突き当たった中小企業を買収することで成長する大会社によってますます支配されるのである。マルクスによれば、資本主義は市場における生産者たちの競争システムであるから、このような市場独占傾向は資本主義の自己破壊である。市場独占の程度が高まるほど、そこにおける競争は減少し、システムが古典的な資本主義モデルと合致することも減る。言い換えれば、資本主義がそれ自身の構造を超えるほどに成長するのである。

もちろん、そのような社会においても労働者と資本家は存在する。だが、資本家はほとんどいなくなり、所有と管理は十分に中央化され、社会主義へと引き継がれうるほどに集中化されるのである。つまり、中央集権的な管理が直ちに可能となる。そのメカニズムは機能しており、革命的な力がそれを少数の残存する資本家の手から奪い取ることのみが必要である。そのうえ、集中化と中央化は労働者階級を相互に結びつけ、彼らの生活と関心を均質化するのである。労働者階級は企業の切り詰められた領域の被雇用者となり、それゆえ共通のアイデンティティと関心を受け入れる見込みが増加する。最終的に、過剰生産はシステムを全体としてより危機にさらされやすいものにする。いわば、すべての卵を同

じバスケットに入れること、あるいは同じようないくつかのバスケットに入れることと同じである。もし、ある大企業が倒産すれば、ある意味では小企業にとってはすぐに現実的ではなかったにもかかわらず、大企業と経済の大部分を共にすることになる。

以上に付け加えてマルクスは、そこには経済における利潤率が低下していくより漸次的な傾向があると論じており、それゆえに賃金が下がり、階級が二極分化し、労働者階級は根本的に変化すると述べている。彼が論じるに、資本主義においては技術的進歩に向かう継続的な動因があり、それは企業間における競争によって掻き立てられるのである。新しい生産技術は生産物をより安く生産することを可能にし、企業はいかなる技術革新をも生き延びてその頂点に立つことを競い合う。けれども、このようなやり方を保つことは非常にコストがかかり、生産物に価値を付加することができず[1]、それゆえ利幅は減少する。そしてこれは、雇用者に賃金の引き下げを促し、ついには現実問題において、プロレタリアートの貧困化と欲求不満を招き、彼らをブルジョアジーとの深い対立へと引きずり込むのである。

ここから革命へと続く道は、マルクス主義の伝統を受け継ぐ論者たちによって、異なる足跡を辿っている。マルクス自身はそのことについて悪名高い沈黙を行っているが、多くの者は一定の態度をとってきている。ローザ・ルクセンブルグ（Luxemburg [1986]）にならう形で、プロレタリアートたちは自発的に革命的な力の一部となりうると論じている者たちもいる。また他の者たちは、レーニン（Lenin [1918] [1973]）に従って、労働者たちは自力で「労働組合意識」[2]に辿り着くのみであり、革命党

---

[1] ここでは議論する余裕はないが、この点はマルクス主義経済学の一側面と関連している。マンデル（Mandel [1970]）の議論が参考になる。

[2] レーニンが議論するには、仮に労働者たちが自分で自由にできるとすれば、労働条件と給料の改善のために努力すべく彼らは組合で一緒に団結する傾向にある。レーニンはこれを「労働組合意識」と呼ぶ。けれども、これは革命的な力となる団結と資本主義崩壊への模索に必然的に伴う革命意識とは異なるものである。レーニンによれば、労働者は彼ら自身の同意によってこれをすることはなく、それゆえ前衛党による革命の道に沿っていく必要があるのである。

によって革命へと導かれなくてはならないと論じる。さらにグラムシ (Gramsci [1971]) に従って、危機とは必ずしも必然的な帰結なのではなく、まさにそれは政治に関わる者たちが自分たちに固有の好都合な条件を準備することになる好機である、と論じている者たちもいる。

経済の危機傾向に関するマルクス主義の理論がどれほど歴史的な証明に耐えられるのかは、議論されるべき事柄である。それでも、危機の深遠な終局の証拠を見いだすために資本主義社会の歴史を徹底的に調べることは必要ない。あるいは、労働運動の出現の証拠を見いだすために徹底的に調べることも必要ない。もちろん、今日の労働組合と労働党は、歴史における、より不定形でしばしばより急進的である運動の所産である。しかしながら、世界は動いているし、資本主義の構造も流動的であるから、何人かの論者は、危機に関するマルクス主義理論や、その古典的な公式化をともかくも問題にしていくのである。そのような論者の一人が、ユルゲン・ハーバーマス (Habermas [1988]) である。

ハーバーマス

ハーバーマスの観点からすれば、マルクスが描写した経済状況は、ある点において資本主義システムの歴史の初期に特有のものである。危機は、技術革新と社会的学習過程に刺激を与える。人間行為者は、問題に焦点を当て、その問題を修正するメカニズムを設定し、未来においてその問題を回避しようとする。マルクスによって描写された経済の危機傾向の例では、経済を管理するために(そればかりでなく、それほど無政府的ではないような形で需要と供給を結びつける多様な市場メカニズムも含む)、かなり高度な責任をとる国家を含んでいる[3]。国家は、危機傾向を補修するための活動で経済に介入する。国家はインフレーションや失業といった経済指標を監視しており、たとえば通貨供給量[4]や利率[5]などの操作や政策の転換によって被害の傾向を中和させる。国家は、失業者たちを困窮に陥らせないように福祉の供給を差し出し、商品

---

[3] たとえば、市場調査や広告を通して、企業は彼ら自身と彼らの消費者たちとの間により予見可能な関係性を設立することを模索するのである。

の需要に貢献する消費者として失業者たちを市場にとどめることによって過剰生産という下向きのスパイラルを減速させる。国家は、研究と開発に資金を提供し、それによって技術革新のコストをいくらか緩和する。国家はプロレタリアートに利害関心を与えることによって、彼らをシステムの「内部」に導いていった（彼らは今や「失うべき鉄鎖」[6]以上に失うものがある。彼らは家や消費財、富、などを所有している）。そしてプロレタリアートに投票権を与え、その仲間（労働党）や他の代表機関（たとえば労働組合）をシステムの中へ受け入れるのである。同時的に起こる動きは、その代表機関を「服従」させ、システムの「言語」を話すように教えることである。

　これらの譲歩は闘って獲得されたものである。それらは政治的エリートによって喜んで与えられたわけではない。しかし公平にいえば、それらの権利は、それらを与えないことによる結果を恐れるがゆえに、与えられたのである。この意味において、それらはマルクスによって示された問題の多くを相殺したか、少なくともその勢いを減少した資本主義内部での「機能的適応」を示している。過剰生産という主要な危機を相殺するために、階級対立は相対的に封じられ、供給の下降も抑制され、市場の無政府性は十分に飼いならされて支えられたのである。

　しかしながら、ハーバーマスによれば、以上は資本主義の危機傾向を単に置き換えただけである。それは、完全にシステムの「欠陥を取り除

4）　これはとくに「通貨管理主義者（マネタリスト）」たちによって支持された経済管理の技術であり、1980年代の「新右派」の政府の多くによって取り上げられた。

5）　イギリス政府は利率を変更する権利を最近手放して、この力はイングランド銀行に移っている。しかしながら、ハーバーマスの観点からすれば、これはそれほど大きな変化ではなく、銀行は多かれ少なかれ同じ方法で同じ役割を演じることができるし、また、国家を経済的責任から解放すべく構想された調整であると見なされるだろう。それゆえ、「正当性の危機」を扱うことにおいて許される範囲である（以下を見よ）。

6）　『共産党宣言』の最終章において、有名なことだが、マルクスとエンゲルスは「世界の労働者たち」が団結して闘うよう求めている。加えて、労働者たちがそのようにすることで失うものは「鉄鎖以外には何もない」としている。

いて」いない。まず第一に、経済管理者としての国家は、適切な政策や国家の財政上の危機（国家がお金を使い尽くしたとき）、あるいはより劇的な場合にはハーバーマスが「合理性の危機」と呼んでいるもの、つまりまさに管理上の哲学における危機を生じさせるような、収支の均衡に失敗する場合があるからである。1970年代のイギリスにおいて、ケインズの経済哲学[7]に学んだ経済学者たちが、経済の不景気とインフレーションに同時に直面していること（スタグフレーション）に気づいたときの状況、つまりケインズ派哲学がそんなことはありえないと考えた状況は、「合理性の危機」の主要な事例である。経済管理者は、彼らの思考体系ではそれを構成する特徴が認識できないような危機をくぐり抜けるように、経済を導くという課題に直面したのである。資本主義国家に管理が求められるような（マルクスによって描写された）経済システムの無政府的で対立的な本質を考慮すれば、こうした財政上の危機と合理性の危機が起こりうるということを信じる十分な理由がある。経済システムに現れるかもしれない他の安定化要因を考慮しても、国家の仕事はたやすいものではない。

しかしながら、状況はいまだ複雑で難しくもある。なぜなら、現代の民主主義国家は政策といわばその選挙民とのバランスをもとらねばならないからである。労働運動や他の（婦人参政権のような）運動による政治的な動揺は、国民を代表していると主張したり、市民から正統性を引き出していると主張したりするコストを国家が払う場合にのみ克服されてきたのである。政治哲学者としての能力においてハーバーマスは、状況は民主主義の完璧なモデルとはほど遠いと主張し、もし市民が真の説明責任と代表性を求めたなら、システムは「正当性の危機」に陥るだろう、つまり民主的に説明責任を果たしている決定の「供給」が「需要」を満たさないだろうと付け加えている。ハーバーマスが議論するに、システムが機能しているのは、ただ「市民の私生活主義」が拡大しているから、つまり現代の市民は政治家がそれを進めるままにし、公共財（す

---

[7] ジョン・メイナード・ケインズは、20世紀の初期と中期の指導的なイギリス経済学者である。彼の経済観は、1950年代から70年代後半の間、イギリスと他の西洋諸国の経済管理において決定的なものであった。

なわち政治改革のような社会のメンバーすべてが利益を得るような財）や真に民主的な説明責任よりもむしろ、自分たち自身の私的生活や家庭内の楽しみを追求するようになっているからである。しかしながら、国家の受益者としての市民は一般的に、福祉的な財への需要とその需要を満たすコストと、国家の効果的な経済管理が求める節約との間を対立的に考える。国家はそれゆえ、競争し対立する二人の主人——経済と受益者である市民——に対する奴隷なのである。国家は、一面では財政的な危機あるいは合理性の危機と、他面では正統性の危機、つまり国家が安定性と権力のために依存している公的な支持の取り消しという危機にさらされるのである。

　このような状況は、政党システムによってさらに複雑になる。すなわち、国家の運営を競うさまざまな政党が存在する。一方でこのシステムは、政治的な生活において物事が悪い方向へ進むときに、個々の政党が公的な批判力をもつことができるように、国家に一定の「弾力性」を導入し、それによって国家そのものを保護する。公的対立は国家に対して徹底的な攻撃をするのではなく、他の政党と交代可能な特定政党に対して向けられ、国家や政治システムは無傷のまま残るのである。本格的な合理性の危機のときでさえ、このメカニズムは機能する。たとえば1979年のイギリスでは、失敗した労働党政権にネオリベラルなサッチャー政権が取って替わったが、それは第二次世界大戦[8]）の終結以来、継続してきた統治のパラダイムを効果的に断絶したものである。しかしながら、政党システムは現代国家が抱える問題を助長することもある。というのも、異なる政党が福祉に関してそれぞれ他の政党より多くのことを約束して互いに競り合う結果、公的不安という暴威がふるわれる危険をも冒しながら、国家は自分にできる以上のことを約束してしまうようになる

---

8)　20世紀のイギリス政治の歴史家たちは伝統的に1945〜79年の間の「戦後合意」について書き、すべての政党がそれを共有して、混合経済とケインズ流の経済管理法が中心であった。すでにここで論じたように、1970年代には結果としてこれは危機に向かっていき、サッチャー政権が力をもち、その合意とは関わりを絶って、新しい管理政策哲学に行き着くのである。

からである。

　ある程度、市民の私生活主義はこれらの危険から国家を保護することになるが、そこには認識されるべきさらなる危機傾向もある。それは市民の私生活主義そのものの持続性に関わる。市民の私生活主義は、ハーバーマスによれば、進行した資本主義がその効果的な機能のために前提としながらも、このシステム自身では「供給」していないし、そうできない多くの文化的性質の一つである。市民の私生活主義が必然的に望むことは、家族、教会、メディア、地域コミュニティ、さらに学校といったような幅広い文化的領域あるいは「生活世界」において再生産される [9]（→【56システムと生活世界】）。もう一つのそのような性向は、労働倫理である。仮にこれらの性向と能力のいずれかが再生産されないならば、システムはハーバーマスが「動機づけの危機」と呼んだものに直面するだろう。行為者の動機は、社会システムとしての社会の要求との整合から滑り落ちるだろう。ハーバーマスの見解によれば、システムはまさにそのような動機づけの危機に直面する危険性の中にある。

　国家と経済は生き延びるための前提条件である性向を再生産できないばかりでなく、ハーバーマスが議論するには、国家と経済はそうした性向を現実には破壊する傾向がある。この両方のシステムは拡大する傾向があり、それによって以前は関与していなかった社会的世界の諸側面に影響を与える（ハーバーマスの後の研究ではこの点を「生活世界の植民地化」として論じている（→【07生活世界の植民地化】）。経済は新しい市場を開拓する圧力の結果として拡大し、国家はさらに福祉サービスの供給により（また、福祉の計画を競い合う政党間の競争の論理により）、なおいっそうの支持を「取りつける」ための努力の中で拡大する。けれども、経済と国家が拡大すると、これらのシステムは社会的世界の伝統と

---

[9]　もちろん、国家は学校に対してコントロールする。国家と経済は意味を創り出すことはできないというハーバーマスの議論は、私たちが国家を非常に狭い観点から概念化するかぎりにおいてのみ妥当する。多くの政党と関係者が関わっている象徴的政治と道徳の改革を考えてみれば、広義の観点からみたときには、国家は意味を創り出さないというのは、かなり思慮のないことをいっているようにみえる。

習慣を破壊させる傾向をもつ。それらは文化を破壊し、以前は習慣的で自明視されていたものを疑問視する。そのうえ、国家の場合では、これらの問題が国家と関連しているゆえに、問題は同時に政治的なものでもある。ハーバーマスは以下のように述べている。

> あらゆるレベルで、管理行政上の計画は、不安定で広く伝わるような意図せざる結果をもたらす。これらの結果は、自然のような発展過程から生じてきた伝統がもつ正当化の可能性を弱める。いったん、そうした疑いのない特質が崩壊すると、妥当性要求の安定性は言説を通してのみ起こりうるものとなる。自明とされている文化的営為の攪乱は、それゆえ、以前は私的領域に割り当てられていた生活領域の政治化を促す。しかしこうした展開は、公的領域の構造を通して非公式に守られていた市民の私生活主義への危険性を示すものである。(Habermas [1988 : 72])

言葉を換えれば、社会的世界に介入することによって、不注意にも国家は自明視されたものを疑問視し、それを政治的に扱うのである。国家は、確立された生活パターンを揺るがし、深く根づいた性向に動揺をきたして、私的なものを公的なものにする。そのようにして、「動機づけの危機」という状況が発生し、ついで「正統性の危機」という状況が発生するのである。行為者は、自分たちの市民的私生活主義が衝撃を受け、異議を申し立てはじめるかもしれない点にまで搔き立てられる。後の研究においてハーバーマスは、いわゆる「新しい社会運動」の起源は、この正統性の危機の一つの現れであると述べている（→【34新しい社会運動】）。新しい社会運動は、国家が政治化する問題を取り上げ、これらの問題について国家がそのままであるかぎり与えることができない説明責任を果たすよう促すのである。

デヴィット・ロックウッド (Lockwood [1964]) が独自に示した区別に依拠すれば、ハーバーマスは、経済と合理性の危機は「システムの危機」つまり「システム統合」の危機であり、社会のメンバーの「合意」から比較的独立した社会的世界の「諸部分」の間の危機であると論じて

いることになる。それと対照的に、正統性の危機と動機づけの危機は社会的危機である。すなわち社会統合の危機である。この危機は、他の状況では社会を保持しているコンセンサスが崩れてしまうときに生じる。

だが、システム危機が社会的危機への傾向を生み出すという点が、ハーバーマスの立場にとって重要なものである。というのも、具体的な身体をもった行為者は社会的危機を経験しながら生活し、またそれらの結果をも経験しているからである（たとえば経済的危機は通常は多くの人びとにとって個人財政上の危機を意味し、そうした人びとを不平不満に陥らせたり、社会的合意のレベルを減少させる）。そのうえ、危機を分析するとき、ハーバーマスはシステムの視角から「社会的危機」をも検討する（→【56システムと生活世界】）。人びとが彼らの社会の規範／価値に「同意」することをやめるとき、ハーバーマスが述べるには、人びとはシステムの内部で役割を演じることをやめ、そしてシステムは動揺しはじめるのである。

こうした説明には機能主義的な要素があり、それはタルコット・パーソンズの研究に少なからず負っている（たとえばParsons [1966]）。ハーバーマスの四つの危機傾向論は、パーソンズの有名なAGIL図式において鍵となる四つの機能要件に直接的に結びついている。パーソンズが論じるには、社会は環境に「適応」（A）しなければならず、経済はこの点において鍵となる社会的サブシステムである。また、社会は「目標」（G）を設定し追求しなければならず、この点において国家は鍵となる社会的要素であるとパーソンズは論じる。さらにパーソンズは、社会は社会的に「統合」（I）されなければならないと論じ、規範と正統化された形の権威とに関する合意を、そうした統合の中心と見なした。また他のサブシステムにとって前提となる「潜在的」（L）な文化パターンも再生産されねばならず、このための鍵となる側面として文化領域が引き合いに出されるのである。

ところでハーバーマスの場合も、これらの要素の各々が潜在的な断層線と見なされている。それゆえ、ハーバーマスは機能主義者であるのだろうか。そして、仮にそうだとすれば、それは問題であるのだろうか。ハーバーマスは限りなくパーソンズに近い。このことがハーバーマスの

位置取りに一定の問題を引き起こす。けれども、危機という考え方は社会をシステムとして概念化し、それらのシステムが均衡状態から抜け落ちる可能性を示すものであり、さらにそのことは、システムを時には均衡状態にあるものとして言及するのが理にかなっていることを含意するので、危機に関するいかなる説明においても、おそらく機能主義的な要素は存在するであろう。

　だがこのことで、多様な機能主義がもつ問題含みの目的論的想定[10]に批判理論がコミットする必要はない。さらに批判理論は、自らが研究する社会が均衡にあるときでさえも、それらの社会に対して肯定的評価をとらなければならないわけではない。ロバート・マートン（Merton [1964]）が何年も前に論じたように、機能主義的観点からすれば、もっともひどい奴隷システムでも、ほとんど難なく永続する傾向があるという点において、非常にうまく機能しうる。これは、私たちがそれらを好むとか是認するとかいうことを意味するものではない。奴隷システムを是認することと、それらの機能を分析することは別である。なぜならば、システムの観点からその機能に言及することと、そのシステムがよいとか望ましいとか言及することには、大きな相違があるからだ。なるほど確かに、私たちは批判的に介入しようと計画するならば、システムがどのように機能するのかを知りたいし、なぜそれがそれほどうまく機能するのかを知りたいだろう。そうして、いかにそれを取り扱うのかを知るのである[11]。望ましくない「システム」でもしばしばよく機能してい

10）　目的論的な理論は、最終的な結果や過程の社会的意義が、その過程の説明として使われうることを想定する理論である。この想定は同時代の社会理論家によって一般的には拒否されている。なぜなら、この想定は原因の概念について時間的論理で定義しているからであり（出来事はそれらの前に来ることではなく、それらの後に来ることを引き起こすのみである）、そして／あるいは、この想定が表面化する他の科学の文脈において、促進よりも障害物となっている性質の「目的性」という形而上学的信念を頼りにしているからである。

11）　それはちょうど、医学者がウイルスと闘う方法を見つけることを願うという観点から、いかに病気のメカニズムが働くのか（たとえば、いかにウイルスそれ自身が増大し減少するのか）を知ろうとし、そして病気のプロセスの「精巧さ」に驚嘆さえするかもしれないのと同じである。

る。もしそうでなかったら、そのシステムは、私たちがそれを実際に望ましくないシステムとしてみる以前に、変化してしまうだろう。

以上述べてきたように、機能主義とシステム理論には問題があるため、ハーバーマスが危機の概念を保持するために行ったと思われるほどに、その問題に入り込む必要はない。ピエール・ブルデューの仕事は、この点において有益な準拠点である。

ブルデュー

ブルデューは、「システム」や「サブシステム」について言及するよりも、彼が「界」と呼ぶ用語によって社会的世界の異なった諸領域を概念化する（→【15界】）。界の概念はシステム概念よりも流動的でダイナミックであり、システム概念が許容するよりも多くの矛盾を論じうるものである。けれども、ブルデューは界における危機にも言及し、その限りで界における異なる要素間に、ある程度の「適合」を想定する。この方法でブルデューは、機能主義的なシステム概念でもっとも問題となることを避けると同時に、私たちがその概念から有益なものすべてを引き出せるようにする。そのうえ、ブルデューは危機概念を教育システムのような社会的世界に特有な闘争場（あるいは「界」）にもち込み、危機における主観的要素と客観的要素との相互作用に光を当てるのである。

ブルデューはそれゆえ、ハーバーマスのような経済・国家・生活世界の三項モデルよりも複雑で分化した社会のモデルを私たちに提示する。そして、多岐にわたるきわめて特殊な社会生活の諸領域、たとえば教育、家族、科学など、あらゆる社会生活の構造化された諸領域（あらゆる界）における対立と危機について、私たちがよく考えられるようにするのである。そのうえで、彼は危機の前提条件をより詳細に探究する。ブルデューは、ハビトゥス（→【18ハビトゥス】）として身体化されている個人の期待が社会的世界の客観的現実と一致しなくなったとき、またとりわけ、行為者がそれらの界に参加することから期待する客観的な報酬と一致しなくなったとき、危機が生じると論じる。たとえば1960年代のフランスにおける「68年5月」[12]で最高潮に達する教育システムの動揺は、ブルデュー（Bourdieu [1986]）によれば、過去の高等教育界の状態

を基盤とした学生の期待する大学生活と、大衆的に拡大したが非常に財政不足で、教育の古い「エリート」モデルと新しい「大衆」モデルとの間に見られた1960年代後半の高等教育界の実際の状態との間のミスマッチが引き金であった。危機は、この特有な（主観的）期待と（客観的）現実とのミスマッチを超えて成長した。とりわけ、それはストライキ労働者たちがさらに加わって、より大きな闘争となった。とはいえ、それが危機のはじまりであったのである。

　ブルデューの説明はまた、社会的行為の基盤が危機的状況のもとで変化することを示しているようにみえるので、興味深いものである。通常の状況のもとで行為を導いていたハビトゥスや想定が、意識化され、疑問視され、そして社会的世界へのより慎重で批判的な関わり方に置きかえられる。筆者は、ブルデューがこうした主張を枠づける仕方には問題があると他のところで論じているが（Crossley [2002b] [2003b]）、彼の主張は、危機の本質を私たちに理解させるという重要性を明確にもち、何らかの形で保持されるべきである。

　ブルデューの危機に関する説明は、明らかにマルクスやハーバーマスのものほどには展開されていない。ブルデューには確かにマクロな視野が少ないが、見る人の観点によって、それは長所であったり短所であったりする。けれども、その立場が長所であれ短所であれ、ブルデューの**ハビトゥス**と**界**の概念は、そしてまたその両概念が互いに一致するわけではないという考え方は、危機の分析にとって重要で、経験的に操作可能な道具を供給する。そのうえ、ブルデューの界概念を基盤にして危機にアプローチすることで、私たちはハーバーマスによって示された国家・経済・生活世界のモデルの限界を超えた概念の使用について考察しはじめることができるのである。

---

12)　「68年5月」とは、1968年5月のフランス（とくにパリ）で学生が開始し、その後労働者も参加した有名な蜂起を指している。短い間であるが、そのとき政府は崩壊し、さまざまな出来事は屑と化したかにみえたのである。しかも、この時期には共産党が失墜したと考えられたため、フランスの左翼内部にさまざまな分裂と革新がもたらされた。この出来事は、今日でもいまだにフランス急進派の政治思想に影響を与えつづけている。

【基本文献案内】

　マルクスの研究の多くは比較的接近しやすいが、危機に関する文献は多少難解で、おそらく接近しにくいであろう。よい解説書としてはアーネスト・マンデルの『マルクス経済学理論入門』(Mandel [1970]) がある。それとは対照的に、ハーバーマスの『晩期資本主義における正統化の諸問題』(Habermas [1988]) は彼のもっとも簡潔でもっとも明解な研究の一つである。この原典は読むに値する。ブルデューの危機に対する見解は一般的には正当なものだが、彼の研究全体にわたって分散された形での手短な言及である。筆者は、この問題についての彼の考え方のいくつかを自分の論文「再生産から変容へ」(Crossley [2003b]) において引いている。けれども、68年5月の危機に関する拡充された取り扱いは『ホモ・アカデミクス』(Bourdieu [1986]) の最終章にみられ、それは魅力的で大いに読む価値のあるものである。

（翁川景子訳）

09 争議サイクル Cycles of Contention

◎関連概念：**危機、新しい社会運動、争議レパートリー、社会運動**

「争議サイクル」とは、アメリカの社会運動研究から生まれてきた概念で、とくにタロー（Tarrow [1989] [1998]）の業績と結びついている概念である。争議サイクルを理解するためには、まず「争議」という概念を把握しておかなくてはならない。社会運動のある一部の分析家たちは、争議という言葉を用いることで、いわゆる「社会運動」だけではなく、社会運動の定義の基準に合致しているわけではないが、かといってフォーマルに制度化された政治の領域にも収まりきらないような、さまざまな形態の政治活動や抗議にも眼を向けようとしている。この場合、「争議」あるいは「争議の政治」とは、社会運動の形成や活動実践という形をとることもあるが、暴動、自発的抗議、ストライキ、産業不安という別の形をとることもある（広範な定義については、McAdam, Tarrow, and Tilly [2002] を参照）。タローによれば、社会運動は争議の政治から生まれてくるものであり、その特徴は、別の争議形態に比べて、耐久性があることだという。つまり、社会運動は時間を通じて持続するのである。

> 争議の政治は、一般の人たちが、しばしば自分たちよりも影響力のある市民と協同しながら、力を合わせてエリート層、権威者、敵対者に立ち向かう場合に起こる。……争議の政治が、緊密な社会的ネットワークによって支えられ、行為を方向づけるような文化的に共有されたシンボルによって駆り立てられるとき、争議の政治は敵対者との持続的な相互行為へと進んでゆく。その帰結こそが社会運動なのである。(Tarrow [1998：2])

どんな先進社会であれ、ある一定レベルの争議はつねに存在している

ものである。ただし、争議サイクルという概念は、争議のレベルが循環的な仕方で変動するということを示唆している。つまり、争議サイクルという概念は、争議のレベルが頂点と底辺との間を移動するということを示唆している。ある時点ではかなり高いレベルの争議が存在し、そこでは抗議は大規模な形で頻繁に発生し、その影響力も大きい。また、社会運動の数も増加し、その運動の活動レベルは極端に高くなる。しかし別の時点では、そのレベルは下降する。

　この「絶頂とどん底」のサイクルは、定期的に起こるわけではない。それはハレー彗星のように周期的に反復されるものでもない。ただし、そのサイクルは、比較的予測可能な構造を示しているといわれている。さらに付け加えれば、サイクルという概念が導入されたのは政治的危機、つまり「狂気の瞬間」(Zolberg [1972]) に関するいくつかの研究において顕著な見方を修正するためであった。すなわちそれは、この種の「瞬間」が、何の前兆もなく、これまで安定してきた社会の内部にいつでも勃発しうるものだという見方である（→【08危機】）。「狂気の瞬間」とは、ゾルバーク (Zolberg [1972]) の造語で、政治的権威がぐらつき何もかもが可能だと思えたパリの「68年5月」[1]のような歴史や政治の瞬間を捉えるための表現である。

　こういう考え方は、次のような危険をもつとタローは主張している。つまりそれは、社会が完全な安定状態から崩壊寸前の状態へと、まさしく「瞬間」的に移行し、その後すぐさま安定性を取り戻していくと信じさせる危険がある。こうした見方とは対照的に、争議サイクルという考え方には、争議のレベルは一定の持続期間を通してだんだんと組み立てられたり解体されたりするという含みがある。正確にどれほどの期間続くのかは特定できないけれども、それは数週間以上の長さをもつだろうと想定されている。こうした観点からみれば、狂気の瞬間は何もないところから生まれてくるわけではない。狂気の瞬間は、かなり長期間にわたって抗議のレベルがだんだんと組み立てられ、蓄積されたものである。しかも、そのようなものであるのなら、狂気の瞬間は前もって予想する

---

1)　「68年5月」については、【08危機】の注12) を参照のこと。

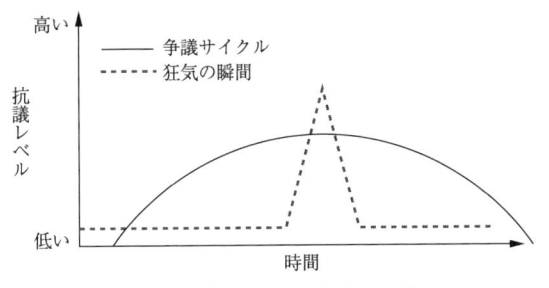

図1　争議サイクルと狂気の瞬間

こともできるだろう。「狂気の瞬間」と「争議サイクル」という二つの概念の区分は、図を用いて示すことができる（図1）。

サイクルに関する研究の多くにとって鍵となる事例は、1960年代半ばから1970年代半ばにかけてヨーロッパと北米の多くにみられた政治不安の時期である。このサイクルは数多くの国で、量的にも質的にもかなり詳細に研究され、サイクル概念が準拠する有効なモデルとして役立ってきた。ただし、この考え方がより広範に適用できることを示す別の事例も存在している（Traugott［1995a］を参照）。

サイクルの到来と終焉に関する説明の多くは、社会運動研究の中では単一の運動の到来と終焉との関連で大変よく引き合いに出される、政治機会構造[2]やフレーム[3]といった要因に注目している（政治機会構造、フレーム、その他の要因に関するより詳細な議論は、Crossley［2002a］を参照）。

---

[2]　「政治機会構造」の考え方によれば、社会運動の活動は、その運動が発生する社会の政治システムによって与えられる機会や制限によって形づくられるとされる。とくに、さまざまな機会が開かれているとき、運動の活動が起こりやすいとされる。この議論はCrossley［2002a］を参照。

[3]　社会運動の分析では一般に、ある争点が個々人の期待と共鳴する形で「フレームづけられる」とき、個々人は政治的行為に動員されやすくなると論じられている。たとえば、ある争点が「権力」とか「抑圧」の問題としてではなく、「権利」の問題としてフレームづけられる方が、人びとはその争点に好意的に反応するだろう。というのも、権利という言葉は、人びとが賛同している慣れ親しんだ言葉だからである。社会運動組織の仕事は、そのほとんどが自分たちの主張を適切にフレームづけるために奔走することだといえよう。

しかしながら、マカダム（McAdam [1995]）が述べているように、サイクルという概念の興味深い点は、私たちの注意を単一の集団ないし運動から引き離し、集団と運動との間の時間を通じた相互作用へと向けてくれる点にある。この概念によって私たちは、さまざまな集団や運動がどのようにしてお互いに対する刺激やインスピレーションばかりではなく、お互いの環境を共に作り上げているのかという点を捉え返すことができるのである。たとえば、フェミニスト集団が環境保護団体から注目を浴び、環境保護団体がフェミニスト集団の戦略をまねるという事態が起こるかもしれない。しかし、それは平和活動家が革新的な戦略をもって参入してくるまでの話で、その動きにフェミニスト集団も環境保護団体も対処せざるをえなくなるかもしれない。

　最後に述べておくべき点は、争議サイクルという概念と結びついている方法論上の難点である。この難点は、ある時点における社会の抗議レベルをどうすれば正確に測定できるのかという問いに関わる。サイクルに関する理論家の多くは、現実には新聞報道に頼っている。つまり、ある期間中に新聞で報道された抗議数を記録し、それをある時点で社会で実際に起こっている抗議数の近似値として用いるわけである。しかし、このデータ・ソースには非常に明白な限界がある。というのも、大量の「抗議活動」（それ自体が曖昧な概念である）は記録されないまま過ぎ去っていくし、より重要なことだが、報道の浮き沈みは抗議レベルが真に増加しているということよりも、むしろジャーナリストとか編集者の関心の浮き沈みを反映しているかもしれないからである。報道される抗議が増加しても、本当に抗議が増加しているわけではなく、抗議に関するメディア・キャンペーンとかモラル・パニックを指し示しているのかもしれない。さらに、実際の抗議レベル[4]が増加しているちょうどその時期に、メディアが抗議に対して関心を失っていたり、何か別の報道を

---

[4] 抗議はさまざまな仕方で定義できるし、また測定できることは明らかである。したがって現実には、抗議の「実際の割合」もさまざまである。ここで筆者は、報道のレベルが示している動きは、実際の割合を確定するという関心が動機となっている場合とは正反対の動きをとるかもしれない、という点を示唆したいまでである。

することにいっそう多くの関心を抱いているかもしれない。さらに、目新しい抗議は標準的な抗議よりも多く報道されることになるだろうし、時が経つにつれて、どんな抗議形態も普通になり、報道する価値を失っていくだろう。

　もちろん、これらの問題を回避するためのさまざまなやり方が存在する。メディアは一般の人たちに実際に意識されている抗議を測るためのよい尺度であり、この点こそが重要なのだと論じられることもある。抗議のレベルが客観的に高まっていても、それが報道されて人びとに知られていなければ、ほとんど重要ではないと論じられることもある。同様に、抗議のレベルが危機的な地点まで登りつめれば、必ず報道の価値があるのだから、メディアに取り上げられるだろうと論じられることもある。最後に、サイクルは必ずメディアを通して作動し、サイクルの成長も「メディアによる増幅」5) に左右されるため、メディアの報道と現実の抗議レベルは密接に相互依存していると論じられることもある。これらの問題に関する判断は保留しておく。ここでは、サイクルの概念は魅力的で重要なものではあるが、その熱烈な擁護者にはときどき無視されてしまうような方法論上の難点には気をとめておかなければならない、と述べておけば十分であろう。

---

5) 社会生活の他の領域に関しても同様であるが、抗議に関しても、ある特定の出来事についてのメディアの報道が、より多くの人びとをその出来事に巻き込んでいき、その報道において確認される傾向をそれが何であれ増幅するという事態がよく起こる。これが「メディアによる増幅」である。

【基本文献案内】
　タローがはじめてサイクルという概念を展開したのは、1960年代後半のイタリアでの抗議活動に関する経験的研究であった。この業績は、著作形式で『民主主義と無秩序』（Tarrow [1989]）として出版された。またタローは、サイクル概念を、その著『社会運動の力』（Tarrow [1998]）で修正している。タローの論文も含むサイクルに関する最上の論文のいくつかは、トラウゴットの『レパートリーと争議サイクル』（Traugott [1995a]）に所収されている。

（阿部純一郎訳）

10
脱構築 Deconstruction

◎関連概念：ディスコース、ドクサ、イデオロギー、権力／知、象徴権力／象徴暴力

　本書で取り上げた思想家全員の中で、デリダがおそらくもっとも捉えにくい人物であろう。多くの（広い意味での）「批判理論家」は、学問の体制に対してそれぞれの方法で異議を唱えており、デリダもそのうちの一人である。だがデリダの場合、その異議申し立ては行為遂行的（パフォーマティヴ）（つまり理論的であるとともに実践的）であり、また同時に非常に直接的かつ集中的な仕方で、もっとも中心となる学問的実践すなわちエクリチュール（writing：書くこと）に焦点化されている。

　デリダはエクリチュールについて論じる。彼は私たちが学問として、さらには学問の域を超えてより広く読み書きする方法に対して異を唱えている。しかし彼はまた、彼が書くその方法において、自らの研究が認定する問題を回避しようとしているのである。このため、たとえば「脱構築」といったデリダに関連する「用語」の意味を、簡単な記述で明確に定義することはとても困難である。実際のところ、一般的には「脱構築」を説明するにあたって、まずは考えられるさまざまな説明のうち、デリダがあれこれの場面で拒否した説明をリストアップすることになる。脱構築は方法ではないとか、あれでもないとかこれでもないといった具合である。ただし筆者の考えでは、脱構築とは理論的に構造化されたテクストの読み方である、と理解することがもっとも妥当のように思われる。しかし筆者はそのことを十分理解したうえで、あらゆる定義づけの場合と同じように、脱構築はそれ自体、脱構築として成熟しており、脱構築を制度や活動として定義するようにも思われる「戯れ」や「相互作用」の連続から逃げ出すことは決してできないだろうと述べたい。

　議論が混乱しているだろうか。この混乱を明瞭にしようとする際に手助けとなる第一歩として、エドムント・フッサールの現象学的哲学に関

するデリダ初期の研究 (Derrida [1989] [1973]) を検討することにしよう。

デリダは明らかにフッサールの研究に感銘し影響を受けているのであるが、その一方で苦悩してもいる。フッサールの研究のさまざまな局面が彼を苦しませているのであるが、デリダの関心のほとんどはフッサールのエクリチュールの扱いに向けられている。フッサール (Husserl [1970b]、また Derrida [1989] に再録) は、彼の論説『幾何学の起源』(デリダがフランス語に翻訳し、長い序文を添えている) の中で、エクリチュールの実践が、幾何学の歴史とさらに重要なその客観性確立とにとって本質的なことであるという見解に至っている。つまり、幾何学が書き記され公表されたときに客観的となる、と彼は信じていた。しかし彼はこれらの結末に悩まされ、見たところその結末に抵抗しようとしているようである。フッサールによると、幾何学はきわめて厳密な意味で、人間の精神が作り出したものである[1]。幾何学的知識は決して「向こう側」の経験的世界についての事実を反映するものではない。なぜなら幾何学的知識は、多少乱雑な「現実世界」の中には大まかな近似性しかみられないような純粋な形式 (直線および完全なる形状) を扱うからである。エクリチュールは幾何学の客観性を確立するうえで本質的なことである。なぜならエクリチュールは、個人それぞれの「精神」から幾何学を解放し、幾何学に独立した存在を与えるからである。

幾何学が書き記され、共同の間主観的世界の一部となったとき、それは偉大なる思想家の「頭の中にある」何かではなくなる。この個人の主観的領域を超越し、共同の領域へ入り込むという動きが、客観性の本質である。というのは、まさに客観性の定義が、個人を超えて間主観的な立証や取り消しを遂行するという現象に依拠しているからである[2]。幾何学の歴史にとって必要な条件は、歴史の過程にはつねに伴うように、

---

[1] フッサールの見解によると、あらゆる知識は経験科学を含む精神から一定の特性を得る。しかし数学と幾何学とを特徴づけるものは、それらの純粋性である。数学も幾何学もともに経験的部分をもたない。それらの真理は演繹法によって導かれる。そしてその特性は、やはり精神に由来する。たとえば、私たちは「正確な角度」を「発見する」ことはない。というのも、それは人間の精神が見いだした概念だからである。実際、割合や角度などの考えはまさにそのようなものである。

仮説の創設者たちによって展開されはじめた思考が、他の人びとによって次々と受け継がれ、しかもその思考が書き記されるならば、そうするほかはない——幾何学は世代から世代へと受け継がれうる——ということである[3]。

しかしながら、エクリチュールを重視することは、幾何学の真理を偶発的なものにしてしまうように思われるので、問題である。もし幾何学について知っている人すべてが死んでしまい、幾何学について書いてある書籍すべてが破棄されたとしたら、幾何学の法則はもはや存在しなくなるということになってしまうからである。それに対しフッサールは、幾何学の真理には何かより恒久的で必然的なものがあると信じている。さらにエクリチュールは、幾何学を生んだ考想から幾何学を切り離し、それによって幾何学的考想に一定の不透明性とともに、誤解や異なる解釈を結果として生じさせる可能性を導き入れる。その一方で、後に続く読者や幾何学の専門家ですら、自明で完成した産物として幾何学的考想と向き合うが、その考想へと至った組み立て作業には接近しない。結局のところ、エクリチュールは考想を「翻訳する」が、翻訳の中では何かが失われうる。どんな翻訳も同様だが、エクリチュールは決して完全でもなければ正確でもないのである。

フッサールに応答する形で、デリダは後に彼の哲学の中心となる考え、とくに「ロゴス中心主義」や「現前の形而上学」[4]といった彼の批判を

---

2) 「客観性」のいくつかの定義と、とくにその批判は、現象が主観性にまったく依存しなくなるような仕方で（どういうわけか）知られていることを、客観性の概念が前提としていると示唆しているように思われる。だが、これは不可能である。現象学のより興味深い側面の一つは、それが間主観的なものとして客観性の意味を打ち立てる点である。「X」は客観的に知られているか、または客観的に「そこに」ある。なぜならそれは、私に知られたり私にとってそこにあるのみならず、私がそれを指摘したり説明したりする相手となる道理をわきまえたすべての人にとっても存在するからである。

3) もちろん口頭による言葉によって伝えられることが可能だったのであるが、このシステムでは幾何学の大規模な拡大は可能でなかったし、幾何学の場合、かなり抽象的でまた視覚空間に関係していることから、口頭による伝承が特別困難だったのである。

定式化する。なぜフッサールはエクリチュールを二次的なもの、派生的なものとして取り扱ったのであろうか。なぜエクリチュールを単に話し言葉の翻訳と見なし、ひいては単なる思考の翻訳と見なしたのだろうか。デリダの見解によれば、こうしたことを正当化する理由は何もない。エクリチュールはそれに先行する何かを翻訳することではない。それは本来、原初的で構成的な意味の秩序なのである。

この観点から、とくに数学者はしばしば問題を「紙の上で」考える、すなわち彼らはまず考えてから書くのではなく、むしろ書くという方法によって考えるのだとすると、幾何学はおそらく人間の精神の所産であるというよりは、むしろエクリチュールの実践の所産ということになる。さらにこのことは幾何学に限ったことではない。デリダによると、エクリチュールとは、他の哲学者の見解では精神が行うとされていることとまったく同様に、それが書き表す現象を存在させるような構成的活動なのである。加えて、フッサールについて議論するときに、デリダは不透明性、偶有性、解釈の問題を取り上げ、これらが後にデリダのさまざまな「脱構築」の中で重要な役割を果たすのである。この点はさらに検討する必要がある。

真理は、哲学であろうが科学であろうが、私たちの文化の中で書き記される。それらは書かれた言語の内でその姿を表す。しかしデリダによると、文学研究以外では、私たちはこのことに注目しない傾向がある。

> 4) このパラグラフで手短に要約したように、「ロゴス中心主義」や「現前の形而上学」という用語は、デリダが、エクリチュールを思考の翻訳として見なし、さらに思考を純粋な知覚与件に作用するものと見なす傾向を示すために用いた語である。だがデリダの思想の趣旨は大部分、これらの構造化する想定とは正反対にある。デリダにとって、純粋な接点もなければ自明な意味の瞬間すらない。意味はいつもどこか他の準拠点を必要としている。それはいつも「延期されて」いる。この延期の発想はまた、デリダの「差延」という概念にとってもっとも重要である。この概念は構造言語学から借りてきたアイデアで、どんな用語の意味であっても他の用語との差異につねに依存している（たとえば「赤」は「青でない」ことを意味し、「色」は「臭いではない」ことを意味する）が、同時に言葉の意味はつねに他のことに依存し、それはさらに他の何かに依存し、といった終わりなき延期の連鎖の中で立ち上がる。

10 脱構築 Deconstruction

10 脱構築 Deconstruction

デリダが意図していることは、私たちはページに書かれた記述にはまったく注目をせず、代わりにその記述が「言う」内容に心が動かされるということである。私たちは、少なくとも哲学書を読むとき、まるで私たちがエクリチュールよりもむしろ「純粋な思考」に向き合っているかのように振る舞う。しかしながら、これ以上にじっくりと哲学やその他の「まじめな」または「真実に基づいた」体をなすエクリチュールを読む際に、その不可避的な記述様式、すなわちメタファー、レトリック、文体および文体の「工夫」（たとえば、脚注、引用、参照など）を無視する傾向がある。私たちは、「まじめなエクリチュール」の制度である習慣的規範の圧力によって、それが明らかにする純粋な哲学的ないしは科学的な思考を探し求める際の「足場」を無視する傾向がある。

だが、デリダによると、そのような細部の面は付随的なものではない。哲学とはエクリチュールであり、これらの記述様式はそれゆえに哲学の本質なのである。記述様式は哲学的議論の中で「主張の正しさを論証し」、そしてこの理由からそれらは「相手の主張に論駁する」ためにも用いられうる。とくに、デリダの哲学におけるテクストの脱構築は、これらの「周縁的な」文体要素を取り上げ、もてあそび、テクストの意味がどれだけそれらの文体要素に依存しているのか、しかしまた、これによりなぜ意味がいままで信じられてきたほど確かで安定したものではなくなるのかを示すものとしてよく知られている。異なる、そして時には矛盾した読み方が可能になったり、あるいはむしろテクスト内の矛盾が明らかにされるような方法で、テクストは活性化される。一つのことを示すための議論は、まったく異なる方面において示唆するイメージまたは想定に基づいて展開されるのである。

哲学ないしは他のテクストの「エクリチュール」を読むデリダの戦略は、哲学と文学との間の差異、真実（合理的または経験的）を語るテクストと虚構を語るテクストとの間の差異をぼやかす。さらに、そのようなテクストがしばしば概念的二分法（たとえば、自然／文化、高い／低い、真実／虚偽）を用いて主張を論証しようとしたり、理にかなった説明をしようとしたりする様式に、デリダはとくに関心を抱き、遊び心いっぱいにエクリチュールに注目することで崩壊の方法を見いだす。デリ

ダによると、対立はしばしば階層的であったり善悪のようなものであったりするという点で、この中に「政治的」要素が見受けられる。対立やテクストの戦略を問うことは、自明なことと見なされている価値判断を問うことであり、そして（象徴的）権力の隠れた前提条件を明らかにすることである。しかしながら、単に対立をひっくり返したり、完全にそれらを別の一つのものに解消したりすることがデリダの目的ではない。デリダの研究が求めていることは問題化することであり、代替案や解決策を示唆するような方法で簡単に片づけたり請け負ったりすることではない。同様に、デリダが境界線をぼやかすことは、それらを破壊しようとしたり、それらに意味がないことを示唆しようとしているわけでもない。したがって、デリダが文学と哲学の境界線をあいまいにし、その境界線を問題化するにせよ、彼はその境界線を維持して、哲学の側に自らの立場を置いているのである。

多くの点で、「脱構築」は20世紀最後の10年間における「批判理論」（広い定義づけによる）の流行語の一つであり、文学理論家と社会科学者の両者によって（哲学の外部で）取り上げられた。これらの文脈では、脱構築は（時にただ漠然と、もしくは名目上、デリダと関連するだけで）どんなことでも意味するようになった。デリダの哲学的擁護者は、おそらくこのことについて堂々と抗議する立場にはない。学問的ないしは方法論的な境界線を定めることは、いくぶん当初の精神に反しているように思われるからだ。

しかしながら、外部からの見解、つまり社会科学の見解からすると、この疑いなく非常に興味深い哲学者から私たちが学べると期待できることには、限界があるのではないだろうか。たとえば、一方で私は、デリダの洞察がより一般的な意味で、社会的実践はおろかコミュニケーションの他の形式にも必ずしも簡単に置き換わることのないエクリチュールへの特別な哲学的関心と強く結びついていると思っている。その一方で、より重要なことであるが、デリダのテクストへの関心は（残念なことに、彼は自分の批判を完全にテクストの範囲内にのみ焦点化することを主張している——'il n y a rien dehors la texte'[5]）、社会科学の方法が明らかにし重要であるとするテクストの外部にある、またはおそらくテクス

10 脱構築 Deconstruction

ト解釈のレベルではみえない諸要素を無視する結果をもたらす。たとえば、異なるタイプの著者による資料や制度への関心、権力や暴力、貧困といった制度化された形態に関してである。たとえデリダ（Derrida [1994]）がマルクスについて論じたときですら、たとえば社会科学者ならば問うであろう資本主義社会に対するマルクス主義の説明の今日的な有効性、といったようなマルクスに関する問いをデリダは取り上げない。

　マルクスの言うような社会階級はまだ存在しているのだろうか。もちろんデリダが答えるべきだという理由はない。彼は哲学者であり、解釈学や文学の問題そのものに関心を寄せている人物である。しかしそのように区別してしまうと、社会科学と哲学のつながりが断たれてしまう。そして、私たちがその区別を脱構築したいと思うのであれば、デリダに対する私たち自身の冒険心を頓挫させることのないように注意すべきであろう。社会科学はエクリチュールの一つの形式であり、時にはエクリチュールの問いに取り組む。これはデリダとの対話が役に立つかもしれない重なりを生じさせる。デリダはエクリチュールの興味深い説明をする。しかし私たちもまた、哲学が文学に吸収されないのと同様に、社会科学は哲学や文学に吸収されないことを認識し、デリダの前例に従うべきである。私たちは脱構築主義者にならなくとも、デリダから学ぶべきことが多々ある、と筆者は考えている。

5）　彼がしばしば格言として引用している文で、「テクストの外部には何もない」という意味である。

【基本文献案内】

　デリダは極端に難解であり、デリダの哲学や文学の背景に馴染みのない社会科学の学部学生にとっては、ことのほか難しく感じることだろう。しかし、幸運にも、いくつかのとても優れた補助的テキストがある。クリストファー・ノリスの『デリダ』（Norris [1987]）は非常によい。それからクリスチナ・ハウウェルの『デリダ』（Howells [1999]）も優れている。ピーター・デューズの『崩壊の論理』（Dews [1987]）では、デリダに関する章の中で、より手短な批判的議論がなされている（デリダの研究に親しみのない者にはちょうどよいレベルである）。

（村澤啓訳）

11
ディスコース（言説／談話／討議）Discourse

◎関連概念：脱構築、イデオロギー、権力／知、公共圏、象徴権力／象徴暴力

　ディスコース［ディスクルス：言説／談話／討議］という概念は、批判的社会理論の中でさまざまな仕方で用いられるし、その分析のタイプもさまざまである。このように多様であるのは、部分的にはディスコースが動詞として（すなわちディスコースという活動のことを指すものとして）用いられることもあれば、名詞として（すなわちあれこれのディスコース、つまり人種的ディスコースや医学的ディスコースなどを指すものとして）用いられることもあるという事情による[1]。私がここで試みるのは「ディスコース」のいくつかの異なった用法を定義づけ、社会科学におけるさまざまな理論的アプローチにとってその概念がもつ意義を引き出すことである。

　使い方によってディスコースは、単に発話やコミュニケーションを意味するだけである。ディスコース［言述］すること（to discourse）はさまざまな方法で（発話、筆記、電子形態のコミュニケーション、もしくはおそらくは身ぶりもまたここに入る）、他者とコミュニケーションを行うことである。この観点からすれば、ディスコース分析というのは、単に人のコミュニケーションの仕方を分析することに過ぎない。ここに含まれるのは、会話分析にみられるようなもので[2]、たとえば討論の両陣営がそれに加わるタイミングを組織する仕方（たとえば誰がいつ話

---

[1]　ディスコースがつねに動詞であることについて、またあれやこれやの「ディスコース」への言及が特定の文脈におけるディスコースの実践を支配している慣習の簡略した表現にほかならないことについては論証可能である。しかしながら、ディスコース分析家が最初に言語使用の慣習が物事の思考法を形成するということを指摘したので、ディスコースそのものへの言及は、その活動性を無視し、ディスコースを事柄として取り扱うように私たちを促すのかもしれない。

すか）や、発話がその効果を得るために特定の慣行や種々のレトリック に依拠する仕方である。

　このアプローチの中心的な主張は、「ディスコース」はそれに関わる両陣営によって組織されなければならないということと、述べられた内容はもし文字どおりに理解されるとすれば明白ではなく、それはむしろそれが表明されたときの文脈の要素——述べられた内容が文脈を生み出すのだが[3]——に依存し、かつまた特定のレトリック的な「装置」やディスコース的な「装置」への両者共通の志向性に依存しているということである。こうした「装置」は対話者が互いに対して微妙に示さなければならないかもしれないものであり、ディスコース分析において分析することが求められるものである。

　以上のことを基にして、大部分は習慣性と自明性という性質を獲得してしまっている特定のものの話し方のことを指すために、ディスコースを用いる論者もいる。たとえば「医学的ディスコース」や「人種的ディスコース」に言及することは、特定の語彙を認め、特定の対象に対する定義（または「構築」）と意味づけのための一連の規範や規則を認めることであり、さらに反論を抑えたり、主張をしたり、問題について調べたりするなどのためのさまざまな慣習とレトリックの技術を認めることである。この文脈においてディスコースはしばしば、たとえば「医学的

---

2) 会話分析はエスノメソドロジーから起こった言説分析の一つの形である。エスノメソドロジーのより広い文脈の説明に対しては、シャーロックとアンダーソン（Sharrock and Anderson [1986]）あるいはヘリテージ（Heritage [1984]）を、そして会話分析そのものへのより技術的な紹介はサーサス（Psathas [1995]）を参照されたい。

3) 多くのディスコース分析家たち、その中でもとくに会話分析の伝統を引き継ぐ分析家たちは、自分たちが分析しているディスコースが文脈を指向し、それを利用しているという事実と、その方法を示さないままに、文脈を基にテクストに意味を与える「読み物」には強く反対する。その議論によれば、文脈として何が選ばれるかは、対話者が自分たちの文脈をいかに解釈し、自分たちの解釈を互いにいかに伝えるかに依存している。このようにしてディスコース分析は、当のディスコースに意味を与えるべく、いかにして「文脈」がディスコースの中で構築されるかということについて考察しなければならない。

ディスコース」といったりする場合のように、一つの名詞であるかのように用いられる。ディスコースについてのこの種の概念化においてもっとも重要な意味は、ディスコースに参加している人は自分たちが習慣的に用いている特定の慣習のシステムについてほとんど知らず、自分たちの話し方からもたらされるかもしれない帰結についてもおそらくは知らないので、そのシステムを発掘し、「脱構築」[4]する分析は潜在的に解放に資するという価値をもっている、という仮定に依拠している。社会的行為者は、自分たちの世界の見方や考え方が社会構造（一つのディスコース）から引き出されているのであり、自分たちはそれを学んできて、それに習慣的に依拠しているのだということを自覚的に認識することができる。

ディスコースについてこの定義を用いるディスコース分析家が分析の焦点を合わせるのは、特定のコミュニケーション行為における個々の性質である。その人たちが分析するのは行為中の発話であり、そこに含まれている意味づけのさまざまな方法を割り出そうとする。しかしまたよくみられることに、分析家はより一般的な水準で研究し、たとえばメディアや歴史の集積に焦点を合わせたり、その集積の中にある大量のテクストに共通する言葉の使い方のパターンの存在を示そうとしたりすることもある。そういう人たちは、たとえば特定の医学的な問題の考え方や扱い方を分析し、医学的な言葉の使い方を特徴づけているものは何であるかを探ったり、人種的ディスコースにみられるような、ある集団にはつねに適用されるのに他の集団には決して適用されないような言葉の使い方を探索する。

さらにより広い視野にあるのは、後に多大な影響を及ぼしたミシェル・フーコーの研究で、その研究は「ディスコース編成の内的な規則」[5]が長い時間のうちに歴史的にいかに変化したかに焦点を合わせている。しかし、それは特定のディスコースが発生し、組織化され、持続するのを促進する制度的な条件と社会問題にも等しく焦点を合わせてい

---

[4] 筆者は「脱構築」を「デリダ的」意味では用いていない。ここでは単にディスコースとテクストがいかに機能するかを考察する分析の形態のことをいっているだけである。

る。「精神医学的ディスコース」に関心をもつディスコース分析家が、精神科医と患者の間のほんの1、2分の会話を吟味し、たとえばその会話の中で黙考しているすべての時間について熟考するのに対して、フーコー（Foucault [1965]）の分析のタイム・スパンは世紀をまたいでおり、ディスコースの内部にある、そのディスコースを生み出すカテゴリーと規則[6]のような要素に視線をやるだけではなく、外部に目をやって、広範な社会的過程をみようとする。その過程は、一つの社会空間を提供するもので、その空間においてディスコースがそもそも展開されることになる。フーコーによれば、たとえば精神医学的ディスコースが生まれてきたのは、「狂人」が（「逸脱者」とされた、他の広範な人たちとともに）監獄に監禁され、それによって比較的、綿密な観察のもとに置かれるようになってからのことである。もっといえば、その人たちを監禁するという決定は、精神の健全さとか精神医学とかのようなものとはまったく何の関係もなかった。それは単に社会統制の手段に過ぎなかったのである。

　フーコーが問うのは、第一に、私たちはいったいなぜ、そしてどのようにして精神の問題を分類し、それについて考えるようになってきたかということであり、なぜ精神医学的ディスコースがあるのか、そしてなぜそれは現在のような形態をとっているのかということである。もっといえば、彼が関心をもっているのは、ある形態のディスコースが今日のような社会的重要性を帯びるようになってきたのはいかにして、いつから、どこにおいてなのか、という問題である。たとえば今日の社会において精神医学（psychiatry）や他の「精神」（'psy'）についてのディスコースは、社会統制において重要な役割を担っているが、フーコーが問うのはこれが生じてきたのはいかにしてか、ということである（Rose

---

5) 分析家たちは時どき、もしも従うならば特定の性質を生み出すことになる「規則」の観点から、あるディスコースの奇妙な性質を記述している。それはたとえば、一人称を用いないとか、つねにXをYと言うとか、つねに受身で語るなどである。これは人が特定のディスコースを生み出す際に実際に規則に従うということをいっているのではなく、分析家たちの発見を要約するための便利な方法である。

6) 前注5）を参照。

[1985] [1989] も参照)。最後に、彼は長い範囲の歴史に焦点を合わせているので、ディスコースが展開する中で起こる周期的な分裂や破裂を探求できる。すなわち彼は、世界についての私たちの見方や考え方がいかに変化してきたかを探求できる。このように分離に関心をもつのは、フランスの科学哲学の伝統による。フーコーはガストン・バシュラールとジョルジュ・カンギレムの影響を受けているのである（→【14認識論的断絶】）。

　フーコーやその他の上述のアプローチと鋭い対照をなしているのは、ユルゲン・ハーバーマスであり、彼はディスコースを動詞として用い、規範と前提とを審問に付すコミュニケーション的行為のことを意味する。ハーバーマスが言うには、たいていの場合、私たちは規範に則っており、自明視された前提に従っている。このうちのいくつかの要素は必要である。私たちは、決してこの「背景的」構造から完全に自由になることはできない。しかしある場合には、大事な前提と規範が審問に付されることがある。ハーバーマスの用語では、これがディスコースである。この観点からすれば、ディスコースは分析である。ハーバーマスは、社会的行為者は自分たちが日常の行為において通常、習慣的に志向している前提と規範について意識的に考える能力をもっていると信じている。しかし同時に彼は自分の著書の中で、コミュニケーションが「システムによって歪められる」こともあるし（→【25理想的発話状況】）、公共圏が侵食されている社会ではディスコースの役割が土台から掘り崩されることもある（→【40公共圏】）とはっきり述べている。この観点からすると、ハーバーマスの研究は何らかの形のディスコース分析を強く必要としているのである。

　批判的ディスコース分析は、ノーマン・フェアクローによって開拓されたもので（Fairclough [1994]）、部分的には、ハーバーマスの研究における上記の必要性に応えるものとして読むことができる。というよりも、フェアクローは自分の著書の中で、上記のすべてのディスコースの理論とアプローチの諸相を結合している。包括的で批判的なディスコース分析は、特定のやり取りの細部の詳細から、ディスコースが生み出される際の文脈と条件についてのより広範な社会の歴史にいたるまでの連続体

11　ディスコース〈言説／談話／討議〉Discourse

を結びつけることができるのでなければならないし、そのためにこれらの両極を巻き込んでいる中間レベルに目を向けなくてはいけない、とフェアクローは論じている。

【基本文献案内】
　フーコーのディスコース分析の方法、または少なくともフーコーの初期の研究法は、彼の『知の考古学』(Foucault [1972]) の中でもっとも明解に述べられている。この本は非常に明晰である。より手短な入門書としては、彼の論文「政治と言説研究」(Foucault [1978]) を参照されたい。フェアクローは彼の著書『言語と権力』(Fairclough [1994]) の中で批判的言説分析を明確に提示している。ポッターとウェザーレル『言説と社会心理学』(Potter and Wetherell [1987]) では、心理学的分析におけるディスコースの役割を検討している。会話分析のもっともよい専門的入門書には、サーサスの『会話分析の手法』(Psathas [1995])、およびハッチビーとウーフィットの『会話分析』(Hutchby and Wooffitt [1988]) がある。文脈の中で会話分析をするための説明としては、ヘリテージの『ガーフィンケルとエスノメソドロジー』(Heritage [1984]) やシャロックとアンダーソンの『エスノメソドロジスト』(Sharrock and Anderson [1986]) がある。ハーバーマスの言説についての研究は『コミュニケイション的行為の理論』(Habermas [1987b] [1991a]) にみることができる。これは大作であり、学部学生には非常に難しいであろう。しかしながら、ホワイトの『ユルゲン・ハーバーマスの最近の研究』(White [1988]) とアウスウェイトの『ハーバーマス』(Outhwaite [1993]) には、役に立つ概要が示されている。

　　　　　　　　　　　　　　　　　　　　　　　　　　　　　　　　　　(郭基煥訳)

12 討議倫理学 Discourse Ethics

◎関連概念：ディスコース、理想的発話状況、公共圏

　討議倫理学とは、カント（Kant [1948] [1993]）によって提唱された義務の倫理学の体系を[1]、より説得力をもった適切な形で書き直そうというハーバーマスの試みのことである。ある行動が正しいかどうかを評価するためには、それが行動の普遍的な規範あるいは規則として一般化できるのかどうか——つまり私たちは他者にも同じように行為してほしいと思うだろうか——と自問してみる必要があるとカントが論じたのは有名な話である。この考え方は部分的には、カントのもう一つの見解、すなわち倫理的な行動とは、他者を手段としてではなく「目的」として扱うことを要請するという見解に由来している。それはつまり、他者を独自の企図や計画をもった存在として扱う必要があるということだ。これがカントの「定言命法」である。先に述べた普遍化の原則は、この定言命法を基礎としている。なぜならこの原則は、私たちが自分自身にとって求めているのと同じ権利を、他者にも与えることを要請し、また私たちが他者に対して課しているのと同じ義務を、自分自身にも背負わせることを要請するからである。

　カントはまた、正統な規範とは、その源泉を理性に求めることができるし、またそこに求めるべきだとも論じた。つまり、あらゆる理性的な存在が同意しているのなら、その規範は正統なのである。ただし彼は、この後者の条項について、それを方法論的に吟味してはいないし、吟味

---

[1] 義務の倫理学（Deontological ethics）とは、義務——「義務（duty）」のギリシャ語に由来する deon ——の問題に焦点を当てた倫理学の体系のことである。義務や「真理」に注目した倫理学の体系は、功利主義のように、むしろ「善」の問題に注目する倫理学の体系と対比させることができるし、たびたび対比されてきた。この点については、もう少しその意味を明確に限定した議論を本項の注4)でしているので、そちらを参照してほしい。

してみるべきだとも主張しなかった。カントは次のように信じたのである。つまり理性的な存在は、何が理性的であり、他の理性的な行為者にとって何が正統であるのかを、その理性によって知っているはずだ、と。別の論者たちが疑問視したのは、この点である。

　ジョージ・ハーバート・ミード（Mead [1967]）は、ある重要な論文の中で、カントが信奉していた考え、すなわち理性とは、少なくともそれを別個に取り出して考察してみた場合、個々の行為者がもっている一つの特性であるという発想に強い批判を向けている。ミードが論じるには、理性とは討議の中で、より広くは相互行為の中で生まれてくるものである。それは、他者の反対に直面し、自分の意見を説明し、他者を説得しなくてはならないという要請から、そしてより重要なのは、（たいてい自分とは非常に異なる）他者の観点に適応しなくてはならないという要請から生まれてくるものである。ミードはさらに続けて、「あらゆる理性的な主体が同意するもの」とは、実践の場において、異なる観点をもったさまざまな人間集団が実際にどんなものに同意しているかを知ることによってのみ明らかにすることができると論じている。どんな具体的な個人も、ある非常に限定された世界観をもっているにすぎない。人びとがより理性的で、普遍的な観点へと到達することができるのはただ、他者と関わり、お互いを知り、また自分たちの違いを認めあう場合に限られる。ミードにいわせれば、他の「理性的な」行為者が何に同意するだろうかと推測しているだけでは、定言命法の基準を満たすことはできない。なぜならそこでは、他者が独自の企図や観点をもった存在として扱われていないからである。

　ハーバーマスの討議倫理学が打ち立てられるのは、この地点である。また彼は、そのための超越的な基礎づけを、発話の語用論に見いだすことができると主張している[2]。ハーバーマスはミードと同じく、「理

2）【25理想的発話状況】の項にあるように、ハーバーマスは、発話行為には必ず、ある特定の理念または規範が前提されており、それらの理念や規範から批判理論のための規範的な原則を組み立てることができると考えていた。何が必然的に真であるのかに関する議論は、ここで「超越論的」と呼ばれている議論のうちの一つである。

性」とは必然的に間主観的なもの、「コミュニケーション的」なものだと考える。さらにミードと同じくハーバーマスは、ある道徳的な原則が、カントが提唱しているような普遍性の高みにまで到達できるのは、行為者たちが対話に参加し、自分たちの限定された視野を乗り越え、「より高次の」総合的な視野を作り上げていく場合に限られると考えた。ここで前提となっているのは、行為者には自分の間違いを認める用意があり、また他者の立場に身を置き、他者と同じように世界を眺めようとする準備があるということだ。ただし、そこには次のような主張も同時に含まれている。つまり、ある討論に参加しているいかなる集団も、自分たちの議論の優越性を確立するために、論理的かつ理性的な議論の範囲内であらゆることを行うだろう——そして自分たちが対抗できない主張や反論に直面した場合にのみ負けを認めるだろう——ということである。

　ハーバーマスはここから、彼の討議倫理学の基礎を形づくる次のような結論を導き出している。すなわち、「ある規範もしくは道徳的な規則が、理性的で正統なものだと認められるのは、その規則の影響を受けるあらゆる集団またはその代表者が、その規則について理性的に討論する機会をもち、その規則に対して自ら同意する場合に限られる」と。規則を「自由に」討論しているとは、この場合、その討論において働いている唯一の力が議論の説得力だけであるような形で、その規則が討論されていることを指す。つまりそれは、賄賂や脅迫といったものが討論から締め出されていることを意味する（→【25理想的発話状況】）。

　こうした考え方には、非実用的なところや、おそらく理想主義的なところが数多くある。世界のさまざまな「和平会議」に眼を投じてみればよい。そこでは理性的な議論が、すでに交渉のテーブルに着いている場合でさえ、妥協や妨害を求める感情的および戦略的な考慮によって[3]、しばしば泥沼状態に陥っていることに気づかされる。とはいえ、ハーバーマスの理論の他の部分についてもいえることだが、彼の理論がもっている「理想的な」性格は、それとの対比の中で複雑な現実を測定したり

---

[3]　もちろん「戦略」とはそれ自体、理性的なものである。ただしハーバーマスは、「コミュニケーション的理性」と「戦略的理性」とを区別している。【42合理性】を参照。

12　討議倫理学　Discourse Ethics

批判したりするための有用な尺度として働くことができるし、またそのことは批判理論の目的にもかなうものである。なぜならハーバーマスが述べているように、政治的な行為者は概して、自分たちは理性的な人間なら必ずそうするような仕方で行為していると、つまり自分たちは理性的に行為していると主張するからである。さらに述べておくと、ハーバーマスの議論の一部は問題を抱えているが、ただし間主観的な意見の一致こそが、さまざまな規範の理性的な基礎としては唯一可能性のあるものだという基本的な考えは、筆者には魅力的に映る。このような仕方で生まれてきた規範などほとんどない。しかしそうであるのなら、ほとんどの規範は、この意味においては十分に理性的だとはいえないのである。

　ハーバーマスの図式は結局のところ、カントが犯したのと同じ大きな問題を抱えていると論じる批判者もいる。それは要するに、彼の図式は形式的だということだ。ハーバーマスの図式は、ある正統な規範がどのようにして承認されるのかについては語っているが、その規範の内容については何も述べていない。そこには、道徳的な討議のための規範以外には、いかなる正統な規範も示されていない。正統な規範の内容がどこに由来するのかについてのヒントさえない。しかしながら、ハーバーマスはこのような批判に応答する形で、次のように論じているのである。すなわち、規範の内容は生活世界から生じてくると、つまりある特定の時点において社会に参加している人びとの日常生活や文化から生まれてくるはずだ、と[4]。

　ハーバーマスを擁護するために付け加えておくなら、形式主義は、多

---

[4] もう少し専門的にいうと、倫理に関する哲学的理論は、何が「善」であるかを規定する理論と、何が「真」であるかを規定する理論とに分けられ、後者の方がより形式的だという特徴がある。さらに付け加えておくと、善についての理論家の多くは、アリストテレスに従って、善なるものに関する私たちの意識は、伝統や文化や集合的生活に根づいていると論じてきた。ハーバーマスの主張によれば、討議倫理学とは、この点を踏まえつつも、善なるものと真なるものという二つの関心を統合するものである。彼の図式では、伝統に根づいている限定された善の捉え方は、何が真であるのかを決定する討議プロセスに事実上組み込まれている。

文化的な文脈において倫理を考える際には、最善の選択肢である。私たちは、現代社会において何が善であり、何が適切であるのかについての主張には事欠かないが、これらの主張は多くの場合、お互いに矛盾している。だからこそ必要なのはまさに、これらの矛盾点を明確にし、お互いに認め合える正統な結論へと至るための形式的な手続きなのである。この論点は、ハーバーマスの言う普遍性を、実際には理性や道徳性に関する西洋の基準を押しつけるものだと論じる批判者への返答としても用いることができるだろう。なるほど彼らの言うとおりかもしれない。しかし筆者の観点では、ハーバーマスはそうした反論についても、次のように正当に答えることができるのである。すなわち、さまざまな文化やパースペクティヴが対立しているというのは確かにそのとおりである。しかしその闘争は、もしそれが討議の場でなされるのでなければ、多くの場合がそうであるように、暴力や戦争によって進められることになるだろう、と。この観点に立てば、ハーバーマスの理想の実現を後押しするというのは、一つの実践的な主張である。なぜなら、暴力よりも対話を選択するという決定によって影響を受けるあらゆる集団が、実際にその対話に同意するのかどうかは、言うまでもなく、これらの集団だけが決定できることだからである。

【基本文献案内】
『精神・自我・社会』(Mead [1967])の補論に所収されているミードの倫理に関する論文は、とても読みやすいものである。この論点に関するハーバーマス自身の著作も、その多くは読みやすいものだ。とくに『道徳意識とコミュニケーション的行為』(Habermas [1992])と『事実性と妥当性』(Habermas [1993])を参照してほしい。

(阿部純一郎訳)

13
ドクサ Doxa

◎関連概念：資本、危機、界、ハビトゥス、ヘクシス／身体技法、イデオロギー、公共圏、象徴権力／象徴暴力

　ドクサという概念の源流はアリストテレスの哲学（Aristotle [1955]）にまで遡ることができるが、そこではこの概念は一般的な意見や民衆のものの見方を意味しており、知（真なる知としてのエピステーメー）と反対の意味である。アリストテレスにおいて、哲学はドクサとともに始まる。哲学は真の知を確立しようと試みる中でドクサと戦う。この戦いは頭からドクサをはねつけるものではない。アリストテレスは、ある人びとがそうするようには民衆の意見を単なる先入観、または迷信として退けはしない。彼が書いているところによれば、民衆の実践的な意見は哲学者が求める精緻さを欠いているが、日常生活において「機能している」。それは現実の生活の文脈の中で形成されてきたのであり、そこでは行動を導くのに重大な役割を果たしており、またそういうものとして大いに吟味をされてきた。自分の意見が著しくドクサと対立する哲学者は、日常生活の中の実践的な賢明さと比べて、自分の意見の賢明さについてよくよく考えてみる必要があるかもしれない。しかしながら、哲学はドクサを改良し、その上を行き、それを問題化することもできるのであり、それらは哲学の役割である。

　多くのアリストテレスの概念と同じように、ドクサという概念は数多くの重要な哲学者と社会科学者の思想の中に（さまざまな外観をまとって）現れてくる。しかしながら、私たちの目的にとってとくに重要なのは、ピエール・ブルデューの著作におけるその概念の利用と展開である。ブルデューの著作では、ドクサはただ知とのみ対比されているのではなく、言葉にされた意見とも対比されている。ドクサは文字どおり、言わないでもすむことである。それは言うことに意味を貸し与えるが、それ自体は語られることのない、当たり前であると思われている背景である。

それは沈黙しているのであり、私たちはそれに習慣的、実践的、前提的に方向づけられ、それを支持しているが、私たちはそうしているときはそれについて大部分、気づかないままでいるのである。

『実践理論の概要』で、ブルデューはドクサの政治的意味について考察している（Bourdieu [1977]）。彼が述べるところでは、政治についての公共的な言説の領域は、「正統」な意見と「異端」の意見に分けられる。しかしながら、これらの意見は氷山の一角にすぎないのであり、その氷山のより深く大きな基盤は、考えることなくなすことのすべて、つまり前提にしていることに気づきさえしないままに前提にしていることのすべて、要するにドクサにある（図1参照）。これは機械的なものでもなければ、必然的なものでもない。今日においてドクサであるものは、過去においてはしばしば論争、議論または対立の明白な話題であった。

> 今日の私たちに、自明であるように見えるもの、つまり意識されることがなく、選択以前のもののよう見えるものは、非常にしばしば闘争の賭金（獲得目標）だったのであり、支配者集団と被支配者集団との間の執拗な対決の結果としてのみ確立されたものである。歴史的進展の主要な効果は、歴史が排除した別の可能性を、過去、言い換えれば無意識の中に追いやることによって、歴史を廃絶することである。(Bourdieu [1998a : 56-57])

この意味で、ドクサは重要な政治的役割を果たしている。ドクサの歴史的偶然性とそれに対してかつて向けられていた異論が、集合的記憶か

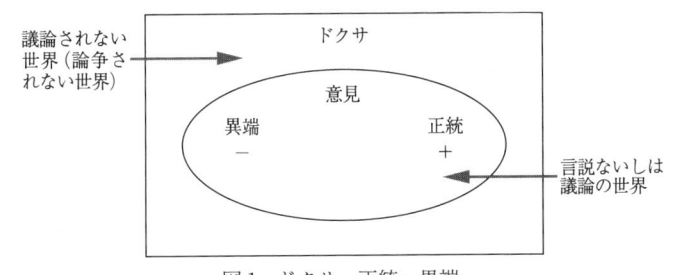

図1　ドクサ・正統・異端
（Bourdieu [1977 : 168] をもとに作成）

らかき消され、その実践と形式に自明性を付与しているかぎり、つまりはドクサがドクサであるかぎり、現状はただ保持されるのみであり、言い換えれば自然で必然的であるというその外観はただ保持されるだけである。過去の闘争は残っており、私たちが前提にし、習慣的に行っているすべてのことの形の中でその跡を現在に残しているが、前‐反省的で前‐言説的な習慣として、そうした過去の沈殿物はただ現状を保持するように働くだけである。この点から考えれば、もちろんドクサは支配者集団の利害にかなうものでもある。ドクサは、支配者集団の地位の状況を自然なものにするからである。

> ドクサとはある特定の視点、支配者の視点であるが、それを普遍的な視点として提示し、押しつける。それは、国家を支配することによって支配的な地位にいる者たちの視点であり、国家を設立することによって自分たちの視点を普遍的なものとして構成した者たちの視点である。(Bourdieu [1998:57])

　この点についてさらにいえば、ドクサという概念は民主主義と**公共圏**についての重要な批判を可能にする。ブルデューの考えでは、公共の関心となっている問題について自由な話し合いをしたとしても、それは支配と不平等の中心的な形態に対してはどんな脅威ももたらさない。というのは、支配者の利害が確保され、具現化しているのは、前‐言説的、前‐意識的次元だからである。特定の特権階級が「寛容」であることはたやすい。なぜなら、公共の言説で提起された問題は、彼らの地位の全体的保全にはほとんど何の影響も与えないからである。
　しかし、だからといって現在、ドクサであるものは永遠に言説と議論の彼方にあるといっているわけではない。ブルデューが論じるところでは、危機にあるとき、つまり社会的行為者の**ハビトゥス**が、自分が生活を営んでいる客観的構造と噛み合わなくなるとき、その社会的行為者はそれまでドクサであった前提と状況を疑問に付すように促される。世界は自然な感じを失い、過去においては疑問の余地のないものとして通っていたもののうちのいくつかは、議論と討論にさらされることになる

（→【08危機】）。支配者は、自分たちの支配を正当化し支援してくれる習慣と信念を「正統」という名のもとで守らざるをえず、その一方で批判的な社会運動や抵抗集団は、異端的な代案を立ててこれらの習慣と信念を攻撃する立場に立つ（→【52社会運動】）。

　後の著作でブルデューは、ドクサという概念と自然的態度という現象学の概念[1]との間の類似性を見定めようとしているが、それは（より政治的な形ではあるが）ドクサの身体的な性格を強調するためであり、ドクサと国家の慣行との間の関係をより明白に引き出すためである。彼が記すところでは、社会学でも政治哲学でも主要な見解は、社会秩序が協定と合意を通して確立されていると想定するか（それがイデオロギーのもとで製造されるか、されないかは別として）、あるいは国家や中央集権的政治権力の他の中枢機関がどうやって言説上の正当性を確保するかということ[2]について頭を悩ませてきた。しかしながら、これらは間違っている。というのは、国家権力を再生産する認知構造は「意識の形態ではなく、身体の性向」であって、つまりは世界の中で知覚し、感じ、行動する実践的方法だからである。

　　……社会的世界は秩序に従うようにという呼びかけに満ちている。だが、その呼びかけが呼びかけとして働くには、その呼びかけによって意識と計算の流れの外にある、身体深くに埋もれている性向が呼び覚まされるとき、それに留意する傾向をあらかじめもっていなければならない。マルキシズム（と他のアプローチ）は、その思想

---

[1]　現象学者が用いる「自然的態度」が意味するのは、世界——それは習慣や想定や期待の幅によって現にそうであるように構造化されている——を知覚し、それについて考える、日常的で内世界的なやり方のことである。現象学的分析が求めるのは、この自然的態度を「一時停止」し、上述した習慣や想定や期待が、自然的態度の内部において経験されるがままの世界を構成する際のやり方を反省することで、それらを同定し、探索することである。社会学においては、シュッツの研究（Schutz [1964] [1971] [1972]）がもっとも明白な例である。

[2]　つまり、彼らはどのようにして人びとに自分たちの権威を意識的に受け入れさせるように説得してきたか。

が意識哲学の主知主義[3]的伝統に陥っているかぎり、このように被支配者が自分の精神構造を産み出した社会的秩序の構造に対してドクサ的に服従するということを理解できない。(Bourdieu [1998a : 54-55])

さらにいえば、ブルデューはアルチュセールとフーコー[4]に呼応して、現代の社会において国家は、とくに公教育制度という形で、これらの身体的な性向を教え込むのに中心的な役割を果たしている、と論じる。このようにいうことでブルデューが言おうとしていることは、部分的には、国家教育が授業という明示的な形で特定の分類および知覚の図式を押しつけている、ということである。だが、彼の議論によれば、ただそれだけではなくて、学校のしきたり、すなわち規律と訓練の機構が重大な条件づけの効果をもっている。もっといえば、これによってドクサを疑問視するように促す危機を前もって排除するのではないが、そのような疑問視は一般に、危機的状況がある程度にまで具現化していることを前提としているのである。

[3] つまり、人間の意識的な思考が人間の生を理解する鍵であるとするアプローチ。これは多くの理由で間違っている、としばしば考えられている。まず第一に、行為者は実践的に、つまり思考したり反省したりする前に、世界に存在し、世界に巻き込まれているのだという事実を、それは無視しているからである。第二に、思考は無から生じるわけではないからである。それは世界への実践的で感覚的な関わりの中から生じるのである。第三に、この点こそブルデューが現実に言おうとしていることだが、私たちの意識的で反省的な注意が向けられるのは、決まってただ、私たちの生きられる現実のほんのわずかな部分であるにすぎないのであり、その残りの部分は問題視されることが決してない習慣やルーティーンや想定の問題だからである。

[4] アルチュセールは教育システムを、経済システムとしての資本主義の要求に従順で適合的な人間行為者を生み出す「国家のイデオロギー装置」であると見なす。この点については【27イデオロギー】の冒頭部分を参照のこと。フーコーは教育システムを、より広い規律装置もしくは監獄のネットワークの一つと見なす。この点については、【04身体－権力／生－権力】【39権力／知】を参照のこと。

【基本文献案内】
　アリストテレスの『ニコマコス倫理学』は、「ドクサ」を含む多くのブルデューの概念の観点から読むとき、魅力的な背景となる（Aristotle [1955]）。ブルデューの著作には、どこにもドクサについて詳しく論じているところはないが、二つの重要な著作、すなわち『実践理論の概要』（Bourdieu [1977]）と『実践理性』（Bourdieu [1998a]）では、その概念が重要なものとして用いられている。

（郭基煥訳）

14 認識論的断絶 Epistemological Break

◎関連概念：ディスコース、イデオロギー、実在論、
社会的構築／社会的構築主義

　「認識論的断絶」という概念は、英語圏の世界における批判的社会理論の文脈では、もっとも一般的にはフランスのマルクス主義哲学者であるルイ・アルチュセール（Althusser [1969] ; Althusser and Balibar [1979]）と結びつけられる。彼が論じるところによれば、マルクスの前期と後期の著作は、認識論的断絶によって分離している。その概念はまた、ミシェル・フーコーとピエール・ブルデューの仕事の諸相を理解するのに重要である。これらの著者たちについては後に言及する。しかしまずは、フランスの科学哲学者であるガストン・バシュラールの仕事（Bachelard [1970]）における、その概念の最初の定式化を考えておかねばならない。

　さまざまな物理学の下位領域の歴史、とくに相対性理論や量子論に関する展開を研究したバシュラールは、科学は、観察と実験による発見が徐々に蓄積されていく過程を通して発達するというものではない、という結論に達した。科学、あるいはより適切にいえば、科学の諸分野は、周期的に跳躍をしているのであり、そのたびに推論や観察や実験などの規範を含む概念枠組み全体が変わる。こうして科学者は研究対象について異なる仕方で認知し、考えはじめるようになる。もっといえば、科学者はその対象を違う仕方で「構築」するようになる。バシュラールの初期の著作、とくに『科学的精神の形成』（Bachelard [2002]）において、彼はこのことを彼が言うところの「認識論的障壁」という観点から考えている。

　科学者の精神は、他のどんな人もそうであるように、知識の発展を妨げ大部分が無意識的なものである習慣や仮定や傾向の領域によって構造化されているが、彼によれば、これらの障壁が障壁として同定され、そして／あるいは乗り越えられてはじめて、科学は前に進む。『科学的精

神の形成』で彼は、近代科学が現在の進んだ状態に至るために乗り越えなければならなかった一連の重要な障壁を分類し、そうすることで西洋の近年の歴史における初期の科学的な世界経験と前科学的な世界経験の両方を構造化していた認知／概念図式の連続の歴史を跡づける。これは新しく現れるデータの問題ではなく、データについて考え、それを観察して取り扱う際の方法の問題であり、またより重要なことだが、少なくともこの初期の著作において、それはデータを見すごす古い思考、観察、処置の仕方の問題である。

　バシュラールの後の著作で[1]、この問題は「認識論的障壁」を乗り越える「認識論的断絶」という観点から定式化されている。彼はこの認識論的断絶という概念を二つの仕方で用いている。まず科学の前進は前科学的、または非科学的な思考形態、つまり主に「常識」と哲学から断絶することを意味する。彼によれば、科学が現実的な進歩をする傾向をもつのは、ただ科学がその諸段階で世界についての常識的な見方や考え方を捨てるようになったときのみである。物理学者が、たとえば相互に作用する原子の構造として物質を見るとき、それは物質的な「モノ」についての私たち自身の現象学的な経験とはずいぶんと異なっている。そしてその見方のために、常識が別物として考える「モノ」を物理学者は同じものとして分類し、逆に常識が同じだと考える「モノ」を別物として考えたりするようにもなる。重要なことに、このことは次の二つのことを意味する。つまり科学が通常の知覚が見ることのできるものを超えること、また科学が通常の知覚による対象構築を違った仕方で生み出すこと、この二つである。この点について、顕微鏡や望遠鏡のような科学技術は、人が肉眼では見ることのできないモノやモノの側面を見ることを可能にしたわけで、重要である。それらは別の見方を与える。

　しかしながら、バシュラールにとっては明らかに、これらの技術そのものは理論を現実化するものであり、参照される理論枠組みに応じて用いられるので、技術を単純に「目」の延長として理解することはできな

---

[1] 彼の重要な著書『適応合理主義』（Bachelard [1970]）は英語の訳がまだない。英語で書かれた解説は、本項の【基本文献案内】を参照してほしい。

い。理論は、一新されたモノの見方にとって技術と同じ程度に本質的であって、いかなる場合であっても、それは科学の技術の中に組み込まれている。続けて彼が主張することだが、多くの科学的な前進は通常の知覚の基準と明証性を拒否するということを伴っていた。科学は、明らかで当たり前に見えているものに異議を唱えることで前進してきた。バシュラールによれば、科学的用語と日常言語の間の類似性のために、私たちはこのことについてときどき誤解する。科学が日常的言説からとられた言葉を用いるときでさえ、その言葉は異なる用法をもっており、したがって非常に異なった意味をもつのだから、これは誤解である。たとえば物理学者が温度という言葉で言おうとしていることは、あなたや私（や物理学者としての仕事から離れているときの物理学者）が、天気や料理などとの関連で温度について話すとき言おうとしていることとは同じではない。

　より劇的なのは、このことが哲学に適用されるときである。哲学者が否定できない、または必然的に正しいと考えたことが、科学の前進によって（つまりは認識論的断絶によって）偽りだとわかった重要な例は、枚挙にいとまがない。科学者は、哲学者が数世代にわたって疑問の余地がないと考えてきた思考と推論の規則を破ること、このことが必要であることに周期的に気づき、またこのことが可能であるし、つじつまの合うことでもあることを証明している[2]。バシュラールによれば、哲学はしばしば、正当な思考の範囲を確定し、おこがましくも科学に必要な規定を定めようとするが、そうすることは許されるものではない。少なくとも認識論や存在論、形而上学の観点からそうすることは許されない[3]。哲学は「純粋思考」であり、「適用性」（すなわち経験的世界に適用できる実験）を欠いているので、どれほど論理的に厳密な方法であ

---

[2] バシュラールがここで参照している重要なものは、アインシュタインの研究である。それまでの見方に対して、その研究が提起した異議のために、多くの哲学者は大きな衝撃を覚えた。しかしながら多くの点で、ルネッサンスと啓蒙期の科学革命も同じ程度に衝撃的であった。それはとりわけ、その科学革命が宇宙についての理論的概念に対して異議を提起したからだった。

っても、当の時代の常識を永続化し、再生産してしまう傾向がある。

　しかし重要なことに、バシュラールは科学的見方は常識の中にフィードバックされ、常識を変形することをも述べている。社会は、科学的発見を新しい技術と更新された常識の形で組み入れる。たとえば私たちはみな、バクテリアを洗い落とすために手を洗う。しかし私たちのほとんど誰もバクテリアを見たことはないし、それが存在することを独自に証明したわけではない。この点について私たちは科学に信頼を寄せている。同様に、私たちは生活の中で出来事を説明しようとするとき、昔の人びとがしたように呪いや悪霊や魔女のせいにするよりも、先行する物質的原因について考える傾向がある。新しい形の推論と見方が、教育システムを通して文化の中に染み込んでいく。そしてもちろん私たちはみな、科学に基礎をおく技術を用いているのである。

　バシュラールの著作にみられる「認識論的断絶」の第二の用法は、ある分野の科学の歴史そのものの中に起こる断絶のことを指している。それは、古い理論的枠組み（それは、かつてはそれより古いものからの断絶を表すものであったとしても、認識論的障壁になってきたのであろう）が新しいものに取って代わられるときであり、何かを見たり考えたりする新しい方式、科学的推論の新しい規範が生まれるときである。かなり使い古された例を挙げると、アインシュタインの功績はニュートンの上に積み上げられたものであるというより、物理学者が考え研究してきた方式に根本的な変化をもたらすものであった。この意味での「認識論的断絶」は、トーマス・クーン（Kuhn [1970]）の「パラダイムシフト」の概念に相当する[4]。

　3）　哲学は、科学研究のために倫理的なガイドラインを準備する必要はあるかもしれない。しかしバシュラールはこのことについては考えてはいないし、彼がこの役割を哲学に割り当てなければならない理由もない。

　4）　アメリカの哲学者であるトーマス・クーン（Kuhn [1970]）が論じるところでは、科学的活動（認知、思考、技術など）は、基底的でしばしば暗黙の理論によって構造化されている。それを彼はパラダイムと呼び、これらのパラダイムは科学史のある特定の時点でシフトする（理論的展開の中に「断絶」がある）とも論じている。

認識論的断絶 Epistemological Break

　しかし忘れてならないのは、バシュラールの著作では、古い発想や観察が、時にはおそらく「特殊な場合」として[5]、そしてつねに新たに再構成された形で新しい「パラダイム」の中に組み込まれるという方式に、より多くの注意が払われているということである。その結果、古い「パラダイム」から新しい「パラダイム」（これはバシュラールの用いる用語ではないが）への移行における進歩について、容易に論じることができる[6]。認識論的断絶とは、単に知が追加されることではない。それは、参照する枠組みの全体が移行することである。しかし何らかの連続はあるし、不連続もある。そしてその不連続によって、科学は以前の思考様式によってもたらされていた障壁を乗り越えることができる。これが進歩である――少なくとも、このようにバシュラールは見ている。

　バシュラールは、自分のアプローチを「適応合理主義」（le rationalisme appliqué）と名づけている。ここでいう「合理主義」は、精神が知を構築するのに、より限定的にいえば知を構造化する基底的なカテゴリーを構築するのに、積極的な役割を果たしていることを含意している。実際、バシュラールが示唆するところによれば、日常経験の対象も科学の対象もそれ自体として、精神からも、精神が現実を構築する仕方からも、独立して存在しているわけではない。科学的分析の対象は、それを分析する科学によって構築されている。しかしながら彼は、それが哲学の外観をまとっていようと、科学的知識および／あるいは科学的前進がまったく精神活動の結果であるという気配をみせようとも、「純

---

[5]　つまり、かつては普遍的に通用すると考えられていたことが、特定の条件においてのみ真だとわかる、ということである。そのような場合、観察と科学的法則は完全に否定されることはなく、異なった仕方で理解される。

[6]　クーンの主張によれば、パラダイムが違えば前提も変わってくるので、パラダイムそのものは比べて評価することはできない。最終的に、そうしたパラダイムは世界のまったく異なる見方である。少なくともこれが、彼の研究に対する一般的解釈である。だがバシュラールは、断絶をまたぐ連続をより認識しているようにも思われる。古いものは新しいものの中に組み込まれるのであり、そうであるから新しいものが古いものよりもいいということができるのである。この点についての詳細はGutting [1989] を参照。

粋思考」という概念についてはきわめて批判的である。彼が信じるところでは、知は精神と精神を超越している世界との相互作用において現れる。そしてその相互作用は、（歴史特殊的な）合理性によってと同時に、その合理性に「抵抗する」世界の中で、当の合理性を具体化し現実化する科学的な活動と技術とによって形成される。世界そのものは人間の精神によって構築されることはない。言い換えれば、構築されるのはただ、私たちが知っているかぎりでの世界なのであり、そのときでさえ構築を超えた世界の存在が姿を現す。それはときに、私たちの構築を打ち破る傾向によって現れる。たとえば、私たちの予言が誤りだとわかるときや、精密な吟味によって先行する基準と理解の誤りが証明されるときである。もちろんこれらの場合であっても、私たちは世界を間接的ではない仕方で、また構築的でない仕方で、経験するというわけではないのであって、世界の行動にはある頑固さがある。それは、仮に世界が私たちの構築に単純に還元可能だとしても、予言できないだろう。

　筆者がみるに、バシュラールは、少なくともその用語が今日の哲学において一般に用いられる意味で、またその用語が（認識論としての）「適応合理主義」と（存在論としての）「実在論」[7]（→【43実在論】）との相補性を示唆するものであるかぎりにおいて、「実在論者」として位置づけられる。実際に彼は熱心に、彼がリアリズムと呼ぶところのものについて批判をしていたが、その語に対する彼の定義はきわめて狭く、今日の実在論者のほとんど誰もその定義を承認しないだろう。そして知が理性の適応と、そのような適応を頓挫させる、ときに驚くべき出来事や観察から生まれると主張するとき、彼は明白に実在論者の陣営の中にいる。いかにも実在論者らしく、彼の科学哲学では間違いと間違いによって生じる驚きが強調される。バシュラールによれば、科学と知識が前進できるのは、まさに私たちが「間違い」を犯し、予言を支持できなくなるからである。同様に実在論者にとって間違いの可能性は、世界についての私たちの知とは独立して世界が存在していることを肯定する根拠を

---

[7] つまり、世界についての理論（存在論）と世界についての知に関する理論（認識論）。二つの区別と関係は【43実在論】を参照。

提供しているのである（→【43実在論】）。

　すでに述べたように、「認識論的断絶」という概念は、実際にはアルチュセールの著作との関連で批判的社会理論において登場した（Althusser [1969]; Althusser and Balibar [1979]）。アルチュセールの主張は、マルクスの著作が前期と後期で認識論的に分離しているというものだった。アルチュセールによれば、後期のマルクスは科学者である。マルクスは素朴な信念、言い換えれば日常的常識のイデオロギーや「ブルジョア」経済学／哲学と手を切り、実際のところ彼の初期の著作とも手を切ることで、科学の敷居をまたいだ。アルチュセールが信じるところでは、とくに社会と歴史を「人間」という概念に還元して結びつけるヒューマニズムの諸概念が経済と社会の科学を妨げるのであり、マルクスは「人間」に依拠することを避ける構造主義の概念の定式化（たとえば生産様式や生産力）によって、この障壁を乗り越えた。これは興味深い離脱である。というのは、マカレスター・ジョーンズ（Jones [1991]）が論じているように、バシュラール自身は明らかにヒューマニストだったからだ。それはまた、多くのマルクス主義の理論家が異議を唱えている論争的な主張でもある。しかしながら私たちの観点からすると、「認識論的断絶」については、アルチュセールよりもフーコーとブルデューの方が重要で興味深い論者である。

　フーコーもまた、バシュラールに影響を受けたもう一人のフランスの科学哲学者であるジョルジュ・カンギレム（Canguilhem [1991]）の著書を通して、科学哲学の伝統をバシュラールから引き継いで、それを人間科学に応用している。しかしながら、フーコーによる自然科学から社会科学への転回以外に、フーコーとバシュラールの著作の間には明白に三つの点で相違がある。

　第一に、フーコーは科学の進歩という考えについては少なくとも懐疑的であって、実際、バシュラールがそうするようには科学を賞賛することをしない。ドレイファスとラビノー（Dreyfus and Rabinow [1982]）が論じるところでは、フーコーの初期の著作は、少なくとも科学の進歩の概念とも、またおそらくは（上で述べた意味における）実在論とさえも矛盾はしない。確かにそうかもしれないが、フーコーはこの論点にコミッ

トしない傾向があるし、初期の著作においてさえ、近代科学について鋭く批判的に記述している。この点は、バシュラールにおいて明白ではない。

　第二に、構造主義の影響を受けて、フーコーはバシュラールのアプローチからヒューマニズムを取り除き、ヒューマニズムの諸概念を他のものに置き換えている。フーコーはたとえば「科学的精神」や「魂（spirit）」への言及を避け、「言説」や「実践」という概念を好む。

　第三に、カンギレムのいくつかの議論[8]に積み上げる形で、フーコーは科学にとって外的な要素が科学の展開に果たす役割と、他方でまた科学が世界に与える影響とを強調する。実際には、これは社会的要素のことをいっている。科学の変化は、社会の変化とそれがもたらす問題によって非常にしばしば促される。フーコーの説明では、社会科学的言説の形成はそれらの問題をコントロールするための新しい実践の登場と隣接している（→【39権力／知】）。

　このことを述べた後、フーコーの著作には、裂け目または断絶──バシュラールの「認識論的断絶」に相似している──についての言及が豊富にみられる。実際、フーコーの『臨床医学の誕生』や『物の秩序』（邦訳『言葉と物』）や『規律と処罰』（邦訳『監獄の誕生：監視と処罰』）は、各々みな二つの明らかに異なる合理性を対比するか、今日の視点からはあまりにも明らかに奇妙な思考様式──私たちがすでに廃棄してしまった視点──について論じることから始めている。あまりにも大きな差があるようなＡという点とＢという点の間でいったい何があったのだろうか、とフーコーは誇張して問う。そうして彼は、これらの研

---

[8]　カンギレムは、生物学と医学の知識について彼の書いている歴史の中で、医学の言説を促進するのは病気によって提起された問題だけであると論じる。臓器の「沈黙」が破られるときはじめて、医学の言説が具体的に現れる。もちろん社会の場合、知識の展開を促す問題はしばしば社会問題であり、ある種の社会変化に関係してのみ現れる問題かもしれない。たとえば「狂気」は、ある種の社会の文脈において、ある特殊な管理が必要とされる中で問題として際立ってくる。それに対して寛容であったり、それを特別視しない社会もある。精神医学の発展は、狂気が解決すべき問題であるある種の社会を前提にしているのである。

14　認識論的断絶　Epistemological Break

究を通して、このことについて私たちに向かって述べはじめる。この点からすると、断絶という概念は、言説と特定の権力や政府の体制または形式の両方についてのフーコーの説明にとって中心的なものである。科学の歴史だけではなく社会の歴史も、特定の実践体制の歴史として、しばしば断絶や裂け目の歴史でもある、とフーコーは言っているように思われる。

　ブルデューの場合（彼はバシュラールと同時にカンギレムからも影響を受けた）、事情は大きく異なる。ブルデューによれば、批判的社会科学における反省性の必要性は、フーコー的なタイプの歴史研究に関わる必要性を生む（Bourdieu [1988]）。批判的社会学に関わる者は、もし自分が歩いている地盤と自分がそれに与える効果について意識的であろうとするならば、社会学についての批判の歴史を考えるフーコーのような人を必要とする。もっともブルデューは、彼の考えるフーコーの相対主義と、時にみせる非合理主義に対しても批判的であって（Bourdieu [2000]）、この点を私たちは忘れてはならない。しかしながらブルデュー自身によるバシュラール（とカンギレム）の受容は、ずっと規範に関わるものである。ブルデューは、自然科学（カンギレムの場合は医学または生物学）の展開についての説明を、社会科学がいかに研究する「べき」かについてのモデルとして用いる傾向がある（とくに Bourdieu, Canguilhem and Passeron [1991] を参照）。ブルデューにとって社会学は、バシュラールの見方では自然科学がずっと以前に飛び越えた認識論的障壁の多くを、これから飛び越えなければならないのである。ここは彼の方法論的規定を詳述する場ではない。しかしながら、以下の三つのことは簡単にみておかなければならない。

　第一に、ブルデューは自分の議論を、マルクス、ヴェーバー、そしてとくにデュルケムの方法論的規定に明示的に関連づけながら、社会学は日常生活の常識とそれに属する「自生的な社会学」から断絶しなければならない、と主張する。彼の主張では、世界についての日常的思考方法は分析のための然るべき対象にはなりえても、社会学のための十分な基礎にはならない。もっといえば、私たちは「社会問題」と「社会学的問題」の間の区別、つまり社会の中で起こり、そういうものとして定義さ

れる問題と、理論や調査活動の結果としてとくに社会学の分野において生じる問題との間の区別をすべきである。ブルデューにとってこの断絶が成し遂げられるのは「適応合理主義」によってである。つまりそれは、合理的で厳密な理論と、等しく厳密で経験的な調査との両方が結合された結果、成し遂げられる。いろいろなところで彼は、この点に関してとくに量的研究と統計的研究が重要であると言及している。おそらくそれは、大規模な統計的調査によって、私たちは個人的な知覚や経験において手に入れられる規模の物事を超えることができるからである。しかしながら彼は同時に、民族誌的方法と質的方法も重要であると述べる[9]。そして調査は、素人の生の知覚や概念化に対する現象学的な敏感さをもっていなければならないと主張する。

　社会学者が歩まなければならない望ましい方向は、二つの等しく問題のある傾向性の間にある。その傾向とは、一つは被調査者または主体が世界について考えていることを、世界の基準として単純に再生産することであり、もう一つは世界についての彼らの概念地図を社会学者自身のそれに取り替えてしまうことである。社会学者が用いる基準は、「素人」の行為者が世界を構築する際の方法には直接的な影響を及ぼさないが、「素人」の行為者がする多くのことは少なくとも世界の構築によって媒介されている。つまり人は、自分の世界の見方に応じて行動する。そしてデータを収集したり、分析したり、説明したりする過程では、もしそれらに妥当性をもたせたいのなら、このことに敏感でなければならない。しかしここで重要なのは、研究者が自分の研究している人たちの主観から一歩、身を引き、その人たちの見方を対象化することである。この意味では、対象化は認識論的断絶の鍵を握っている。ブルデューがみるところ、この断絶が社会学を一つの科学として基礎づけるのである。

---

9) 哲学者のマルティン・ハイデガー（Heidegger [1962]）は、私たちが見るにはあまりにも遠すぎるものに目を塞ぐだけではなく、そうするのに近すぎるものにも目を塞ぐと論じている。量的研究や、歴史的研究、比較研究は、私たちが見るにはあまりにも遠すぎるものにアクセスすることを可能にしてくれる一方で、質的研究は見るには近すぎるものにアクセスすることを可能にしてくれる、といってもいいかもしれない。

第二に、『科学的精神の形成』における議論を反映して、ブルデューが必要だと考えるのは、「実体主義」を放棄して「関係主義」を採用することである。この考えは本書の他の項目で扱われているので、筆者自身がここでくり返すことはすまい。ブルデューにとって批判的社会学は、実体とその性質を焦点にすることをやめて、関係の研究を追究すべきだといえば十分だろう。彼の主張では、性質を存在物や実体に帰属させるのは素朴な知覚と常識である。それと対照的に、発展した科学は関係の科学である。したがって、もし社会学が発展した（つまりは価値のある）科学たらんとするのならば、同じことをしなければならず、社会関係の分析を研究の焦点として構築しなければならない。

最後に、もしも批判的な社会科学が認識論的障壁から自由であろうとするのならば、それは、相対性への自然科学の関心を反映しつつ、しかも同時に社会科学特有の関心事にも関わって、反省的でなければならないとブルデューは論じる。自分自身がある特定の見方をしていることに気づかないままでいる見方は、まさにその見方が課す制約から自由であることはできない。

ブルデューの著作には、筆者がバシュラールとの関連で同定する「実在論」の要素がより明瞭に現れている。ブルデューの主張によれば、「適応合理主義」の二つの中心的な価値のうちの一つは「実在に対する忠実さ」である（Bourdieu, et al. [1991]）。この目的に沿って、社会的事実は「獲得され、構築され、そして確証される」のでなければならない（Bourdieu, et al. [1991]）。つまり、それらは吟味され、証拠をもとに異議を申し立てられたり、拒否されたりすることもありうる状況の中で発見され、再発見されなければならない。とくに「慣例主義」[10]に反対して、ブルデューは論じる。

> これまでに言われてきたように、対象（object）とは異議を申し立てるもの（what objects）のことである。実験が役立つのは、そ

---

10) この言葉は（ブルデューが使っているわけではないが）、科学理論（あるいは日常の知覚や言説）の内部で構築されたものの外部にどんな実在性も認めない反実在論の科学哲学のことを指す。

れがある種の形式主義の意味のない幻想、すなわち直観主義の身勝手な虚構、つまりは純粋理論の学問的行使へと駆り立てる快感原則に屈する誘惑に対して、現実原則[11]をつねに思い出させてくれる環境を作ってくれるかぎりにおいてである。［……］よくなされたあらゆる実験は、理性と実験［ママ][12]の間の弁証法を強化する効果をもつ。しかしそれが可能なのは、否定的なものも含めて実験が生み出す結果について人がよく理解し、いかなる理由が事実をして正当にもノーと言わせるのか自ら問う、という条件のもとにあるときのみである。(Bourdieu, *et al*. [1991 : 61])

　事実がノーという、つまり対象が異議を申し立てるという事実だけでは認識論的断絶を生み出すのに十分ではなく、この場合はいつでもただ部分的な調整と部分的な仮説が必要となるだけかもしれない。しかしながら、実験によって現れる「異議」の中で明らかになる実在というもの

---

11)　ブルデューがここで「快感原則」と「現実原則」という精神分析学の用語を用いているのは意味深い。科学に関するバシュラールの著作の多くは、とくに初期の著作は、精神分析学の用語と考え方を用いている。ここでのブルデューの議論の趣旨は、私たちは自分たちの思考を面前につき返す実在の前で自分たちの思考を吟味しなければならないのであって、理論家の「安楽椅子」への快適な避難を行うべきではない、ということである。この安楽椅子にいるかぎり、賢明で面白いように思われる思考は、それらの思考がだいたい正しいように思われ、面白く、私たちの世界の見方を確証してくれるというただそれだけのことを根拠に、重宝がられる。

12)　筆者が思うに、ここは「理性と経験」between reason and experience と読むべきである。翻訳にまつわるここでの問題は、フランス人が expérience という一つの語を（人生の経験という意味での）「経験」(experience) と（科学的実験という意味での）実験 (experiment) の二つの意味を表すために用いるという事実から生じていると思われる。筆者が読むに、ブルデューが科学について述べているとしても、ここで expérience を「実験」と訳したのでは意味がわからない。「経験」の方がずっと意味がわかる。こうしてブルデューが言っているのは、合理的なモデルは、私たちの経験に対して（実験を通し）明らかにされるような経験的 (empirical) な現実に直面することによって吟味されるということである。

に対して理論が忠実でない場合には、移行が急速に生じる過程に入る。理性が自らを超越する世界に対して適用されるからこそ、理性はその姿を変えるように導かれるのである。

【基本文献案内】
　認識論的断絶に関するバシュラールの中心的なテクストは『適応合理主義』（Bachelard [1970]）だが、英語版はまだない。認識論的障壁に関する重要なテクストは『科学的精神の形成』で、こちらは英語版で手に入るし、比較的容易に読める（Bachelard [2002]）。これは、フランスの大学カリキュラムの中では重要なテキストになっている。また多くのフランスの思想家によって読まれており、その影響はきわめて大きい。彼の著作の手引きとなる優れたものは、マカレスター・ジョーンズの『ガストン・バシュラール──破壊的なヒューマニスト』（McAllester Jones [1991]）である。ガッティングの『理性の考古学』（Gutting [1989]）の第1章もまた、バシュラールとカンギレムのよい手引きとなるし、また彼らの考えをフーコーと関連づけるのに都合がよい。フーコーの著作の中では、『知の考古学』がおそらくもっとも関係のあるテクストである。『物の秩序』（邦訳『言葉と物』）もまた興味深いテクストである。興味深いというのは、次の二つの意味においてである。つまり一つにはそれが断絶について中心的に取り扱っているからであり、もう一つにはマルクスの初期と後期が断絶によって分断されているというアルチュセールの主張に対する簡潔な批判が含まれているからである。フーコーは、社会経済的思考の歴史をアルチュセールとは違う仕方で考える。ブルデューの著作の中で断絶などについて言及されているのは、『社会学という仕事』（邦訳『社会学者のメチエ──認識論上の前提条件』）（Bourdieu, *et al.* [1991]）であるが、とくにその方法論についての著作を注意深く読めば、バシュラールの影響がいたるところに広がっているのが見いだせるのである。

（郭基煥訳）

15
界 Field

> ◎関連概念：資本、ドクサ、ハビトゥス、ヘクシス／身体技法、イリュージオ、関係主義、社会空間Ⅰ

「界」という概念は、社会がそれぞれ個別のセクターまたは「世界」へと分化していることを捉えるために、ピエール・ブルデューが用いている概念である。たとえば社会は、マス・メディアの世界、経済の世界、家族の世界、教会の世界、そして科学的世界などへと分化している。こうしてブルデューは、メディア界、経済界、教育界について記述し、さらにより限定した形で、大学教育界（教育界の内部にある下位区分としての界）についても記述している。

ブルデューは数多くの文脈の中で、この界という概念を、別のパースペクティヴから引き出された同じような概念との一連の比較対照を通じて、さらには一連のメタファーを通じて組み立てている。比較対照という手法によって、一方でブルデューは「界」を、ヴェーバー派や相互行為論者の社会的世界という概念から区別しようとする。というのもブルデューの観点では[1]、ヴェーバー派や相互行為論者は、社会的世界をそこに巻き込まれている諸個人へと分解してしまうか[2]、もしくは直接目に見える相互行為の論理ばかりに焦点を合わせており、権力や不平等、そして行為者がお互いとの関連の中で占める構造的位置という問題群に対して十分な注意を払っていないからである。

---

[1] 少なくとも相互行為論者についていえば、筆者はブルデューの観点に同意していない。しかし、ここでは筆者の異論を探究するための紙幅はない。
[2] もちろん、ヴェーバー（Weber [1978]）は、この戦略を擁護するために「方法論的個人主義」という表題のもとで精密な議論を行っている。「合理的行為理論」——それはときに「合理的選択理論」としても知られているものだが——は、この戦略を擁護するもう一つの重要なアプローチである。

15 界 | Field

　他方でブルデューは「界」を、構造主義者、ポスト構造主義者、機能主義者の概念とも対置させている。なぜなら、それらの概念は行為者を構造（たとえば、役割、規則、装置、制度など）へと分解することで、社会的世界における対立、行為、戦略、革新といった役割を無視しているからである。相互行為において存在しているのは、個々の行為者というよりも、むしろ社会的な界なのである、とブルデューは論じる。行為者は少なくとも、さまざまな界の内部の権力や資源に対してどれくらいアクセスできるのかに応じて、それぞれの界の内部に位置づけられている。そして行為者の行動や発言が意味を帯びるのは、界の構造──界の多様なコード、カテゴリー化の図式、規範──の結果としてなのである。

　たとえば、私たちが芸術作品を鑑賞するとき、私たちは芸術界の歴史の中で形づくられてきたレンズを通して鑑賞している。このレンズは、個々の作品に関する解釈だけではなく、特定の芸術家の正統性や偉大さ（とその欠如）に関する解釈をも形づくっている。そしてその結果として、私たちは好きでもなく理解してもいないような偉大な作品に対して、多大な寄付金を提供してしまうことになるかもしれない。しかも、私たちは自らのハビトゥスや文化資本の影響から、こうしたレンズや界全体に対して異なる程度の接近機会をもっている（→【18ハビトゥス】【05資本】）。私たちが新しい界に入り込んでいくときはいつでも、そこには前もって確立され自明視された意味と権力の構造があることに気がつくのである。

　ただし、どんな界もダイナミックなものであり、新参者であろうと古株であろうと、そこに巻き込まれている人たちは異なる利害を有し、競合しつつ頻繁に対立している多種多様なプロジェクトへと駆り立てられている。とりわけブルデューは、より若い世代の人たちが諸々の界へと入り込んでいき、そこで見いだされる旧来の障壁を取り除いていくことの重要性を強調しているように思われる。この点を強調することによって、ブルデューはまた、そうした対立や意見の不一致が、暗黙の同意や「ゲームへの信憑」の共有によって裏書きされていることをつねに強調している（→【28イリュージオ】）。もし行為者の間に、意見を対立させ闘わせる価値のある何かが存在しているという同意がなければ、そこには

15 界 Field

　最初からいかなる界も存在してはいないだろう、とブルデューはみている。たとえば、美術評論家たちは「芸術」とか「美」の意味をめぐって意見を異にしているかもしれないが、まさにそうした不一致があるという事実や、自分の意見を述べるために多大な努力を払っていること自体が、これらの問題や争点が重要で闘う価値のあるものだという共通の信憑が共有されていることを示しているのである。さらに、より専門化された界の場合には、そうした対立の賭け金と対立の形式がその界の成員だけの関心事であることもしばしばある。たとえば、社会学者以外の人たちは、さまざまな社会理論家やその解釈者の理論的・解釈的な論争にはほとんど関心を示さない。

　ここでブルデューが行為と構造との間に取り結ぼうとしているバランスは、マルクスが提唱したものに近い。行為者は自らの歴史を作る。しかしそれは自らが選んだ状況においてではない、とブルデューは論じる。行為者は前もって確立している意味や権力という文脈の中で自らのやり方を形づくっていくのである。そして、その文脈は、自分よりも以前に通り過ぎていった人たちや、もちろん自らの同世代の人たちによって形づくられているものである。

　ブルデューがもち込んでいる第一のメタファーは、「界」それ自身である。この概念は近代の理論物理学、とりわけガストン・バシュラールが科学哲学と科学史をめぐる研究の中で提出している概念から借用されている。バシュラール（Bachelard [2002] [1984]）は、物理学が発展して現在の形をとる以前に克服する必要があった鍵となる「認識論的障壁」（→【14認識論的断絶】）の一つは、実体主義（→【45関係主義】）の問題であると論じた。つまり、研究の対象を、さまざまな関係と相互行為からなるシステムの結節点（ノード）としてではなく、むしろ個々の特性を有する独立した所与の「モノ」として扱うことの問題である。界の理論によれば、いかなる「モノ」の同一性や諸特性も、さまざまな関係や相互行為からなるネットワークの内部における位置どりの関数である。ブルデューは社会学にも同じような革新を求めており、界という概念を用いることが、どれほどメタファーに満ちあふれたものであるとしても、このような革新を成し遂げるための彼自身のやり方なのである。したがってある界の

15 界 Field

内部のいかなる「モノ」(たとえば、芸術作品、制度、実践など)の意味や権力も、それはつねに界の内部でのモノの位置と関連しており、界の内部には関係主義的な論理やダイナミクスが働いていることになる。

　たとえば、政治界では、同一の政策が異なる時期に左翼系グループに採用されたり、右翼系グループに採用されたりするかもしれないし、両者がときとして、その政策は左翼の政策であるとか、右翼の政策であるとか主張しだすかもしれない。実のところ、左翼と右翼というものは政治界を構成する構造的な対立物であって、左翼が実際に意味するのは「右翼ではない」という点にあり、そして右翼が実際に意味するのは「左翼ではない」という点にあるのだ、とブルデューは論じる。こうした界の内部にあっては、ある政党のいかなる行動も、他の政党の対応行為を引き起こす。その結果として、ある政党は他の政党あるいは諸政党が何をしているのかに左右されながら、ある時点ではある政策を称揚し、別の時点ではそれを拒否するのである。

　これのちょっとしたバリエーションとして、ブルデューは時おり、「磁場」というイメージを利用して、どんな界にでもあらゆる時点で起こりうる、さまざまな形態の引力や斥力についても言及しているように思われる。たとえば、さまざまな行為者やその諸資源はどこへ向かって流れていき、そしてどこから流れてくるのだろうか。ある特定の時点において集合行為を活性化させるのは、いかなる潮流や流行であろうか。さまざまな実践は社会空間内部のいかなる集団と、またいかなる位置と結びついているのだろうか。この磁場のメタファーは、それが多くの科学哲学の論争の中で「観察不可能なもの」[3]の役割を照らし出すために引き合いに出されることからすれば、興味深い適切なメタファーであると筆者は主張したい。磁場というメタファーは、科学というものが直接観察できる現象だけを対象としているわけではなく、その現象の効果を通じてしか感知することのできない不可視な現象をも扱っているという

---

[3] この争点に関する概要は、【43 実在論】の項を参照。磁場が観察不可能であるというのは、私たちはその効果を通じてのみ、あるいはその効果を表すために設計された技術を通じてのみ、磁場を観察できるという意味であり、それを決して直接には観察できないという意味である。

事実を例証する鍵となる。これは、社会関係や相互行為の可視的で直接的な側面だけに注目するのではなく（ブルデューの観点からみれば、そこにヴェーバー派や相互行為論者の限界がある）、より隠されたダイナミクスや力も探究していこうとするブルデューの試みに一致する。

　ブルデューが依拠している第二の鍵となるメタファーは、「市場」のメタファーである。経済の場合と同様に、行為者たちはそれぞれの界の中で財や資源を交換し、それらをめぐって競合している。その結果、それぞれの界の内部でも、供給や需要、インフレーションといった諸力を認めることができる。たとえば、より多くの学生たちが大学教育界へと入ることを認められれば、（これまで以上に多くの人びとが学位をもつわけだから）学位の相対的価値は低下し、したがって高い社会的立場につくための機会は、修士号のようなより高い学位を所有しているかどうかにますます左右されるようになる。これが教育的な「インフレーション」の過程である。政治界でも同様に、既存の政党が自分たちの有権者を満足させることができなければ、ここに需要が生まれ、他の政党や政治請負人たちはそうした需要に資本を投下しようとする。主要な政党が特定の有権者を無視している場合、経済的な事業家が市場の隙間に狙いを定めるのと同じように、極右政党が政治的な市場のギャップに注目して、その有権者に狙いをつけるようなことも、たぶん起こるだろう。

　この市場のメタファーがもたざるをえない一つの重要な側面は、次のようなブルデューの見方である。すなわち、さまざまな界はその内部で交換される多種多様な諸資源の不平等な分配を含んでおり、そのため行為者自身も、それらの諸資源への接近機会に応じて、界の内部に配置されて位置づけられていると見なせるという見方である。このことは、かなり特殊で限定された効果しかもたない場合もある。というのも、ある特定の界は小規模で比較的閉ざされているため、その外部では大きな影響力をもたないからだ。しかし、経済界や教育界のような界は、より広範な界に対して重大な影響力をもち、そうした広範な界のもとで行為者が有している権力や生活機会にも重大な影響力を及ぼす。教育界と経済界のいずれかにおいて「貧しい」立場と「豊かな」立場のどちらを占めるかが、その人の人生の大半に多大なインパクトを与える。この点は

【53社会空間Ⅰ】の項で、さらに探究されている。本項では、これらの（社会学的にも、社会的にも）非常に重要な界が集合的に構成しているものが、ブルデューのいう「権力界」であるということを述べておけば十分である。

　ブルデューが利用している第三の鍵となるメタファーは、「ゲーム」のメタファーである。この点は、ブルデューがハビトゥスを「ゲーム感覚」と述べ、イリュージオを「ゲームへの信憑」と述べている事実と無関連ではない（→【18ハビトゥス】【28イリュージオ】）。ゲームのメタファーは、多くのゲームが対立や競争を含んでいることからしても、上で述べた界の競合的で対立的な側面を生かしてくれるわけだが、さらにゲームというメタファーは、そこに重要な文化的要素、つまり文化的な恣意性[4]という要素も付け加えてくれるのである。

　サッカーのようなゲームの場合、さまざまなプレイヤーやチームはお互いに競合しながらも、かなり限定された文化的枠組みの中で競合している。ラグビーのプレイヤーとは異なり、サッカーのプレイヤーがボールを拾い上げて、それを抱えて走り出すことなどありえない。ボクサーとは異なり、サッカーのプレイヤーは、お互いを殴りあうことは許されていない。シンクロナイズド・スイミングの泳者とは異なり、サッカーのプレイヤーは、その華麗さによって得点を得ることはないだろう。サッカーのプレイヤーが疑いもせずに追求しなければならない目的とは、ボールを蹴って、鉄柱とロープ・ネットで囲まれた空間に入れることだ。しかも、この目的を遂行する際に、サッカーのプレイヤーは一定の規則に適応し、チョークで地面に書かれた白線が示している一組の社会空間ゾーンにも適応しなくてはならない。実際、プレイヤーがサッカーを行う際、まさにこうしたことをする以外に自然な行為などありえないように思われる。サッカーのプレイヤーが少しは規則をねじ曲げることはあるが、それはプレイヤーたちがゲームを厚く信頼しており、試合に勝ちたいと願うからにすぎない。たいていの場合、プレイヤーたちはゲーム

---

[4]　「文化的恣意性」という概念は、ブルデューとパスロンが『再生産』（Bourdieu and Passeron [1996]）の中で詳細に議論している概念である。

に完全に適応し、そうした（外部から見れば）まったく恣意的な伝統を、まるで自然の力でもあるかのように見なすのである。

　これと同じことが社会生活のすべての領域に当てはまる、とブルデューは論じる。ただし「実際の生活(リアル・ライフ)」というゲームは、「ゲームのための」ゲームではなく、むしろ「それ自体」ゲームであるという違いがある。実際の生活というゲームは、私たちにはゲームとはみえないようなゲームである。最後のホイッスルがゲームの終了を告げると、みながリラックスして「今ゲームが終了した」と認めることができるようなサッカーとは異なり、この実際の生活という界には、最後のホイッスルなどありはしない。外部の者はそこに恣意性を感じ取るかもしれないが、内部の者はほとんど恣意性を感じ取っていない。したがって、政治家、芸術家、ジャーナリスト、さらには社会学者も、サッカー・プレイヤーと同じくらい、ゲームのプレイヤーと見なすことができる。

　界という概念のポイントは、上記の点を示してくれることにあり、結果として私たちは、異なる社会活動の競技の場(アリーナ)がもつゲーム的な構造を分析していくことになる。そのとき優先されるのは、再びここでも「関係」である。なぜなら、ゲームがあってはじめてプレイヤーは存在するわけだし、プレイヤーはゲーム中のプレイの状態に合わせて行為しているにすぎないからである。ここで、ノルベルト・エリアス（Elias [1978]）のゲームに関する議論が興味深い参照点を与えてくれる。ゲームの中では、それが二人のプレイヤーからなる単純なゲームであっても、あるプレイヤーの行為の仕方は――そのプレイヤーが反応する――別のプレイヤーの行為から影響を受け、またその別のプレイヤーの行為も同じく最初のプレイヤーの行為への反応なのである、とエリアスは述べている。したがって、私たちはゲームにおけるプレイヤーたちの協働行為から離れては、いずれのプレイヤーの行為も理解することはできないのである。

　ゲームというメタファーは、危険なものに映るかもしれない。私たちは、政治における左翼と右翼とを本当に「恣意的なもの」として扱っているのだろうか。政治の賭け金は恣意的なものにとどまらない、と私たちは考えていないだろうか。ブルデューはこの点に同意してくれるだろうと筆者には思われる。ただし、それと同じくらいブルデューは、社会

学は自らを「自然的態度」[5]から、つまり日常的に自明視されているものから引き離す必要があるとも考えている。馴染みあるものを奇妙なものへと変えることが必要なのだ。ゲームというメタファーは、これを成し遂げるためのレトリカルな手段としては非常に強力なものである。そしてブルデューは、そうした手段によって、これまでみえていなかった社会的世界のダイナミクスがみえるようになることを望んでいる。現象学から借用すれば、この一歩身を引くというプロセスは、私たちが信じているものすべてを否定したり、相対化したりするのではなく、むしろそれを方法論的に括弧入れすることで目に見えるようにし、いっそうはっきりと理解できるようにすることである、といえるだろう。界という概念は、私たちにとって重要な社会的世界に対する信憑を一時的に棚上げするよう要請するわけだが、それもただ私たちがこれらの世界を研究できるようにするためだけのことであって（なぜなら私たちはこれらの世界が重要であることは信じているのだから）、私たちが最終的にはこれらの世界に積極的な貢献をしたいと願うからこそ、そうしたことを要請するのである。

　ブルデューの研究の中には、すべての界はある一定の共通の特性をもつと示唆する部分があるように思われる。これは重要な点であると筆者は思っているが、それが重要なのは次の理由からである。つまりそれが、数多くの一般的な属性を共有しているような制度的に十分確立された界と、それほど確立されても制度化されてもおらず、前者の一般的な属性のいくつかしか共有していない界との間に区分を引いてくれるからである。筆者自身の研究の多くは、たとえば社会運動について、それを界（筆者が「争議界」と呼ぶもの）という視点から考えようとしてきた。界という概念は、この文脈では非常にうまく働いてくれると筆者は思っ

---

[5]　自然的態度とは、現象学的哲学に由来する概念である。この概念は、私たちが世界を眺める習慣的なやり方を指し、それは一定の暗黙の内に自明視された想定、期待、アフォーダンスによって構造化されている。もう少し限定しておくと、自然的態度とは、世界に関する知覚のうちでも、知覚が世界を一つの知覚対象として構築している仕方については無知なままで、むしろ知覚された世界を知覚からまったく独立した実在物として経験するような知覚のことである。

ているが、ただしこの「争議界」は、大学教育界、ジャーナリスト界、芸術界のようなすでに確立された界とは異なる。争議界はもっと非常に流動的である。つまり、その界の構造はより急激に変化し、すでに確立された界ほどの持続性をもってはいないのである。

　界とは一つの「社会空間」であって、物理空間と一致する必要がないことは明らかである。もちろん、行為者は物理空間と社会空間のどちらにも住んでいるが、これら二つのタイプの空間の境界線は、必ずしもお互いにぴったりと重なり合う必要はない。こう述べておけば、両者の境界は何らかの程度、何らかの点で一致しているということになり、さらにこうした事実は、ブルデュー自身の研究ではほとんど触れられていない界を把握するための重要な可能性を開くことになる（ただし、ブルデューの晩年の仕事の一つである『世界の悲惨』は、この争点を切り開きはじめた (Bourdieu et al. [1999])）。たとえば、貧困者のゲットー、富裕者の「遊び場」、そして証券取引所のフロアといった、経済界に備わっている物理的空間性に注目するとき、経済界を、これまで十分に探究されてこなかった具体的な仕方で研究できるようになる。同じことは、大学教育界に備わっている大学のキャンパスという物理的空間性についても当てはまる。

　ただし、このような社会的 - 物理的な重なり合いの探究には、つねに危険がある。それは、私たちの分析があまりにも具体的になりすぎて、多様な「位置」や「空間」の比較分析を通じてようやく明らかになるような、ほとんど直接目には見えない界の側面を見逃してしまう、という危険性である。しかし、これは、物理空間により着目したアプローチがもつ潜在的な豊かさの土台を掘りくずすものではない。

【基本文献案内】
　ブルデューが比較的明瞭な仕方で界について論じているのは、ヴァカンと共同執筆された彼の入門的な著作『リフレクシヴ・ソシオロジーへの招待』(Bourdieu and Wacquant [1992]) である。また『社会学の社会学』(Bourdieu [1993]) において発表された興味深い補論「界のいくつかの特性」もある。

（阿部純一郎訳）

15　界　Field

16 自由 Freedom

> ◎関連概念：**主観身体、ハビトゥス**

　「自由」の概念は、「自由意志」の問題として、形而上学的な仕方で提出できる。それは、「決定論」に反対する立場であるが、もともとその概念は決定論と対置され、この対置から意味を引き出している。また自由は、解放の問題として政治的用語としても提出できる。その場合、自由は、人間によって作られた何らかの制限や強制に対立するものである。前者において「自由」であるとは、自分の行動が自分以外の外部の要因や力によって「影響を受けて」いないということであり、また後者において自由とは、内在的な能力の範囲内において好きなように行動する自由が自分にあるということである。

　後者の概念、すなわち解放としての自由は、通常さらに、ネガティブなそれとポジティブなそれとに分けられる。ネガティブな自由概念では、政治的自由は制約のない状態から生まれるという見方を含む。つまり、あることをすることが禁じられていなければ、そのことを自由に行動できるという見方である。ポジティブな見方を支持する者は、これはある種の行動を行うのにどうしても必要な資源について無視していると反論する。よくある例で説明すると、ホームレスは、たとえ禁止されていなかったとしても自由にオペラに出かけたり、高級レストランで食事をすることはできない。これらの行動を行うのに必要なお金がないからである。このように、解放についてポジティブな見方を支持する者は、ある特定の行動を行うのに必要な資源と力の両方に対して等しく焦点を当てる。

　ポジティブな見方とネガティブな見方というこの二つの解放概念は、平等という問題に関してしばしば衝突する。ネガティブな見方からいうと、平等を促進するために画定された政策は、社会における（支配者層の）人びとの行動をさまざまな点で制限するものでもあるから、それに

よって人間の自由が損なわれているといわれることになる。たとえば、税金というのは、社会福祉制度を支えるために使われているが、私の自由を制限するものでもある。というのも、税金は私の代わりに私のお金を使ってしまい、私がお金を使いたいもの、使いたくないものを決めることができないからである。私に子どもがいないとすれば、自分の子どもを私立の学校に通わせることのできない人たちのために、私が代わって彼らの子どもの教育費を払いたいとはおそらく思わない。しかしポジティブな見方からすると、不平等それ自体が貧しい人たちの自由を妨げるものであり、平等それ自体が望ましいものであるという点、また平等は自由にとって不可欠なものであるという点の両方から、平等政策は推し進めていくべきだと主張することになる。この定義によると、私立学校の学費を賄えない人たちは、賄える人たちほど自由ではなく、したがって税制度や経済的資産の再分配制度というものは、人びとの自由を強化するのに役立っている（と同時に、いっそうの平等な社会を作り上げるのにも貢献している）。

　この冒頭で、私はまず第一に、自由に関する議論の形而上学的側面に触れていきたいと思うが、これからみていくように、この議論は解放とその前提条件に関するより政治的な議論にも及んでいく。筆者はまずはじめに、なぜ自由という概念が重要であると考えられているのかに焦点を当て、そして次に、自由とはいったい何を意味するのかをもっと具体的に特定することで、自由という形而上学的概念にもう少し肉づけをしたいと思う。筆者の議論は包括的なものではない。それとはほど遠いだろう。しかし、興味深く、刺激的なものになればいいと思っている。

　自由に関する形而上学的議論は、決定論と、それが科学的に記述される世界を貫いていることを背景に生じる。科学が教えるところでは、あらゆる出来事には原因がある。人間の行動もまた出来事であるから、やはり原因があるはずである。その原因が物理的なものであろうと、化学的なものであろうと、あるいは生物的、心理的、社会的なものであろうと、この際、何ら関係はない。哲学的議論もまた同様である。しかし、この議論は意味があるだろうか。私たちが「自由」であるかどうかについて、この観点から議論することは重要なことであろうか。なぜ私たち

がそれが重要であると考えるのか、そしてまた、なぜ私たちが決定論者の主張は間違っていると強く反論したいと思うのかについては、いくつか理由がある。

　まず第一に、決定論者の主張はあいにく私たち自身の日常的な経験とそぐわない。私たちは、少なくとも私たちの大半は、あたかも自分で決定をしてから行動を起こしているかのように感じている。たいていの場合、自分の行動があらかじめ決定されているかのようには感じていない。そのため私たちは、決定論を疑うようになり、決定論者の主張を否定する理由を探しはじめることになる。さらに、もし決定論的主張に固執するのであれば、そもそも人が生きていくということ自体が不可能になってしまうのではないかとすら考えることもできる。私たちは、自分の行動は自分自身の意欲と決心とによって生まれていると想定しないではいられない。もしそうでないのであれば、行動を起こす意味はまったくなくなってしまうからだ。もし決定論者が正しいのであれば、私たちはただ黙って座って、どうしても避けられないことがやってくるのを待っているべきなのではなかろうか。

　この問題はさらに、決定論者に反論したくなる二つの理由を私たちに与える。一つには、私たちは、決定論者の考えを信じて生きていかなければならないことから生じる結果に直面したくないのである。というのも、もし決定論者の考えを信じて生きるのならば、私たちの人生などまったく意味のないものになってしまうだろうからだ。そしてもう一つには、もし決定論者を信じて、自分で決定を下すことをやめ、ただ自然に起こるべくして起こることに身を任せることにしたとしても、人生がこれまでどおり何事もなく続いていくとは信じがたい。むしろそのこと自体が、人間の思考、熟考、志向というものが重要なものであることを私たちに示す。それゆえ私たちには少なくとも、自分の行動とその結果が自分以外の他の要因によって完全に決定づけられてしまっているわけではないこと、したがって決定論のいくつかの概念は間違っているということを信じる理由がある[1]。自分には自由があると信じることは、確かに人間の行動のあれやこれやを直接決定しているわけではないのだが、それでもやはり、人が人間らしく行動したり選択したりするための不可

欠な前提条件となっているように見える。そしてそうであるがゆえに、私たちが考えるということ、信じるということが重要であるといえる。

　以上に加えて、人間には自由があると信じることは、他者との関係を築いたり、社会的モラルを維持するためにも、不可欠なことである。悪いことをした人間を罰するのは正しいことだと私たちが思うのは、実際に悪事に手を染めたとき、悪事に手を染める以外の方法で行動する自由があっただろうと信じているからである。もし悪いことをした人間の行動が、そうした人たち自身の意志を越えた他の要因によって引き起こされたものであるならば、そうした人を罰するのは間違っていることになるだろう。それは（たとえばガソリンがなくなったために）動かなくなってしまった車を罰するようなもので、何の意味もない。私たちの他者に対する敬意も、大部分は、相手の自主性に対する敬意である。私たちは、人はそれぞれ自分自身の意志をもち、それゆえ自分自身の行動を決定する権利をもっている独立した行為主体であると信じているので、自分の意志を他者に押しつけたりはしない。ここでもまた、決定論を採用すれば、災いを招くであろう。

　では、決定論を越える道はあるのだろうか。多くの哲学学派はあると主張している。まず、実存主義哲学者のジャン‐ポール・サルトル（Sartre [1969]）によって提唱された、人間の自由意志を支持するかなり極端な主張から説明を始めてみることにしよう。筆者が思うに、サルトルは間違っている。しかし、彼の著作、また同時に彼を批判する諸学者のいくつかの説を通して、私たちはもっと満足できる場所に辿り着くことができるだろう。

　サルトルは、石や木の板といった物質的な対象や事物が存在するときの存在の仕方、すなわち彼の言う「即自存在」と、意識をもつ行為主体としての人間が存在するときの存在の仕方、すなわち「対自存在」とを厳格に区別している。彼は、人間の意識は、「モノ」ではないと主張する。人間は、「モノ」に対してするようには、意識を知覚することはで

1）　もちろん決定論者たちは、人間の思考はいわゆる「外部」の要因によって影響を受けていると主張するであろうし、そのように議論を進めていく。

きないし、それの大きさを測ったり、重さを感じたり、臭いをかいだりすることはできない。ある場所に位置づけることもできない。たとえば、もしあなたが遠く沖合に浮かぶ一隻のボートを見ているとすると、その場合あなたの意識は正確にいったいどこにあるのか、はっきりと言うことはできないだろう。海の上にあるのか、ボートの上にあるのか、それとも岸辺にあるのか。「頭の中にある」とあなたは言うかもしれないが、もし頭をかち割って中を覗いてみたとしても、そこには見つからないだろう。あなたの脳は存在しているだろうが、あなたの意識は存在していない。あなたは単なる習慣で、意識は頭の中にあると言っているのにすぎない。何しろあなた自身も、自分の頭の中を見ることはできないのだから。

意識はつねに意識以外の他のものを意識しているという事実、意識しているということは自分以外の他の場所にあるということであって、自分の「頭の中にある」ということではないということを示すように思われる事実、これらの事実をもって、意識は「志向性」によって特徴づけられる。あなたの意識は、あなたから独立して存在している（もしくは夢の中であれば、仮想的に存在している）今ある事物についての意識である。重要なのは、このことはつまり、あなたの世界内存在の仕方は、単なる物体の存在の仕方とは大きく異なっているということを意味しているということである。あなたはただ単純に、世界の一部として、世界に存在する物理的な力に翻弄されて存在しているわけではない。世界はあなたにとって存在している。あなたはそのことに気づいている。世界が存在していることをあなたは知っている。そしてあなたは自分自身が世界の中にあることに気づいている。

意識存在としての存在と、「単なる」モノとしての存在の違いは、サルトルの古典的著書である『存在と無』(Sartre [1969]) のタイトルでいわれている「もの—ではない—こと」(no-thing-ness) にも表れている。意識は、ものではない (not a thing)。それは「何もの—でもない (無)」(no-thing) である。しかしサルトルにとって、意識は世界を変形し、したがってそれを「無化」するという点においても、人間の意識は無である。意識は世界を作り上げる。しかし、それゆえに必ず破壊す

る。たとえば、あなたは想像の中で、世界を作ったり消したりすることができるだろう。同様に実際には存在しないものを、想像の中で存在させることができる。そしてもちろん、想像の中で存在させたものを実際に作り上げて、現実の世界に存在させるということもできる。またこれとは逆に、実際には存在しているものを存在していないかのように想像することもできる。そしてこの場合もまた、時によっては実際に行動を起こして、それを現実の世界から消してしまうこともあるかもしれない。さらには、あなたは非‐存在を知覚することができる。あなたは、あるものがないのに気づく、たとえば友たちがそこにいないのに気づくといった経験をしたことがあるだろう。サルトルにとってこれらの経験はすべて、人間の意識とは、現にあるもの、すなわち存在の単なる反映ではなくて、非‐存在、すなわち無を存在させるものである、ということを示している。

　彼は時にこのことを、人間の意識は存在の中にあいた「穴」のようなものであると表現する。この言葉に含まれる重要な意味は、人間の意識は、科学によって明らかにされる因果関係と決定論の連鎖を断ち切るということである。意識は決定されてなどいない。意識は、その前に起こった原因の結果などではない。意識はそのものとしては根本的に自由である。私たちの目的にとってより重要なことには、サルトルはこの考えに沿って、意識存在は世界に関わるさまざまな投企を行うということを述べている。意識は、世界を自らの投企に従属させ、世界を変える。もちろん世界の中では抵抗に出会うが、それは意識が自由に選んだ投企との関連においてのみである。たとえば、山は、登るのが困難であって、登ろうとしたり、谷に下りようとする私の投企に対して抵抗する。しかし山が抵抗する力をもつのは、私が山に登ろうと投企しているからにほかならない。山が私にとって何を意味しているのか、山が私にどう影響を及ぼすのかは、つねに私の投企、私の自由との関連においてである。

　サルトルにとって、意識は「モノ」ではない。それは根本的に自由なので、意識による投企もまた因果関係の鎖の中にはない。それらもまた根本的に自由である。人間とその投企は根本的に自由である。サルトルはこのことを指して、人間の「超越」ともいう。人間は所与の世界を超

越し、自らを前方の未来へと自由に投企する。

　これは有名な話だが、サルトルは他のところで、自分の実存主義はヒューマニズムの一つだと主張している（Sartre [1948]）。しかし、多くのヒューマニズムが人間の性質という概念を基礎においているのに対して、サルトルは自由と超越という概念を基に、人間に固有の性質もしくは本質があるという考えを否定する。彼はむしろ、人がその人であるのは、その人のなすことによってであると主張する。サルトルによると、即自存在の場合には、存在は本質を必然的に伴う。存在するとはあれやこれやの性質または本質をもっているということであり、即自存在はその性質や本質に従うように運命づけられている。それに比べて人間の場合には、「存在が本質に先立つ」。人間に運命づけられているのは、自分自身の自由だけであり、自らの自由な投企によってのみ性質や本質を身にまとう。もっというと、私たちはいつでも自分の投企を変えたり、自分の性質を変えようと決心したりすることができる。独裁者もいつでも民主主義者になれるし、孤独な人間もいつでも社交的な人間に生まれ変わることができる。

　この観点からみると、囚人でさえも、牢屋に閉じこめられているからといって、自由ではないということにはならない。囚人も、囚人生活をどう過ごすのか、抵抗するのか、適応するのか、また看守に対してどういう態度をとるのか、自由に選ぶことができる。また囚人は、たとえば自分がどこか別の場所にいるのを想像するといったように、自由に自分の好きなことを望むこともできる。看守は自分がしたいことを何でも囚人に対してできるが、囚人の思考や想像までをも牢屋に閉じこめることは決してできない。囚人の体を拘束することはできたとしても、囚人の意識を拘束することはできない。

　しかし自由は、サルトルが「不誠実な信念（＝自己欺瞞）」と呼んでいるものの中で、自らを否定することを選ぶこともできる（Sartre [1969]）。人間は、自分が自由ではないようなふりをしたり、あることについては必然的であるようなふりをすることができる。私たちは、「どうしようもないんだ、私はそんな人間だから」とか、「私はそういう性格だから」という言い方をすることがある。サルトルにあって、これは

自由が生む不安のせいである。自分は完全に自由であり、過去と自分とをつなぐあらゆる鎖は断ち切ることができ、それゆえ未来は完全に開かれているのだと認識することは、実際、目眩がするような、不安を招く展望をもつことである。その結果、私たちは、あることについては必然的であり、自分は制約され、固定されているのだと想像することによって、この自由を否定するようにしばしば誘惑される。しかしサルトルによれば、これは単なる自己欺瞞である。人間は自由である。これが意味するのは、私たちは、自分の運命だけでなく、その性質をも形成するのであり、自分自身の本質は作り出されるのだということにほかならない。

サルトルの理論には面白く、説得力に富むところが多い。しかし、これまで哲学者、社会科学者の双方から、数多くの批判を受けてもきた。その中で、私にとってもっとも興味深く、生産的であった批判のいくつかは、サルトルと同じ実存主義者のグループから出されている。とくにシモーヌ・ド・ボーヴォワールが興味深い。

彼女は初期の著作の中で、自由と力の区別について述べている(Beauvoir [1988] [1967])。彼女によれば、奴隷は、奴隷である自分をどう演じるかについては選ぶことができるので、「存在論的」意味では自由であるといえるかもしれないが、もし奴隷であるその状況を変えることができないとするならば、現実的な意味においては、自分の投企を実行する力はもっていない。この主張は、サルトルの議論の本質を保持しつつも、重大な限界を指摘している。しかし彼女は、その後の著作、とくに『第二の性』において、実際には自由と力の区別を放棄している。奴隷であれ何であれ、何らかの方法で抑圧を受けている人間は、抑圧を受けていない人間と比べれば、端的にいって、より自由ではない(Beauvoir [1988])と彼女は主張する。この観点からすると、自由は、あるかないかの問題ではなく、むしろ程度の問題である。

このボーヴォワールの主張に不可欠なのが、真の自由は、「必要なもの」の要求から自由であることを前提とするというヘーゲル哲学の考え方である。つまり私たちは、基本的な物質的、生物学的な必要を満たすまでは自由になることはできないというものである。そして社会における自らの位置と他の集団の力とにより、このレベルを超えることができ

ない社会集団がある。そうした人たちは、自らの「動物的性質」を越えて、自由になったり、超越的になったりすることはできない。というのも、基本的な動物的欲求を満たすだけで一日が終わってしまうほどに生活が困難だからである。さらにボーヴォワールによれば、これもヘーゲル哲学によるものだが、暴力と抑圧は今も昔もまさに現実社会の一面であり、これが真の自由の可能性を損なう。

ボーヴォワール自身ははっきりと言ってはいないが、彼女の主張には、即自存在と対自存在というサルトルの二元論の否定が含まれている。実際、彼女は、人間の存在は両義的なもので、「即自存在」と「対自存在」の間に位置すると述べている。私たち人間は、モノでもなければ、また純粋な意識そのものでもなく、ある点において、意識でもあればモノのようでもある存在である。『第二の性』の中でボーヴォワールはこのことを、人間の「超越」は、彼女が呼ぶところの「内在」によって均衡が保たれると表現している。そして彼女は、「超越」と「内在」のバランスは社会的条件によって形成されると述べている。

この概念に関して鍵となる重要な要素は、身体である。なぜなら身体は、（知覚としての）意識と自発的な行為との基盤であると同時に、「物体性」の源でもあるからだ。身体があってこそ、私たち人間は死だけではなく、病気、飢え、攻撃、他者による観察や支配に対して苦しむ。身体は私たち人間を物質的世界に位置づけるが、同時にそれは、他者に関与し、他者の前に姿を現す手段として、人間を社会的世界にも位置づける。そして社会的世界において、身体はさまざまな仕方で解釈され、分類され（たとえば性別によって）、作用を受ける。その仕方は私たちにとって外在的であるかもしれないが、時に習慣や性質として内在化される場合もあるかもしれない。身体化するということ、つまり身体であるということは、人が社会的物理的存在として、必然的に物質的世界と絡み合うことになるということである。この事態をサルトルの二元論は捉えきれない。

人間の存在は「即自存在」と「対自存在」の間のどこかに位置するという考え方は、モーリス・メルロ＝ポンティの実存主義的な現象学にとっても不可欠なものである (Merleau-Ponty [1962])。メルロ＝ポンティ

は、超越と内在のバランスをとろうとしたボーヴォワールの試みと、奴隷や囚人、そして相対的に「力のない」集団というのは、自分たちの「主人」と同じだけの自由はもちえないという彼女の主張と響き合う。しかし彼の主張は、サルトルの理論のさらに核心にまで入り込んでいる。

　メルロ゠ポンティは、人間存在は存在における「穴」であるというサルトルの形而上学的主張を受け入れない。彼は、人間の意識は感覚的で、身体的な世界への関与によって立ち現れてくるものと主張する。意識は世界の中でこそはっきりとした形をとる。しかし当時の心理学、生理学の文献を通覧して、彼は、この関与を単純に機械論的な因果関係のレベルにまで還元することはできないと述べる（とくに Merleau‐Ponty [1965]）。人間という有機体は、物質的環境と互いに作用しあい、なおかつこの物質的環境と一つの構造を作り上げるので、部分の総和に還元できず、それゆえ因果関係というよりはむしろ、意味、理由、目的といった概念で把握されなければならない一つの統一体である（→【03主観身体】）。

　この身体‐行動的な構造は、人間という有機体の性質によって構造化されている。この点において、人間は「何か」なのであって、サルトルが主張しているような「無」ではない（Sartre [1969]）。しかし、人間の行為は、「人間」のレベルで理解される必要がある。それは人間以下の因果関係のレベルにまで還元すべきではない。そしてまた私たちは、人間の「超越的」な要素を認めなくてはならない。つまり、人間が世界を変えるということについて認めるべきである。さらに、メルロ゠ポンティが理解するところの決定論は、外部の力がある物体に作用し影響を与えることであり、また人間存在が外的な力ではない身体「である」かぎりで、彼は決定論をも却下する。人間存在は、サルトルが言うような意味において自由だというわけではないが、また最初から決定されているわけでもない。人間の状態を理解するためには、自由と決定論というこの疑わしい二元論を越えて先に進まなければならない。

　決定論からの解放というのでは、まだメルロ゠ポンティの自由の定義としては適当なものではない。たとえば、完全な無秩序は何も決定されていないが、私たちはそれを自由とは見なさないであろう。自由の定義

には「選択」という概念が含まれる。しかし実際の選択には、それ自体は選択されるのではない何らかの前提条件が必要となる。そしてこの事実に目を向けると、私たちには、サルトルが仮定した自由ほど「極端」ではなく、もう少し「状況づけられた」形の自由がみえてくる。つまり、何かを選択するためには、まずはじめに、何らかの願望や選好をもっていなければならない。次に、自分のいる状況と自分に開かれている選択肢とを理解できなければならない。そのためには、私たちが作り上げるどんな概念にも先立って、世界を私たちにとって意味あるものにする、前所与の知覚と理解の枠組みに依存せざるをえない。最後に、その選択肢の可能性を推し量り、決定を下すための何らかの手段や方法を（サイコロであろうが、神聖なる神の御宣託であろうが、近代的なコストと収益という分析枠組みであろうが、何でも構わないが）もっていなければならない。しかし意味のある「選択」は、これらの要素が前提とされているので、それら自体は選択できない。それらの要素は与えられていなければならないものである。このようにして、私たち人間の自由は存在の中に碇を下ろして繋ぎとめられている。このことをサルトルは認識していない。

　メルロ゠ポンティにとって、このように選択を固定する碇は、大部分、習慣的で社会的なものである。私たちは、知覚や理解の枠組み、好み、決定を下す方法などを、（過去の）経験のもつ一つの機能として身につけている。そして、ボーヴォワールが言うように、私たちの経験の方もまた、社会的政治的関係という文脈（たとえば社会階級）の中に状況づけられているので、選択の碇はまた私たちが所属している社会的世界を反映するであろう。私たちの選択は自分の社会的位置を反映するのである。この意味でメルロ゠ポンティは、ブルデューが提起ししたハビトゥスの概念（Bourdieu [1977]）をかなり先取りしている。さらに彼は、習慣は自由を固定するのに重要であるとも付け加えている。個人の存在様式の急激な変化をめぐるサルトルの説明はとくに説得力があるわけではない、とメルロ゠ポンティは言う。独裁者が自ら進んで民主主義者になることはあまりない。それは状況における抑制要因のためかもしれないが、習慣の力にもよる。深く定着した習慣というものは、簡単には捨て

られない。

　この点からいうと、習慣は自由の対極にあるもののように思える。しかしメルロ＝ポンティは続けて、実際には、もし習慣において身体化する「保存の力」がなかったならば、自由は何の意味もないだろうと述べる。つまり、たとえば私がいま、ある投企を選択することを決心したとしても、もしそれが5分経ったときに再び沸き起こる私の自由な意志によってなされることがないのであれば、いま私が選択する自由は、現実的には何の意味もなくなってしまう。私は選択することができるが、そのことは私の人生に何の意味もない。それは夢のようなもので、私の人生に根を張ることはない。私の決定が本当に私の人生に根を張り、意味のあるものであるためには、それが私の知覚、思考、感情、そして行動において、耐性をもっていなければならない。メルロ＝ポンティが「習慣」という言葉で意味しているのは、この耐性の力、もしくは「保存の力」である。そして彼は、この保存の力を人間の自由の中心をなすものと考えている。というのも、この保存の力が私たちの選択を「定着」させるからである。

　社会的世界はもう一つの点において、メルロ＝ポンティの自由の概念にとって重要であり、また実際、ボーヴォワールにとっても重要である。悪名高きあのスローガン「地獄とは他者のことである」[2]でもわかるように、サルトルは社会的な人間関係を、必然的に敵対的なものと考えていた。根本的に彼は、私たちは相手を自分の自由な投企の中に組み入れて、相手を支配してしまうか、それとも自分が相手に支配されてしまうかのどちらかだと信じている。この考えは、ヘーゲルの承認を求める闘争から引き出されるものだが（→【44承認】）、それはこのヘーゲルの考えの一部分のみを流用したものである。そしてボーヴォワールもメルロ＝ポンティも、そのコインの裏側に焦点を当てようとしたのである。いうなれば、他者は「天国」でもある。もう少し具体的にいうと、個々の人間はお互いに密接に結びついていて、人間の意識は、（自らが認める）

2）　これは、サルトルの戯曲『出口なし』（Sartre [1947]）に出てくる登場人物の一人の言葉である。

他者からの承認によってのみ、はじめて完全なる自己意識と満足感を得ることができるということである。ボーヴォワールにとってもメルロ＝ポンティにとっても、これは、自由はつねに必ず集合的なものであって、そうでなければ存在しないということを意味している。人間は決して一人では自由になれず、集団の中にあってはじめて、私たちの自由と可能性が実現されうる。さらに、再びサルトルの刑務所と拷問の話に戻ると、刑務所生活を耐え忍んでいるのは、純粋なる意識などでは決してないとメルロ＝ポンティは主張する。そこにいるのは、つねに、他者の中に生き、他者から生きる力を引き出している人間存在である。囚人は刑務所の中で生きのびる力を、自分自身の中に見いだしているのではない。自分の「内部」には何もない。囚人たちは、生きる力を他者との関係や「外部」の世界における投企や信念との関係から引き出す。

メルロ＝ポンティのサルトル批判は、イギリス人哲学者ギルバート・ライルの重要なサルトル批判と一致する面がある。もし人間の行動が、「内的意欲」の結果であるとするならば、自由について議論することにいったい何の意味があるというのかとライルは主張する。もしそうであるならば、問題点は移行し、意欲自体が意志されるのかどうかを問うことになるだろう。このようにして、無限後退が起こってしまう。

> 意欲自体について考えてみよう。それは、自発的な精神活動なのだろうか、それともそうではないのだろうか。どちらの答えにしても、明らかに馬鹿げている。もし、私がどうしても銃を撃たざるをえない状況にあるならば、その行為を私の自発によるものだと解釈するのは馬鹿げたことだろう。しかし、もし引き金を引くという私の意欲が自発的なものだとするならば、その意欲はそれより前の意欲からで生まれたのでなければならず、さらにその（それより前の）意欲はさらにその前にある意欲から生まれたのでなければならない。このように際限なく、遡っていくことになってしまう。
> (Ryle [1949 : 66])

したがって、自由の問題に対する解決をもくろんで、意欲や意志に訴

えることは意味がない。実際、自由という概念そのものが、少なくともサルトル（Sartre [1969]）によって提示された極端な意味においては、そもそも崩壊している。しかし重要なのは、ライルにとってもメルロ＝ポンティにとっても、だからといって決定論に訴えるべきではない、ということだ。人間の行動には、単純で素朴な決定論による説明だけでは捉えきれない「目的性」があることは明白だと彼らは信じている。人間は単なる機械ではなく、確かに所与のものを意味のある重要な方法で超越する。

　問題はむしろ、自由や決定論という言葉自体が不適当だということである。私たちは、このような方法で私たちの理解を枠にはめてしまうべきではない（それではつじつまの合わない理論になってしまう）。したがって、人間の自由と行為に関しては、選択する力について認めつつも、その選択を「世界」の中に位置づける新しい考え方が必要であり、決定論は避けつつも、だからといって単純に突拍子もないくらいその対極に行ってしまうわけでもない新しい考え方が必要である。私が思うに、批判理論のためのもっとも有望な基礎を与えてくれるのは、状況づけられた自由という概念である。それは、自由を認め、その存在に基礎を与えつつも、その限界を認める考え方であり、ここにおいて自由は、潜在的に世界と妥協させられることによって、世界の中に根づくのである。

　ライルの意欲に関する主張を認めるとするならば、人間は、一部の哲学者が「二次的意欲」または「二次的選好」と呼んでいるものをもっていること、そしてまたこの二次的意欲、二次的選好が、人間の自由にとって重要な概念である（Frankfurt [1982]；Hirschman [2002]）ということも付け加えておくべきだろう。つまり、人間は何かを願望することを願望することができる。たとえば、喫煙者は定期的に煙草を吸いたくなる。そしてその願望に従って行動する。すなわち煙草を吸う。このように私たちが行動する際の基となる願望が「一次」の願望である。

　しかしまた、喫煙者は煙草をやめたいと思う場合もある。そしてその目的のために、煙草を吸いたいという願望をもたない状態になりたいという願望をもつかもしれない。煙草を吸いつづけるかぎり、そして現実に煙草を渇望しつづけるかぎり、この煙草をやめたいという願望は第二

次の選好でありつづける。しかしこれ以上の願望の遡及を止めなくてはいけないからといっても、もちろんこのことはライルの主張を変形するものではない。私たちはそうした人びとが自分の願望を変えたいと願望することを願望しているのか、などと問いたくない。きりがないからである。同様に、習慣は変えることが難しいというメルロ゠ポンティの主張も、肉体的中毒というケースを考えると少し複雑にはなるが、ここから生まれてくる。私たちが二次的選好をもつことになるのも、おそらく一次的選好には変えたくてもなかなか変えることができない頑固な習慣の力があるからである。しかし、二次的選好は重要な概念である。というのも、それによって、私たち人間は自分の根本的な性向から自分を分かつことができるということ、そしてまた、サルトルの言葉を借りれば、私たち人間はそれらを超越する投企を採用できるということが示されるからである。私たちは、一次的願望、一次的選好の単なる操り人形ではない。

　最後に三つの考えを紹介して、この自由に関する議論を締めくくりたいと思う。

　まず一つ目が、デュルケム（Durkheim [1915]）とジョージ・ハーバート・ミード（Mead [1967]）の考えである。二人はともに、人間が自分自身から自分を分かつ傾向は社会的帰属によるものだ、ということを示唆する興味深い主張を提供している。私たちが「二次的」な観点を採用するとき、私たちは事実上、自分の属する社会の見方を取り入れている、と彼らは主張する。なぜこのようなことができるのかというと、私たちは社会の見方を内面化してしまっているからである。私たちは、他者が自分を見るように自分自身を見ることができる。その結果、（比喩的な言い方をすれば）自分自身から一歩、身を引くことができる。社会に属することで、私たちは反省することができるようになり、また実際、理性的に自己について考慮することができるようになる（とくに Mead [1967] 参照）。ここでもまた、社会的帰属が、人間の働きかけ、人間の自由にとって、不可欠な要素なのである。

　二番目に挙げるのは、もしこの章のはじめに議論してきた選択という概念の中に「合理性」といった要素も含めるとすると、この選択という

概念は、少なくとも定義上は、「因果律」という概念と両立しないとも言い切れない、という点である[3]。ヴェーバー以降、人間が何かを決定する際の合理性が、人間の行動に対して、因果律のほとんどの概念が前提としているような予測可能性を与えていると主張されてきた。そして中にはこの論をさらに推し進めて、理性、またはその理性が参照する外的状況、あるいはその両方が、人間の行動の原因だと見なすことができ、したがって選択も理由も因果律もすべて完全に両立しうる概念であると主張する者もいる（Davidson [1980]; Goldthorpe [2000] 参照）。たとえば、もしイギリスのブラックプール湾の巨大な白い鮫が広告に使われたら、ブラックプール湾に海水浴に来る人の数はしばらくの間減るかもしれないし、ジェーンもジムも海で泳ぐのを控えようとするかもしれない。しかしこれは、ジェーンであれジムであれ、海で泳がないことを選択するという事実と一致する。要するに、彼らは合理的な存在として、まさに泳がないことを選択したのである。巨大な白い鮫が海を泳いでいる広告は、合理的な人間に海水浴を控えさせるだろう。それは行動の変化を引き起こすだろうし、あるいはむしろ、それは行動の変化を引き起こすことになる一つの選択の引き金になるだろうといえよう。

　最後に、サルトルからボーヴォワール、メルロ＝ポンティへと移っていくにつれて、筆者がこの章のはじめに挙げた形而上学的自由と政治的自由の区別がかすんでいくことに注目していただきたい。後者の二人は、人間存在は社会的政治的世界に生きているのであって、自分自身の意識の中に、少なくともその中だけに生きているのではないので、社会的政治的自由のないところで形而上学的自由の概念をいくら語っても意味がないと思っているのである。

---

[3]　これは、メルロ＝ポンティによって議論されていた因果律とは違う、また別の因果律の概念なので、メルロ＝ポンティの主張とこの主張は両立しうるものと筆者は考えている。両者はその語法に一致点が見られないとしても、基本的な原則については一致している（だからといって、多くの哲学上の問題が「言葉の使い方」に掛かっているという点を否定しているわけではない！）。

【基本文献案内】

　サルトルの『存在と無』はたいへん面白く、ところどころわかりやすい部分もあるのだが、その他の部分は、少なくとも学部レベルでは理解するのが非常に難しいだろう。メルロ＝ポンティの著書の大半も同様である。ボーヴォワールの『第二の性』（Beauvoir [1988]）はもう少しわかりやすく、一次文献に挑戦したいと考えている人はまずここから始めてみるのが一番いいと思われる。サルトルを読んでみたいという人は、小説から始めてみるのがお勧めだ。『嘔吐』と、『自由への道』三部作の第一作である『分別さかり』は、どちらも自由の問題について深く掘り下げており、サルトルの初期の論文の特徴でもある、過激で独特なあの自由の概念がよく表れている（Sartre [1965] [1973]）。面白いことに、「自由への道」三部作の第二作目と第三作目である『猶予』と『魂の死』には、のちの著作『弁証法的理性批判』（Sartre [1976]）に現れる、もっと社会的で状況づけられた自由の概念へと彼が徐々に移行していく様子が見て取れる。

　もう一人の実存主義作家アルベール・カミュの初期の二作品にも、これと同様の変化が見られる。『異邦人』では、個性と自由がその主要なテーマであったが、一方『ペスト』では一転、相互依存と社会性に重点がおかれている（Camus [1948] [1982]）。ボーヴォワールはこの移行を、彼女の自伝的著書の中でもっと深く掘り下げて語っている（Beauvoir [1967]）。彼女は、第二次世界大戦が、彼女自身にとっても他の実存主義者たちにとっても、自由の状況づけられた性質と社会的相互依存に目を向ける決定的な転機であったと述べている。メルロ＝ポンティは、社会性と状況性をより重視した見方をつねにもっているが、彼の論文「戦争が起こった」（Merleau-Ponty [1971]）の中でこの説を裏づけている。この問題に関する実存主義者たちの議論については、ソニア・クルクスの『状況と人間存在』（Kruks [1990]）と、ハモンド、ハワース、キートによる『現象学の理解』（Hammond, Howarth and Keat [1991]）の卓越した概観を参照されたい。そしてワトソンの『自由意志』（Watson [1982]）と、ホンデリックの『行為の自由に関する試論』（Honderich [1973]）はどちらも、自由と決定論に関するアングロサクソン系アメリカ人の優れた著作である。

（郭基煥訳）

17 グローバル化 Globalization

◎関連概念：異種混成性、新しい社会運動、権力、
社会階級、社会運動

　グローバル化は比較的新しい概念である。しかしこの概念は、社会科学の内部でも、またより広い政治的な議論の内部においても、非常に論争的なものにならざるをえなくなっている。グローバル化の定義に異議を唱える論者、グローバル化が生じているのかどうか、また生じているとすればどのようにしてなのかなどといった論点をめぐる議論もある。本項では、グローバル化という概念に関する筆者自身の解釈を提示したい。それはとくに独自の解釈というわけではないし、また独自であろうとしているわけでもない。ここで論じることは、社会学界内での一般的な用法に対応していると筆者は考えている。とはいえ、それも一つの解釈であって、そのようなものとして論争のすべての論じ手によって受容されるはずはないであろう。

　グローバル化という言葉が、世界（グローバル）レベルで起こっている一つの過程（「〜化」）を指しているのは明確である。それは、国際的な、グローバルな、あるいは世界社会のレベルで生じている一つの過程である。世界社会というものはおそらく、さまざまな国民社会、あるいはむしろそうした国民社会の代表者や成員たちが接触して相互行為を開始し、相互依存や社会関係を生み出していくようになる地点で生じてきたものである。この定義に従えば、世界社会は実際のところ非常に古いものであり、もし「グローバル化」が世界社会の生じる過程を指すのであれば、グローバル化もまた非常に古くからのものだということになる。しかしながら、グローバル化という語は通常、より最近の展開を指し示すものとして用いられている。その展開とは、世界社会の性格という点でかなりの発展をもたらし、おそらくそうした発展の中で、国民社会の境界をより越えやすいもの、より曖昧なものにして、その国民社会の自

律性や特殊性の土台を掘り崩すようになるより最近の展開のことである。そうした過程について、経済的、政治的、文化的な道筋に沿って跡づけていくのが有益だろう。

　経済的なレベルでは、巨大な多国籍企業の成長と関わる二つの傾向が重要である。第一に、資本と経済生産の過程はより流動化していることである。企業はもはや、一カ所あるいは一つの国民社会にとどまることは難しくなる、つまり単一の国家的基盤や国家的地域だけをもつことはできにくくなる。企業は、自分たちの観点から企業展開にとってもっとも良い条件とは何かを探りながら、よりグローバルに動くようになる。そして企業は、自己の生産過程を、たとえばある部品はここで、ある部品はそこで、そして組み立てはここで、保管はそこで、といったようにして地理的に拡大するようになる。いまいる国での条件が悪くなれば、企業は場所を移す。この点で、多国籍企業は遊牧民（ノマド）的である。企業は、どんな国民社会にも属さないし、永続的な国家的地域をもたないし、どの特定の国家にも必ずしも忠誠心を示さない。このようなことがなされる度合いは、当該の産業や企業規模を含むさまざまな要因に明確に左右される。

　とはいえ、このようなことを行う企業には巨大な権力が与えられ、同時にナショナルおよびローカルな経済や経済政策にかなり「国際的」な影響力が行使される。現在の立地条件を好まず、また他の地域がよりよい条件を提示するならば、大企業は、何千もの仕事と税収入などをもって、どこででも自分のビジネスを行うことができるし、実際にそうするだろう。そしてこの事実が、これらの企業の歓心を買うために自分たちにできることなら何でも行おうとする当該地域の代表者たちに対して、かなりの拘束力をもつ。彼らは、実際に企業になるべく多くを供与しようする。またこうしたことによって、企業から見れば、税金と法の枠が考慮されなければならないもっとも重要な事柄なので、とくに政府への拘束力ももつようになる。多国籍企業は一般に、低い課税で、低い（あるいは完全にゼロの）労働組合加入率を伴う低賃金環境で、しかも（雇用と解雇の自由、労働時間の変更の自由などをもって）労働力を柔軟に最大化できるよう努めている。さらに多国籍企業は、貨幣や資源が、そ

の企業が予言したり統御したりできない仕方で国内外で流れているので、不確定性があることを政府や経済の政策作成者に理解してもらおうとする。政策がうまくいくかどうかは、（予測不可能な）多国籍での活動にかかっている。

　これらの要因のすべてが、国民経済（と国民経済政策）という考え方——少なくともそれを私たちが、相対的に自己完結した社会構造と理解するならば——に疑問符を付すことになる。多くの国家と結びついた資本の流れは、ローカルな経済やナショナルな経済をグローバル市場に結びつける。ここに第二の重要な点があり、それは、指導的な多国籍企業は今日ではもはや、数多くの小さな国家の国内総生産（GDP）[1]よりもずっと多くの年間取引高をもっており、これらのより小さな国家よりもずっと大きくしばしば影響力もある経済主体となっているということである。このことを別の言い方で表すとすれば、世界経済はもはや国民経済の主体や国家には分解できないということである。

　ここで経済面の最後として加えられるべきなのは、移民の問題である。資本がより流動的になれば、市場の「上層」レベルでも「下層」レベルでも、それだけ労働力も流動的となる。労働市場は国際化し、労働者はさまざまな割合ではあるが、移動を強制されたり誘発されたりするのである。

　政治的レベルで以上のことに対応するのは、20世紀中盤以来の（多くは経済事象に焦点化されている）国際政治的・国際法的な制度の大きな成長、およびそれらに関わる委員会組織の権限の拡大である。ますます多くの政治的決定が、国際団体によってもたらされている。そしてこうした決定が、委員会を設立する協定書に署名させられるなどして国家を拘束する度合いも、ますます増大する。同様に、国際法も、また（ヨーロッパ人にとっては）欧州法も、ますます広範かつ強固なものになっている。つまりそれらは、より深くよりいっそう広い領域をカバーしている。どう少なくみても、このことは次のことを意味する。すなわち、国

---

1)　国内総生産（GDP）とは、1年間に国内で生産された財と供給されたサービスの価値の合計のことである。

民国家／政府はますます国際団体が設けた範囲内で動くようになり、国際団体への代表となってそれに加入することに合意するのだが、国際団体はそうした国家／政府を凌駕する権力をもち、それに対して決定を強いるようになる、ということである。つまりそれは、意思決定能力が国民国家のレベルを超えて上方へ移っていくことがある、ということを意味するのである。

このことは、国民社会が無批判にグローバル社会での自分の位置を受け入れるといっているわけではない。すべての社会は自分の地域のことを論じるし、また国際的な協定や（政策上の）統一への圧力が強くなることによって、ナショナリズムや自国単独主義がある程度高まる。しかしこのことは、社会学的視角からみれば、グローバル化の傾向を停止させたり逆転させたりするよりも、諸々の社会がこの新たなよりいっそう国際化する政治的文脈に自らを慣らしていく相互調整のプロセスであるように思われる。

また、政治的な「上からのグローバル化」、つまり国家や国家間の組織化のレベルでのグローバル化は、政治的な「下からのグローバル化」、つまり国際的な社会運動の組織化や連帯が進むことによるグローバル化とも結びついてきている（→【52社会運動】【34新しい社会運動】）。そうした連帯がもっともはっきりしている最近の例は、グローバルな反企業運動からなるものであろう。この運動には、（とくに）数多くの抗議を結びつけ、公開討論を行っている世界中からの抗議のネットワークや組織が含まれている (Crossley [2002b] [2003a]; Kingsnorth [2003a]; Neale [2002]; Held and McGrew [2002])。そうした抗議のイベントはある一カ所で起こることもあるが、そこにだけ限られるわけではなく、またそれほど時をおかずして、上述の国際政治組織の一つの会合と同じ空間を占める場合も多い（「伝説的な」ものは、「シアトルの闘い」やそれに続くプラハやジェノバでの抗議である）。またそれは、世界中のいろいろな場所で同時に起こることもある（たとえば、「地球の日の行動」や「反資本主義カーニバル」のようなものが数多くある）。

こうした反企業家たちはときに「反グローバリズム」と呼ばれることがあるが、筆者の定義からすればこれは間違った呼び方である。という

のも、彼らはグローバルな公共圏や市民を生み出そうと考えているのであり、そうして政治的グローバル化の過程をかなり前進させようとしているからである（→【06シティズンシップ】【40公共圏】）。実際、彼らは国際的な政治制度に対して、第一に国際的な市民の要求や願いに関して説明責任をもつこと、また第二にグローバル経済の動態をより改善し、いっそう制御可能にすることを求めているのである。このような抗議者の中には、一つのグローバルなシステムや社会という考え方をまったく好まない者もいるが、多くはそれを望んでいる。というのも、それを望む者は、グローバルな政治的規制が、それがなければ利益を求めて国家を互いに張り合わせる可能性がある多国籍企業の権力を抑止する唯一のやり方であり、そして環境破壊のようなグローバルな政治問題を取り扱う唯一の方法だと信じているからである。

　しかしながら、グローバル化を支持するにせよ支持しないにせよ、こうした人たちの行為は、グローバルレベルの政治的な議論や行動を生み出すことによって、グローバルレベルの政治を生み出すという帰結をもつ。さらに、一つのグローバルシステム内部の場所から、一見非常にローカルな問題と思われる問題を通して彼らが考えているという点において、こうした行為は「グローバルな意識」を具現化しているのである。彼らは、現代社会ではすべてのことが他のすべてのことと結びついており、それゆえ諸々の問題はグローバルなもの全体を考慮に入れた観点からしか理解も解決もできないと認識している。多国籍企業の権力を抑止し、環境問題をグローバルに取り扱う必要性があるという上述の認識は、この点についての明白な例であるが、同じく多くの反企業運動家によって提起された議論として、発展途上世界の諸社会における貧困の例は（過去および現在の）これらの社会と、（かつてこれらの社会を植民地化していた）発展した世界の諸社会との関係とを切り離しては理解できないし、またこれらの社会がグローバル経済内部で占めている不利な位置を取り上げることなしに論じることはできない、という議論がある。この後者の問題がとくに示しているのも、もちろん、国家の境界を越える政治的・道徳的な連帯という形態の出現である。

　批判的な反企業運動の人たちはまた、文化的なグローバル化に関する

興味深い例を示している。これらの抗議者によって作られる文脈において、観念、情報、宣言、アイデンティティなどすべてが、国家の境界を越えて国際的に自由に流れる。これは均一な過程ではない。この文脈で文化が自由に流れるには、言語の壁もあれば経済の壁もある。しかし、それらの壁は、国境内に閉ざされているわけではない。ある特定の観念の流れは、国境を越えて移動するより広い文化的所産の流れの一要素にすぎない。例を挙げれば、テレビ番組、映画、音楽、ファッション、ファストフードのチェーン店、都市デザインなどである。ある程度まで、こうしたものは経済的グローバル化の一部、一場面であって、それは多くの文化的なものが商品化され、グローバル市場で売られるのと同様である。だが明らかに、インターネットや衛星放送テレビを含む新しいコミュニケーション技術の成長が非常に重要な役割を演じている。そして、少なくともある場面では、移民もまたそれと同様に非常に重要な役割を演じている。移民に関わる行為者たちは、「他の」伝統を体現している人びととよりいっそう接触するようになる。それは、移動してきたからか、あるいは自分たちのところに移動してきた人びとと一緒に働いているからである。

　グローバル化の他の側面と同様に、こうした過程は諸社会間での権力バランス関係によって構造化されている。たとえば多くの批評家たちが、グローバルな「文化交流」とともにより急速な形で広がってきたのは、西洋の、とくにアメリカの文化であるということを論じてきた。とくに西欧とアメリカは、文化の流通に役割を演じるグローバルな経済的・政治的なアクターを生み出してきたからである。さらに、とりわけグローバル化の障害物としてもっとも明白で強力なものが、おそらく文化領域にこそ存在する。それが言語および文化的な価値／伝統であるが、それらは経済的・政治的な編成より以上に押しつけや改変が困難だと思われる。というのも、それらは社会的行為者としての諸個人の構成のまさにその核心に、つまり言語、信念、アイデンティティ、深く根づいた習慣の中に、より深く浸透しているからである。

　しかしながら、私たちは静態的な、あるいは独話状況的な文化観という罠に陥らないように注意しなければならない。文化は確かに政治的編

成や経済的編成より以上に他への押しつけは難しいが、しかし政治や経済と同様に、文化もまた恒常的な変動過程の中にあるのである。とくに文化が「異他的な」要素との接触や対話状況に入る場合は、たとえその文化が他の文化を寄せ付けないとしても（もしそのようにするとしてだが）、結果としてその文化はさまざまな点で結合・適応することになる（この点に関しては、→【22異種混成性】）。このことを私たちは、どのようなものであれ、言語や文化の歴史においてきわめて明確にみてきている。たとえば、あちこちからの「寄せ集め」もあれば、喜んで受け入れられたもの、支配の関係の中で受け入れられたもの、まさに抵抗の過程を通して形を変えながら組み入れられたものもある。筆者は以上のことによって、私たちが未来のある時点で同質的なグローバル文化を期待できると示したいのではない。多様化もまた文化の歴史においては非常によく見られることである。しかし、諸文化間の接触は双方の文化に影響を与えざるをえず、とくに文化を具体的に表現している行為者が互いを理解しようとする際にはそうならざるをえないのである。

　グローバル化は良いことなのか、悪いことなのか。グローバル化は不可避なのか、あるいは不可避だと立証することで私たちは責任を放棄するのだろうか。もっとも基本的なレベルで、私は次のように示唆したい。すなわち、グローバル化は不可避である、なぜなら、私たちが知りはじめているように、とくに社会を区切る自然的な境界に限っていえば、自然なものや必然的なものは存在しないからである。社会とは、その成員の諸々の相互行為、交換、関係、およびこれらの交換などが生み出す社会的取り決め（慣習、制度、組織など）から構成されている。もし交通技術やコミュニケーション技術によって国家の境界を簡単に越えて相互行為が可能となるならば、社会もまた国境を簡単に越えていくだろう。原則的に、私たちはこの過程を停止することを願うべき理由はないが、もし停止しようと願うならば、私たちは非常に大きな困難を抱えることになるだろう。というのも、私たちが技術やそれの使用や効果を「なかったものにする」ことは非常に困難であり、また「グローバル化」に抵抗することは（たとえ意図していなくても）グローバル化を促進する傾向をもつグローバルな努力を必要とするからである。

しかしながら、まさに明らかなことは、グローバル化は数多くの異なった形をとることであり、そのうちのいくつかは他の形よりも大いに望ましく公正であることがありうることだ。グローバル化の現在の形や道筋は、世界社会の力のない成員にとっては社会的にダメージが大きいことはほぼ間違いないし、そういうものとして、それは不公正である（Callinicos [2003]；Danaher [2001]；Wallach and Sforza [1999]）。しかし、まさにグローバル化の議論それ自体や、グローバル化をめぐって動員される反企業運動など、これらすべてが、あらゆる点で未来が開かれていることを示していることになろう。

【基本文献案内】
　ウォーターズの『グローバル化』（Waters [1995]）はこの問題に対する良い入門書である。またロバートソンはずっと社会学的な議論に対する重要な寄与者であり、彼の『グローバリゼーション』（Robertson [1992]）も重要な文献である。ナオミ・クラインの『ブランドなんか、いらない』（Klein [2000]）は、おそらく反企業運動に関して書かれた最初の重要な（非学術的）著作であるが、最近ではいくつかのジャーナリスト的な報告書がある。当然だが、より最近の報告の多くは最新情報である（Kingsnorth [2003]；Neale [2002]）を参照）。筆者はもう少し社会学的な視角から運動に関するいくつかの論文を書いている（Crossley [2002b] [2003a]）が、それ以外に社会科学的な分析を行った論文もある（たとえば、Starr [2001]；Smith [2001]）。グローバル化とそれに対する抵抗の両方に焦点を合わせた議論のためには、ヘルドとマッグルーの『グローバル化と反グローバル化』（Held and McGrew [2002]）を参照されたい。
　また、なぜ抗議者は抗議するのかという点についてのより政治に関わる議論には、初期の説明としてクラインの前掲書やハーツの『巨大企業が民主主義を滅ぼす』（Hertz [2001]）やモンビオットの『囚人国家』（Monbiot [2001]）がある。より新しいものは、カリニコスの『アンチ資本主義宣言』（Callinicos [2003]）やダナーおよびワラチとスフォルツァによるパンフレットもある（Danaher [2001]；Wallach and Sforza [1999]）。ヒラリー・ウェインライトの『国家への再考要求』（Wainwright [2003]）には、政治面とより実地調査的な面の両方について興味深く力強い説明がある。

（西原和久訳）

18
ハビトゥス Habitus

◎関連概念：主観身体、資本、ドクサ、界、自由、ヘクシス／身体技法、社会階級

　現代という文脈において、「ハビトゥス」という概念はとりわけピエール・ブルデューの研究、またおそらくはノルベルト・エリアスの研究と関連づけられている。しかしこの概念には、社会学と哲学の内部において非常に長い歴史がある。ハビトゥスは、フッサール (Husserl [1973] [1989] [1990]) の研究や、(異なる名称で現れてくるのではあるが) フッサールによって影響を受けたさまざまな現象学者――たとえばシュッツ (Schutz [1970] [1971] [1972]) やメルロ゠ポンティ (Merleau-Ponty [1962]) ――の研究に見いだすことができる。また、ヴェーバーの研究や、デュルケムの甥であり研究仲間でもあるモース (Mauss [1979]) の研究に、さらにより一般的にいえば、初期の社会学および初期の社会学を形づくった哲学にも見いだすことができる (Camic [1986])。実際にモース (Mauss [1979]) は、「ハビトゥス」という語がギリシャ語の概念である「ヘクシス」のラテン語訳であり、その「ヘクシス」がアリストテレス (Aristotle [1955]) による『ニコマコス倫理学』の中心的主題であると論じている (→【20ヘクシス／身体技法】)。この意味で「ハビトゥス」とは、私たちが今日知っている西欧思想のまさしく萌芽にまで遡ることのできる概念なのである。

　「ハビトゥス」も「ヘクシス」も、「獲得された性向 (acquired disposition)」あるいは「習慣 (habit)」と英訳されている。だが、「ハビトゥス」と「ヘクシス」とが「習慣」に相当するかぎりでは、それらは今日普及している「習慣」という語の使い方よりも旧い使い方に依拠している。チャールズ・ケイミック (Camic [1986]) はその興味深い論文の中で、習慣という概念は、かつて社会学的および哲学的言説の中で中心的位置を占めており、そこでは一連の複雑で理知的な行動の性向、道徳感

情、獲得された能力、実践的理解と実践的推論の形式について言及するために習慣という概念が用いられていた、と論じている。そして、哲学的および心理学的行動主義によって支持されていた、条件づけられた反射といういくぶん粗雑なモデルの帰結としてはじめて、「習慣」は今日含んでいるようなより限定された意味を獲得したと論じられている。したがって、20世紀中頃に私たちのもつ社会学の歴史感覚を大きく形づくったタルコット・パーソンズが、社会学の歴史から習慣を削除したのは、習慣の概念が上記のように価値低下させられたことによるのである (Parsons [1968])。この領域に立ち返ろうとする現代の社会学者が「習慣」よりもラテン語形式の「ハビトゥス」や「性向」といった語を用いる傾向にあることも、おそらくこの理由による。

ハビトゥスという概念は、今日用いられているように多くの層をもち、いくつもの異なる議論との関連において異なる形で機能している。私たちはこれらの層、機能、議論を解き明かさなければならない。

第二の自然、文明化、差異

あるレベルでは、ハビトゥスという概念は「第二の自然」を、言い換えれば人間存在が社会的世界への関与と社会化の中で立ち現れてくる存在様式を意味する。子宮から産み落とされる際、あるいは卵の殻を破って産まれる際に、これから生きていく生命のためにそれなりに生物的特徴を備えた状態で産まれてくる他の多くの種とは異なり、人間の場合は誕生する瞬間に十分な生物的特徴は備えておらず、まったく不十分な形で産まれてくる。子宮の外側、すなわち社会環境の中で私たちは形づくられ、自分たちの性質を獲得する。私たちの進化論上の利点は、ある程度は私たちの可塑性、すなわち私たちの学ぶ能力——さらに加えて、理知的な適応のための私たちの器用さと能力——にある (Elias [1978])。多くの初期の社会学者、とりわけデュルケム (Durkheim [1915]) にとって、私たちが自分たち自身について「文明化されている」と呼ぶものすべては、私たちの「第二の自然」、私たちが社会から獲得してきたもの、すなわち私たちのハビトゥスに属している (Elias [1984] も参照)。このことは、私たちの性質の積極的な形成だけでなく、たとえば攻撃的ないし自

己中心的な衝動のような私たちの原初的な性質から周期的に現れる、特定のより文明化されていない衝動を遮断する統制メカニズムの内在化とも関わっている。

　だが、私たちの原初的な性質の要素は残りつづけており、その結果、私たちの第二の自然は、衝動と統制との間の緊張関係を含んでいる。この緊張関係は、エリアスによるハビトゥスの考え方にも、ブルデューによるハビトゥスの考え方にも明らかである（Durkheim [1973] も参照）。エリアスとブルデューは、少なくともある程度は行為者のための自己統制と規範適合性への社会的要求の内在化としてハビトゥスを概念化している。だが両者はまた、そうした抑制が阻止する必要のある周期的な衝動と共存していること、また衝動と統制との間の真の闘争、つまり衝動に傾いたり統制に傾いたりする闘争、あるいは何らかの妥協点に落ち着くような闘争が生じている場合もあること、これらのことを了解している。このようにして両者は、ロング（Wrong [1961]）がパーソンズ社会学の中に認めているような、行為者についての「過社会化」という考え方、すなわち行為者に課される規範、役割、義務に行為作用を還元する考え方を退けているのである。

　エリアスとブルデューの研究においては、統制や文明化された振る舞いへの社会的要求が、ある程度は社会集団間の差異をめぐる闘争によって煽られているということも含意されている。エリート集団は文明化された別の選択肢を求める中で、「基層の」衝動を否定し、それに打ち勝つことに没頭する自己育成の過程を通じて、自分たち自身を定義しようとしてきた。たとえば、中産階級の美的感覚の出現は、労働者階級の多くの実践に対する嫌悪という獲得された感覚だけでなく、芸術作品の鑑賞について、直接的な感覚的快楽に基づいて価値判断することの拒否をも含んできた。芸術作品は内在化されたフォーマルな基準に基づいて判断されるのであり、直接的な感覚的反応は除外されるか少なくとも阻止される。このことは、私たちの趣味、言い換えれば、私たちの好きなものや欲望するものに影響を及ぼすが、私たちが行うことや私たちがそれを行う仕方、すなわち私たちの「身体技法」にも影響を及ぼすのである（→【20ヘクシス／身体技法】）。

図式、傾向性、実践的知識

「趣味」の獲得された性質についてブルデュー（Bourdieu [1984]）が記していることの多くは、こうした観点から理解されうる。私たちの感性、美的感覚、嫌悪感、適応性はすべて、集団分化と集団闘争という社会歴史的文脈の中で形づくられている。だがこのことに加えて、彼のハビトゥスという考え方は、獲得された能力や欲求の重要性を強調しており、その中には比較的一般的なものもあれば、特定の界に固有なものもある。たとえば「芸術の愛好」に関する論考の中で、彼はいかに芸術鑑賞が「訓練された眼」を前提としているかを記している。ちょうど、私たちが英語という言語を学んできて、そうすることが、英語で書かれたテクストを読むことができるようになるためには必要であったのと同様に、芸術作品を鑑賞しそれについて議論するために、私たちは芸術の「言語」を獲得してこなければならない。もっぱらこのことは、芸術を愛好する階級によって、また芸術というゲームに見合った実践的知識を用いて芸術の歴史が理解されているように、その歴史を背景にして芸術を鑑賞することを意味する。芸術を鑑賞することは、芸術を判別し評価する原則だけではなく、芸術に対置されるそれ以外のものを見分けながら、芸術を分類したり位置づけたりすることである。芸術の意味は、訓練された芸術愛好家のみが近づきうる自明視された前提という隠れた背景構造を前提としている。

　もちろん、こうした仕方で働くのは「インテリ」の理解だけではない。サッカーをプレイしたり観戦したりするためには、人はそのゲームを学んでこなければならず、そうすることによって行為やポジションの意義を理解することができるようになる。理解するために必要とされる図式を学んでこないと、たとえば競技場での行為は、ほとんど理解できない動きとして不明瞭なものに映るが、これは私たちすべてが新たなスポーツを初めて観たときにもったことがあるような経験である。このことは、芸術やサッカーについて論理的に知るということの問題ではない。それは、暗黙知や前反省的な知の問題、言い換えれば能力の形式やブルデューが「ゲームの感覚」と呼ぶものの問題なのである。くり返していえば、獲得された実践能力というこうした見解、すなわち「ゲームの感覚」と

いう見解は、ブルデューのハビトゥスという考え方にとって不可欠である。

ゲームの感覚は、しばしば子どものときに、当該の界への参入を通じて獲得される。引きつづき参入することへの欲望、たとえば美術館を訪れたりサッカーを観戦したりしたいと感じる「欲求」も同じである。芸術鑑賞が中産階級の領分でありつづけている理由は、中産階級の子どもが美術館へ連れて行かれ、それによって大人になっても同じことを行いつづける傾向性（ハビトゥス）を獲得し、自分の子どもも同じように美術館へ連れて行き、そのパターンを永続させ「再生産する」からである、とブルデューは論じている（Bourdieu, et al. [1990] を参照）。

現象学、モース、集合的歴史

内在化された社会統制と同様に、知覚と行為と理解の図式、すなわち能力も強調する中で、ブルデューはハビトゥスという考え方に重要な「現象学的」な相を付け加えている。フッサール（たとえば Husserl [1973]）に続く現象学者たちは、さまざまなやり方で行為者と集団の認知、情動、行為を形づくる性向と図式の形式の中で、過去の経験が社会的行為者と社会集団の内部に「沈澱する」仕方を詳細に探求してきた。アルフレッド・シュッツ（Schutz [1972]）による「類型」と「処理法としての知識」についての説明は、上記のことに関する非常によく知られた二つの例である——そして両方ともフッサールによる「ハビトゥス」の概念に前もって表されている——が、メルロ゠ポンティによる「主観身体」（→【03主観身体】）の性向と習慣に関する説明は、おそらくブルデューとより直接的に共鳴するであろう。

現象学者による説明の詳細さと洗練された考えはブルデューの説明よりも卓越しており、ブルデューの説明は現象学者の説明を援用することによってよりよいものになりうる（Crossley [2001a] [2001b]）。だが、ブルデューが現象学に基づいて発展させているのは、ハビトゥスの集合的性質——メルロ゠ポンティとフッサールによっては触れられただけの問題であり、シュッツによってはほとんど触れられてさえいない——を理論化した点である（メルロ゠ポンティについては、Crossley [2001d] [2004a] を

参照)。人間のハビトゥスがその人の過去の(「形成的な」)経験の沈澱であるかぎり、それは人間の生活史的軌跡と同様に独自なものであり、二つとして同じものはないであろう。だが、個人の生活史というのは一つの抽象概念である。私たちは一人で生きているのでも一人で成長するのでもない。私たちは、自分たちが相互行為する複数の他者の間で生きている。さらに私たちは、自分たちが社会関係の類似した布置連関の中にいることに気づいたり、そのことによって同種の経験を享受したり／それに耐えたりしながら、他者と社会的立場を共有している。これらの理由から、私たちのハビトゥスの相は、私たちの社会の中にいる他者のハビトゥスの相と似通っているであろうし、集合的ハビトゥス——すなわち、社会集団の成員や、構造的に類似した社会的立場の占有者によって共有されているハビトゥス——に言及することには意味がある。

以上の点は『ディスタンクシオン』(Bourdieu [1984]) においてもっとも力強く示されており、そこではブルデューが、特定の社会階級と階級内分派のハビトゥスの内部に、文化的趣味をはっきりと位置づけている。さらに、彼はこの著書の中で教育に関する自分の研究のいくつかの点をくり返しながら、ハビトゥスの習慣的で前反省的な性質が社会的差異と社会的排除に「自然な」様相をもたらしうる、と論じている。社会集団はそれぞれの集団のハビトゥスによって、お互いが自然に異なったものとして現れる。だがこのことは問題である。というのも、自然な様相とは、支配的な集団が権力を用いて自分たちのハビトゥスを優位なものとして定義する際にとくにみられる、社会的不平等の「自然化」の帰結だからである。たとえば、もし中産階級のハビトゥスである上品な傾向性が自然な理知性と感受性の証として知覚されるならば、これらの性向をもつ人びとの優位な社会的立場は正当であるかのように思われうる——そうした人たちは自らの理知性によって現在の立場に到達したかのようにみえるのである。言い換えれば、ハビトゥスにおいて現れる社会的不平等の結果が、その不平等の(自然な)原因のように見えてしまい、そうして社会的不平等を正当化してしまうのである(→【20ヘクシス／身体技法】)。

ハビトゥスを実践能力と社会的立場という両方の観点から理論化する

中で、ブルデューはマルセル・モース（Mauss [1979]）の研究から重要な糸口を引き出している。モースもまた、実践理性のもつ社会的に特定の形式を理論化する仕方として、ハビトゥスの概念を用いようとしているのである（→【20 ヘクシス／身体技法】）。

ハビトゥスと行為者

ハビトゥスという概念はブルデューによって、私たちが社会学文献に見いだす行為者と構造との多数の二者択一的な考え方に異論を唱えるために用いられている。当初ブルデューが関心をもっていたのは、過度に意識に中心がおかれ、そして／あるいは過度に主意主義的である行為者という考え方に異論を唱えることであった。いくつかのアプローチにおける意識を過剰に強調する研究に立ち向かいながら、ハビトゥスという概念は私たちの行為の多くがもつ前反省的性質と、実に意識それ自体の習慣的構造化とを示しているのである。ブルデューの観点では、私たちの知覚の仕方、考え方、感じ方は、私たちがほとんど自覚しないままでいる自分たちの過去の経験が沈澱した痕跡によって、すなわち習慣的な予期と想定とによって形づくられている。たとえば、私たちが自分たちの母語で書かれたテクストのあるページを読む際、私たちはその意味、つまりそれが何を「言っている」かを即座に理解する。私たちは自分自身のための能動的な意味生成過程についても、自分自身とテクストとの間の文化的適合性についても、自覚しているわけではない。実際、メルロ＝ポンティ（Merleau-Ponty [1962]）が論じているように、私たちは、媒介されない思惟の中に自分自身が存在していることを感じつつも、言語それ自体にはほとんど気づいていない。

だが、私たちの意識の中に容易にそして自然に流れ込んでくる意味は、私たちが子どものときに、自分たちの言語の文字、言葉になる文字の組み合わせ、文章になる言葉の組み合わせなどを私たちが了解できるよう訓練されてきたかぎりで、私たちの意識の中にそのようにして流れてくるのである。私たちは言語の中で、そして言語によって、自動的にかつ私たちがどのようにしてそれを行うのかを知ることなく思惟するのであるが[1]、ただし私たちはその言語を非常に長い時間をかけて学んでこ

なければならない。新たな言語を学ぼうとするとき明らかになるように、私たちは自分たちの言語を読み、書き、話し、「聞く」ことを学んできたのである。

　言語に関して真であることは、私たちの世界内存在を媒介するその他の文化的構造に関しても真である。私が泳ぐとき、スカッシュをするとき、映画を観るとき、お茶を入れるとき、株式市場に投資するとき、社会学の討論に参加するときなど、私はつねに、その状況やそれに類似した状況への慣れ親しみに根を下ろした実践的知識と実践的理解に基づいて、自分の状況を「読み」、それからその状況に対して目的的に応答する。このことにはいくつかの反省的意図の要素が含まれている——たとえば、私が自分の選択肢について考えることなく投資する、などということはありそうもない——が、最終的には、こうした反省的要素はつねに、意識を超えて前反省的領域の中へ広がる理解と能力の基盤を前提にし、その基盤に支えられている。投資について考えるために、私は投資をどのように行うのかを知っていなければならない。たとえばどのようにして市場や新聞の経済欄を読むか、つまりどのようにして投資の「ゲーム」をするかを知っていなければならないのである。そして、どんなゲームとも同様に、プレイは流動的であるため、私はプレイについて思惟することなく、どのようにしてこのプレイを行うかを知っていなければならない。私の知は、意識の閾下で習慣的形式をとっていなければならないのである。

　実際のところ、反省的思惟が邪魔であるような場合もある。ここでの範例はスポーツである。私がスポーツをするとき、私はどのようにして行為するかについて思惟する時間はない。私は行為のための好機が過ぎ去ってしまわないうちに、「自動的に」行為しなければならない。とはいうものの、私は学習してきた反応によって機械的に行為することはできない。私は、そのゲームにおけるプレイの状態が自分にとってそう思

1）　私たちが自分の思惟を自覚するようになるとき、その思惟はすでに言語の形式をとっており、かつ私たちは思惟を言語に置き換えているという自覚はない。言語はまさに「自然なもの」にみえるが、もちろんそうではない。私たちは言語を学んでこなければならなかったのである。

えるようなふさわしい仕方で、そして自分のチームが戦略的に有利になるよう尽力する仕方で、行為しなければならない。私は理知的に、目的的に、そしておそらく革新的に、即興的なやり方で、行為しなければならない。そしてもちろん、私の行為はゲームの規則の内部にありつづけなければならない。ハビトゥスを「ゲームの感覚」と定義する実践能力はまさしく、反省的思惟や計画に依拠せずにこれらすべての事柄を行う私の能力にある。ハビトゥスの構造は、知覚、思惟、そしてその結果、意識を構造化するが、それ自体で意識的であるわけではなく、また機械的な習慣でもない。ハビトゥスの構造は、意識と機械的習慣という二つの極の間で、第三の位置を占めているのである。

　くり返しておけば、以上のことは私たちが反省的に熟考して選択していないということを意味するのではない。そうではなく、私たちが反省的に熟考して選択を行うときでさえ、私たちの選択はハビトゥスによって支えられているということを示しているのであり、実際にそうであるはずである。メルロ=ポンティが論じたように、選択は何もないところや「無」から現れるのではない。選択は、私たちが欲望をもっていること、私たちがいずれかの仕方で自分たちの状況を知覚し理解していること、私たちが一連の行為可能性を生成する手段と、そうした可能性の間で選択する手段とをもっていること、これらのことを前提にしている。そして、選択の前提条件は前提条件として、少なくとも究極のところ、それ自体選択することはできない（→【16自由】）。その前提条件は、ハビトゥスに属しているのである。

　行為作用についてのこうした考え方が決定論的である、と主張してきた論者もいる。だが、私はその主張に賛成しない。ブルデューはサルトルのような自由についての極端な主張にはっきりと反対している（→【16自由】）。ブルデューはメルロ=ポンティと同様に、人間行為の構造化された性質は、サルトルの示すような人間の行為が「無」から何らかの形で現れてくるという考え方とは両立しないものであると考えている。しかし、少なくとも決定論というものが行為を外的な原因や力に還元することを意味するのであれば、ブルデューは決定論を擁護しているわけでもない。ここでもまたメルロ=ポンティと同様に、ブルデューは自

由／決定論の二分法を超えて働く行為作用という考え方——すなわち、その行為が目的、欲望、世界についての理解を反映するが、にもかかわらず世界に属しており、その所業の中で世界への内属を反省する存在として、行為作用を扱う概念——を採用しようとしているのである。以上が、ハビトゥスという概念が捉えようとしていることである。

規則とは何か

たとえブルデューが、自由という絶対的な考え方に基づく行為作用という考え方に反対しているとしても、彼はそれと同じくらい、行為を規則に還元しようとし、それによって「人間を解消する」レヴィ゠ストロース（Levi-Strauss [1966]）のようなアプローチにも反対している。あるレベルでブルデューは、「規則」を引き出すためにしばしば用いられる方法論に対して批判的である。インフォーマントが社会科学者に規則や規範について語ることは、非常に多くの場合、世界についての「公式の見取り図」に相当し、実際に起こっていることとあまり厳密には一致しない、と彼は論じている。しかしながらより重要なことは、規則という概念それ自体がいくつもの理由で問題のあるものだということである。

第一に、上述した明示的な「規範」を除いて、「規則」は、実践において見いだす規則性を分析家が理解するために用いる概念的道具箱に属している。それらは、「規則への随順」という概念が示しているような、社会的行為者自身によって（少なくとも明白に）目指されているのではない。行為者が従っていると分析家によって示される「規則」に関して、行為者が純粋に無関心でありうるということと、行為者は分析家からこれらの規則について知らされる際に驚いたり啓蒙されたりしうるということは、以上の理由による。しかしながら、こうしたことすべては、私たちが分析的カテゴリー（「規則」）と、私たちが観察しているリアリティとを混同しないよう慎重であるべきであること、すなわち、行為者は必ずしも規則に従っているわけではないということを示している。行為者は「ゲームの感覚」をもっていると述べること、すなわち行為者の振る舞いは習慣的能力と実践的知識とによって動かされていると述べておく方が、行為者の経験にとってはより真実であろう。

さらに第二に、規則という概念は行為を十分には説明できない。ヴィトゲンシュタイン（Wittgenstein [1953]）が記したように、規則という概念は絶えず無限後退に陥る恐れがある。たとえば、規則への随順は、どの状況でどの規則に従うべきか知っていることを前提とするが、もし私たちがこのことを説明するためにさらなる規則を引き合いに出すならば、その規則はまた別の規則を前提とするであろうし、その別の規則もまたさらなる規則を必要とする、というように無限後退に陥ってしまうであろう。こうした後退を避けるために、私たちは、厳密には規則へと還元できない傾向的な「感じ」に関する説明に訴えるに違いない。同様に、第二言語を学んだことのある人なら分かるように、私たちは、ある実践をその規則によってきわめて明確に学ぶときでさえ、「これには規則なんてないんだよ。君はただ、正しいと思うものへの感覚を身につけなければならないんだ」と言われるようないくつもの状況に直面するのである。

最後に、再び第一の点と関連して、社会生活において認められている規則があるかぎり、ほとんどの人間行為はこうした規則の戦略的使用法——たとえばふざけて行う破壊、巧みな計略、厳粛な信奉ではなく、むしろ侮りながらの尊敬——を含んでいる、とブルデューは論じている。このことは、私たちが見かけ上は是認しているようでありながら、しばしばねじ曲げる道徳的規範にも当てはまるが、言語の詩的な用法に見られるような構成的規則[2]にも当てはまる。（一例を挙げれば）ある効果を生み出すために言語の共有された規則や因習と戯れ、それらをねじ曲げるような用法のことである。したがって、行為を説明するためには、私たちは行為の明白な構造や規則性を見落とすことなく、「規則」の先を思い描く必要がある。ハビトゥスという概念は、まさしくこうした目的のために用いられる。人間行為を形づくるのは、規則ではなくむしろ

---

2) 構成的規則とは、もし私たちが規則に基づく考え方を採用するならば、私たちがその理にかなうために従われなければならない規則のことである。その規則は、私たちが了解可能な正しい仕方で特定の活動を遂行すること——その遂行や活動が道徳的内容を含んでいるものであろうとなかろうと——を可能にする技術的規則である。

ハビトゥスなのである。

　こうした批判の中でブルデューが念頭においているのは、レヴィ＝ストロース（Levi-Strauss［1966］）だけではない。実践における即興、戦略、革新の役割を示す中で、ブルデューは構造主義と機能主義のすべての形式、そして実際のところ「人間を解消する」すべての社会学的視点に異議を唱えている。ブルデューの見解によると、私たちは「人間」を私たちの研究の生成原理にすることができないのと同様、「人間を解消する」ことはできない。私たちはむしろ行為者を位置づける必要があり、また行為者が社会的世界の諸相を身体化する仕方を了解する必要がある。それが、ハビトゥスという概念の果たすことなのである。

構造

　にもかかわらず、ハビトゥスという概念は単なる行為者の概念ではない。ハビトゥスの概念は同じくらい、構造の概念とも関わっている。実際のところ、ハビトゥスは行為者と構造との蝶番（ちょうつがい）を構成しているのである。ブルデューが論じているように、ハビトゥスは「構造化された構造」である。すなわち、ハビトゥスは構造の内在化によって形づくられる。たとえば、私のハビトゥスは、言語を学ぶこと、社会学を「行う」仕方を学ぶこと、「芸術を鑑賞する」仕方を学ぶことなどによって形づくられている。それぞれの場合において、私は身体的な性向の形式の中に、それぞれのゲームの構造を内在化している。

　しかし、ハビトゥスは同じく「構造化する構造」でもある。すなわち、私たちは構造を内自化してから、自分の行為を通じてその構造を再生産するのである。私たちは話すことができるようになる前に言語の構造を内自化していなければならないし、サッカーをプレイすることができるようになる前にサッカーの構造を内自化していなければならないし、芸術を「批評」することができるようになる前に芸術の構造を内自化していなければならない。しかし、言語は発話の中にだけ存在するし、サッカーはプレイの中に、芸術は生産者と批評する消費者との相互作用の中だけに存在する。構造は、行為者がそれらを「行う」かぎりにおいてのみ、そして技能的かつ創造的にそれらを行うかぎりにおいてのみ、存在

するのである。

　この意味で、私たちの生物学的構造の再生産にとってDNAが必要であるのとちょうど同じように、社会的世界の再生産にとってはハビトゥスが必要であり、それは「遺伝子情報」と類似している、とブルデューは論じている (Bourdieu and Passeron [1996])。さらにその結果、デュルケム (Durkheim [1915]) にみられるように、行為者と社会的世界との関係は循環しているものと考えられる。社会は社会的行為者を作り出し、社会的行為者は社会を再び作り出す。私は別のところで、行為における創造性に関するブルデュー自身の主張を引き出そうとしつつ、ここで私たちは過剰な循環論を回避する必要があることを論じてきた。つまり私たちは、その循環が革新的行為によって変形されるということ、そしてそれがどのようにして変形されるかということを認識できなくてはならない (Crossley [2002c])。ただし、こうした循環という概念は基本的には正しいものであると同時に、もし私たちが社会的世界の性質を理解し説明したいと望むならば、必要なものでもあるのである。

【基本文献案内】
　ブルデューは、自身の研究の多くでハビトゥスについて議論している。筆者は『実践の論理』の第1章における彼の議論がとりわけ有益で興味深いと思っており (Bourdieu [1992a])、『ディスタンクシオン』(Bourdieu [1984]) は、いまなお階級ハビトゥスに関する――ときに難しい部分もあるが熟読に値する――名著である。ハビトゥスに関するブルデューの最新の思想は、『パスカル的省察』(Bourdieu [2000]) に見いだすことができる。
　エリアスもいくつもの著作の中でこのハビトゥス概念を用いている。その概念は『文明化の過程』ではあまり明示的に用いられていないが(むしろ正確にいえば、その概念は英訳版では「ハビトゥス」と翻訳されていないが)、この著書における性格の形成に関するエリアスの議論は、おそらく彼の研究にとって鍵となる参照点である。ちなみにこの関連でいうと、『ドイツ人論』と『諸個人の社会』もまた有益な参照点である。
　ハビトゥス概念の歴史に関しては、ケイミックの論文「習慣の問題」(Camic [1986]) が卓越している。ハビトゥス概念の現象学的解釈に関する議論については、拙著の『社会的身体』(Crossley [2001a])、あるいは「現象学的ハビトゥスとその構成」(Crossley [2001b]) 論文を参照されたい。

(堀田裕子訳)

19
ヘゲモニー Hegemony

◎関連概念：危機、ドクサ、イデオロギー、権力、社会階級

　この用語はレーニンが使ったものであるが、その「ヘゲモニー」の概念を、私たちが現在知っているような強力な知的道具へと発展させたのは、イタリアのマルクス主義の著作家、アントニオ・グラムシの業績（Gramsci [1971]）である。グラムシは、「危険思想」の持ち主であるとか、ファシズムと資本主義の双方に脅威を与えるといった理由で、ムッソリーニによって監獄へ送られた。その結果、グラムシのほとんどの考えは獄中で、マルクス主義やその他の共産主義的な書物に接触することを拒絶された状態で書かれたのである。しかし、これらの書物を彼から取り上げても、グラムシがマルクス主義の内で数々の重要な新しい考えを生み出すのを阻止することはできなかった。それらの考えの中に、ヘゲモニーの概念も含まれていたのである。

　マルクスと同様に、グラムシは資本主義社会が階級支配、すなわちブルジョアによるプロレタリアの支配の上に築かれていると確信している（→【50社会階級】）。ブルジョアジーとプロレタリアートの関係は、後者プロレタリアートは最低賃金と引き換えに自らの労働力を前者ブルジョアジー（この人たちは労働の「剰余価値」[1]を横取りする）に売るという関係であり、その真の本質は、搾取と従属の関係である[2]。とはいえグラムシは、これもマルクスと同様、こうした経済的配置が階級支配関係の中での単なる一要素にすぎないと認識していた。その理由はとり

---

1) 【50社会階級】に書いたように、「剰余価値」は、労働者階級の労働によって生産された価値と労働者に賃金という形態で払い戻される価値との間の差額であり、この差額はブルジョアジーによって専有される。このようにして、プロレタリアートとブルジョアジーとの関係は一種の搾取として描くことができる。

2) なぜなら、ブルジョアジーが、プロレタリアートによって生産された剰余価値を専有するからである。【50社会階級】参照。

わけ、他の条件が同じならば、プロレタリアートは自らの経済的な搾取と支配を受け入れるのを拒否するだろうし、自らの状況を変革しようと努めるはずだからである。そのことがいかにして妨げられるかといえば、一つは威圧という方法によってである。もし、ブルジョアジーが生産手段を所有して統御しているだけでなく、国家をも支配しているならば、ブルジョアジーは反乱を鎮圧して順応を強いるために、国家権力（法や警察、軍隊）を利用することができる。しかし、これではまだ状況はかなり脆弱である。もしもプロレタリアートが、定義の上からみて資本主義社会の中で多数を占めているこのプロレタリアートが、こうした強制と威圧のシステムの弱点——そうした弱点は折にふれて確かに現れるであろう——を突きとめたならば、プロレタリアートはこの好機を捉えて反旗を翻しかねないし、そうなればこの人たちは国家を崩壊させるにちがいない。

　グラムシが論じるには、もしもある支配関係を比較的確実なものにしようと思うなら、必要なのは知的・道徳的なリーダーシップである。ブルジョアジーは、現状が自然で必然的なものであり、みなに利益をもたらすものであると人民を納得させ（そうしている気配をみせることも、そうしようと欲している気配さえみせることなく）、人民を現状に同調するように誘導することによって、人民の感情と思考を掌中に収めなくてはならない。「ヘゲモニー」という用語は、時によってグラムシが支配一般を指すのに用いることもあるが、通常は上記のような知的・道徳的な要素が配備されている状況を指す用語として理解されている。ヘゲモニーの関係を確実なものにした集団は、人民の感情と思考を掌握している。その集団は知的・道徳的なリーダーシップを行使しているのである。

　グラムシがここで述べていることは、イデオロギーについてマルクス主義の中で一般的に強調されてきたことと一致する。しかしながら、グラムシ以外のマルクス主義の諸派、とりわけ構造主義派は、イデオロギーによる支配が自動的に発生するとか、経済的土台の「上部構造に対する効果」[3]としてイデオロギー支配がもたらされるといったことを示唆しているようにみえるが、それに対してグラムシは行為や変更可能性を

強調している。支配は勝ち取らなくてはならないものである、とグラムシは論じるのである。しかも、これには次のことが不可欠である。ヘゲモニーをめぐって競合している集団は、当人たち自身の観点からすれば、「自然」でも明らかでもないような同盟関係を形成するつもりがなくてはならない。それらの集団は、他集団の考えや信念、慣習、実践が自分たちにとってどれだけ無縁なものにみえようとも、それらと提携するつもりがなくてはならない。ヘゲモニーを盤石なものにするために、争い合う集団は既存の組織的な文化布置状況との間に橋を架けようと努めなくてはならない。さもなければ、そのような組織的な文化形態はまったく手に負えない障害となるであろう。さらにいえば、それらの組織的な文化形態こそが、（実際は歴史的で偶然的な）支配状況に対して自然で必然的なものと感じさせるための鍵を与えてくれるのである。

　以上のことのわかりやすい例は、グラムシの文脈では、1920年代のイタリアでファシストと共産主義者とが、戦略においても成果においても対照的だったということである。多くの点でこの国は、経済の面で、左翼革命の発生にとって機が熟していた。ところが実際には、ファシストが支配権を取ったのである。なぜか。それはファシストが、イタリアの文化や民衆の伝統と提携することに乗り出したからである。片や共産主義者たちは、民衆の伝統を（多くのイタリア人にとってアイデンティティの中心にあったカトリック教も含めて）「ブルジョアのイデオロギー」だとして嘲笑していた。ファシストは感情と思考の戦いに勝利したのであり、それはファシズムが、あたかも民衆がもともと信じたり望んだりしていたことをそのまま延長したものであるかのように見えてくる、そういった状況を創り出すことによって、民衆の感情や思考を自分たちの領土に引き込んだからである。ファシズムは、民衆の常識[4]の中に自ら絡め取られることに成功したために、あたかも「常識」であるかのよ

3）　マルクス主義の構造主義派は、ときには社会を、経済からなる「土台」と文化や国家からなる「上部構造」とに二分する。そして「土台」と「上部構造」との関係がどのようなものかをめぐって、さまざまな見解が競り合っている。しかし、上部構造が土台によって決定づけられていることを示唆する場合がほとんどである。→【27イデオロギー】

うに見えるのである。

　これとまさに同様の分析が、1980年代に英国の文脈で、雑誌『マルクス主義の現在』に参加した執筆者たちや、とりわけ社会学者スチュアート・ホール（Hall [1987]）によって提議されてきた。これらの著者たちは問う、なぜサッチャー政権の支持はこんなに強いのか。左翼主義者の観点からすれば、サッチャー政権の新しい急進的な政策は、明らかに労働者階級の利害に反しているにもかかわらず、労働者階級の間でさえも支持されているのはなぜか。そして、なぜ労働党はこうもうまくいかないのか。著者たちはこう論じる。左翼はグラムシからも、そしてまさにマーガレット・サッチャーとその政権からも、学ばなければならない。英国の一般的な公衆は、抽象的な政治理論やイデオロギーにも、そして悲観的で大げさな経済分析にも、たいして興味がない。そのうえ公衆の「利害関心」というものは、固定されたものでも所与のものでもない。何を自分たちの利害だと考えるかという主観的レベルにおいても、確かにそういうものではない（そして「利害関心」が必然的に主観的要素を含んでいる以上、結果的にまったくそういうものではない）のである。

　サッチャー政権の成功は、この政権が以上のことを計算に入れているという事実に裏づけられていた。サッチャー政権は、人気のある象徴（英国国旗や王室、教会といったもの）や、大衆の感情（たとえば、夢や野心、1960年代後の「道徳の退廃」に関わる意見対立や不安に対する耐えきれなさ）と結びついており、この政権はその意味で、英国市民に

4） 私たちが「常識」を日常の語法で用いるときには、私たちが自明だと信じている事柄を指している。「それは常識だ」ということは、事実上、「それは反駁できない」というのと同じである。それとは反対に批判的社会理論では、多くの「常識」は、実はまったく歴史上特異なものであって、歴史のある時点である集団の人びとにとって自明な物事は、別の時代の別の集団にとっては自明でも何でもない。ある社会にとって「自然」に見える物事は、他の社会にとっては不道徳あるいは偽りに見える。そしてある集団が考えもせずに行っている事柄を、他の集団は行おうとすら思わない。しかし、もしもある集団が、他の集団と通じあおうと望むなら、ましてや他集団の感情と思考を掌握したいと望むなら、そのような常識のギャップを越える橋を架けることが得策である。

「呼びかける」[5]ことができた。すなわち、「私たちはみなさんと似た者同士です。みなさんが思っていることを、私たちは表現します。みなさんはすでにサッチャー派です。私たちが現れる前から、そうだったのです。だから私たちを支持してください」というメッセージを伝えることができたのである。それに対し左翼は、公衆のほとんどの人たちにとって縁遠い経済思想について力説していた。公衆は、そうした思想を必ずしも理解できるわけではないし、したがってそれに関心をもとうとしないのである。

しかしながら、グラムシの概念、とくにヘゲモニーは勝ち取られるものだという考え方が示唆するものは、左翼の労働者階級の運動が、自分たち自身のヘゲモニーを獲得するために人びとの感情と思考を取り返すべく闘うことができる、ということにある。この点についてグラムシは、自らが「機動戦」と「陣地戦」と呼ぶものに言及する。

前者「機動戦」は、支配的集団による知的・道徳的なリーダーシップが弱い社会や、強力な国家による威圧が秩序を確保する主要な手段となっているが、国家権力の中に目に見える亀裂があるような社会に当てはまる。この機動戦には、国家に対する迅速な攻撃が含まれる。これは大部分の西洋の民主主義国には、ほとんどの場合、適用できない。というのも、これらの文脈では、「合意」(これはヘゲモニーの議論で使われるもう一つのキータームである)が確保され、知的・道徳的なリーダーシップが勝ち取られており、国家の抑圧的な行動は、いかに大きめに見積もっても、通例というよりは例外でしかないからである。

こうした文脈の中で要求されるのは、「陣地戦」である。抵抗する集団は、より長期的な戦略を採用し、人びとにとって何が重要であるかを学び、それとの間に橋を架けることによって、文化や公共的制度の領域に働きかけなくてはならない。マーガレット・サッチャーのように、そ

---

5) これはヘゲモニーに関する現代の議論に付け加えられた、アルチュセール派の概念である。この概念が意味するのは、行為者は他者から、とりわけ権威ある立場にいる有力な「他者」から呼びかけられた声に従って自ら同調する、ということである。この概念についての手短な概説としては、【27イデオロギー】を参照。

れらの集団は、市民が代替的な計画に共鳴しはじめ、そうした計画に自然な共感を覚えはじめるよう、市民に呼びかけなくてはならないのである。

「陣地戦」に関するグラムシの議論のうち、最近の研究で取り上げられてきたもう一つの重要なポイントは、一連の抑圧され排除された集団を引き寄せる必要性に関わる論点である。古典的マルクス主義のかなり厳格な諸派にみられる傾向は、プロレタリアが、そしてただプロレタリアだけが変革の担い手であると想定し、そのため他の闘争（たとえばジェンダー、セクシュアリティ、人種の闘争）を、せいぜい階級闘争に還元できるにすぎず、ひどい場合には筋違いなブルジョアの狂乱であると見なすことである。グラムシは対照的に、効果的な抵抗は連携を必要とすることを認識していた。さまざまな抵抗集団や抑圧された集団は、集結し、互いの差異を尊重しながらも共通した抵抗のアイデンティティのもとに提携しなくてはならない。グラムシにとってこのことは、まず何よりも、北イタリアの工業労働者に対し、南イタリアの小作人の窮状に共鳴して、一致した抵抗のブロックを形成するように説得するという問題であった。

しかし、さらに最近の研究、とくにラクラウとムフの影響力のある著書『ポスト・マルクス主義と政治』（Laclau and Mouffe [1986]）では、このような着想がかなり広汎に適用されている。ラクラウとムフは次のように論じる。現代の資本主義社会には多元的な闘争があり、それらの間に必然的な結びつきはない。しかし効果的な抵抗を展開させたいならば、結びつきを築くことができるし、またそうすべきなのである。

【基本文献案内】
　ヘゲモニーに関するグラムシ自身の考察は、彼の業績の全体に分散しており、わかりやすい手短な小論を選び抜くことはできない。それでも『獄中日記』は、魅力的で精読する甲斐のある著作である（Gramsci [1971]）。スチュアート・ホールの「グラムシとわれわれ」（Hall [1987]）は、グラムシについての興味深い手短な紹介でもあるし、ヘゲモニーの概念をはじめとするグラムシ流の考え方を現代に適用した優れた論考でもある。それより若干長い紹介としては、グレハンの『グラムシ、文化、人類学』（Grehan [2002]）をみられたい。

（杉本学訳）

20
ヘクシス／身体技法
Hexis/Body Techniques

> ◎関連概念：**主観身体、資本、ハビトゥス**

　身体は人間の主要でもっとも本来的な道具である。より正確にいうならば、人間の身体は、道具であることはいうまでもなく、人間の主要でもっとも本来的な技法の対象であり、また同時に技法の手段でもある。(Mauss [1979：104])

　身体技法は、マルセル・モース（Mauss [1979]）によって学問に登場した概念である。それはまずもって、人間の身体が「なすこと」（たとえば、歩行、水泳、会話、食事、舞踏など）が、社会的多様性を示しているという彼の見解に基づいている。すなわち、それらがなされる仕方は、社会を通じ、時代を通して、社会内部のさまざまな集団間で多様であるという見解である。たとえば、モースはアメリカ人とフランス人の歩き方には違いがあると論じたり、彼自身の生涯の中でどれほど泳ぎ方が変わってきたか、すなわち同じ泳法がいまでは違う形で行われているということを記したりしている。このことからモースは、身体の「使用」[1]が生物的過程や心理的過程であるのと同程度に社会的過程でもあることが示されると論じている。私がどのようにして自分の身体を使うかは、社会的世界内部での私の位置に左右されるのであり、社会変動は私たちによる自分の身体の使い方に変化をもたらす。したがって、このことに生物学と心理学が関わっているのである。身体でもって私たちが達成で

---

[1] 筆者は「身体の使用」という表現は少し問題であると考えている。なぜなら、この表現は行為者が何らかの点で自分の身体とは異なっていることを含意しているからである。身体技法は——より厄介な言い方であると筆者自身認めてはいるものの——身体がそれ自体を使う仕方である、といった方がより適切であるように思われる。

きることには生物的構造による限界があり、身体の使用は横柄な歩き方の場合に見られるように、確かに個人の心理的態度を反映している。実際に、身体技法の重要な要素のうちの一つは、生物、心理、社会がどれほど相互浸透しているかをその身体技法が示している、ということである（Levi-Strauss [1987] も参照）。しかしながら、モースにとっては身体技法の社会的性質が非常に重要であり、したがって彼は身体技法を「人間がそれぞれの社会で知っている自分の身体を用いる仕方である」と定義している（Mauss [1979：97]）。

　モースはデュルケム派の一員である。事実、彼はデュルケムの甥であった。そして、身体技法の社会的性質に関する彼の論証は、デュルケムの「社会的事実」という考え方——モースの場合は、生物的事実と心理的事実を組み入れた「全体的社会的事実」であるが——によって解釈できる。身体技法は社会的事実であり、社会的事実として身体的生の細部がどれほど社会学的分析に開かれているかを示している。身体技法は、ある時ある場所においてその技法を身体化する特定の個人に先立って存在し、またその個人よりも長く生き残るものであろう。また身体技法は、少なくとも変化させたり払いのけたりしにくいという点で、個人を拘束する[2]。

　だが、モースはデュルケムの「集合表象」という考え方への重要な補足も付け加えている。社会は、集合表象と並んで、集合形式をとる身体的理性をもっているとモースは論じている。これこそが「身体技法」の内容である。身体技法とは単なる「動き」や「身体様式」ではなく、状況を理解し状況に関与するための方法なのである。身体技法は、技能であり能力であり、要するにさまざまな形をとる実践理性なのである。より適切にいえば、身体技法は社会集団によって共有され、集合的経験に由来する実践理性の形式であり——したがって、実践理性の配分の社会

---

[2]　モースは説明の中で「拘束性」を強調しすぎる傾向にあり、柔軟性や変化の可能性を控えめにしか取り扱わない傾向がある（Crossley [1995] [2004b] を参照）。とはいうものの、技法は、変化しにくかったり、人間である私たちの能力範囲からはみ出しにくかったりするものではある。

的なパターンなのである。モースはこのことを表現するために、アリストテレスが実践能力を示すために用いていた語であるギリシャ語の「ヘクシス」のラテン語訳である「**ハビトゥス**」という語を使っている。

　……私は長年にわたって、「ハビトゥス」の社会的性質に関するこうした考え方を抱いてきた。私がラテン語の――フランスで理解されているような――ハビトゥスという語を用いているということに注目してほしい。この語は、「習性（*habitude*）」（習慣や因習の意味）よりも、（心理学者でもあった）アリストテレスによる「素質（*exis*）」、「獲得された能力」、「能力」を、非常にわかりやすく翻訳しているものである。この語は、さまざまな書物や論文の主題であり、有名な論題でもある、かの形而上学的な習性や神秘的な「記憶」を意味するのではない。この「習慣（habits）」というのは、諸個人や諸個人による模倣とともに変化するだけではなく、社会、教育、世間のしきたり、流行、評価とともに変化するものである。私たちは「習慣」の中に、通常のように単に精神とその反復能力だけを見いだすのではなく、むしろ技法と、集合的および個人的な実践理性の働きとを見いだすべきなのである。（Mauss [1979 : 101]）

　モースによる身体技法の研究は、ピエール・ブルデューの研究に重要な影響を及ぼした。ブルデューは身体技法という概念を用いている。たとえば、ブルデューは言語が一つの身体技法であり、身体の、社会的に構造化された表現的使用であると論じている。そしてもちろん、ブルデューはまたハビトゥスという概念も取り上げており、多くの解説者はこの概念をブルデュー独自のものとして扱っているほどである（→【18 ハビトゥス】）。だが、興味深いことに、ブルデューはラテン語の「ハビトゥス」とギリシャ語の同義語である「ヘクシス（hexis）」（ときに「素質（exis）」と翻訳されている）の両方を用いている。前者は、彼の研究において非常に広く適用されているが、後者は特定の身体技法の様式上の次元を示すためにより狭い意味で用いられている。とりわけ、ブルデューは社会階級間の身体的様式の差異やジェンダーと交差する身体的

様式の差異、たとえば個人の言語的アクセント、振る舞い方、顔の表情、姿勢などの差異を引き出そうとしている。発話と食事における口の使い方に関する彼の考察をみてみよう。

> 言語は一つの身体技法であり、とくに言語上の能力、なかでも発音上の能力は身体的ヘクシスの次元であり、その次元では、人と社会的世界との関係全体と、人と世界との社会的な知に基づく関係全体が表現されている。……もっともよく見られる発声の仕方は、あらゆる口の使い方（話すことだけでなく、食べること、飲むこと、笑うことも含まれる）の一要素である……低い階級の場合、発声の仕方は、「大げさにもったいぶった態度」の拒否に特徴づけられる身体とかなり明確に関係している……ブルジョアの性向は、緊張と努力という身体的態度の中で……高慢さや見下しのような、世界や他者に向けられるきわめて一般的な性向の身体的指標を伝達する。(Bourdieu [1992a : 86-87])

> ……身体図式全体、とりわけ食べるという行為をする際に身体をどのように扱うかは、特定の食べ物の選択を左右する。……魚は、男性的な食べ方とは反対の仕方で、すなわち控えめに、少しずつ、静かに噛みながら、口の前方で、（骨があるため）歯先で食べることを必要とする。男性的アイデンティティ全体——いわゆる男らしさ——は、食べたり、かじったり、つまんだりする二つの仕方——すなわち女性にふさわしい仕方か、あるいは男性的なガツガツと頬張るような仕方か——に関わっている。このことはちょうど、二つの（先の食べ方の例と完全に一致する）話し方、すなわち、口の前方で話すのか、あるいは口の全体で、とりわけ口の奥や喉を使って話すのかに関わっている（これは、先行研究に記されているように、いわゆる口（*la bouche*）と俗語でいう口（*la gueule*）といった言い方で象徴される、様式の対立ということになろう）。(Bourdieu [1984 : 190])

20 ヘクシス／身体技法 Hexis/Body Techniques

だが、これは単に様式の問題ではない。これらの引用においてブルデューは、世界に向かう深く根づいた態度、言い換えれば社会集団や社会類型によって異なっている世界内存在の仕方へと様式の問題を差し戻そうとしているのである。たとえば、彼の観点からすると、プチ・ブルジョアジーは「緊張で堅くこわばっている」。つまりプチ・ブルの上品さは、過剰な自己統制と統制への固執とを意味する。そしてこのことは、発話における口の「すぼめた」使い方に、非常に直接的な形で表れている。ここにあるのは、ほぼ次のような判断である。ブルデューはここで、金銭に対して慎重であること（「ケチで堅い」こと）――おそらくプロテスタントの労働倫理にまで起源を辿れるブルジョアの傾向――と、身体の使い方において「堅い」こととの間に関連性を見いだしている。彼にとっては両方とも、より根深い性向の事例である。

　興味深いことに、ブルデューによると、こうした非常に控えめで口をすぼめるような統制された存在様式は女性性の様相でもあり、そして男性が、上品で「几帳面すぎる仕方」で食べなければならない食べ物――上述の魚の食べ方のような例――をめぐって格闘するのは、こうした理由による。男盛りの男性は――他の状況にアプローチするのと同様に――精力と活力とでもって食べ物をかき込むのだが、「女性的な気配り」を必要とする食べ物に配慮することには困難を伴う。ブルデューがここで、現実の説明というよりむしろ戯画的に説明している点は議論の余地がある。たとえば、漁業は非常に伝統的な男性的職業なのであり、漁港では伝統的に労働者階級と男らしい男が大量に魚を食べてきたという点がそれである。にもかかわらず、ブルデューの主張には明らかに共鳴するものがある。つまり、少なくとも彼の主張は、異なる形式のヘクシスの中に身体化されている価値観とそのあり方について、もっと考えるべきであるということを思い起こさせてくれるのである。

　だが、ブルデューはさまざまなタイプのヘクシスの形式と、人びとが身体化している基底的な態度にのみ関心があるわけではない。彼はヘクシスの機能にも関心があるのである。ここでは次の二つの点が重要である。

　第一に、正しいヘクシスは、中流階級社会においてうまくやっていく

ために必要不可欠である。それは可能性の扉を開くものであり、必要な資源——身体化された文化資本の形式（→【05資本】）——なのである。ジョージ・バーナード・ショーの戯曲『ピグマリオン』と、それに基づく人気のミュージカル『マイ・フェア・レディ』は、上記のことを非常によく例証している。この戯曲は、イライザ・ドゥーリトルという一人の若い女性に関するものであり、彼女は道端で花を売っているが、「ちゃんとした」花屋で働きたいと思っており、二人の裕福な男性の助けによって、夢を実現するために「レディ」になるよう学びはじめる。イライザはそうした店で必要とされる上品な態度に欠けているために「ちゃんとした」花屋で働くことができず、彼女が夢を叶えることができるためには、まず必要とされるヘクシスを獲得しなければならないのである。

　第二に、ヘクシスは身体と密接に関わっており、かつそれは学習されるものでもあることから、自然な状態は忘れられることになり、ヘクシスが社会的不平等を自然な姿に変える。身体化された差異によって、異なる集団の成員が自然にその（異なる）集団に属するようにみえるような状況がもたらされる。異なる集団の成員は、あたかも異なる「種」に属しているかのようにみえる。さらに、被支配的な社会集団のヘクシスが——実際にしばしばそうであるように——弱さ、不誠実、低い知性の印と解釈されるかぎり、社会的ヒエラルヒーは正当化される。社会的不平等の結果が、社会的不平等の原因として知覚あるいは「誤認」され、それによって社会的支配の偶然的状態が自然なヒエラルヒーの外見を呈するのである。

　成功するための動機づけ、知性、誠実さに欠ける人びとは、そこにいるべきだとされる社会の底辺におり、知性、誠実さ、動機づけを備えた人びとは上層部に位置を占める。ここにもまた当該の戯画的要素がある。イライザ・ドゥーリトルと彼女の後援者たちは、過ぎ去った時代の中にいるのであり、自然な優位性に関する多くの伝統的神話はもはや崩れてきている。しかしながら、どんな戯画とも同様に、このより入り組んだ形態の中には、引き出す価値のある真理の要素もまた含まれているのである。

【基本文献案内】
　モース（Mauss [1979]）の論文「身体技法」は少し風変わりで納得のいく説明にはなっていないが、非常に重要で興味深い。この論文は読むに値する。ブルデューによるヘクシスへの言及は、彼の研究の至るところに散在している。だがとりわけ、『実践論理』の前半からは、この問題に対するブルデューの全般的態度に関する重要で興味深い議論を知ることができる（Bourdieu [1992a]）。さらに、『ディスタンクシオン』はこの問題に関する議論全体にとって中核となる参照点である（Bourdieu [1984]）。

（堀田裕子訳）

21 ヒューマニズムと反ヒューマニズム
Humanism and anti-Humanism

◎関連概念：疎外、身体−権力／生−権力、自由

　批判的社会理論の文脈で「ヒューマニズム」とは、人間性や人間の本質といった考え、すなわち人間という種に限定された能力・傾向・要求といった概念に基礎づけられた、社会・経済・歴史・文化・知識・倫理についての理論の全般を指す。反ヒューマニズムは、いうまでもなく、何らかの理由でこの基礎づけに反対する諸理論の全般を指す――しかし現在は、とくに構造主義とポスト構造主義の思潮と結びつけられる傾向がある。

　ヒューマニズムをめぐる最近の論争は、20世紀半ばに起こった社会・政治批評によってヒューマニズムが再発見されたことに端を発する。二つの世界大戦での大量殺戮と、徐々に拡大し、ついには隠せなくなったソビエト連邦のもとで残虐行為が行われたという疑い――一部の人びとは、それがソビエト共産党によって承認されたマルクス主義の非人間的で機械論的な解釈に関連するものと信じていた――の後で、多くの批判理論家たちは、ヒューマニズムを再発見し擁護するように駆り立てられた。彼らが論じるには、「人間」を抹消し、それによって人間性への問いに取り組めなくなった機械主義的・科学主義的あるいは形而上学的な社会理論は、人間の価値や人間の要求をしばしば見失い、そして批判理論の約束を遂行することに失敗するというのである。

　こうしたヒューマニズムの重要な源泉の一つは、マルクスの初期の業績、とりわけ1844年の『経済学・哲学草稿』であった（Marx [1959]）。この著作でマルクスは、人間の本質的自然についての理解を発展させ、その自然が資本主義的な経済生産の条件下でどのように疎外されるかを記述しているが、社会（すなわち資本主義的な経済生産の条件）が人間の創作物だとも主張している（→【01疎外】）。人間は、そこで自らの本質

が否定され疎外されるような社会を作るが、その社会を作りかえることもできるのだと、マルクスは主張するのである。

　もう一つの重要な源泉は、ジャン‐ポール・サルトルの業績、とりわけ彼の論文「実存主義とヒューマニズム」(Sartre [1948]) であった。サルトル流のヒューマニズムは、あらかじめ与えられた人間性や人間の本質といった考えを明白に拒絶するという点で、いくぶん奇異なヒューマニズムである。サルトルの有名な主張によれば、「実存は本質に先立つ」、すなわち私たちの本質や本性は私たちが存在するという事実によって与えられるものではないというのである。その反対に、サルトルによれば、私たちは自らの行為を通して自分自身を作り、そして私たちの行為は絶対的な自由という条件のもとで形づくられる（→【16自由】）。

　とはいえ、このことは私たちが望むことを何でもしようという勧めではない。サルトルのヒューマニズムの中心は倫理的なものである。彼が論じるには、私たちが行為するとき、私たちは人びとのために行為し、人びとに影響を与え、このことが他者に対する関係への倫理的な問いを喚起するのである。この主張は、サルトルの無神論によってさらに鼓舞される。もし神が存在しないのならば、人間が自分たちのために創り出してきたものの背後にあるどんな計画も秩序も、あるいは意味や真理への保証もなくなる。そうではないと考えることは、「自己欺瞞」へと逃避して私たち自身の自由を疎外することになると、サルトルは論じる（→【16自由】）。私たちの課題は、私たちの自由を実現すること、私たちが住みたい世界の意味と道徳性とを作り出すことである。

　サルトルのヒューマニズムに対する異論は、まもなく、サルトルが属していた実存主義陣営の内部から起こってきた。一方では、ハイデガー (Heidegger [1978]) からの挑戦を受ける。ハイデガーの批判は複雑で、『存在と時間』(Heidegger [1962]) で描かれたような彼自身の実存主義によって提起された論点についての深い考察に強く結びついたものであった。しかし根本的には、ハイデガーは、自身がヒューマニズムの中に見いだした非歴史的思考、すなわち人間の本質を時間の動きから分離するという傾向に反対し、そしてそれ以上に、ヒューマニズムが提起される形而上学的な枠組みだと彼が見なすものに対しても反対している。ヒュ

ーマニストたちが提供しているのは、彼らが取り組んでいる問いやそれらの問いが生まれる枠組みであって、「答え」ではない。その枠組みは、ハイデガーが疑わしいと見なす仮定によって構成されているために、彼にとって疑わしいものである。より明確にいえば、人間の問題は、後によく知られる古代ギリシャ哲学者にまで遡る哲学の伝統に従っており、ハイデガーにとって適切な哲学問題である存在の本性についてのより深い問題を覆い隠すものである。

　私たちはこの批判を、人間とは何であるかについての科学的な概念化（科学とは、ここでは生物学と社会科学の両方を意味している）に対する批判として、またそれらの科学的概念化が哲学そのものの内部で及ぼす支配力に対する批判として解釈することが、ある程度まではできると考えられる。ハイデガーにとって科学は、ある種の問いを考慮から外すことによって営まれており、反省性を欠き、活動としての科学それ自体や自らの研究対象を広い歴史的展望の中に位置づけることができていない。たとえば、人間がいま行っていることや考えていることが、実際にはただ人間が現在どうあるかを——過去にどうであったかとか未来にどうであるかではなく——表しているにすぎないのに、普遍化され、人間の本質を表すものと見なされる。科学は時間を凍結させてしまうのである。もちろんハイデガーの見方はいま述べたことだけにとどまらないし、このような解説の仕方では、ハイデガーの考えを安売りすることになる。生物学や社会科学の見方として上の記述が十分に弁護できるようなものでないというのが、少なくともその一つの理由である[1]。しかし、ハイデガーが言いたかったことについて、せめていくらかの理解は得られたであろう。

　ハイデガーは、ヒューマニズムの主流からサルトルが袂を分かち、不変の人間性という考え方に異を唱えたことを認識していた。しかしハイデガーは、サルトルの異議申し立てはまだ、自分が異を唱える相手の枠組み内部でしか展開されていないと主張する。サルトルの無神論も同様

---

[1]　たとえば生物学的科学の中では、進化論は明らかに変化に焦点を合わせている。多くの社会学理論もまた、社会と個人の両方の歴史的本性について強調している。

21 ヒューマニズムと反ヒューマニズム | Humanism and anti-Humanism

に、神の存在をめぐる問題に対する立場として、「有神論」の、または宗教的な枠組みの内部で展開されているといえる――「ノー」ということは、まだその枠組みを越えて探究していることではなく、その問題の枠組み内部にとどまっていることである。さらに、これと同じ論理を借用して、ハイデガーは、ヒューマニズムに対する彼自身の異論が非人間的なものの受容や非人間性の正当化でないことを明確に論じている。一方では、彼は人間的／非人間的という二項対立を越えて思考していると主張する。もう一方で、彼の議論はとても明瞭とはいえないのだが、彼はヒューマニズムが人間を低く見積もっていると示唆するとともに、人間の生の可能性は、もし脱ヒューマニズムの枠組みで追求されるならば、もっと大きいのだとも示唆している。

議論の余地のあることかもしれないが、ここで次のことを指摘すべきであろう。倫理と人間性に関連するハイデガーの個人史的記録は、彼が第二次世界大戦の間、熱狂的にもみえるナチズム信奉者であったことが相当な汚点となっている。これがいくつかの重要な学問的著作の主題となり、そのうちいくつかは、少なくともハイデガーの哲学と彼の政治学との結びつきの問題について議論している。本項はその点について議論する場所ではない。しかしいうまでもなく、これは反ヒューマニズムのよい宣伝にはならないし、ヒューマニストの哲学がハイデガーを、ナチズムに抵抗するのに優位な位置に置いたかどうかと考えずにはいられない。それ以上に、批判理論の観点からは、人生と仕事とを切り離すことは問題であり、またもし学問的業績が実生活の状況について扱ったものでなく、人が「実生活」へと適用するような政治的／道徳的な立場を表明したものでもないならば、「批判理論」に含意された「批判的」という用語の道徳的・政治的な意味において、「批判的」であると主張することはほとんどできないであろう。

だいぶ異なった傾向ではあるが、シモーヌ・ド・ボーヴォワールとモーリス・メルロ＝ポンティは、サルトル自身の後期哲学における転換に先んじて、より批判的な形のヒューマニズムの基本構想を描いた。メルロ＝ポンティは、特定の「反革命主義者」たちが旧ソ連において革命に反対した罪で処刑されたモスクワ裁判と、終戦直後の時代のフランス知

識人にとってまさに中心的なものであったナチへの協力の問題との両方について熟考することを通して、ヒューマニズムの倫理学に正面から取り組んだ（Merleau-Ponty [1969]）。要するにメルロ゠ポンティは、彼が単純素朴なヒューマニズムと見なしたもの、すなわち個人を歴史から切り離して、その個人を集合体よりも道徳的に優先させるような考えに対して、異議を唱えようとしたのである。彼が論じるには、歴史の流れに逆らって行為する個人、あるいは自らを歴史の流れに合わないと感じる個人は、そうすることの結果を自ら引き受けなくてはならない。私たちはみな、歴史の一部であり、歴史から切り離せないのである。

　しかし、この議論の細部は、メルロ゠ポンティが自由に対するサルトルの理解（→【16 自由】）の弱点に焦点を当てて論じようとしたこと——それはボーヴォワールの場合と類似する——に比べれば、それほど重要ではない。シモーヌ・ド・ボーヴォワールは主にジェンダーに、メルロ゠ポンティは階級に焦点を合わせていたが、どちらも人間の身体性や社会状況に言及することによって、サルトル流の「純粋意識」や「根源的自由」への関心を抑制しようとした。彼らがそれぞれ論じるのは、私たちの身体と社会状況は、私たちの意識にとって、そして間違いなく私たちの自由にとっても、外的な条件ではないということである。私たちとは、私たちの身体であり、私たちの社会状況なのである。それらは私たちが何であり、何になるのかを方向づける。私たちは、サルトル（Sartre [1969]）が教示したように「無」なのではなく、つねに何か——私たちの身体、私たちの習慣や内面化された文化、私たちを他者と結びつける人間関係によって定義されるような何か——なのである。もし私たちが、サルトルの教示したとおり、自分自身を作るのだとしても、それができるのは、このような諸条件や私たちの置かれた情況の中で、そしてそれらを通してでしかない。

　ボーヴォワールとメルロ゠ポンティが提唱している立場は、反ヒューマニズムではなく、メルロ゠ポンティが言うところの「批判的ヒューマニズム」である。もしもヒューマニズムという言葉で、私たちが「人間内部」に焦点を合わせて、取り扱いにくい歴史関係の複雑さの中にいる自らの状況から人間存在を切り離して抽象化する哲学のことを指すなら

21 ヒューマニズムと反ヒューマニズム｜Humanism and anti-Humanism

ば、ヒューマニズムは貧弱な哲学だとメルロ゠ポンティは論じる。批判的ヒューマニズムは状況の中にいる人間存在を研究するヒューマニズムであり、それは各々の状況の「重み」にしかるべき複雑さを認める。この場合の状況とは、習慣として内在化される外在的な状況と、私たちの実存の生きられる条件としての身体形式にある状況との両者のことである。

　このようなヒューマニズムの定義は、さまざまな方法で、マルクスが初期の業績で抱いていたと思われる「真のヒューマニズム」の定義、すなわち「人間（man）」を（そして、ボーヴォワールが付け加えたように woman も！）「社会的諸関係のアンサンブル」として扱うヒューマニズムに類似している。人間は何者にでもなりうるが、この定義に従えば、それは他の人びととの関わりを通してであり、そして人間の本性というものは、人びとが巻き込まれている特定の関係の布置から切り離してしまったら適切に語ることができないものである。

　この種のヒューマニズムの定義は、ヒューマニズムに対するマルクス主義の中心的な批評家であるルイ・アルチュセール（Althusser [1969]）にも受け入れられた。しかしアルチュセールにとっては、この（「人間は社会的諸関係のアンサンブル」という）言明は、マルクス思想のうちで初期の「イデオロギー的な」業績と後の「科学的な」業績とを切り離す認識論的断絶のはじまりを示す、まさに過渡期のものである（→【14 認識論的断絶】）。もし、「人間」が「社会的諸関係のアンサンブル」だという考えを真面目にとって、つねに実行しようと決めたならば、人間を追放してこれらの諸関係の考察に移行する結果に終わる——この結果をアルチュセールは科学性の増進として好意的に見ているが——2)。そしてこれこそまさに、アルチュセールの見方では後期の（科学的な）マルクスが行ったことである。彼は、生産力や、生産関係、生産様式、社会構成体、上部構造、イデオロギーといった語を好んで用い、「人間」

---

2)　興味深いことに、アルチュセールはある程度まで科学の名のもとで自らの反ヒューマニズムを宣言しており、ハイデガーがある程度まで科学とそれによる哲学的思考の汚染への反対のもとで自らの反ヒューマニズムを宣言したのとは対照的である。

という言葉を手放す。ここでの議論は、レヴィ＝ストロースに見られるものと類似している。レヴィ＝ストロースは構造に焦点を合わせたことで、最終的に「人間の解消」へと行きついたのであった。レヴィ＝ストロースにとって、「人間」という概念は社会科学においては不要であり、むしろ私たちは深層の構造に焦点を合わせるべきである。

　このような、構造主義による「人間」の追放または解消は、結果的に、最近の批判理論において反ヒューマニストが強調している多くの点の基礎となっている。「人間」概念を、社会的世界や「人間の条件」について正しく理解するときの「認識論的障壁」（→【14認識論的断絶】）として考えるという意味で、これは反ヒューマニズムなのである。

　この議論は、ポスト構造主義の著作者、とりわけフーコーの仕事においても受け入れられ、拡張された。『言葉と物』でフーコーは、知の主体かつ客体としての「人間」概念を生み出してきた言説の歴史を跡づける。また「人間」という概念に矛盾するものだと彼が考えるものを特定し、概念としての「人間」の終焉を示すであろう新たな言説の断絶と思われるものについて、構造主義の流儀で言及する。しかし、フーコーの業績の大部分は、「人間」についての知が、人間管理のテクノロジーという文脈でどのようにして発生してきたかに照準を合わせている。そのテクノロジーによって、（人文科学という形態の）知と権力とが互いに補強しあうような仕方で相互作用するのである（→【39権力／知】）。フーコーが論じるには、歴史的に展開されてきた人間についての知は、規範的で規格化されたものである。人間とは何であるかについて述べることで、私たちは人間とは何であるべきかを規定してきたし、それはそれらの規範が遵守されていることや、逸脱者がつきとめられ理想に合うように矯正されることをチェックしようとする、排除と管理のさまざまな形式と連動してきたのである。

> 　ヒューマニズムは、一連の服従する君主を発明した。魂（身体を支配するが神には服従する）、意識（判断の文脈では支配者だが、真理の要請には服従する）、個人（個人的権利の名目上の支配者で、自然と社会の法則に服従する）……（Foucault [1980b : 221]）

21 ヒューマニズムと反ヒューマニズム　Humanism and anti-Humanism

他の反ヒューマニストと同じように、フーコーは自らのスタンスが、ヒューマニズムが可能にしてくれるよりも大きな、人間性への敬意、自由への希求と関わりをもっていると主張する。いくらかハイデガーと似たように聞こえるが、彼は次のように論じている。

> ヒューマニズムについて私が恐れているのは、それが特定の倫理の形態を、あらゆる種類の自由のための普遍的なモデルとして提示することである。私たちの未来には、ヒューマニズムのもとで想像できるよりも多くの秘密や、潜在的な自由、発明があるように思われる。(Foucault [1988 : 15])

反ヒューマニズムの挑戦は、魅力的で重要である。しかし最終的には、反ヒューマニズムには風呂の水と一緒に赤ん坊を流すような傾向があるというのが、私の意見である。私見では、アルチュセールやフーコーといった著者たちの批評について認知しながらも、マルクスやボーヴォワール、メルロ゠ポンティの批判的ヒューマニズムの現在的な練り直しを追求した方がよいであろう。当面の目的のためには、この批判的ヒューマニズムに関して三つの要点を指摘することで十分なはずである。

第一に、「構造」概念を通じて「人間」概念を放逐しようとする努力は、アルチュセールとレヴィ゠ストロースに反して、それだけでは科学の基礎づけについて十分とは到底いえない。それは社会的実践の複雑さを単純化しすぎ、社会的世界の再生産、ましてや社会変動における人間の（獲得された）能力や、革新性、即興性について過小評価している。メルロ゠ポンティはこのことを理解していた。彼はレヴィ゠ストロースの初期の業績を顧みて、それが行為を形づくる集合的な規則や資源を発見することで人間を脱中心化しただけではなく、「社会的なものは、人間においてのみ、その中心を見いだすことができる」ということを露呈したのである。というのも社会構造は、それが存在するためには行為者の革新的な行為に依存しているのだからである。実際、彼は「私たちは社会 - 歴史的世界との一種の円環の中にある」(Merleau-Ponty [1964 : 123]) と論じている。この指摘は、ギデンズ (Giddens [1984]) とブルデ

ュー（Bourdieu [1984] [1992a]; Bourdieu and Wacquant [1992]）の両者の著作において、はるかに強く、より発展した定式化がなされている。そしてこの点がきわめて重要であると、筆者は述べたい。私たちは人間を、社会的文脈や社会関係における位置と独立したものとして理解しようとすべきではないが、かといって文脈や関係を、あたかもそれ自身の生命をもったものとして追究すべきでもない。それ以上に、人間が、私たちの「本性」により、社会的世界との「一種の円環」をもつことができると認めることは、とても重要である。なぜなら、革新することや、習慣を身につけること、他者や経験から、そして自らの失敗から学ぶこと、それこそが私たちの本性だからである（Elias [1978] 参照）。

　反ヒューマニズムにまつわる第二の問題は、サルトルのヒューマニズムのように、人間の傷つきやすさに対する鈍感さと、私たちの自由がもつ条件つきという性格であり、それらはいずれも、人間の要求について語る際の有意義な基準を形成する。ボーヴォワールが気づいたように、私たちが「自己を創り出す」ための出発点に立てるのは、より基礎的な要求が賄われてからのことである。そしておそらく「自己創出」の中でさえ、私たちは、自分がしていることに意味を与えてくれる他者からの承認を必要とするのである。もし私たちが、人間性の概念、そしてそれとともに要求という概念を放棄するならば、私たちは、いま述べたような基礎的な潜在的要求を賄う社会的な糧や制度の重要性を論じる際に、ごくわずかな力しかもてなくなる。この糧に対して、批判理論の外部から多くの異論や異議を唱える者がいるが、批判理論の仕事の一部は、それらの異論に対してこの糧を擁護することであるべきである。

　第三に、ヒューマニズムと権力のある形態とが結びついていると指摘したフーコーは正しいが、しかし彼が指摘した権力と管理の形態が悪いものだというのは、たいていの場合、決して明らかとはいえない。たとえば、近代社会における権力が、生 – 権力の形態で（→【04身体 – 権力／生 – 権力】）寿命を延長する役割を果たすというのは、非常によい考えのように思われる。それと同じように、フーコーが詳細に語り、「人文科学」の誕生へと結びつけた監視は、乱用されもするが、またさまざまな方法で私たちを保護する役割も果たしており、すべての場合において本

来的に悪だと言い切れないのも確かである。所々でフーコーもこのことを認識しているようで、彼の批判が私たちの生に影響を与え、それを形づくる力を凝視するように私たちを導くことを狙いとしているのであって、何が正しいとか間違っているとかいうことまでは狙いとしていないと論じている。これは確かによいことである。批判的ヒューマニズムは、反省的でなくてはならない。しかしそれは、反ヒューマニズムを意味するものではないし、少なくともその必要もない。そのうえさらにフーコーは、あらゆる社会に権力があり、いかなる形態の権力もない社会という考えは神話であることを認めている。そこで問われるのは、あれこれの権力形態が適切であるかどうかである。このことは、批判的ヒューマニズムと完全に一致するし、ヒューマニズムを放棄するいかなる理由も与えないのは明らかだと筆者には思われる。とくにもし権力があらゆる社会の不可欠な特徴であるということを受け入れるならば、私たちはヒューマニズムが権力／知の特定の布置状況の中で発生することを認めるからといって、ヒューマニズムを放棄すべきだと結論づける必要はなくなる。

おそらくヒューマニズムの体制は、ほかよりも望ましい。さらにそれ以上に、フーコーの批判を用いれば、私たちはヒューマニズムと提携した望ましくない権力形態を取り除こうと努めるべきであり、その過程で、より批判的な形態のヒューマニズムを固守すべきなのである。

【基本文献案内】
　サルトルの論文『実存主義とヒューマニズム』（Sartre [1948]）はたいへん興味深く、魅力的である。さらにこれは非常に明快でもある。ハイデガーの「ヒューマニズム書簡」はとても理解しにくいが、彼の著作の中でもっとも難解というものでもなく、読む価値がある（Heidegger [1978]）。アルチュセールの『マルクスのために』（Althusser [1969]）には、ヒューマニズムの問題を扱った二つの論文があり、いずれも非常にわかりやすい。フーコーやボーヴォワール、メルロ＝ポンティについては、指示すべき顕著な参照文献はないが、ここでの論点は彼らの著作ではとくに中心的であり、それらについてのよい二次的な説明を読めば、さらなる理解が得られるはずである。

（杉本学訳）

22 異種混成性 Hybridity

> ◎関連概念：オリエンタリズム、レイシズムとエスニシティ

　異種混成性または文化的異種混成性という概念は、ポストコロニアル文学研究から生まれた。ポストコロニアル文学研究は、旧植民地地域において生み出された文学であり、しばしば植民地国家時代の文化の刻印を見つめなおし、またその刻印を帯びている文学を対象とするものである。エドワード・サイードは、のちの研究に重大な影響を与えることになる『オリエンタリズム』(Said [1978]) において、小説のような文学を含むさまざまな種類の西洋のテクストがどのように西洋固有の経験対象としての「オリエント」なるものの構築に加担してきたかを探索した（→【35オリエンタリズム】）。たとえばジョセフ・コンラッドの小説を通して、今も昔も読者は植民地時代の作家や植民者階級の作家によって文化的に構築されるままに植民地を経験する。こういった文学作品では、「文化的」または「文明的」なヨーロッパ人と未開または野蛮な「東洋人」との間で相当に明瞭な区別がなされている。実際のところは、東洋人の未開さはヨーロッパ人の文化的性質を肯定するために発動されており、両者の区別は厳格に維持されている。

　しかしながら、植民地的状況は諸文化の接触をもたらしもする。結果的に対話が生まれ、異種混成的な文化形態やアイデンティティや経験が生じはじめる。文化理論家のホミ・バーバが「異種混成性」という用語で指している (Bhabha [1994]) のは、まさにこうした交じり合った形態の文化のことである。異種混成的な文化は、対立しあう二つのうちのどちらかであるということはなく、二つのものの「間 (in-between)」のどこかにある。植民者と植民地住民の間に権力関係があるときには、この「間」はふつう「奴隷」による「主人」の擬態を伴う。植民地住民は植民者の言語と文化を吸収し、それを自分たち固有のものと結合し、固有の混成的な形態を産出する。

2-2 異種混成性 Hybridity

　これは、フランツ・ファノンが『黒い皮膚・白い仮面』で示しているように (Fanon [1993])、自分自身が二つの文化の「間」に捕らえられているのを見いだす異種混成的な行為者に苦境をもたらすこともある (Fanon [1986] も参照)。その人たちは（ポスト）植民地的状況においてどちらの側からも十分には受け入れられず、また承認されず、おそらくは内面的に自己が二つに引き裂かれている。たとえば、ファノンが記述するのは、黒人が植民地的権力に貫かれた人種差別的フィクションを読む中で、野蛮な「他者」と対抗するヨーロッパ人の主役に同一化するが、結局は同時代の白人の目の中にあっては自分が野蛮な他者であることを見いださざるをえないという様子である。その人たちは、自分自身の姿として想像し、夢想していた「ターザン」ではなく、むしろ自分がこの西洋文学のヒーローが闘っている相手である野蛮な部族の一員に属しているものと認識されてしまう。さらにポストコロニアル文学の議論の中には、自分の本来の文化からずっと離れて他の文化の諸相を内面化してきたために、本来の文化に戻ると、その中でよそ者になってしまい、もはや自分の元来の生活と文化の中に溶け込むことができない状況を記述しているものもある。

　バーバは、植民地的権力に対する抵抗の源泉として異種混成性を考えているが、それは主に異種混成性が主人の文化と奴隷の文化の間の画然たる区別に異議を申し立てるからである。異種混成的なるものの「間」的性格は、植民地的言説のカテゴリー的な境界と、そうした言説が自己と他者の間に設けるはっきりした区別に対して、異議をさしはさむ。さらに異種混成性の「間」的性格は、「模写」が行われる中で、「原本」に対して求められる権威と真正性を掘り崩してしまう。異種混成的なものがもつ文化的な「仮面」は（「高級文化」という意味での）文化が「仮面」であることを暴露する。そしてヨーロッパ文化がヨーロッパ人によって完全に統制されるようなものではないことを示す。

　異種混成性についての多くの研究は、文学研究の領域内で行われている。分析の対象は、ある文学がどのように異種混成性の諸側面を明らかにしているかということであり、また異種混成性の問題がテクストの中でいかに取り組まれているかということである。つまり、各々の作家た

ちが、自らの文学の中の登場人物の異種混成性をどのように取り扱っているかということを明らかにする。

しかしながら、異種混成性の概念は文学研究を超えて用いることができるし、さらにいえばポストコロニアルの文脈を超えて用いることもできる。異種混成性についての議論は事実いくつかの仕方で、(文学的分析のみならず)たとえば労働者階級の生徒たちが(中流階級の生徒たちが主である)グラマー・スクールや大学に進学することによって階級間の混交が生じてきた1960年代から始まる社会学的分析に対応している。このような状況に対する分析の焦点は、典型的な形では、当該の行為者が到達した間文化性にある。そうした生徒たちは十分に中流階級の文化を身につけた結果、自分が出身地の労働者階級の共同体から避けられているのを知り、その点で自分たちが「よそ者」であるように感じる一方で、中流階級の中にあって自分が十分に受け入れられているようには感じられず、くつろげないようになっている。このことは当人たちにとって疎外感の源であるが、あるいは別の見方をすれば、またこの疎外感の結果として抵抗と解体の源泉ともなりうるだろう。ジンメル(Simmel [1971])とシュッツ(Schutz [1964b])による「よそ者」についての研究にもまた、これらのテーマと響きあうものがあり、より広範な社会学的な応用と関連性を示してくれる。

【基本文献案内】
バーバは『文化の場所』(Bhabha [1994])で、異種混成性について論じている。筆者が見るに、この奇妙で難解なテクストは決して説得力があるわけではないし、とくに首尾一貫しているというわけでもないが、直接に触れて吟味する価値がある。多くのポストコロニアル文学の紹介では、異種混成性について一部を割いている。ファノンの『黒い皮膚・白い仮面』(Fanon [1993])はきわめて興味深い研究であり、また直接的で近づきやすいスタイルで書かれている。

(郭基煥訳)

23 主我と客我 I and me

◎関連概念：**イド・自我・超自我、アイデンティティ、間主観性、関係主義**

　社会科学や哲学には、「主我」や「アイデンティティ」や「自己」(self) に関する多くの異なった定義がある。もちろん、宗教、大衆心理学、そして世界についての神秘的な信念体系においては、さらにかけ離れた多くの定義があることはいうまでもない。だが、社会学的観点から見てとくに重要な概念は、G. H. ミード（Mead [1967]）の仕事に由来している。ミードの影響は、シンボリック・インタラクショニズムやそれと関係する社会学の分野（たとえば、Becker [1984] [1993]；Goffman [1959] [1969]；Strauss [1997]；Blumer [1986]）における自己やアイデンティティに関する多くの重要な仕事の中に感じ取ることができる。ドイツの批判理論に見られる最近の展開においても同様であることは、いうまでもないだろう（Habermas [1987a]；Honneth [1995]）。

　ミードにとって、自己‐アイデンティティは一つの反省的な過程である。自己‐アイデンティティは、社会的行為者が、自己を点検し、評価し、準備し、制御しようと取り組むにあたって、知覚を自己に向けるときなどに生じる。自分の尻尾を追いかける犬のイメージがここでは役に立つ。なぜならそのイメージは、時間を通して顕在化してくる自己に対する自己の反省的な関係（それは活動であり、活動として過程的なものである）を私たちに思い出させるからであり、またミード理論の中心的な主張、すなわち自己は決して自己自身を捉えられないということを説明しているからである。犬が自分の尻尾に近づこうとするどんな手段も、結果的には犬の尻尾をかき回して遠ざけてしまう。自己もまたそういったものである。だが気をつけておこう。自己を捉えられないのは、決して自己が神秘的だからではなく——私たちは自己を結局のところ犬の尻尾になぞらえたのだが——むしろ自己それ自体について考える思考とい

うものが単に論理的に不可能だからである。

　私が自分の活動、人生、自己、あるいは思考を省みる際に、私は必然的にそこから一歩身を引くことになる。私は何かをするために、すなわち省みるために何かを中止する。そして、そこから一歩身を引き、さらにいま実行していることを中止することではじめて、私は自分が反省したことを省みることができる。ところで自分自身に対する私の反省は、決して完全には更新されない。それは、自分自身に対する私の反省は、それ自体として、ちょうどいま私が巻き込まれている活動を、それを実行しているそのままの状態では、その全体像の中に取り込んではいないからである。尻尾を追いかける犬のように、私は自分自身を捉えようとする行為そのものを通して、自分自身を取りこぼしていく。

　別の観点から、自分自身を省みることがさらにどんな意味をもつのかという点を取りだしてみよう。私は、過去時制において、自分自身を知ることができるだけである。なぜなら、現在にあって自分自身を省みる行為は、必然的に私の視点を逃れるからである。より正確にいえば、私は想像力を用いて未来を映し出すことができ、過去時制あるいは未来時制において自分自身を見いだすことができるだけであるともいえる。だがそれは決して現在においてではない。

　個人は、反省的過程で二つの役を割り振られる。個人は、省みることで見る主体であるとともに、それについて省みられることでみられる客体でもある。比喩的にいえば、たとえば鏡を見るとき、その像を知覚する主体と見られる像との両方になることで、私は二つに分裂する。同じように、自分自身について考えるとき、私は考える行為者であるとともに、行為者が考える客体でもある。また思い出や記憶の内において他の人や自分自身に対して自分の物語を語るとき、そのことで私は、語り手の役割と、物語の登場人物あるいは主人公の役割との両方に従事することになる。

　ミードは、反省的過程におけるこれら二つの要素を、主我と客我と呼ぶ。主我は、知覚し、考え、物語を語るといったことを行う活動的な行為者である。そして客我は、見られる像であり、それについて考えられ、あるいはその物語で語られる登場人物である。もちろん主我と客我は、

同じ人物である。けれども上記の議論をくり返していえば、そこでは反省的過程によって時間的な分離がもたらされるのである。主我は、現在に属している。客我は、過去あるいは未来に属している。二つは決して一致しえない。主我は（見るあるいは反省する）私としての自分自身とも決して一致しない。主我は、客我としてのみ自分自身への入口をもつ。ミード自身は、以下のように書いている。

　　［主我は客我として生じる。］けれどもそれは、少し前には主我であった客我である。もしあなたが、直接的にはあなたの経験のどこに主我が現れるのかと尋ねるならば、主我は通時的な姿で現れるのだと答えるだろう。客我である主我とは、少し前のあなたなのである。主我は経験において直接的には付与されない。(Mead [1967：174-175])

　この時間の次元が、肝心なのである。たとえば、主我はフロイト学派のいうイドに通じる私たちの生物学的な性質であり、客我はフロイトがいうところの超自我に通じる社会的制御の内的な機制であると議論することで、主我と客我を、自己の諸部分であると捉えて、空間的に解釈する人もいる（たとえばGiddens [1991] を参照）。私見では、これは貧弱な解釈である。
　ミードにとっては、主我と客我との反省的な過程が人間行為者に社会統制的な要素をもたらすという、ある意味でフロイトの超自我のモデルに類似するとも思われる一つの意味が明らかにある。このことを短く論じておこう。いかなる場合も、分裂の鍵となるのは時間であって空間ではない。また主我は、文化的拘束（「客我」）と対比される生物学的行為者ではない。主我は、私がいまのところ社会的行為者であるということのすべてを意味し、客我は、私が自分自身に対して抱くイメージに含まれているものすべてを意味している。主我と客我は、自己の「部分」ではなく、むしろ自己の「時制」であり、時間的過程の「瞬間」である。「客我」は、「主我」を制御しない。「自己制御」あるいは「衝動制御」が問題となる場合、主我は自らを制御するが、その過程の中で「客我」

を創り出すのである。

　主我と客我とは一致せず、犬は自分の尻尾を捕まえられないというミードの主張は、デカルト学派による自己の見方、すなわち17世紀フランスの哲学者であるルネ・デカルト（彼は一般的には近代哲学の父と見なされている）によって唱えられた自己の見方（Descartes [1969]）に対する、より一般的な批判の一部であると解釈できるだろう。デカルトは、よく知られたことだが、世界の他の諸物について知る方法とは質的に異なり、またそれ以上に優れた方法で、人は自分自身の精神を知ると論じている。外界を知るために、人は感覚（目や耳といったもの）に頼らざるをえないが、そうやって人が知るものは限られているし、ときに信じるには足りない。けれども、自分自身について知るのであれば、人は内観を用いて内側を覗き込むだけでいい。内側を覗くことで、自分自身の魂が自分の前に広がる。

　とくにディビット・ヒューム（Hume [1969]）がよく知られているが、他の哲学者たちは、自分自身の内面に深く問いかけていっても、そこで見つかるのは単に感覚から分離した意味のない流れにすぎないと主張して、デカルトの理論に挑戦した。ヒュームによれば、自己は、絵空事か、あるいはせいぜい記憶の痕跡である。ミードは、前記の引用で、主我は直接的には経験に現れないと述べているので、このヒュームの主張に共鳴している。ミードは、「自身の内側を見る」試みが、自己と一致するものを何一つ明らかにはしないことには同意する。そのうえで彼は、内観の概念に対する興味深い批判を展開する。ミードは、世代的には近い高名な哲学者たち（Merleau-Ponty [1962] [1965]；Ryle [1949]；Wittgenstein [1953]）と同様に、もし私たちが内面を見ることによって自分自身について知るのだと考えるのであれば、私たちは間違っていると確信する。「頭の中」を見ても何もない、とミードは考える。私たちの意識は、外界「について」の知覚、外界に似た夢、そして私たちが外界と関連させることによって理解する感覚から成り立っている。

　さらに重要な点は、私たちが自分自身について知ることのほとんどは、私たちが、自分の行為、行為の文脈、行為の性向、すなわち少なくとも潜在的には他者の知覚も把握可能な私たち自身の諸相を省みることによ

るという点である。たとえば、ある人が嫉妬し、不安がり、あるいは恋をしていると語ることは、その人が特定の状況で、どのように行為し、あるいはどのように行為する傾向があるのかということについて述べることである。これらの状況において経験されるいかなる「感覚」も、その行為や状況に照らし合わせて初めて有意味に解釈されうるだろう (Coulter [1979]; Crossley [2001a])。たとえば、熱くほてった頬は、情熱、怒り、あるいは食中毒、さらには更年期のはじまりといったものに至るまで解釈の幅が存在するだろう。ほてった頬それ自体を省みても、これらのどれが正しい状況なのかを決めることはできない。つまるところ、ほてった頬は、ほてった頬であるだけなのだ。ほてった頬の前後関係を見なければならない。心変わりなのか、発作なのか、あるいは辛いカレーであるヴィンダルーを口に含んだからなのか。どれから引き起こされたのだろう。内観とは、現実の世界、すなわち私たちが他者たちと分かち合っている世界の中で明らかになってくる私たちの生活やさまざまな行為に向けられた反省なのである。

　ところが、ヒュームと違ってミードは、自己の概念を放棄しない。ミードにとっては、（主我である）個人が（客我である）自己とともに発達させる時間的で過程的な関係こそが、一人の自己であることの現実の基盤なのである。さらに重要な点は、ミードが、自己は「内側から」取り出されるという考え方を批判していることである。なぜならミードは、自己は社会的世界の中で、社会的関係の文脈に沿って形づくられると確信しているからである。この点を、次に取り上げなければならないだろう。

　自己が社会的に創り出されることに関する一つの道筋は、ミードの同僚であるクーリー（Cooley [1902]）が最初に議論したように、鏡に映った他者たちの行為によるものである。そこには、身体的な特徴と人格的な基準のいずれにおいても自分では気づいていない、そして／あるいは見ることもできない、自分自身に関する多くの側面がある。けれども、それらを他者は見ることができ、公式にも非公式にも私に語ることができる。他者たちは、「私を自分自身につなぎとめる」フィードバックの輪を描き出す。たとえば、もしかしたら私は、ダンスをする自分が愚か

に見えることに気がつかないかもしれない。私が愚かに見えることを私に話してくれるのは、友人の役目である。もしかしたら私は、自分がいささか傲慢であることを知らないかもしれない。この場合も私は、自分が傲慢であると話してもらわなければならない。もしかしたら私は臭うかもしれないが、それを知らない。クーリーは、この過程が「鏡に映った自己」（looking glass self）で示した自己についての説明なのだと捉えている。

　自己は、自己についてのイメージを自己に反映させる社会的関係性の中で形成される、とクーリーは論じる。ミードの用語でいえば、他者たちが「客我」のイメージを「主我」に反映させるといってもいいだろう。もちろん、他者たちが私について話すことにどうしても同意せざるをえないといっているのではない。自分の細部について、あるいはゴフマン（Goffman [1959]）のよく知られた提言にあるように、そのような仕方で見られたいと期待する特別な見方で自己を「呈示」することができるのは否定しない。けれども、こうした事例において、内なる調停もないし、自己の定義に対する「上級裁判所」はつねに社会集団である。私が傲慢ではないことを確定するために、自分は傲慢であると感じることはないと主張しても不十分である（傲慢なやり方で行為するといわずに、「傲慢であると感じる」というのはどういうことなのか）。私は何とかして、他者たちが私の行為を違った観点からみるように仕向けなければならない。そしてたとえば、もしかしたら私の「傲慢な」表情は、それ以前の冷遇に対する反応であり、本来の傲慢さというよりはそうした受身の仕返しかもしれないというような、私の文脈の諸相に関係づけることによってのみ、私はそうしたことができるのである。

　この点に関連していえば、私の属性を示すもののいくつかは関係的なものであって、他者たちの文脈でだけ意味をなすだろう。たとえば「背が高い」ということは、生まれながらに備わった特性ではない。背が高いということは、比較がもたらす属性であり、つねに私より背が低い他者たちとの関係づけによるものである。したがって、金持ちであること、男性であること、労働者階級であること、足の速い走者であることなど、多くの他の性質もまた他者たちと比較されることがもたらす諸属性であ

2 3 主我と客我 I and me

る。これらはすべて比較によって機能する属性であり、またそういうものとして、自分自身と他者たちとを比較し、あるいは比較されることによって、私はそれらについて学べるだけなのである。

　ミードはこの議論をさらに推し進める。他者たちとの相互作用を通して、私たちは他者の役割を取得し、それによって自身を他者の視点から「見ること」を学ぶ、とミードは論じる。主我が、客我である自分自身を見るために自分自身を省みる場合には、もう一人の人物の役割を想定しながらそうやっているのである。たとえば子どもは、親が自分を見るようにして、あるいは友人の視点（役割、あるいはパースペクティヴ）から、自分自身を見ている。俳優のように、私たちは「自分自身の外側」に到達し、他者たちの役割を演じることによって異なった世界を経験する。私たちは自分自身にとっての他者になる。

　私たちは、子ども時代にこのことを学ぶ。はじめは役割演技を意図しないままに行い、私たちは特定の他者の役割へと運びこまれていく。そうして後になって、意図しないままにゲームを実践することで、私たちは「一般化された他者」の視点（それは、集団全体あるいは共同体の観点であり、そこから抽象化された規範、価値、標準である）から自分自身を見るようになる。大人になると、この過程は一部を切り詰めて習慣的な形式を帯びてくる。私たちは、もはや親の服を着たり、親の身ぶりを真似たりして遊ぶことはない。けれども私たちは、親の目を通して自分自身の行為を見ているし、親がやるように自分自身を罰する。そして私たちは、親の視点から自分自身を判定し、評価し、理解することで、特定の意味ある他者とともに一般化された他者のパースペクティヴを内面化しつづける。

　私たちに自己についての感覚を付与するのは、逆説的ではあるが、こうした自分自身に対して他者となる過程である。私たちは「自己」を自分自身の内には見いださないとしたヒュームは正しかった。けれどももし私たちが、（たとえば他者の役割に適応することで）自己の外部に到達する手段をもつのであれば、私たちは（もちろん過去時制あるいは未来時制においてではあるが）自己を捉えることができるし、自分自身に対する操縦桿（かん）を手に入れるのである。

ミードにとって、この過程が社会生活の主要な部分である。この過程によって私たちは、私たちの生活と行為とを、所属する社会集団に合わせることができるようになる。さらには、私たちは（特定の、および一般化された）「他者の役割を取得する」ので、私たちの行為は道徳味を帯びる。私たちは、他者たちの視点と抽象化された規範の両方から自分自身を裁定する。この意味では、とりわけ私たちの生活や行為を反省する傾向が、直接的な衝動を制御しつつ習慣的になっていく場合には、イドと超自我を描いたフロイト学派の素描と類似したものがある1)。けれどもくり返していうならば、これは反省的で時間的な過程であり、「自己」から空間的に分離した個々のバラバラな諸部分の相互行為ではない。

> 1) 筆者は、（主我である）自己は（客我である）自分自身とは一致しないというミードの見解を踏まえて、ミードの見解と関係する無意識の概念を特殊な形で展開させる余地があると、これまでにも他の場所で論じてきた（Crossley [2001a]）。

【基本文献案内】
　ミードの中心的な作品である『精神・自我・社会』（Mead [1967]）では、多くの議論が心理学と社会学の議論を結びつけている。この点は、今日の読者には親しみにくいかもしれない。さらに付け加えるならば、この本は死後に出版されたノートから編纂されている。いずれの理由から見ても、つねに楽な読書とはならない。けれども、「自己」というタイトルがついた真ん中の章は、とてもよいので試読してみることをお勧めする。ブルーマー（Blumer [1986]）は、おそらくもっともよく知られたミードの批評家だろう。ミードについての彼の議論は、ある点では理に適っている。けれども筆者は、ブルーマーの議論からは、ミードの取り組みにある捉え難さという豊かさ、とくにその哲学的捉え難さが失われていると確信している。より力強い解釈は、ヨアス（Joas [1985]）が提供している。また筆者は、ホネット（Honneth [1995]）の解釈も好きだ。筆者は、多くの機会にミードについて書いてきた。いうまでもないことだが、その解説にも力を込めてきた（Crossley [1996a] [2001a] [2002c]）。

（徳久美生子訳）

24 イド・自我・超自我 Id, Ego and Superego

◎関連概念：想像界・象徴界・現実界、鏡像段階と自我、精神分析における抑圧、無意識

　イド・自我・超自我は、パーソナリティを構成する三つの要素として精神分析において理論化された。精神分析の創始者であるジークムント・フロイトは、彼の研究過程において実際には心（プシケー）の二つの（重なる）モデルを仮定している。初期の研究において、フロイトは意識・前意識・無意識を区別した。ただし、後期の著作においてはイド・自我・超自我へと向かった（→【57無意識】）。前者の分類については、本書の【57無意識】の項で取り扱っている。ここでは、イド・自我・超自我についてのみ取り扱うことにする。ただし、二つの図式間で重なりあう点については少しだけ取り扱いたいと思う。

　イドは、人間の欲動や欲望の位置するところである。フロイトの見方では、イドの多くは社会的には受け入れられない。というのも、それらは本来的に攻撃的または反社会的であるか、禁止された性的発現の形態に向けられているかのいずれかであるからだ。この面で、イドは心の非合理的要素であり、そのためイドはその場の満足に向かいがちであり、社会的であれ自然的であれ、イド自身と欲望された対象の間の境界を認識しない。私たちは、結果を考えたり見極めたりせず衝動に従って行動をしたとき、イドが私たちの中にあるということを認識するだろう。フロイトは自分の著作の中で、イドの大部分は少なくとも生物の基本構造の中に生物学的に基礎づけられていることをほのめかしている。それは私たちの「生来的な」ものである。さらに、イドのほとんどは無意識的である。というのも、とくに私たちがほとんど受け入れられない欲望や欲動は、「抑圧」される結果、意識の外にとどめられているからである（→【47精神分析における抑圧】【57無意識】）。

　イドとはまったく対照的で正反対なのが超自我である。基本的に、超

24 イド・自我・超自我　Id, Ego and Superego

自我は社会規範と社会的要求の内面化であり、心を従わせる圧力である。超自我はとくにエディプス・コンプレックス段階（→【57無意識】）の初期の幼児期に形成される。それは、幼児に父親（または親の権威をもった人物）の権威に対して服従することを強制する期間である。そして今度は、父親（または権威をもった人物）はより広い社会の要求や規格を表象する。フロイトは、いくつかの著作の中で、次のようなことを示唆している。すなわち、超自我の形成過程は、イドの一部をイドそれ自体に引き返させている。そうしなければ外の世界に向けられていたであろう個々人のエネルギーや攻撃性は、その個々人の自己抑制の手段として、心の中に再び向けられることになる。

　超自我の一部は意識的である。私たちは、自分がしたいことと自分がすべきだと感じていることとの間で引き裂かれていることに完全に自覚的なときがあるし、また規則や禁止されていることと欲望との間で引き裂かれていることに自覚的なときもある。同様に、私たちは社会規範からの違反によって形成されたさまざまな感情のことをよく知っているし、おそらくはそうした規範からの違反に関するさまざまな思い——たとえば罪、恥、報復の恐怖といったもの——についてさえよく知っている。これらの例において、私たちは超自我に対して意識的である。だが、フロイトによれば、超自我の一部は無意識的でもある。もし私たちが知ることになれば、意識にとって不愉快になる欲望と禁止とが存在している。それは、意識のより深いレベルで、意識の彼方で作動している。言い換えれば、私たちの自己抑制と自己検閲は場合によってはとても強力であり、私たちはそれらに自覚的にすらなれないのである。

　フロイトは自分の著作の別の箇所において、「自我」をイドや超自我とは異なった仕方で定義している。しかしながら、私たちがイド－自我－超自我という3要素と関連づけられた定義から始めるのならば、自我とは、「調停者」としてイドと超自我との間を仲裁し、そうしたイドと超自我との闘争の中でたどりついた妥協点を、自分が置かれている状況を考慮しつつ実行に移すような心理的要素である。実際に、自我の発達とは、社会的に受け入れられたやり方で自分の関心と欲望を最大化するように行為できるもっともよい方法を、幼児が学ぶことである。一つの

段階として、これは効果的で、行為に必要な基本的な感覚運動の獲得を伴う。だが、これはまた、たとえば飛び跳ねる前に周りを見るとか、ご褒美を最大にするため喜びを抑えるとか、そうすることが好都合でないかぎり即座には手の内をみせないとかいったような、行為の原則を内面化することも伴っている。それらはフロイトの中でつねに明らかなわけではないが、心のこの側面は生得的な能力と獲得された能力（そしておそらくは、適切に発達するようなある特定の環境的条件を前提とした内的性向）との双方によって構成されており、そしてその作動という側面は、無意識、前意識、意識のいずれかのレベルで機能するだろうと考えられていると見なすことができる。

　フロイトにとって、人間の行為はイド・自我・超自我というこれら三つの要素の相互作用から生じている。「理想的な」状況とは、自我によってイドの欲望充足が最大化され、超自我によって規定される——つまり、より広い社会によって規定される——容認の枠組みの中にいるような状況である。その結果、自我は行為者を（社会的な）現実に適合させ、社会の中で行為者を社会の一員として適応させるのである。だが、これらの要素の間の緊張関係が激しくなりはじめたり、あるいは3要素の一つの要素が弱く／強くなりすぎはじめると[1]、パーソナリティのバランスが悪くなる。これらの例のいずれであっても、私たちはその行為者が心理的な問題に苦しむことになると考えるか、またその結果として、おそらくは社会的現実の要求との「適合性が欠如している」という理由によって、社会的な問題として定義されるようになると考えるだろう。

　精神分析を批判的社会理論に取り入れようとしている現代の多くの試み、とくにフランスの精神分析家ジャック・ラカン（Lacan [1989]）に由来するものは、精神分析理論の中での適合的な（もしくは適合的でな

---

[1] この文脈において、弱さ／強さは明らかに相対的なものである。パーソナリティの一つの部分が強すぎるということは、他の部分が弱すぎるということと同じであるといえるだろう。たとえば、ある人のイドが強すぎるということは、その人の超自我や自我がイドを抑制するのに弱すぎるということと同じである。また、超自我が強すぎるということは、超自我が自我とイドを圧倒している（そして、結果として自我とイドの強さが十分でない）ということに等しい。

い）自我に対する焦点の当て方への批判であった。その焦点はとくにアメリカで展開されてきた。自我について議論しているアメリカの精神分析では、自我を現実に「適合させる」または「順応させる」のに過度に熱中しはじめてしまっていたし、そのために（社会的）現実の性質に異議申し立てをするという課題から目がそらされている。このような考え方すべてを拒絶するのはおろかなことであるし、このような見方は社会理論の中でいくつかの興味深い展開とも結びついている。たとえば、アンソニー・ギデンズ（Giddens [1991]）の研究に対する精神分析の影響の多くは、精神分析の「自我心理学」（または「対象関係論」[2]）の分野に由来している。同様に、ノルベルト・エリアスの研究（Elias [1984]）は、イドと超自我の衝動抑制の力学を積極的に取り入れている。

　フロイトの研究における自我のもう一つの考え方——それはとくにラカンに従う批判的社会理論家の中でよく知られている——は、個人の自己同一化に着目するものである。つまり、この同一化のような心理学的過程を通じて、個々人がその自己の意味を組み立てるやり方に着目するのである。この見解によると、自我は、個人が所有している自己の表象であり、またそのような表象のために発達する感情の表象である。おそらくこの意味は、日常的に用いている「エゴ」（たとえば「彼はエゴの塊だ」）の意味に近づいている。そして、この意味は個人が自分自身との間で形づくる自己陶酔的な（ナルシスティックな）関係と関わっている[3]。フロイトによれば、このように定義された自我は、個人が他者と交わす関係の外で発達する。しかし、ラカンは「鏡像段階」の分析の中で、フロイトとは少し異なる補足説明を提示している（→【33鏡像段階と自我】）。フロイトは鏡像段階の発達については記していないし、そし

2） たとえ私たちが「精神分析」の範囲を厳格化し特定化して境界線を引いたとしても、精神分析には数多くの学派と展開がある。そのうちのいくつかは、フロイト独自の立場から著しく離れてしまったものもある。「対象関係論」は、個人の心理的生活に影響を与える内面化された関係の役割にとくに焦点を当てる精神分析の一分野である。個々人が意味ある他者（「対象」）といかに関係を形成するのか、またこれらの対象と関係をいかに内的に表象するのかは、心の機能に対して重要であるといわれている。

ておそらく鏡像段階はフロイトが描いたような自我の発達の過程よりも前に生じているのである。

少なくとも、ラカンによって定義されたような自我の定義に関する批判的な側面は二つある。

第一にラカンは、自我は表象として、私たちが実際にそのようなものであると誤って表象されるものであるか誤認されるものである、と考えている。とくに私たちは、実際には私たちの無意識的な心理的生のリアリティが一貫しなくなったときや、私たちの意識自身が分離したり、それとは異なる様相を知らなかったときに、私たち自身を一貫した全体として表象する傾向がある。私たちの心理的生は決して統合されてはいない。このような見方はラカン主義者を次のような態度へと導く。すなわちそれは、安定して一貫した自己を前提としてもいるリベラルな政治理論に批判的になることと、精神分析の実践をそのような誤認を取り除く個人的な手段として提言することである。

第二に、ラカンは近代社会の構造が自我と自己に強迫観念を引き起こし、多くの現代的な社会的心理学的問題がこの事実を原因としていると論じている。近代社会における精神病理学は、ナルシシズム的状況、妄想的状況、自己指向的状況によって支配されている（→【33鏡像段階と自我】）。この点においてラカンの議論は、デュルケムの自殺の分析（Durkheim [1952]）におけるエゴイズムやその（自己）破壊的帰結に関する議論と、興味深い仕方で重なり合っているのである。

3）「ナルシシズム」は一般的には「自己愛」を意味している。だがこの文脈におけるナルシシズムは、個人のその自己への没入や、その自己とともに発達する情動的な関係として、もっと一般的に用いられる。この見解から見ると、自己嫌悪も、過度の自己没入を伴うならば、「ナルシシズム」であるかもしれない。だが、精神分析の見地からすれば、「正常な」自我の発達でさえ、ある程度のナルシシズムを伴うのである。

【基本文献案内】
　最近の精神分析者、とくにラカン（Lacan [1989]）らは理解がたいへん難しい。というのも、とりわけ現在の精神分析者たちは、その考え方を明解で合理的に一貫した議論の形式で示していないのである。
　それとは対照的に、フロイトは、自身の見方を擁護するための説得力がある合理的な議論

を組み立てており、その考えを理解しやすい。私たちは彼の意見に賛成しないかもしれないが、その著作は楽しく読むことができるし、人を惹きつける魅力がある。「イド・自我・超自我」に関する主著は、ペリカン社のフロイト文庫の第11巻（『メタ心理学』）に収められている『自我とイド』である（Freud [1985]）。イドと社会の間の緊張関係をより考えたいのならば、フロイト文庫の第12巻『文明、社会、宗教』に収められている「文明とその不満」を参照（Freud [1986]）。これらの考え方は、ノルベルト・エリアスの興味深い著作において社会学的に展開されている。とくに彼の『文明化の過程』（Elias [1984]）を参照されたい。

(渡辺克典訳)

25 理想的発話状況 Ideal Speech Situation

◎関連概念：ディスコース、討議倫理学、公共圏、合理性

　「理想的発話状況」とは、ユルゲン・ハーバーマスが初期の著作の中で打ち出した概念であるが（Habermas [1970a] [1970b]）、それはしばしば誹謗され、また不正確な形で伝えられてきた。理想的発話状況は、論拠の相互提示とよりよい論証の力のみによって展開される討議形態を概念化し、その可能性を模索する、ハーバーマスの最初の理論的試みであった。これに従えば、見解と論拠の相互提示から最善の議論が勝ち残るのだが、そのような結果になるのは、その議論が最善であるからという理由のみによる。最善の議論を決定づけるものは、議論の内容に関わる認知的主張、道徳的主張、主観的主張のバランスに従って異なってくる。

　認知的主張とは外的世界の真理性に関するものであり、これは、証拠、理論、推論に言及しながら、立証されなければならない。道徳的主張とは何が規範的に正しいかに関するものであり、合理的正当化を必要とする。主観的主張は、真理性や誠実性に関するものであり、さまざまな方法によって、立証・反証することができる。

　ただし、以上のような差異にもかかわらず、以下の点はこれらの主張に共通して重要な点となる。すなわち、理想的発話状況において、発話行為者は、自分の主張に関する証拠の提示や正当化を行い、そこから導きうる推論をするために、論理的な根拠提示を行い、このような手続きを踏みながら、別の自我がその主張を合理的に反論することが不可能であるような状況を作り出すということが求められている。おそらく発話行為者は、他者が確信している内容を確認し、そこから自分たちの主張を導きうることを反証不可能な形で論理的に示すだろう。たとえば、「あなたはソクラテスが人間であると確信している。あなたはすべての人間が死すべき運命にあると確信している。よって、ソクラテスは死すべき運命にあるということをあなたは受け入れなければならない！」と

いう発話内容がそれである。また、発話行為者は、相手の主張や行為において、その当人の誠実性を疑わせるような点があれば、それを指摘することもあるだろう。たとえば、「あなたは、世界平和の実現に積極的関与をしていると言っているが、あなたは他の国々を爆撃しているではないか！」という発話内容を挙げることができる。理想的発話状況において、発話行為者は、贈賄、恐喝、脅迫によって、他者に自分の主張を受け入れさせるということはしない。また、嘘をついたりだましたりもしない。さらに、強制や権力行使によって議論を迂回するということもしないだろう。

　まず、ハーバーマスに対する誤った批判に反論しておくが、以上のことは、対話に関わっている人たちが必然的にお互いに好意を抱き、お互いを喜ばせるために合意を図ろうとするということを意味しない。また、議論は調和的なもので、感情が入り込む余地はないということも意味しない。議論は、闘争的で白熱することもある。重要なのは、このような議論の場で用いられる「武器」は、理性、レトリック、議論だけという点である。同様に、ハーバーマスは必ずしも明示的ではないが、このような状況は権力や制約から自由であるということを前提とする必要はない。権力や制約、報奨や報酬は、以上のような討議の条件を人びとに遵守させるために必要であることもあるだろう[1]。権力や制約が問題となるのは、コミュニケーション過程を「歪曲」し、よりよい議論が勝ち残るのを妨げるような場合である。

　さらに重要なことであるが、ハーバーマスは、私たちが生きる世界において、理想的発話状況が実現しているとは考えてはいない。理想的発話状況は一つの理想であり、現代社会においては、それが実現に近づくようなことはないだろう。ただし、ハーバーマスの見解によれば、理想的発話状況は、彼の哲学的想像力が生み出した恣意的な理想や虚構ではない。これは重要な点であるが、ハーバーマスは、コミュニケーションの普遍的語用論から、超越論的に理想的発話状況を導き出したと主張し

---

[1] この点はハーバーマス自身の見解よりもピエール・ブルデュー（Bourdieu [2000]）の見解に近いが、この文脈でその点が取り上げられない理由は筆者にはよくわからない。

ているのである。この点については、少し詳しい説明が必要だろう。

　超越論的議論とは、別様であると考えることは論理的には不可能であるという理由から、または、もしそうでないとしたら、この世界はいまある現実のようにはなっていないだろうという理由から、事実はこのようであるはずだという主張を導き出す議論のことである。近代哲学において、カント（Kant [1933]）は、この類の議論を援用した重要な哲学者であり、ハーバーマスも影響を受けた人物である。しかし、カントの超越論的議論が焦点を置いたのは、個別の主体、または自我であったのに対して、ハーバーマスが着目したのは、人と人のコミュニケーションや発話行為であった。つまり、彼が関心をもっていたのは、主観性ではなく、間主観性であった。さらに明確に述べるならば、彼は、発話行為の語用論、すなわち発話行為を具現化し、それを可能にしている規範、了解事項、手続きに注目した。

　彼の議論によれば、この水準において「理想的発話状況」は、あらゆる発話行為において具体的、必然的、したがって普遍的に具現化される理想であるということが確認できる。換言するならば、議論の根拠提示の過程は、了解事項としての理想的発話状況を具現化する。さもなければ、そもそも私たちは一貫して議論を遂行することはできないだろうし、なぜ私たちはわざわざ議論をする必要があるのかといった疑問が生ずるだろう。

　私たちが議論や討論を開始し、ある内容の事柄を論理的に発言しようとするとき、私たちは「遂行矛盾」に陥りうる。つまりまさにその発話行為において、私たちは自分たちの発言内容と衝突するということが起こりうる。たとえば、「私が述べることは、すべて真理ではない」[2]や「あらゆる真理は相対的である」[3]といった発話内容を挙げることがで

---

[2]　この発話内容は、それが真理であるためには、真理であってはならないことから、自己矛盾となっている。

[3]　この発話内容は、それが普遍的な真理であると述べながら（「あらゆる真理は相対的である」）、普遍的な真理は存在しないと主張している（つまり、ある特定条件と関連するものとして真理を捉えている）ことから、自己矛盾となっている。

きよう。このような矛盾を反省することによって、私たちは、発話実践において必然的に具現化される、ある「理想」に到達することができる。ハーバーマスによれば、理想的発話状況における理想は、このカテゴリーに該当することになる。私たちが議論を開始するとき、たとえそのような理想に従った発話行為をしなくても、私たちは必然的にこのような理想を了解事項とするし、自己矛盾を回避しようと思うならば必ずそのようにせざるをえない。換言するならば、ハーバーマスは日常的な発話行為の（必然的な）了解事項を分析した結果、理想的発話状況を導き出したと主張しているのである。それゆえ、理想的発話状況とは、彼が作り出した理論ではなく、私たちが発話するとき、とりわけ他者と議論するとき、私たちが出発点とする理論だということになる。

　ハーバーマスによれば、理想的発話状況に関する構想は、現代社会におけるその実現可能性よりは、それがもつ道徳的・批判的潜在力にその重要性がある。上述したように、実践の場において、ほとんどのコミュニケーションは理想と乖離していることをハーバーマスも認めている。換言するならば、私たちは自己矛盾的な発話行為をしているし、また発話行為において必然的に具現化される規範的理想を逸脱している。しかし、発話行為の必然的な道徳的理想である理想的発話状況は、ハーバーマスにとって「体系的な歪み」を明らかにし、それを批判するための基準となっている。「体系的な歪み」によって、公共圏（→【40公共圏】）、議会、政治的エリートとビジネス・エリートの会合など、とくに私たちの生活に大きな影響をもたらしうる日常的な発話状況は貶められている。より明確に述べるならば、理想的発話状況は、「内在的批判」[4]を促進する。ハーバーマスの主張によれば、彼が批判理論家として人びとに押しつけるような価値ではなく、発話行為者が自分たち自身の理想や価値

---

[4] 内在的批判とは、それ自体がもつ基準や価値に従い、議論、社会集団、社会などを批判することによって、その目的を果たしうる批判である。内在的批判は、それ自体がもつ基準や価値を批判対象に押しつけるような批判とはまったく異なる。この形態の批判がもっている利点とは、少なくとも次の一点になろう。すなわち、批判の対象である行為者は、自分たちが比較されている基準を否定するならば、必然的に自己矛盾に陥るという点において、内在的批判には利点がある。

をどれくらい実践していないかを基準にして、彼／彼女たちを批判することになる。さらに、このような批判は、よりよい世界、ユートピア、理想への道を示すものである。あるいはむしろ、内在的批判は、いかなる状況にあっても私たちはすでにユートピアを約束されているという主張に依存しているのである。

　ハーバーマスに対しては、信頼できる正当な反対意見ではなく、誤った解釈に基づいた粗雑な批判がなされることがある。ここでは、このような誤解に対処すべく、ハーバーマスの概念を検討したにすぎない。ここで筆者が目的としたのは、ハーバーマスの構想を弁護することではなく、単にそれを公平に解説することであった。そのためには、ハーバーマス批判の明らかな誤解を解消していくことが必要であったことを付言しておこう。

【基本文献案内】
　ハーバーマスは、さまざまな著書の中で、これらの主題にたびたび立ち返っている。（英訳された）古典的な論文では、「体系的に歪められたコミュニケーションについて」と「コミュニケーション能力の理論に向けて」（Habermas [1970a] [1970b]）がある。ハーバーマスの「普遍的語用論」を比較的短く紹介しているのは、ハーバーマスの『コミュニケーションと社会進化』（Habermas [1991b]）に収録されている最初の二章である。これらの問題および関連事項に関する優れた二次文献としては、クックの『言語と理性――ハーバーマスの語用論に関する研究』（Cooke [1997]）が参考になろう。

（本田量久訳）

26
アイデンティティ：個人的・社会的・集合的なアイデンティティと「アイデンティティの政治学」
Identity (personal, social, collective and 'the politics of')

◎関連概念：主我と客我、間主観性、社会運動

　近年、社会科学における鍵となるテーマとして、アイデンティティ概念が登場してきた。アイデンティティ概念には、多様で数多くの競合する定義がある。筆者自身が関心をもっているアイデンティティについての論点は、本書の【23主我と客我】の項で提示してある。そこでこの項では、アイデンティティについての「最低限の」定義づけを行い、いくつかの議論に留意することを促し、これまでに言及されてきたアイデンティティについての異なった定義をいくつか取り上げて、それらの位置づけを描くだけにとどめたい。

　もっとも基本的には、「アイデンティティ」は、私たちが自分自身を他者から区別し理解する諸々の仕方に関係する。アイデンティティは一般的に、自分自身を（男性、老人、英国人といった）カテゴリーの範囲内に位置づけることや、ある人が誰でどういう人なのかについての大まかな記述や説明に関わる。さらにこのことは、定義上、その人が何ではないかの境界づけに関わり、「他者」から区別され、それとの差異が示されることになる。

　そう定義されることで、アイデンティティは再帰性を意味するようになる。すなわちそれは、自分自身へと回帰し、自分自身を「内観する」可能性である。けれども、自己知覚に対するこの形式的な可能性を超えて、アイデンティティの概念には実在的な内実としての意味もある。すなわちそれは、ある行為者が自分自身の自己（self）を、あれこれの方法で、あれこれの類型に当てはめて、あれこれのカテゴリーあるいは集団に属するものと見なすということである。アイデンティティの研究では、人びとが身につけるアイデンティティの型と、おそらくアイデンティティの主要な諸形式が時間を通じて変化する仕方に関心が払われてい

る（下記参照）。

　またアイデンティティの研究では、アイデンティティが攻撃されたときに、「防御」され、作り出され、実行あるいは実演される仕方にも関心が払われている。さらにある研究では、アイデンティティの用法や機能、すなわちアイデンティティの諸々の形式がさまざまな状況の範囲に応じて演じる役割が注目されている。諸個人は、多くの異なった仕方で自分自身を定義することがありうるわけで、この問題は、どうして諸個人は自分自身をいまやっているような特定の仕方で定義しているのかという問いを生み出す。「あんな」仕方でも同じように自分を定義できるはずなのに、「こんな」仕方で自分を定義しているとしたら、それは私にとってどんな目的を果たしているのだろうか。

　個人的アイデンティティと社会的アイデンティとの間に区別を描くことは、多くの学説で共有されている。一般的に、「社会的アイデンティティ」は、個人を「女性」や「労働者階級」といったより広い社会的グループ分けにつなぎとめるカテゴリー化の諸形式に関与する。他方で「個人的アイデンティティ」は、個人が自分自身の自己を、明確な身体、生い立ち、状況といったものを伴う独特の存在として境界づけたり、あるいは境界づけられたりするさまざまな方法に関与する。いずれの形式のアイデンティティも、相互行為において交渉されるものであるかぎり「社会的な」ものであり、社会‐歴史的な集積といったものから言語やその他の図式を引き出す。しかし、「社会的アイデンティティ」が個人をここそこの集団につなぎとめるのに対し、「個人的アイデンティティ」は、相違点を定めることで多くの場合その集団から個人を区別しようとする。

　アイデンティティに関する近年の多くの議論では、永続性（あるいはその欠落）や文脈性についての諸問題に焦点が当てられてきた。論議の一つの流れは、私たちが、多くの異なった文脈でそれらの文脈の方向づけや要求に従って私たち自身のアイデンティティを「演じ」るので、深層のある一つのアイデンティティについて語っても意味がないという方向へと進んでいる。あるときに、私は自分自身をこの仕方で表現し識別するが、別のときには別の仕方で、決まった意味あるいは意識下に横た

わる「支配的な表現」をもつことなくそうする。ところが他の流れでは、私たちは自分が誰でありどういった人物なのかに関する根底の意味、すなわちこの意味の流れのもとにある「深層の自己」を保持しているという議論がなされている。

　筆者自身は、アイデンティティはつねに関係的であると考えている。つまり、私たちはつねに、諸々の状況に従って、他者たちや相互行為における諸々の文脈に関係づけて自分自身を定義する。しかしながら、文脈依存的なアプローチの支持者が述べるような主張、すなわち私たちは「バラバラであり」、「分裂している」という主張は、言いすぎである。行為者たちは、一般的に、社会的なアイデンティティや個人的なアイデンティティといった多様なアイデンティティをやりくりし、それらを意味のある全体としてのある形式へとまとめあげようとしながら、一貫性をもとうとする。こういったものをすべてまとめあげると想定できる完全な表現あるいは支配的な表現といったものはないし、アイデンティティは、ある人にとっては人生を可能性に満ち実現可能にするために構築される実践的で関係的な現象であるため、一つである必要はない。けれども、多様な複数のアイデンティティの構築は、それぞれの行為者に関しては根底に横たわる本源的に個人化された存在の働きであり、ある一つの段階においてある人の人生の諸部分を適合させる働きである。つまりアイデンティティの働きは、諸々の社会的文脈を縦断して複数の糸を増殖させつづけるのと同様に、そういった複数の糸をまとめあげることである。

　だからといって、必ずしも個人は、どんなときでもアイデンティティの働きの対象であるというわけではない。諸個人は、特定の個人として社会的アイデンティティを構築しながら、自分自身をある集団内に位置づけることができる。あるいは諸個人は、他者たちによってもそのような仕方で位置づけられうる。さらに諸集団もまた、しばしばそれらに押しつけられたアイデンティティに対抗して、あるいは共通の興味や関心に関する諸問題についてのネットワークを構築する手段として、時折団結してアイデンティティを構築しようとする。しかし、自己やアイデンティティの境界を確定することは、つねに「非自己」つまり他者を同

定することなので、それはつねに他者への「対抗」なのである。アイデンティティは、くり返していうが、関係的なものである。人は、もはや右がなければ左もない以上に、他者なしには自己をもつことができないのである。

　社会運動の分析に関する近年の学説の多くは、アルベルト・メルッチ（Melucci [1986]）の独創的な学説を引き継いで、集合的アイデンティティがうち立てられる過程に焦点を当ててきた。この学説は、集団がいかにして団結と集合的一貫性を達成しようとするかに着目している。たとえば諸集団が自分たちを表現する新しい用語をどのように展開するのか――それはおそらく古い用語がもつ言外の意味に対して反対を表明しようとしているのかもしれないが（ゲイの権利を求める活動家たちによってなされた「クイア」、および黒人活動家たちによってなされた「ニガー」という言葉の専有や変形は、この反対表明を明確に例示している）――についての研究がある。諸々の集合的アイデンティティの形式は、（ハーバート・ブルーマー（Blumer [1969]）が「団体精神」と呼んだ）成員間の強い情緒的絆を発達させる何世代にもわたる集合的歴史の物語と儀式とを含んでいる。

　あらゆる社会運動は、初期産業期に典型的な社会運動も含めて、アイデンティティの働きに関与してきた。社会運動というものは、ほぼ間違いなく、ある程度のアイデンティティの働きがなければ集合力をもてず、それゆえ存在もできない。そこには「われわれ」という感覚がつねにあるに違いない。しかしながら、あらゆる社会運動が「アイデンティティの働き」に関与している一方で、いくつかの社会運動だけがアイデンティティを、いうなれば自分たちの闘争の焦点として取り上げている。たとえば労働運動は、潜在的なメンバーをまとめ上げる手段として「労働者」というアイデンティティを練り上げてきた。だが、そういった運動の主要な関心は、「労働者」というアイデンティティというよりはむしろ賃金や労働条件にあった。対照的に、他の社会運動では、アイデンティティの本質それ自体やより広い社会で自分たちが扱われ分類される仕方により多くの焦点が当てられている。セクシュアリティやエスニシティにまつわる闘争は、しばしばこの種のものである。過去に比べて現在

ではこういった闘争の型がより支配的になっていることが議論され（ただし Calhoun［1995］；Tucker［1991］参照）、こうした議論をもとに、私たちが「アイデンティティの政治学」の増加している時代に生きていること、あるいは生きつづけてきたことが議論されてきている（Woodward［1997］）。

　これに関係するもう一つの視点は、現代のさまざまな社会における諸々の社会的アイデンティティの焦点に関わる。その論議は、要約していえば、社会的アイデンティティの基盤は変化しつづけているということである。かつて行為者たちは、（たとえば「労働者階級」、あるいは「炭坑夫」「医師」として）生産過程における自分たちの仕事や生産過程に参加することに自分自身を一体化してきたが、いまでは行為者たちは（たとえば「音楽狂」、より特化していえば、あれこれの音楽タイプのファン、「マークス＆スペンサー」［英国の中高級スーパーマーケット］型の人物といった）消費活動に自分自身を一体化していると考えられている。この変遷は、明確に証明され議論されうるかぎり、労働運動や労働組合の（集合的アイデンティティを作り出してきたさまざまな諸活動を含めた）相対的な縮小と、力をもった広告産業と相互に関わりあって出現した消費文化の繁栄という二つの要因によって説明できるだろう。現代の多くの製造業者は、単に物品を生産し販売しているだけではない。彼らはさまざまなシンボルとアイデンティティを売っているのである。

【基本文献案内】
　ゴフマンの著作——とくに『アサイラム』（Goffman［1961］）、『スティグマの社会学』（Goffman［1969］）、『日常生活における自己呈示』（Goffman［1959］）——は、アイデンティティに関する古典的テキストであるが、いまでも十分に通用する。ギデンズの『モダニティと自己アイデンティティ』（Giddens［1991］）は、アイデンティティの性質に関する精神分析の観点からの解説と、近代世界におけるアイデンティティの性質に対する興味深く適切な省察を提供してくれている。メルッチの著作（Melucci［1986］）は、アイデンティティ、諸々の社会運動、そしてアイデンティティの政治学にとっての鍵となる文献であろう。アイデンティティ理論における良質の議論については、バーキットの『社会的諸自我』（Burkitt［1991］）とジェンキンスの『社会的アイデンティティ』（Jenkins［1987］）を参照されたい。

（徳久美生子訳）

27 イデオロギー Ideology

◎関連概念：危機、ディスコース、ドクサ、権力、
権力／知、社会階級

「イデオロギー」という語の歴史は、18世紀後半から19世紀初頭にかけて活躍したデステュット・ド・トラシー（1754-1836）の業績にまで遡ることができる。トラシーは、自分が展開していた観念に関する新しい科学を表すために、この語を創造した。この文脈では、「イデオロギー」は肯定的な意味合いをもつ用語であった。つまり他分野の科学的研究に従事するように、イデオロギーの研究にも従事することができたのであり、それはよいことだったのである。

しかしながら、比較的短期間に——とりわけ、ナポレオンによるこの語の侮蔑的な使用のために——、「イデオロギー」の語は否定的な意味を帯びるようになった。それは次第に、問題の観念をイデオロギー的と見なす者の視点からすると、虚偽ないし非現実であるにもかかわらず真実と信じられているために（これもまた批判的視点からの話であるが）否定的な政治的帰結をもたらす、そのような観念の集合を指すようになった。より限定的には、しばしば暗黙の前提とされている信念の体系で、不平等な社会関係——しばしば階級関係——を正当化し、この関係を構成する諸集団のうちで貧困で権力のない集団を不利にするものを意味するようになった。

もっとも、イデオロギーという語には他の用法も存在する。たとえば政治学者は、多かれ少なかれ明示的に表現された政治的信念ないし信念体系を相互に区別するためにこの語を用いる。例を挙げれば、保守主義、社会主義、自由主義というように。この観点からすれば、たとえ特定のイデオロギーには反対であろうとも、イデオロギーそれ自体は悪いものではないことになる。実際にそのとおりで、政治的傾向のある個人が、イデオロギーを「もっている」ことを誇りとしていてもおかしくない。

しかしながら、政治学よりもはるかに批判的な社会科学の文脈では、焦点が当てられるのは明示的に表現されていない信念や前提、自明なものとして受容されている観念であった。それらは、イデオロギーを論ずる者にとっては自然でも必然的でもない支配関係を正当化するものである。それはしばしば、これらの観念を自然なもの、したがって必然的なものにみせかけることによってなされるのである。

　虚偽の観念が政治的機能をもっており、政治目的で利用可能であることが発見されたのは、19世紀が最初というわけではない。ラレーン（Larrain [1979]）が指摘するように、マキャヴェリ（1469-1527）の仕事は、はるかに早い歴史的時期にこの種の着想が認められる好例である。しかしながら、この現象に「イデオロギー」の名が付けられ、社会科学における批判的思考に相当の衝撃を与えるべく方向づけられたのは、19世紀になってからである。

　イデオロギーをめぐる現代の議論のほとんどは、その源をカール・マルクスの業績に求めることができる。しかしながら、ミシェル・バレット（Barrett [1991]）が指摘するように、マルクスの仕事には明瞭に区別できるイデオロギーのテーゼがいくつもあり（彼女自身は6つ特定する）、それぞれの強調点は、時には矛盾とさえとれるほど異なっている。たとえば、マルクスは時に、イデオロギーの幻惑的ないし歪曲された本質を強調しているかにみえるが、時にはそのように読むのが難しい場合もある。時にマルクスはイデオロギーを、経済システムの単なる産物と見なしているようにみえるが、時にはそうでない。時に彼は、それぞれの階級に応じたイデオロギーを特定しているようにみえるが、時には支配階級の観念が労働階級（彼らは支配階級の観念を認めるよう強いられる人びとである）に強制されるため、歴史上のあらゆる時点で社会には単一の――少なくとも、支配的なものとしては単一の――イデオロギーしか存在しないと示唆しているようにみえる。

　だが私見では、マルクスは観念に次の三点を認める点で一貫している。つまり、観念が本質的に社会的そして物質的に根づいていること、観念が階級に根づいた権力の諸形態の投資対象になっていること、そして観念が社会秩序を固定化するのに貢献していること、である。こうした一

貫性にもかかわらず、これらのテーマに光が当てられる角度はさまざまであり、この多様性こそが、イデオロギーの概念が提出されて以来ずっとそれを取り囲んできたさまざまな論争の主要な源の一つであることは間違いないだろう。マルクス主義陣営の諸党派は代々、イデオロギーについての明確な立場を確立しようと腐心してきた。つまり、マルクスの著作の異なった部分や、意味の曖昧な部分の異なった解釈を援用することで、彼ら独自のイデオロギー理論の正当性と権威を確立しようとしてきたのである。

しかしながら、イデオロギーをめぐる議論は、歴史的な出来事——より正確には非‐出来事といった方がよいかもしれないが——のために煽り立てられることも往々にしてあった。プロレタリア革命をめぐるマルクスの予測（→【08危機】【50社会階級】）が外れ、また労働者階級とその党と組合が、比較的従順で現状に満足した集団として資本主義システムに同化されてしまったような観を呈するようになったため、多くのマルクス主義者はこの従順さをもたらしたメカニズムを考察することになった。マルクス主義理論によれば、客観的に搾取されている人びとの集団が、自分たちを搾取するシステムを転覆させようとしないのはなぜだろうか。これは、彼らの社会の見方が歪曲されていることのほかに説明がつかないのではないだろうか。そして、この歪曲をもたらした根源にあるのは、イデオロギーにほかならないのではなかろうか。

マルクスに続いてイデオロギー理論の発展に貢献した理論家を数え上げれば、とても長くなる。主要な者としては、エンゲルス、マンハイム、ゴルドマン、アドルノ、ホルクハイマー、マルクーゼ、グラムシ、バルト、アルチュセールの名前が挙げられる。多すぎて、彼らの理論を概観することさえままならない。本書の別の項で、イデオロギーをめぐる議論に対するグラムシの重要な貢献である「ヘゲモニー」の概念を説明した（→【19ヘゲモニー】）。ここでは、アルチュセールのイデオロギー理論（Althusser [1971]）からいくつかの主要な点を素描したい。彼の仕事は、次の三点で参照点として有用である。第一に、イデオロギー論との関係において近年出現したいくつかの鍵となる問題に焦点を当てていること。第二に、より広範なマルクス主義の伝統からイデオロギーを理論化する

ためのいくつかの鍵となる発見を相互に結びつけていること。第三に、現代において大勢を占める「ポスト・イデオロギー」的な言説の理論のいくつかが出現するための地ならしをしたこと。以上である。

アルチュセール

アルチュセール（Althusser [1969]）によれば、社会は三つの実践のレベルからなる[1]。経済的レベル、政治的レベル、イデオロギー的レベルである。彼以前の多くのマルクス主義者たちは、経済的レベルを「土台」と見なし、政治的レベルとイデオロギー的レベルはその土台の上に構築され、土台によって決定される上部構造をなすと主張してきた（図1参照）。上部構造は、土台の機能的要件を満足させねばならないため、これらの要件との関係において説明されるべきだと機能主義的な観点から主張されることもあった。たとえば、教育システムは経済に必要な（熟練）労働力と、規律ある労働者に必要な態度を再生産するとされ、これらの機能との関係における社会制度として説明される。つまり、私たちの教育システムが現にこのようにあるのは、資本主義社会が熟練労働力などを養成する制度を必要としているからだなどと説明されるのである。

アルチュセールがこのような説明に二つの点から反論したことは有名である。第一に、彼は政治的そしてイデオロギー的な実践はそれぞれの内的な論理とダイナミクスをもっているために、土台から「相対的に自律的」であると論じた。相対的な自律性は捉えがたいことで悪名高い概

イデオロギー的・政治的上部構造

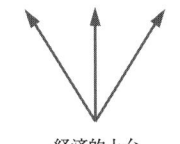

経済的土台

図1　上部構造としてのイデオロギー

---

1) 厳密にいえば、アルチュセールは第四のレベルを特定している。それは、（彼自身の）「理論的実践」と科学のレベルである。だが、議論を複雑にしないためにここでは取り上げない。

念だが、それは、次の二つの同じくらい説得力のない選択肢をともに避けようとしたアルチュセールの試みを表している。つまり、一つめは、観念が真空状態の中で、それに内在する論理のみに従って発展するという主張と、二つめは、観念が経済的ダイナミクスの効果にすぎないという主張である。たとえば、文学界の産物と働きを資本主義の機能的要件に還元したり、それらを経済の「副次的効果」にすぎないものと見なしたりすることは馬鹿げている。というのも、文学界は独自の構造とダイナミクスを有しており、文学を社会学的に理解するためにはこれらを理解することが不可欠だからである。他方で、文学界の構造とダイナミクスが完全に自律的で経済の影響から自由であると考えることも同じぐらい馬鹿げている [2]。経済はさまざまな方法で文学に影響を与えている。書籍は工場で生産され、販売され、作家・批評家・出版社は支払いを受ける。さらに、資本主義時代の到来が、社会組織と価値のありようをめぐる一定の枠組みをもたらし、これがほとんどすべての領域における私たちの振る舞い方を定めていることは間違いない。したがって、文学界（これは、どのような「世界」についてもいえることだが）は完全に経済的に決定されるわけではないし、完全に自律的であるわけでもない。それは相対的に自律的なのである。

---

[2] この議論には危うい点がある。経済だけを、他のすべての構造に影響を与える構造として特定するよりも、「あらゆるものが相互に結ばれており、相互に影響を与える」と考えた方が筋が通っている。なぜ、経済こそが文学界に影響を与えるとだけ考えて、たとえば、政治が文学界に影響を与えるとは考えないのだろうか。この疑問に対する回答は、経済が他のどの構造よりも強力な社会的構造であるから、というものかもしれない。しかしながら、これを信ずべきア・プリオリな理由は存在しない。それは、具体的事例ごとにそのつど証明されねばならない経験的な主張なのである。

アルチュセールの仕事は、マルクス主義において「経済の優位」の問題に取り組んだ試みの中で、おそらくもっとも洗練されたもので、これを議論するための興味深い切り口を開いたといえる。しかしながら、彼の最終的な結論は、あいまいで混乱している。つまり、他の諸構造の相対的自律性と決定力についてさまざまな方法で譲歩しているように見えても、「最終審級においては」経済が決定的であると結論するのである。本項で後ほど、この意味するところを手短に説明したいと思う。

第二に、アルチュセールは、異なる時点において異なる構造が社会を組織するうえで支配的でありうると主張する。きわめて粗く、やや単純化しすぎの例を挙げるなら、資本主義社会において経済はまちがいなく支配的な力をもち支配的な構造とされるが、封建社会においてはそうではない。というのも、封建社会では、経済的生産は封建領主の意思に従わねばならないため、社会の政治的な構造が支配的だからである。この点では、共産主義時代の東ヨーロッパも同じである。特定の「生産様式」（→【50社会階級】）の内部においてさえも、複数の異なった構造が社会を動かすうえで主導権を握り、他の構造を支配する場合がありうる。たとえば、政治的危機の時代には、政治的配慮とダイナミクスが他のすべての構造の働きを上塗りしてしまうかもしれない。相対的自律性の概念と同様に、支配的構造の概念は、マルクス主義を洗練することで粗い経済決定論を抑止するものである。

　しかしながら、アルチュセールは、経済的土台が「最終審級においては」つねにイデオロギー的そして政治的な上部構造を決定すると主張することでこの立場に留保をつけているために、混乱を引き起こすことになった。1970年代のマルクス主義者たちの間で、この主張の意味と一貫性について多くの議論が闘われた（たとえば、Cutler *et al.* [1977]）。「最終審級における」決定とは一体どういうことで、私たちはなぜこの特権を経済に与えねばならないのだろうか。そうせねばならない理由があるなら、それは何なのか。

　ここでは、アルチュセールが次の二点を意図しているように見えると述べることで十分だろう。第一に、上部構造はつねに相対的にのみ自律的であること。第二に、経済以外の構造が支配的になりうるのは、経済的な必要性やダイナミクスがそのように要請したり、そうなるべく決定したりした場合だけであること。彼がこの立場を十分に擁護できるかという問題については、ここでは立ち入ることができないが、アルチュセール陣営に相当に入れ込んだメンバーたちでさえも、この立場は擁護不可能であるという結論に辿り着いたということだけはいっておこう（Hindess and Hirst [1977]；Cutler *et al.* [1977] 参照）。また、とくにイギリス社会学においては、このアルチュセール的モデルの崩壊は、マルクス主

義理論一般の崩壊、そしてとりわけフーコー的なポスト構造主義モデルへの移行と密接に結びついていたこともおそらく留意しておいてよいだろう。スマート（Smart [1983]）はこの過程をうまく説明している。

重要論文「イデオロギーと国家のイデオロギー装置」（Althusser [1971]に所収）では、イデオロギーについてのアルチュセールの成熟した思考の多くが提示されている。そこでは、これらの思考は一連の命題として提示されている。これらの命題をそれぞれ概観することで彼の理論をつかむことができるはずである。

イデオロギーは物質的である

アルチュセールは、イデオロギーが浮遊する「観念」であるという考えや、非物質的な「イデア的」領域という考えを廃棄したかった。それは、このような考えが彼の（そしてマルクスの）「唯物論」と相容れないからである[3]。このような考えに対し、アルチュセールはイデオロギーが装置（下記参照）と実践で構成されると考えようとした。これは、「観念」が受肉するためには、それが身体的に実践されねばならないという意味である。こう述べたなら、アルチュセールは私たちが話したり書いたりする方法に焦点を当てているようにみえるかもしれないが、実際は、習慣や儀礼、そして観念や信仰の受肉と見なすことができる他のさまざまな振る舞い方にも焦点を当てている。たとえば宗教は、意識にどこからともなく入り込んできて、自分のもてるものだけで満足せよと

---

[3] この文脈における唯物論は、世界に存在するすべては物質的であるという考えである。とりわけそれは、たとえば人間は物質的ではない精神をもっているという考えと対照的である。唯物論は、世界を物質的な原因と結果のきわめて単純なメカニズムに還元しようとする、かなり素朴なものでもありうる。だがマルクスは少なくとも、生命のない物質的存在ではなく、感覚をもち身体化された人間実践に焦点を当てることで、より洗練された形態の唯物論を示唆しているようにみえる。この観点からすれば、人間は身体とは別に非物質的な精神をもってはいないことになるが、「木の塊」でもないことになる。むしろ、身体化された活動によって観念その他を実現する、きわめて複雑で知的な物質的有機体なのである。この意味で、思考とは、「他の領域」に属するのではなく、感覚的実践の領域、言い換えれば身体的実践の領域に属するのである。

私たちを説得しようとする非物質的な一連の観念ではない。「民衆の阿片」という、マルクスによる有名な宗教の定義はこのような見方を示唆しがちだが、実際は違うのである。なぜなら、宗教とは、私たちが教会に行き、ひざまずいて祈り、祈りを反復し、歌を歌うことだからである。つまり、私たちは日常生活において習慣的に実践と儀礼に参与することで、宗教を「行う」のであり（もちろん、私たちが宗教的である場合の話だが）、そのようにして宗教は私たちに影響を与えるのである。

国家の抑圧的かつイデオロギー的な装置（ISAs）

これまで述べてきた実践の概念は「装置」の概念と相補的である。アルチュセールによれば、資本主義は、多数の人びとを明らかに悲惨な状態に陥れるものであり、かつ搾取と不可分であるが、にもかかわらず国家のおかげで存続する。そして、国家は二つの方法で機能する。それは、軍隊や警察などの、一連の「国家抑圧装置」と関わっている。これらの装置は、たとえば、暴動やストライキ、デモなどの葛藤が生じたときに秩序を強制する。したがって、抑圧的国家装置は「毒をもって毒を制す」のである。しかしながら、資本主義の取りうる手段が抑圧だけなら、秩序はきわめて脆いものになってしまうはずである。はるかに効率的なのは、例を挙げれば、家庭・教会・メディア・学校などの、一連の「国家イデオロギー装置」によって、資本主義秩序への「同意」を確保することである。これらの装置は、人間主体ないし行為者が、（資本主義）社会の従順かつ自発的な成員として事実上形成される実践の場である。つまり、これらは私たちを人間行為者として現にあるような存在に作り上げ、さらに重要なことに資本主義社会の「似姿として」形成する実践の場なのである。

イデオロギーは歴史をもたない、それは要請されるだけである

イデオロギーはそれぞれ固有の歴史をもっている（それらはほとんど、経済と階級闘争のダイナミクスによって形成される）。たとえば、どんな宗教でも潜在的に辿ることのできる歴史をもっており、この点ではメディアとスポーツの世界におけるイデオロギー的実践も同じである。し

かしながら、アルチュセールによれば、イデオロギーそれ自体は歴史をもたない。これが何を意味しているかといえば、彼の理解する「イデオロギー」は、人間社会にとって必要であり不可避であるため、イデオロギーは過去につねに存在してきたし、今後もつねに存在しつづけるはずだということである。アルチュセールによるイデオロギーの理解に照らせば、彼が事実上示唆しているのは、言語・規範体系・文化的実践・信仰などをもたない社会というものは存在しないということである。この点で彼に反対するのは難しいが、彼に賛成することは、多少は機能主義的な考えに譲歩することであることを忘れてはならない[4]。とはいえ、これを認めることはもちろん、何らかの特定のイデオロギー的構成を不可欠なものと見なしたり、それをよいものとして正当化したりすることを意味しない。マルクス主義者として、アルチュセールは資本主義社会の中心的なイデオロギー構造に反対していたし、来るべき社会主義社会を特徴づけるはずのより優れたイデオロギー構造に期待していた。

イデオロギーは主体としての個人に呼びかける

イデオロギーは私たちが何であり誰であるか、そして、自分自身を誰だと信じているかという点を形成する。それは、私たちがイデオロギーの中に生き、イデオロギーの命ずるままに振る舞うことでこれを現実化することによって行われるのである。それは、私たちの思考・信念・知覚・行為を、私たちがそれらを行うことによって形成する実践からなる。この点で、アルチュセールは哲学者パスカル（Pascal [1972]）を引用する。パスカルは、人間は神を信じるからひざまずいて祈るのではなく、ひざまずいて祈るから神を信じるのだと述べた。つまりパスカルの観点

---

[4] ここでは、社会が可能であるためにはいくつかの条件が満足されねばならないことが前提されている。だが、それらの条件の満足が必要であるという事実が、これらの条件が満足されるための原因であると主張しているのではないことに注意してほしい。生粋の機能主義の「目的論」に従えば、たとえば、社会にとって言語が必要であるという事実が存在するだけで、言語の発生をもたらすに十分なのだ。それに対し、社会にとって言語は必要だが、言語が（ということはつまり社会が）発生するか否かは偶然に委ねられていると考えることができる。

では、宗教的な思考や信念は、宗教的実践（に浸りきること）によって形成されるのである。アルチュセールはこれがイデオロギーのすべての側面にも妥当すると考えるが、それのみならず、彼が「呼びかけ」と名づけるものによって主体がイデオロギーの中で形成されるとも考える。

interpeller はフランス語の一般的な動詞で、誰かを指名したり話しかけたり、あるいはアルチュセールが言うように、「呼びかけ」たりすることを意味する。より専門的な意味では、アルチュセールは「呼びかけ」という言葉で次の事態を指している。つまり、個人が自分について考えたり、自分というものの概念を獲得したりするのは、他者による概念化の方法に従うことでなされ、この概念化の方法はそれ自体イデオロギー的実践という文脈の中で個人が指名される（呼びかけられる）方法を通して理解される、という事態である。手短にいえば、人びとは自分がどのように扱われるかに応じて自分というものの概念を獲得するのである。これは資本主義社会においては、次のことを意味しよう。つまり、私たちは自分の生き方を選択できる存在であり、現にある私たちの生活も自分で選び取ったものだという、自由で合理的な個人として自分自身を捉えるということである。なぜなら、家庭・学校・メディアなどに映った、私たちの生活そして私たち自身についてのイメージとはそのようなものだからである。

私たちは生まれる前から世界に場所を与えられている、とアルチュセールは言う（たとえば、両親が生まれる前の子どもの名前をすでに決めていることや、その子どものためにさまざまな計画を立てていることはよくある）。他者は私たちが誰でどんな人間かを「知っている」。「呼びかけ」はこの知識が私たちに伝達され、私たちがそれを受け入れるようになる過程である。肝心なことは、このようにしてこそ、私たちが「主体」──決断しそのとおりに実行することのできる、自己を認識し意識をもつ存在──として形成されるとアルチュセールが考えていることである。このような考えこそ、「主体」に始まり、社会生活を主体の投企に還元しようとする社会理論に対するアルチュセールの（悪名高い）批判の一部をなしている[5]。アルチュセールによれば、社会を個人に還元することはできない。なぜなら、個人は（他のさまざまなものととも

に）社会によって形成されるからだ。個人はイデオロギーに呼びかけられ、生活の環境を構成するイデオロギー的な実践によって形成されるのである。

個人とその現実の存在条件を結びつける想像的関係の「表象」としてのイデオロギー

イデオロギー理論の多くは、イデオロギーを、人びとが生活する現実の状況についての虚偽の表象として位置づけている。アルチュセールはこの見方に異議を唱える。イデオロギーが「表象」と関係をもつかぎりで、それは人びとが現実の状況と取り結んでいる想像的な諸関係を正しく表象している。したがって、イデオロギーが現実の諸関係を直接的に偽って表象するという見方は間違いである、というわけである。この論点は理解が困難だが、アルチュセールはこれ以上立ち入って論じていない。だが、彼はジャック・ラカンの精神分析を援用しているようにみえる（「呼びかけ」の説明では彼は実際にそうしている）。

ラカンは、「現実的なもの」に対する人間の関係はつねに想像的そして象徴的な構造によって媒介されていると論じた（→【29想像界・象徴界・現実界】）。「呼びかけ」の概念が示唆するように、私たちはイデオロギーの構造の中で意識をもった存在として形成される。そのため、私たちの主観性の核心さえも「イデオロギー的」であり、他者とも世界とも媒介されない関係をもつことは不可能なのだ。社会学にしばしばみられる役割理論を参照することで、この論点を明確にすることができるだろう。役割とは現実的な社会関係であり、私たちを他者と結びつけるが、それは同時に「想像的」な構造でもある。例を挙げれば、夫と妻は現実に存在するが、その存在は行為者たちがこれらの役割を演じて役割にな

---

5) アルチュセールの仕事は、1970年代に社会諸科学を席巻した構造主義の中心をなす要素だった。構造主義はとりわけ、一見して自律的な人間活動ないし固定された人間の属性に社会生活の根拠を求めたり、社会生活を還元したりする社会理論に挑戦した。アルチュセールは、構造主義のこのような側面の提唱者の中でも、さまざまな意味でもっとも激しいことでよく知られていた。【21ヒューマニズムと反ヒューマニズム】の最初の方を参照。

りきることにかかっている。たとえば、夫は夫らしく振る舞い、夫らしいものの考え方をしなければならない。私たちが役割を「演ずる」ことは、私たちが想像的にその役割になりきることを必然的に伴うのである（ただし、ここでいう「想像」とラカンの「想像的なもの」の概念とは直接的関連はない──➔【29想像界・象徴界・現実界】）。イデオロギーが表象であるかぎりで、それはこれらの想像的な関係の表象なのである[6]。

　アルチュセールの仕事は非常に多くの批判を呼び寄せた。たとえば、彼の理論が個人の主体的行為や主観性の余地をほとんど認めておらず、行為者をイデオロギー装置の効果としてしか見なさない傾向があることを批判する者は多い。他方で、彼の「呼びかけ」の議論は主体の形成を説明するとされているが、実際は主体を前提していることが指摘されてきた。つまり、コミュニケーションの中で私たちに差し向けられる自分のイメージを、私たちがほかならぬ自分自身のものと認識することができる存在であることを前提しているのである（Hirst［1979］）。もちろん、このことはそれ自体としては問題ではない。私たち人間にとってこのような認識が可能であることを否定するような理論は、事実と明らかに矛盾する。しかしながら、この指摘はアルチュセールの議論に不整合を引き起こすものであり、これは大きな問題である。

　他方で、アルチュセールの仕事が多くの箇所で機能主義的な含意をもつことを批判する者もいる。しかも、それは強度の問題含みの機能主義なのである。つまり、社会的世界の各部分が全体との関係において何らかの役割を果たすとするのみならず──この点だけなら事実であるかもしれず、正当な観察に基づくものだと擁護もできるだろう──、これら

6） これはアルチュセールの理論のきわめて捉えがたい側面である。筆者は、ここにおいてイデオロギー概念の用法が、アルチュセール自身の定めたものから外れてしまったと考えている。というのも、彼はイデオロギーがそもそも表象ではなく、一連の実践だと多くの著作においてくり返し強調しているからだ。私見では、ラカン的な用語法がこれをいっそう複雑にしている。第一に、アルチュセールがこれをどのように使用しているかを説明していないからで、第二に、ラカン自身も自分が意図していることについて明瞭というには程遠く、全体的にお茶を濁しているからである。

の部分を全体における機能という観点から実際に説明しているようにみえるのである。たとえば、彼は多くの場合、イデオロギーを資本主義にとっての全体的な機能的価値の観点から説明している。この種の機能主義的「説明」は、「目的論的」説明と呼ばれ、社会科学では一般的にきわめて嫌疑の余地のあるものと見なされている。つまり、社会的行為が引き起こした帰結は、その行為の原因と見なすことはできない、と反論されるのである。というのも、それは馬の前に荷車を置くことに等しく、因果関係が遡及的に機能するかのように考えることだからである。そのうえ、ほとんどの「機能的説明」は詳しい観察のもとでは崩壊するほかなく、代わりに一般的には旧来からの通常の因果関係が認められている。

最後に、前述のように、「相対的自律性」と「最終審級における経済決定論」の二つの概念を実際に両立させるのはきわめて困難であることが明らかになり、そのために多くのアルチュセール主義者はこれらの概念を放棄し、ポスト構造主義的な立場をとることになった。

いくつかの点で、アルチュセールは最後の偉大なイデオロギー論者だった。彼の仕事を最後に、批判理論の理論家たちはイデオロギー概念のかわりに、言説、実践、権力／知、などの概念を用いる傾向がある（→【11ディスコース】【38権力】【39権力／知】【13ドクサ】）。しかしながら、これらのより現代的な定式化にも——少なくともアルチュセールの時代を生きた理論家によるものには——しばしばアルチュセールの亡霊が認められる。

【基本文献案内】
イデオロギーについてのマルクス自身の仕事は膨大な量にのぼるが、『ドイツ・イデオロギー』（Marx and Engels [1970]）の［英語の］学生版は出発点として適当である。というのも、中心的な重要性をもつ表題のテクストの短縮版と、有名な『経済学批判』の序言——これに構造主義とマルクス主義の多くの議論が言及している——、そして、『フォイエルバッハ論』——マルクスによる古典的な唯物論の主張が開陳されている——がすべて収録されているからである［邦訳は、岩波文庫等で各々別に刊行されている——訳者補記］。アルチュセールの「イデオロギーと国家のイデオロギー装置」（Althusser [1971]）は、やや難解な段落もあるものの、全体としてかなり読みやすく、必読の古典である。イデオロギーの理論の概観としては、ラレーンの『イデオロギーの概念』（Larrain [1979]）とバレットの『真理をめぐる政治学』（Barrett [1991]）がある。これら二つの著作はともに興味深いが、相互に足りないところを補いあうものとして読むことができる。

（倉島哲訳）

28
イリュージオ Illusio

◎関連概念：資本、ドクサ、認識論的断絶、界、
　　　　　　ハビトゥス、ヘクシス／身体技法、承認

　ピエール・ブルデューは、先行する多数の研究者と同様、社会的世界の性質を説明しようとする際に「ゲーム」の隠喩を使用している。他方で、ブルデューは、たとえば「社会界」、すなわち社会的世界を構成する多様に細分化された下位世界（たとえば、宗教、政治、芸術、そして教育の界）をはっきりとゲームと比較している（→【15界】）。いかなる社会界も、部外者の視点からは恣意的に見える約束事と目標によって構造化されている、とブルデューは論じている。こうした約束事や目標は、任意のゲームの規則や目標と同様に、究極の合理的根拠づけをもってはいないのである。約束事や目標は、さまざまな「内的」正当化によって支えられているのかもしれない。すなわち、ゲームそれ自体の広範な約束事を「支持して」いる場合には、強制力をもつ正当化によってである。しかし、こうした広汎な約束事を疑問に付し、正当化の最終的根拠を求めて問いを立てつづけるならば、見いだされるもっとも良い答えは、「とにかく、そうなっているんだ」である。いかなるゲームの構造もそうであるように、いかなる界の構造も、最後のところで「文化的に恣意的」である。

　同様に、いかなるゲームに参加することもそうであるように、いかなる界に参加する場合でも、能力、技術、そして処方知(ノウハウ)を獲得していることがその前提となる。私たちは、ゲームに対する「勘」を身に付けながら、そのやり方を学んでいく。この「勘」は、どんなふうにしてそういう動作をするのかを考える必要すらないままに、ゲームをすることを可能にする。そして、同じことが、社会界で「ゲームする」、ないしはそこに参加する際にも当てはまる。ブルデューの有名な概念であるハビトゥスは、こうした現象を捉えようとしているのである。実際、ブルデュ

ーは、ハビトゥスを「ゲームの感覚」と表現しさえしている（→【18 ハビトゥス】）。

　社会的世界についてのこうした見方は、社会界に参加する際の「核心」に関して当然出てくるはずの問いに正面から取り組むことを避けている。もし界が文化的に恣意的で根拠づけを欠いているのだとしたら、なぜ行為者は、それについて思い悩んだりするのだろうか。これは、何人かの実存主義哲学者——とりわけハイデガー（Heidegger [1962]）、直接的にはアルベール・カミュ（Camus [1975]）——の仕事の中で提起された問いである。カミュは生の「不条理」と、私たちがその「不条理」のうえに意味の世界を構築する必要性について作品を書いたのである。ブルデューは、この問いに直接答えることはしておらず、またそれを哲学的に扱うこともしていない。だが彼の「イリュージオ」という概念は、この論点に対する社会学的アプローチの代表例である。

　イリュージオは、行為者を、個人的にも集合的にもゲームと社会界の双方を拘束している「ゲームへの信憑」である。「実際の」ゲームを簡単に振り返ってみることで、このことをもっともうまく例証できる。たとえば、ポーカーのようなカードゲームを考えてみよう。ポーカーのゲームが続けられている間、表面に数字と絵が描かれた紙片（すなわちカード）は、プレイヤーに対してほとんど魔術的な力を身に帯びている。たとえば、カードが配られ、交換され、配列されるとき、プレイヤーの心はカードによって——ときには深く——揺り動かされる。脈拍が上がり、プレイヤーは汗をかき、そしてアドレナリンが体内を駆けめぐる。プレイヤーは心を奪われ、カードをめくることが中心的な重要事となる。どのようにして52枚の紙片がこうした効果をもつようになるのか。効果をもっているのは、もちろん、紙の素材としての特質ではない。効果は身体的なものかもしれないが、その原因はそうではない。こうした効果を生み出すのは、紙片がもっている意味、ゲームによって社会的に与えられた意味である。たとえば、「ハートのジャック」の描かれたカードをめくることは、それがゲームの文脈において意味しているもののゆえに、プレイヤーに影響を及ぼす。それは、ゲームの規則に関連して一般的な影響である場合もあるが、進行中の特定のゲームのプレイ状況に関

連して、より具体的なものであることもある。翻ってみれば、このことは、プレイヤーがもっている能力、ともかくゲームに没頭し、その結果ゲームに支配権を委ねてしまうという能力に依存している。つまり、ゲームが続いている間は、プレイヤーは自分たちがやっていることに非常に強く信憑しており、それゆえ非常に「むきに」なることができるほどにまで、意識されないものにとどまっている「ごっこ遊び」の形式に依存しているということでもある。

　これは一時的な効果にすぎない。誰かが勝利してゲームが終了すれば、カードはその「神聖な」地位を失い、「世俗的な」モノ（「ただの紙片」）に戻り、プレイヤーはそれは「ただのゲーム」にすぎなかったと認識することを可能にする批判的な距離を再び手に入れる。もちろん、ゲームが収拾のつかないものになってしまう場合もある。このとき、プレイヤーたちは興奮しすぎて攻撃的になり、「掛け金」をゲームによって定められているよりも高いところまで上げる覚悟をしている。たとえば、「開拓時代のアメリカ西部」のカード・プレイヤーたちは銃の撃ち合いを始め、フットボール選手たちはときどき乱闘になってしまう。彼らには、「それはただのゲームなんだ」と教えてやる必要がある。しかし、大体の場合、私たちの大部分は事態を認識しているのである。

　界に関しては少し事情が異なっている。ブルデュー（Bourdieu [1992a]）の用語を使えば、ポーカーは「対自的」ゲーム、すなわち少なくともそれをやっている最中でなければ「ただのゲーム」だと認識されているゲームであるのに対して、社会界は「即自的」ゲームである。ブルデューがこの用語によって言おうとしているのは、社会界は、私たちがそれをゲームだと認識しないゲームだということである。私たちはそれを「現実の生」であると見なし、そうであるがゆえに「ゲームにすぎないもの」と対照的に捉える傾向がある。しなしながら、ブルデューによれば、こうした即自的ゲーム、すなわちこうした「現実の生」のゲームは、対自的ゲームと同じ度合いの「魔術」を必要としている。「プレイヤー」は、ゲームの構造に従って、行為、行為者、および対象に意味を見いだしつつ、ゲームに支配されねばならない。つまり「プレイヤー」は、ゲームの約束事と目標の恣意性を認識しないという意味でゲームを「信憑

28 イリュージオ Illusio

し」つつ、むしろこうした約束事と目標を、自然の必要が生んだ諸力であると感じながら、ゲームに支配されねばならないのである。プレイヤーたちは、自分たちがしていることが何であるかを一貫して認識しないことを必須とする方法で、「ごっこ遊び」をしなければならない。そして彼らはゲームの内部でプレイし、勝ちを収めることを欲望しなくてはならない。この欲望が失われれば、当該の界と人間の行動に対するその権力は求心力を失ってしまうだろう。十字架は奇妙な形をした棒きれになり、修道服は馬鹿げた燕尾服になってしまうだろう。紙幣は——モノポリーの貨幣と同様に——ただの紙になってしまうだろうし、議会の儀式や裁判は、その権力の土台である正当性を欠いてしまうだろう。社会生活の構造は、カミュ（Camus [1975]）に代表される作家たちが主張するように、社会的世界の表層のすぐ下に広がっている不条理と、信憑と意味によって食い止められていた不安によって呑み込まれ、バラバラになってしまうだろう。

くり返せば、イリュージオは、ブルデューがこの「ゲームへの信憑」に与えた名称である。だがいくつかの点で、この概念にこの名称を与えたことは、不幸な結果を招くものである。なぜなら、それは「イリュージョン」を思い起こさせるからであり、それゆえ社会的世界の意味と価値を土台から掘り崩しているように思われるからである。私見によれば、それはブルデューの意図するところではない。

まず第一に、ブルデューは、認識されざる恣意性に基づかない社会的世界ないし社会界が存在しうるなどということを示唆しているのではない。ある特定の界に帰属するイリュージオを認めることは、界やそこでプレイする者を批判することではない。つまり行為者が欺かれているということを主張しているのではないのである。現在の現実とは対照的な「本来的な」現実などは存在しない——自らの恣意性とともに生きることができるようになった世界があれば、おそらく話は別であるが[1]）。

しかし、より重要なことは、社会的世界の恣意性は、哲学的／社会学的分析の中で明らかにされたように、いくつかの点では、理論家の「分析的視点」によって作られた人工物、すなわち研究の対象とするために分析家が「慣れ親しんだものを奇妙なものに見せ」、それによって社会

的世界を客観化しようと試みる中で意図的に作り出された人工物なのである。世界を科学的分析の対象たりうるものとして構成するためには、そこから距離をとらねばならない、とりわけその「自明性」から距離をとって、後ろに下がらねばならない、とブルデューは信じている。ゲームの隠喩とイリュージオという概念は、こうした作業を行う方法を提供している。こうした方法は、認識論的断絶をもたらすのである（→【14 認識論的断絶】）。だが、こうした方法は社会分析にとっては便利であるが、その一方で社会の一般的成員が身に付けるには不可能な態度でもある。実際には社会学者たちにしても、社会学者として仕事をしていないときには、そうした態度をとることはできない。これは社会分析のために役立つ態度ではあっても、日常生活のための態度ではないのである。

　最後に、「イリュージオ」という言葉は、「イリュージョン」という概念よりも、「幻滅（disillusionment）」という概念と比較するときにもっともよく理解できるということを指摘しておきたい。私たちはみな、かつては有意味だった活動ないしは営みが、自分たちにとってそうではなくなってしまうとき、幻滅のプロセスを目の当たりにする。人びとは、仕事に、政治に、家族生活に、それどころか実際には生活のありとあらゆる局面に幻滅することがある。幻滅という事実は、それがイリュージオの消滅（dis-illusio-nment）であり、したがってそれに先行する事態

1）　これはいくつかの点で、ハイデガー（Heidegger [1962]）が本来性という言葉で理解しているものにあたる。ハイデガーが言うような意味での「本来的な」ライフスタイルなどは存在しない。それどころか、本来的に生きるということは、生のあり方は恣意的であるということと、それはいつか終わり（死）を迎えるということの両方を知りながら——しかしそれでも生の方を選択し、こうしたことすべてを通り抜けて——生きるということを必要としている。ブルデューによれば、社会的世界の中で行為するためには、こうした事態に向けた眼差しを感知しうるのと同じ程度に、それに対して信憑する必要があり、ハイデガーが示唆するようなあり方で生きることはできないのである。しかし、ブルデューは同時に社会学を、啓蒙の一形式であり、社会的世界がどういうものであるのか、その恣意性の総体を、そのメンバーに対して明るみに出すものだと考えている。したがって、おそらく彼の思想の中にはハイデガー派的な要素が含まれているのである。

である「幻在（illusionment）」ないし「イリュージオ」がどのようなものであるかを明るみに出すがゆえに重要である。それは、社会界における私たちの熱狂や利害／関心が変容可能であり、私たちの社会的関与を賦活する魔術が枯渇しうるものだということを明るみに出す。こうした事態を背景にしてはじめて、イリュージオという概念が意味をなしはじめるのである。

後期のいくつかの著作でブルデューは、このことを精神分析の概念であるリビドーと関連させて説明しようとしていた。リビドーとは、精神分析が私たちの心的生の深奥にあると想定している性的エネルギーであり、精神分析家たちの主張によれば、安定しかつ文明化された社会の必要な性的欲動の抑圧を遂行するために、生の非性的領域へと「昇華」[2]させられるものである。

> 社会学の任務の一つは、社会的世界がいかにして生物学的なリビドー、すなわち未分化の衝動を、明確な社会的リビドーとして構成するかを究明することである。実際には社会界が存在する数だけリビドーの種類も存在する。つまり、リビドーを社会化する仕事は、厳密にいえば、衝動を明確な利害関心に変換すること、それも社会的に構成された利害関心に変換すること、すなわち、ある事象が重要であり同時に他の事象が問題にならないような社会的空間とのつながりにおいてのみ存在する利害関心に変換すること、その空間における客観的な差異に応じて分節化を遂行するといったやり方に見られるような形で、社会化された行為者にとってのみ存在する利害関心に変換することなのである。（Bourdieu [1998a : 78-79]）

---

[2] 昇華は精神分析の概念である。それは、方向を修正され、もともとの目標からはるかにずらされてはいるが、それにもかかわらずその代替となるような諸活動の中に表現ないし満足を見いだす性的かつ攻撃的な欲動を意味している。たとえば学問的および芸術的活動は、性的な放出の昇華した形態であると主張される。それらは（明らかに！）方向を修正された恣意的エネルギーの結果なのである。

この定式化は、慣れ親しんだものを、見慣れていないものにすることで、社会学のさらなる認識論的断絶をもたらすために生物学を——修辞的に——利用しているがゆえに興味深いものである。高度な芸術あるいはオートクチュールから、科学や数学を経て、フットボールに至る広がりをもつ、人間のさまざまな洗練された利害関心は、私たちがそれらに対して情熱を抱くとはどういうことなのかと問うとき、魅惑的な学問的問いを形成する。いかにして私たちは、食物に対する欲求と他の「基本的」快楽だけをもった「単なる有機体」の状態から、前衛文学、プロ・チェス・トーナメント、そして「批判的社会理論の基礎概念」という目もくらむような文化的高みへと到達するのだろうか。20世紀のフランス社会学に対する強い好みから、どんな生物学的利点が導き出されるのだろうか。

重要なのはもちろん、生物学はこうした事項を説明しはしないということであり、私たちは、社会が、生物学的な意味での有機体を、その生物学的な自然から離陸させて、洗練された社会的世界の中へと移行させる方法に目を向けなくてはならないということである。しかしながら筆者は、このような移行が生じる際の方法に関していえば、ブルデューの隠喩的なほのめかしに対して、それほど納得しているわけではない（Crossley［2001a］も参照）。だが本項は、こうした問題を詳細に論ずべき場所ではないし、若干の簡単な指摘で十分であるはずである。

第一に、未分化の生物学的リビドーという概念はきわめて疑わしいものである（Goldstein［2000］）。それは生物学的観点からも、社会学的観点からもあまり意味をなしていない。もちろん人間は（身体的）エネルギーをもっており、それを多様なタイプの営みに使用する。さらに、もちろん私たちは、関与、（主観的、客観的両方の）利害関心、ならびに熱狂を展開するが、「リビドー」という概念は、それらを解明ないし説明するというよりも、神秘化しかつ実体化してしまう。リビドーという観念は、少なくともこの文脈の中で使われている場合には、相対的に意味のないラベルであるように筆者には思われる。それは、人間には何らかの方法で私たちの行動を決定している現実の機械的過程が伴っている、ということを私たちに信憑させるものである。つまりそれは、行為者の

利害関心が形づくられ、その関与が形成されるより込み入った複合的な道筋に関する経験的な分析から、私たちの注意を逸らしてしまうのである。

　第二に、ブルデューの説明は、その弟子であるヴァカン（Wacquant [1995]）のものも含めて、他の社会学的説明が、人間の関与は相互行為的文脈でつねに交渉されるものであると提案しているのに対して、事態に対する「これで決まり」的な説明という性格をもっている。社会的行為者は、その行為が何であれ、自らの「キャリア」の多様な時点において、個人的かつ集合的に「なぜ私はこんなことをしているのか」と自問し、自身のやる気を高め、自己と他者の双方を「正しい位置に」とどめておくためのさまざまなやり方を工夫する。利害関心を保持するためのこうした多様な技法と戦略は、リビドーの水路づけという説明よりも、イリュージオという観念を理解しやすいものにする。これらの技法と戦略はまた、特定のゲームにおけるプレイヤー間の象徴的交換の形式をとることで、社会科学者にとって可視的なものになりうるがゆえに、より分析が容易なものでもある。

　このことと関連して第三に、行為者が特定の（往々にして恣意的なものに見える）営みに主観的に絡め取られていく様子を理解可能なものにする、より慎ましい別の概念が社会学文献の中には存在している。たとえばハワード・ベッカー（Becker [1960]）は、ある活動への参与が、特定の「篭／営み」に手持ちの「卵／資源」をより多く投入するよう行為者を導き、自分の必要と要求のより多くの部分をその活動に結びつけ、主観的にも客観的にもいっそうその活動に「利害関心をもつ」あるいはのめり込むといったことが、どのようにして頻発するのかを記述している。最後までやり通すことに不安がある事項に自分をつなぎ止めるために、私たちは「副次的賭け」をすることがよくある、とベッカーは書いている。すなわち、私たちは、心からやり遂げたいという気持ちになることがわかっている事項を達成することに、活動を関連づけるのである。たとえば私たちは、やろうとしていることが何であれ、自分たちにとって財政的な報償を生み出すようなやり方で、文字どおり金銭上の賭けをしている。しかし、この「副次的賭け」をするという過程は、ある活動

への参与の結果として、意図せざるやり方で、同じ効果を生み出すことによって発生することもある。「道徳歴」（moral career）の経路に沿った個々の段階は、多様なやり方で掛け金を上積みさせるのである。

　少し異なった視点からゴフマン（Goffman [1959]）は、行為者がある特定の役割を引き受け、活動を「遊びでやってみる」ことが、演じている役割を効果的に内面化し、それに成り切ってしまうことへとつながっていく過程を描いている。行為者たちは、自分たちの役割に身がなじみ、慣れてくるにつれて役割距離を失ってしまう。興味深いことに、これは実際、ブルデュー自身が『実践感覚』（Bourdieu [1992a]）において書いていることに符合するのである。身体は、「それが演技しているものを信憑する」とブルデューは主張している。換言すれば、私たちの行為のもっとも基本的な前反省的位相において、私たちは、それが「ただの役割にすぎない」ことを思い出させる批判的距離を欠いたやり方で、自身を状況に適合させ、ある役割を演じることで、仮構的に行為することができるのである。くり返せば、こうした説明はともに、リビドーという概念よりも慎ましいものであるが、より調査可能なものでもあり、それゆえに望ましいものでもある。

　最後に、もし私たちが、社会的な関与を説明するために隠された「欲動」を探しているのであれば、「承認をめぐる欲望」という観念は、「未分化の生物的衝動」という観念よりもはるかに理解可能なものである（→【44承認】）。この観念は基本的には、人間は承認されることを欲望する。すなわち、自分が敬意を払い、それゆえ承認することに価値があると思っている他の人間から、欲望され、敬意を払われ、尊重されることを欲望しているというものである。この欲望が象徴的な財を媒介にして機能することが多いということは、たいていの説明において認められている。人は、大型車や、政治的要職、上級資格のような、共同体が集合的に評価する財を取得ないし獲得することによって共同体の承認を獲得する。この観点からすれば、いかなる事物も、承認をめぐる闘争に絡むことによって、欲望と関与の対象になりうるだろう。「おしっこ飛ばし競争」という日常的な表現は、このことを集約している。（この場合にはとりわけ男性の）行為者にとって、いかなることでも、たとえば誰が

壁の一番高いところにまでおしっこを飛ばせるかといったことでも競争の対象になるだろう。それはおしっこをすることが重要だからではなく、それは競争に対する衝動あるいは承認に対する欲望が行動として表れる媒体となるがゆえに重要なのである。

　社会界は、まさにこの意味において「おしっこ飛ばし競争」である。社会界の内部で競われているものは、隠された競争の力学と承認をめぐる闘争に対して二次的な価値しかもっていないことがよくある。界におけるさまざまな象徴や掛け金に意味と重要性を与えるのは、勝利することに対する欲望、承認されることに対する欲望である。このことは、そうした競争は、本来的に備わった理由から高く評価されるような最終結果を生み出すことはできない、ということをいっているのではない。そうではなく、こうした象徴や掛け金が初期の段階で社会的行為者に対してもっている重要性は、より広い基盤をもっているのではないか、ということを示しているのである。

【基本文献案内】
　ブルデューの著作の中に、イリュージオの概念についてはっきりと中心的に言及したものは存在しないが、おそらく『実践理性』（Bourdieu [1998a]）は、この概念について他のいかなる著作よりも詳細に論じているといえよう。ロイック・ヴァカンの「試合中のプロボクサー」（Wacquant [1995]）は、「コリュージオ」（イリュージオと同じテーマについての一ヴァージョン）についてボクサーに関する民族誌的研究の文脈の中で論じているが、この論文も優れた参考資料である。筆者が本項で論じたテーマのいくつかは、ブルデューの『パスカル的省察』（Bourdieu [2000]）の中でも探究されている。

（葉柳和則訳）

29 想像界・象徴界・現実界
Imaginary, Symbolic and Real

◎関連概念：イド・自我・超自我、鏡像段階と自我、
承認、精神分析における抑圧、無意識

　ジャック・ラカン（Lacan [1989]）によって展開された精神分析の流派においては、想像界、象徴界、現実界は心理学的生の三つの次元である。というよりむしろ、この三つは、それらを通過することで個人が自己（self）、他者、世界を関係づけていく三つの様相であろう。ラカンによれば、最初の二つの様相は、子どもの発達のある特定の時点に出現するが、これら三つの様相はすべて、成人の心理学的生の中でも撚りあわさっているものである。

　その名称が示しているように、「想像界」は、知覚的イメージ、想像、および――精神分析家が「イマーゴ」として言及することの多い――幼児期の最初期に起源をもつ重要な他者の内面化された表象からなる心的生の次元である。しかし、より重要なことは、「想像界」が自我とそれを発生させる過程、とりわけ「鏡像段階」と結びついていることである（→【33鏡像段階と自我】）。鏡像段階において幼児が自身と「同一化」するとき、自身を（誤）認識し、ナルシス的な愛着を発達させ、それゆえラカン派的な意味での自我を発達させるとき（→【24イド・自我・超自我】）、幼児の他者と世界に対する関係は変容する。幼児は、いまや自己から切り離されたものと見なしている他者からの承認を求めはじめ、世界についての幼児の経験は、新たに発達した自己感覚に媒介される度合いが急速に大きくなる。たとえば欲求不満は、自分に向けられたものとして、すなわち自己に対する攻撃として経験され、基本的欲求が親ないし保護者的人物によって満足させられる文脈は、幼児が愛を要求する文脈となる。たとえば授乳は、もはや食物に対する乳児の身体的欲求とその欲求を満足させるための両親の行為といった単純な問題ではなくなってしまう。少なくとも、幼児の視点からはそうである。それは愛と承認の表

243

明という問題でもある。幼児は単に食事を与えられることを求めているのではなく、親によって愛され、承認され、肯定されることを求めているのである。そして食物と幼児に食事を与える行為とは、そうした承認が表明される数ある方法の中の二つなのである。それらは愛の象徴である。それらは「想像的な」重要性をもっている。

　ここで指摘しておくべきなのは、ラカンにとって、自我は決して安定した構造ではないということである。それが構成される過程自体が、不安定な状況と承認に対する要求を作り出す。さらにいえば、少なくとも想像界の内部では、境界は決してしっかりと引かれたものではなく、間主観的に「安定した」ものでもない。それゆえパラノイアの場合と同じように、個人が世界における出来事を過度に自分中心的ないしは自我に焦点化したやり方で経験することもありうる。自分の周囲で起こるあらゆることが、あたかも自分に焦点を当てているかのように、迫害として経験されるのである。おそらくこのような個人は、通りで笑っている見知らぬ人びとが自分のことを笑ったり、自分の青年時代の恥ずべき行動について話題にしていると感じるのであろう。またおそらくこのような個人は、自分には重要な会議があることをバスの運転手は知っているが、自分のことが好きではなく、したがって自分に迷惑をかけようとしているがゆえに、バスを遅らせていると感じているのだろう。あるいは、個人が、あまりにもわずかの自己意識しかもてず、その結果、出来事が自分個人に対してもっている重要性を十分に感じ取ることができないという場合もあるかもしれない。そうした個人は、人びとが自分たちについて話題にしていること、おそらくは彼らにやんわりと忠告しようとしていることに――実際、そうであるにもかかわらず――気づかないかもしれない。

　最後に、自己と他者の境界は精神分析の他の学派[1]が「投射」「取り込み」「同一化」、そして「投射による同一化」として言及するものによって、あいまいなものにされることがある。個人は、自分自身の内にあることを否認する自身の欲望や性向のいくつかを、他者に属するものだと見なすことがある（投射）。また個人は、他者の特質、欲望、および性向を自分自身のものだと見なすこともある（取り込み）。そうした個

人は、自分たちの周囲にいて、愛したり、尊敬したり、あるいはことによると憎んだり怖れたりしている人びとの役割ないしは表面上の人格を自らに引き受けることもある（同一化）。そして、そうした個人は、他者が自分に投影する属性を受け入れたり、それに同一化したりすることもある（投射による同一化）。

　言語を獲得する過程で幼児が「参入する」[2)]象徴界は、こうしたカオスに秩序をあてがう。私見によれば、象徴界を、社会の規範的秩序として、あるいはおそらく社会と幼児が内面化する社会秩序とに必要な規範ないし規則の核として捉えるのがもっとも適切であろう。しかしながら、象徴界は同時に（言語が必然的に内包している多様な規範と規則を伴っている）言語の構造からなる象徴的意味の秩序でもある。ラカンはこの「秩序」を分析する際に、構造主義の論者から数多くの議論を引用している。たとえば一方において、ソシュールやヤコブソンといった構造主義言語学者たちの著作を引いて、言語を「象徴界」の中心的局面であるという見解を示している。こうした観点からすると、言語は、デュルケム派的な意味において個人にとって「外在的」な社会制度ないしは社会構造であり、乳児が、自分で動けるようになる時期に内面化しなくてはならない規則からなっている[3)]。

　　　1)　ここで列挙した諸概念（投射、取り込み、投射による同一化）は、とくに精神分析の中の「対象関係」と自我心理学を重視する流派に由来する。これらの流派は、それぞれメラニー・クライン（Klein [1993]）とアンナ・フロイト（Freud [1968]）の業績に起源をもっている。ラカンがこうした論者たちに、あるいは実際こうした概念に言及することは滅多になかったが、それらを意識にとめていたことは確かであり、自らの主張の根拠として挙げることもたびたびあるのである。
　　　2)　象徴界は個人の心的構造の一部をなしているが、他方でそれは、社会構造の内面化によって形成されるものである。そしてこの社会構造は、いくつかの点で個人にとって「外在的」であると見なしうる（注3）を参照のこと）。それゆえ、個人が象徴界に「参入する」というとき、たとえ隠喩的なものにとどまっているとしても、実際にそこに参入していくのだから、その言い方には一理あるのである。幼児が象徴界に参入することは事実上、その世界で活動することのできる行為者として社会に参入するということなのである。

他方でラカンは、発達におけるエディプス段階[4]についてのフロイトの説明を、「近親相姦のタブー」（レヴィ゠ストロースによれば、現在知られているすべての社会において明らかに禁止されているタブー）に

> 3) 社会学の内部において、デュルケム派の「外在性」という概念について、非常に多くの誤解がみられる。もちろん、ある点では、言語、社会等々は、決して私たちにとって外在的ではない。それらは私たちが行為することの内に存在し、行為することを通じて存在する。たとえば言語は、話す、聞く、読む、書くといった人間の諸活動と独立に存在することはない。言語は、こうした諸活動の内に存在し、それらを通じて存在しているのであり、もし人間がこうした活動を停止すれば、言語は存在を止めてしまうだろう。デュルケムは、このことを認識している。
> 　デュルケムが私たちの注意を向けようとしているのは、たとえば、英語は現在生きている人間が誰もまだ生まれていないときから存在しており、私たち全員よりも長く存在しつづけるだろう、という事実である。この意味で言語は、私たちに外在的なのである。さらに、言語は、私たちの中の誰が発明したのでもないあらゆるタイプの規則を内包しており、私たちはそれを学習しなくてはならない。実際、私たちがある言語を最初に学ぶときには（とりわけある言語を第二言語として習っていることを意識している際には）、その言語は私たち自身に外在する異物という印象を与えるかもしれない。
> 　最後に、翻訳という行為がしばしば明るみに出すように、いかなる言語もある拘束を私たちにあてがっている。すなわち、仮にある人が二つの言語を完全に流暢に使えるとしても、一つの言語の内で話すことのできるものを、その人が容易に別の言語で話すことができるとは限らないのである。ラカンは、とりわけ言語によってあてがわれた拘束に関心をもっていた。ただし彼の場合、関心の対象となっているのは、ある言語を別の言語に翻訳することではなく、私たちが「欲望の言語」ないしは「無意識の言語」（すなわち、私たちの感情、欲望、幻想）の翻訳と呼ぶもののことである。彼の見解によれば、私たちの無意識の欲望が、厳密な意味での言語の中に貫入してくることはめったにない。それは主として、規範的な検閲機構が言語構造の中に組み込まれることによる。私たちの無意識の欲望は、共有された社会的言語に容易には翻訳されないのである。
> 4) すなわちこれは、フロイトによると、母親に対する性的愛を発達させた幼児が、その性的対象から父によって引き離され、社会の道徳性に関する他の局面とともに、近親相姦の禁止を内面化する段階である（→【57無意識】）。

ついてのレヴィ＝ストロースによる構造主義的分析に結びつけている（Levi-Strauss [1969]）。レヴィ＝ストロースによれば、近親相姦のタブーは、家族単位の外部で行われる諸個人の移動を確実なものにするがゆえに、すべての社会の土台を形成する機能的必須条件である。家族という一次集団の外部で結婚し、あるいは性愛関係を結ぶことを諸個人に要求する規範がなければ、家族の内部に強い感情的結びつきがある場合、（性的な）関係は家族内部のものにとどまってしまうことは十分にありえる。そうなると社会は事実上、境界ははっきりしているが互いの関係はもたない家族からなる一団へと解体してしまう。

ラカンが、エディプス期とは幼児が象徴界に参入する瞬間であると見なすのは、こうした論拠を念頭に置いてのことである。実際それは、より広い社会における生の準備となり、（性的）満足を生まれ育った家族の外部に――だが社会の内部に――求めずにはいられないという道徳的な性向を幼児にもたらす瞬間である。それはまた、幼児が、外的世界の言語によって自己表現するよう強いられるときでもある。そこでは幼児は、言語の規則、他の数多くの標準化された規則、そして公的かつ社会的（しかしおそらく家族的でも親密でも個人的でもない）生活を統べているさまざまな基準に従うことになる。

ラカンは、エディプス・コンプレックスに関するフロイトのジェンダー化された理解に完全に従っているわけではないが[5]、その言語はジェンダー化されている。象徴界の規則と規範は、父の役割を演じるよう強要するのが誰であろうと、「父の法」であることに変わりはない。こうした局面においてラカンの理論が展開するジェンダーの政治学は、明快さからはほど遠いが、象徴界が父権制的秩序であるということの含意に注意を払うことは大切である。このような注意の向け方は、フェミニズムの視点からは、フェミニストの関心を父権制に結びつけるかぎりにおいて有効なものだと思われるかもしれない（→【36家父長制】）。だが、

---

[5] フロイトは、幼児は母親に対する性的愛を発達させ、この関係を断ち切るのは父親であると述べているが、ラカンは、実際には、これらの役割は誰もが果たすことのできる（おそらく同一人物が両方を演じることができるような）役割であることを示唆している。

ラカンは象徴界を必要なものだと考えており[6]、そのジェンダー化した理解に頑なに固執しており、それゆえフェミニストと手を結ぶことはないということを考えれば、こうした注意の向け方は、フェミニストの視点からみて有効であるのと同じくらい問題含みのものであると思われるかもしれない。

象徴界への参入は、ラカンの理解によれば、無意識が形成される時期でもある。というのも、無意識の本質は、象徴界が抑圧するものすべてにこそあるからである（→【57無意識】【47精神分析における抑圧】）。これは疎外の過程であり、疎外の過程であるがゆえに、鏡像段階と想像界が形成される期間に始動された過程を継続するものだとみることができる、とラカンは考えているようである（→【33鏡像段階と自我】）。鏡像段階における「自己」の形成は、映し出された（外部の）自身のイメージと乳児が関係をもち、それに同一化するがゆえに、疎外の形態である。乳児は自身にとっての他者となるのである[7]。幼児の心的機能の働きが、社会の諸要求に順応させられる。さらに、幼児の自己自身との、ないしは自己自身の現前との接触が、言語という社会制度によって媒介されるとき、この疎外は継続されることになる。

ラカンの視点からみれば、言語は個人の内部において、その意識的思考と（いまや無意識の）欲望との間に障壁を形成する。前‐言語的欲望や願望は、言語（それ自体が、乳児がより以前の段階でもっていたこうした欲求や願望に無媒介に反応しようする傾向の抑制である）へと水路づけられるが、そこでは、欲求や願望は言語に根ざした規範に従って検

---

[6]　象徴界の外部にあるのは精神病である、とラカンは主張しているように思われる。そしてラカンは、象徴界に全面的に参入しない子どもは精神病になるだろうと考えている。これに加えて、彼の著作の中には、社会組織が象徴界を必要とするということについてのヒントは少なくとも含まれている。実際、象徴界の大黒柱、すなわち近親相姦の禁止がなければ、（ラカンの言う世界の中では）社会は近親相姦的で自己完結した性的単位へと解体してしまうだろう。

[7]　ここにはG. H. ミード（Mead [1967]）との間に非常に興味深い類縁性がみられる。私見によれば、ミードは同じ考想についてのより強力かつ説得的なヴァージョンを提示している。【23主我と客我】を参照。

閉された形式においてのみ表現されるのである。

　言語は、私たちが自分の主観的生のあり方を知るためのメディアであるが、透明で中立的なメディアではない。それはより広い社会の規範的秩序を映し出している。それは規則と禁止であり、これによって、私たちは自分自身の中のある部分——すなわち無意識——へのアクセスを否認されているほどである。しかし、フロイトと同様に、無意識の諸力は、ちょっとした言い間違い、隠喩といった形式によって、時おりこの秩序を突破するとラカンは考えている。実際、私たちの無意識の生の核心にある（承認に対する）欲望は、発話の背後にある究極の動機である、とラカンは論じている。発話の内部で、そして発話を通じて、私たちは他者からの承認を探し求める。

　ラカンは初期の著作においては、こうした承認は発話関係の中で現実に達成されうると示唆しているようにみえる。話し聞くこと、すなわち本当のコミュニケーション的関係を形づくることを通して、私たちは相互承認を達成するのである。だが、後期の著作の中では、ラカンは発話の多義性の方に焦点を移しており、こうした多義性が適切な承認を阻害すると論じる傾向が次第に強くなっている。たとえば、ある人が私たちに愛していると話したとしても、その人が本当にそう思っているわけではないという可能性はつねに存在している。言語は、顕にするのと同じくらい隠すものでもあるのだ。

　ラカンの著作には、明快なことがほとんど存在しない。その議論は絶望的に曖昧であり、彼が書いていることの大部分において、わずかな意味を救い出すためにすら、極度に寛容な心をもつよう強いられる。これはラカンの言う現実界の概念に関して、とくに当てはまる。しかし、現実界という言葉でラカンが言おうとしていることを筆者なりに理解したところでは、それは、想像界と象徴界を超えた、ないしはそれらの外部にある出来事の圏域である。ここでの出来事は、個人の精神生活に強い影響を及ぼしているが、象徴界ないしは想像界の媒介を通してのみ経験されうるものである。例を挙げれば、生命体として個人は（たとえば食物に対する）欲求をもっており、傷つきやすく、いつかは死を迎える。これらは、個人が意識するか否かにかかわらず、存続し、個人に強い影

響を与える生の事実である。

　しかしそれにもかかわらず、個人がこうした事実と対峙しようとすれば、個人はつねに想像界または象徴界のどちらかを介在させることになる。言い換えれば、人間の情動を揺り動かすすべてのものを、社会的あるいは心理的構築物に還元することはできないのだが、それにもかかわらず、人間はこうしたものに社会的および心理的構築物を経由することなくアクセスすることはできないのである。

　さらにいえば、筆者が上で食物に関して述べたように、人間の基本的欲求と傷つきやすさは、人間固有の文脈においては、社会的かつ心理的な重要性を獲得している。この人間固有の文脈から、人間を切り離すことはできないのである。たとえば、食物、ぬくもり、および庇護は、実在的な人間的欲求とは対照的に、単なる有機体としての欲求にとどまることはめったにない。こうした欲求は想像的および象徴的諸関係の相互作用の中で有意味性の多様な層を形成しており、私たちがそれらを追い求めることは、こうした意味の多様な層から切り離されうるものではないのである。

【基本文献案内】
　ラカンの書くものはその難解さにおいて悪名高い。ラカンは、非常に不正確で曖昧なやり方で書いており、何か意味のあることを書いているとはまったく思えないこともよくあり、自分の考想を、合理的/首尾一貫した論拠の形で提示することは決してない。個人的には筆者は彼を、とんでもない書き手であると見なしており、彼の考想は時おり興味深いものではあるが、学生たちにその著作を読むように勧めることは、自分の良心に省みてできなかった。
　このことは必然的に、ラカンの後継者の何人かにも当てはまる。しかし幸いなことに、ラカン派のすべての論者がこの一種の主知主義のごときものに陥っているわけではなく、ラカンの考想を明快に記述しようと努力している者も存在する。私見によれば、非常に優れた解説の一つは、ベンベヌートとケネディの『ラカンの仕事』（Benvenuto and Kennedy [1986]）、およびボーウィーの『ラカン』（Bowie [1991]）である。ラカンの著作を利用している社会理論家の中で、ピーター・デュースは、その説得性（および明快さ）において他の追随を許さない。デュースの初期の著作である『統合喪失の論理』（Dews [1987]）において、彼は、他のポスト構造主義的論者と並んで、共感を示しつつも批判的な視角からラカンにアプローチしている。後期の著作である『幻惑からの覚醒』（Dews [1995]）において、デュースはラカンの仕事を発展させることにより強い関心を示しており、このアプローチにより深く関与する傾向が全般的にみられるようになる。

（葉柳和則訳）

30 間主観性 Intersubjectivity

◎関連概念：主我と客我、承認、関係主義

「間主観性」とは、その用語が示唆しているように、個々の人間主観を結びつけている「間世界」（between-world）の存在を示している。この間世界が構成される仕方に関する精確な細部については、いくつかの理論の間で相違がある。ここで筆者は、二つの一般的なアプローチに焦点を合わせてみたい。

第一のものは、筆者が「自我論的」アプローチと呼ぶものであるが、もしそれが根底的なものだと理解されるならば、筆者の考えからすれば誤りである。しかしこのアプローチの諸相は、間主観性についての私たちの全般的理解の中に含められうるし、また含められなければならない。

第二のものは、筆者が他のところで「根源的」アプローチと呼んだものであり（Crossley [1996a]）、実際それはより社会学的であって、自我論的アプローチよりもはるかにより良い基盤を与えてくれるものである。しかし「根源的」アプローチは、自我論的アプローチとの一定の対話から影響を受けうるものである。

自我論的な理論の研究者にとって、間主観性概念に横たわる鍵となる問題は、個々の意識ないしは自我として、私たちはいかにして他者たちが意識をもった主観的存在であると知ることができ、またいかにしてその他者たちの意識的、主観的な生の内容を知ることができるのか、に関する問題である。意識は内部からのみ認識されうるものだと論じられている。実際、ある意味では意識は「外部」をもたず、したがって外部からは経験することができない。あなただけがあなた自身の考え、知覚、感情などをもっている。そこで私は、いかにして、それらの内容やあなたが何らかの考えなどをもっていることも知ることができるのだろうか。私が目にするすべてはあなたの身体であり、そこから私はあなたが一つの意識的で主観的な生をもっていると推論するが、私はいかにしてそれ

を認識するのか、そして／あるいは私はなぜそれを推論するのか。

このような問いの定立に関しては、懐疑論的な様相で、つまり問う本人ではなくそれ以外の人びとが本当に考えや感情などをもっているのかどうかを問う仕方で、問いを立てる見解もある。懐疑論者は言う。「君は自分が感情や考えをもっていると言うかもしれないけど、でも、君がそういった考えを語るようにプログラムが組み込まれて賢く設計されたロボットなんかではないと、私はどのようにして認識するのだろうか」。この論点は、必ずしも他者が主観的な生をもつことを否定するものではなくて、他者が主観的な生をもつことについて私たちはどのような論拠をもつのかを問うものである。どのようにして私たちは認識できるのか。もっと適切にいえば、私たちは本当に認識しているのだろうか。この点において、そのような懐疑論は、他の哲学的問いと同様に、満足のいく答えを見いだすのは困難である。

強固な懐疑論との関係で私たちがもっともよくなしうることは、私たちは他の人びとが純粋な主観的存在というよりは、そう思わせるようにシミュレーション化された機械だと信じる理由をもってはいないという見解を採用すること、すなわち他者の主観的な生に関する私たちの知は不確実であるが、その知識は、他者が意識をもつようにシミュレーション化された機械だとする見解ほどには不確実ではないのであり、したがって、すべてを考量するならば「他者の心」の存在に賭けておく方が最良だという見解を採用することである。加えて私たちは、他者の心など存在しないという見解は、少なくとも人びとがその心について書いたり語ったりすることに苦しんでいるかぎり、「遂行的矛盾」(パフォーマティヴ)[1]を含んでいると論じることができるであろう。著作や講義を評価したり、それら

---

[1] これは、個々人が、自分が語っている内容と、まさにそれを語るという行為とが矛盾しているように思われる状況のことである。他の例を挙げれば、「私の言っていることはすべて嘘である」というものだが、確かにこれは虚偽でなければならないだろう（たとえば嘘）。他者に対して自分は他者が存在しているとは信じていないと納得させようとしている哲学者の例は、おそらくそれほど矛盾しているわけではないだろう。というのも、彼女／彼は自分自身に対してもそう語っていると主張できるからだ。しかし、これは通常あまりありそうにないことである。

に返答しようとしたりする者が周りにいないと考えているならば、なぜ本を書き、講義を行うのだろうか。懐疑論者が、あなたのことを自分と同じような意識的、主観的な存在であるとは考えていませんよと説き伏せようとすればするだけ、懐疑論者は自分の行為が自分に対してますます矛盾するようになるのである。

　だが、間主観性の問題が提起されるもう一つの道は、やはり自我論的様相の内部にあり、そこでは他者の主観性が存在するかどうかという問いは中断されて、その代わりに私たちが他者の主観性を経験し「認識」するようになるのはいかにしてか、という問いに焦点が当てられる。これは現象学的哲学者エドムント・フッサール（Husserl [1991]）がとったアプローチである。彼は、私たちが他者の主観性を経験するように思われる仕方を数多く記している。他方で彼は、私たちは他者の考えや感情などを認識すると信じている、と述べている。たとえば、私たちが戦略を思いめぐらすとき、他者がとる戦略について私たちはさらに推測しようとする。つまり、それに関して他者もまたいかに行為すべきかについて考えていると想定している。同様に、私たちが他者の「心を読む」のは通常である。たとえば、喜んでいるのか悲しんでいるのかに注意しながら、時にはどうしたのと問う。

　だがおそらくより不可思議なのは、私たちが時どき、他者の経験を経験するように思われる場合である。たとえば、私たちは時に自分が見られていると感じるときがある。つまり、私たちは自分が他者の視野に捉われていると感じるように思われる。私たちが言いあいの場から立ち去ろうとするとき、背中に刺すような視線を感じることもあるし、部屋に入っていっせいに他者の目が自分に注がれて、自分が細かく調べられているように感じることもある。

　さらにいえば、私たちは世界を、他者が見ているがままに経験することもある。ドストエフスキーの『罪と罰』におけるラスコーリニコフの事例は、この点の劇的な例を与えてくれる。ラスコーリニコフは自分が関わる罪の証拠物件を見ることができるが、それ以上に重要なのは、他者たちもまたその証拠物件を見ていると彼が感じていることである。つまり、他者たちの目はラスコーリニコフと同じ知覚対象に注がれており、

彼らもまたその対象を証拠物件だと見ている、とラスコーリニコフが感じている点である。この状況が劇的なのは、読者として私たちは他者たちが彼をまだ疑っておらず、したがって対象物は見いだされているが、彼らはそれを証拠とは見なしていないということを知っているという事実に基づく。私たちは、ラスコーリニコフが自分の行動によって自分の正体をばらすのではないかと思う。ラスコーリニコフは、彼自身と同じ仕方で他の人びとも同様に経験している世界として、その世界を経験している。私たちがみな、他者が経験している世界として、その世界を取り扱っていることは、別にそれほど劇的なわけではない。私たちが本当に驚くのは、たとえば私たちとともに出来事に居合わせている人が、同じものを見たり聞いたりはしていないと告げる場面である。つまり私たちは、自分たちが経験するように他者も経験できるという予期をもって、これらのものを他者たちに指示するが、それはきわめて日常的なことなのである。

　以上のことをさらにもう一段推し進めてみよう。フッサールは、客観性や合理性に関する感覚はまさに、以上のような間主観性に関する根本経験に左右されると論じている。何ものかが客観的であると述べることは、それについての私の知覚とは無関係にそれが存在していると述べることであり、そして詰まるところ他者もまたそれを経験することができるということになる。私が「これは客観的である」と述べることは、「これを見ている他の誰でもが私と同じものを見るだろう」ということを意味している。もちろん私たちは世界を、私たちを超えて——私たちがそれについて考えていない場合や、それを知覚していない場合にもそこにあるものとして——客観的に存在しているものとして経験する。したがって、私たちの経験のすべては、その経験に対するこのような間主観的な相をもつのである。私たちは、私たちの世界を一つの共有された世界として経験する。

　同様に、合理性とは、私たちが行ったり述べたりするものが他者たちにも理解可能であることを意味する。「あれは合理的である」と述べることは事実上、「他の人びとも同一の結論に到達し、同じことを行うだろう」などと述べることである。したがってまた、物事が合理的であり

うるという私たちの感覚や、自分たちは合理的であるという私たちの感覚は、私たちが同じような心をもった意識世界のただ中で生きているという、より深い感覚をひた隠していることでもある。

　だが問題は、懐疑論者が指摘するように、他者たちに関する私たちの（知覚的な）意識に対して直接に与えられるのは他者たちの身体だけであるとすれば、私たちはどのようにしてこうした間主観的感覚に到達するのかということである。

　以上の疑問に応え、間主観性を説明しようとする努力の中で、フッサール（Husserl [1991]）は数多くの鍵となる概念を掲げている。すなわち、「類比的統覚」、「対化(ついか)」（pairing）、そして「習慣(ハビトゥス)」である。

　「統覚」（apperception）という言葉によって、フッサールは、私たちの知覚はつねに私たちが実際に見るもの以上のものを含むことになる仕方を示している。このことの単純な例は、家に関する私たちの知覚であろう。家の大きさや形は、私が一度にはその家の全体を見ることができないことを必然的に示している。私は家の背面を、あるいは側面の一方を、あるいは通常は家の正面のみを見ることができるだけである。だが、私の経験は「家の正面」についてだけではない。少なくとも、私が家を「正面から」見ているときでも、通常は単純に私は家を見ていると述べるだろう。そしてこのことは、まさに私が家を経験する仕方である。私に関するかぎり、私は家全体を見ている。これが、ハリウッドの映画あるいは漫画においてさえも、私たちがそこに見る「家」が背面や側面あるいは内部をもたないまさに「正面だけの家」だとわかる場合に、実際に感じる驚きの理由である。そうした状況では、私たちは自分の目を疑ってもう一度しっかり見ようとする。同様に、もし私が友人の本棚から1冊の「本」を取り出したときに、それが木片に糊づけされた本の背表紙だけ――「見せかけの本」――だとわかる場合に、私はこの経験に大いに驚くであろう。

　世界が、私が予期したようになっていないとわかる場合に、私は戸惑う場合がある。このことが起こる理由、つまりそのような出来事によって私が非常に驚き戸惑う理由は、私の知覚がつねに潤色されているからである、とフッサールは論じる。私は自分が見たものを見るが、その際

に私は自分には知られていないものを隠れた次元あるいは隠れた相で付け加えている。私は、家の正面を見る場合、そこに背面を「参入」させ、また本の「背表紙」を見る場合、それに本全体を帰属させている。こうした潤色の過程が統覚である。

しかし、なぜ私はこのことを行うのであろうか。フッサールによれば、その答えは私たちの過去の経験の中にある。かつて「正面」は背面と結びついていたし、背表紙は本全体と結びついていた。つまり私は、手がかりとして類似性という記号を用いて、過去の経験と現在の経験を習慣的に「対化」する。同様に、私の現在の経験は、フッサールが「習慣」（→【18 ハビトゥス】）と呼ぶものの形態で沈澱し、そして私の未来の経験を形づくる。このことはいつ何時であっても、もちろん事が間違って進んで私がそれに気づいたときでさえも、生じている。自分の生活の中で私は絶えず、厳密にいえば私にとって独自で新たな諸々の対象や状況と関わっているのであるが、私は通常このことを意識してはいない。というのも、私はそれらを過去の経験から見て類似の対象や経験と「対化」しているからである。

ここでフッサールの洞察を発展させたアルフレッド・シュッツ (Schutz [1972]) の言葉を使えば、私は世界を親密で操縦可能なものにするために、諸経験を「類型化」し、自明な知識や「処理法的（レシピ）」な知識からなる在庫（ストック）を用いている。たとえば、私はあなたの車をこれまでに一度も見たことはないが、あなたがそれを私に貸してくれるときには、それがまったく独自な対象だとして驚きをもって私に迫ることはない。私はそれを「自動車」という類型でみて、その類型を基盤に、「自動車」についての私の過去の経験に基づいて、さまざまな特質、特性をあれこれとそれに帰属させる。しかし私は間違う場合もある。ロー・ギアーがわからなかったので私はギアーをトップにしてしまうかもしれない。私の車のロー・ギアーの位置にあなたの車のバック・ギアーがあるので、私は間違ってギアーをバックに入れてしまうかもしれない。しかしながら、馴染みがなく変だなと私が気づきはじめるのは、まさにそうしたときである。それ以前は、この車は他の車と同じだと勝手に思って、そう見なして取り扱っていたのである。

「統覚」という概念の重要性は、はっきりと知覚できるものの背後に、あるいはそれを超えて、いかにして私たちが隠れた諸相をみてとるのかという点に光を当ててくれることである。そのようにしてこの概念は、いかにして私たちが他者の意識——すでに述べてきたように、それは私たちには隠されている——を経験することができるのかを説明可能にすると請け合う。だが、そこには一つの問題がある。というのも、フッサールが統覚を説明する際に使う概念用具（対化、類型化など）はすべて、私たちは自分が統覚しているものについて先行する直接的な経験をもっていることを前提にしているからである。過去において、私が正面から見た家には背面があると判明したし、その家をまわって歩いたときに実際にそうした背面を見たことがあるので、私は家を正面から見たときに家には背面があると統覚する。だが、他者の意識に関して問題なのは、私はいままで一度もそれを見たことがないことである。もし私がそれを見たことがあるとするならば、そもそも間主観性に関する哲学的問題は存在しないだろう。フッサールがこの問題を述べ立てるのは、彼が実際にもった一つの意識経験、つまり彼自身の意識経験に訴えることによってである。

　フッサールは、自らが自分自身の意識経験を有し、しかもその意識を自分の身体に付随するものとして経験している、と論じる。自分はまた、外部からの経験つまり他者の身体に関する経験も有し、その場合、他者の身体は自分自身の身体とまったく同じように見えて動く、とフッサールは記している。もしそうだとするならば、自分は自分自身の身体と他者の身体を対化させ、そして自分自身の主観的な生に基づいて、他者の身体に一つの主観的な生を習慣的に帰属させている、とフッサールは続ける。

　例を挙げよう。自分は自分が幸せなときに笑顔になるということを知っているので、この点に基づいて、他者たちが笑顔のときは幸せだという経験を、自分は他者たちに帰属させることができる。自分は自分のハビトゥスによって、自分自身の主観的な生を基にして他者たちの主観的な生を統覚する。したがって、他者についての私たちの経験とは、自分たち自身の主観的な生を他者に効果的に付与することである。私たちが

「内的な生」の付与を行うのは、私たちが、他者もまた（多かれ少なかれ）私たちと同様な身体をもっているのをみており、しかも私たちの身体が内的な生と結びついているのを知っており、それゆえ私たちが、この私たちの身体と他者の身体とを対化させ、他者の身体に内部性という属性を移し入れるからである。

　ここで、以上のことは懐疑論ではないと付け加えることが重要である。フッサールは、他者が主観的な生を有していないとは言っていない。彼は、私たちの知覚が私たちの精神的な生の単なる投射であるとも言っていない。何よりも、私たちは他者を「読む」ために、私たちの自己認識を用いるだけである。私たちは、旧い精神的な装備品を、他者に対して単純に「十把一からげにして投げ入れている」のではない。だから私は、ある人が冗談を言っていたり演技をしているとは思えないならば、私に対して拳を振りかざしているその当人に、幸せという属性を付与したりはしない。私は、その人の存在様態を理解しようとする努力の中で、怒りとその原因、そしてその外的な現れについての私の知識を用いるのである。

　だがさらに重要なことは、フッサールの企ての文脈は心理学ではなくむしろ認識論的なものであり、それはまさにカント（Kant [1933]）の企てに沿って進んでいるものである。カントは、認識の一定の形式がもつ根本的な前提条件を探求しようとし、その過程で人間の意識の構成規則を探求しようとしたのである。フッサールは外部に立って、客観性や合理性あるいはさらに共感といった私たちの感覚をばかげたことだと非難するのではなく、経験として私たち自身の自我の内部で、そのような感覚が可能となる条件を探求したのである。

　フッサールの説明にはさらに別の面もある。フッサールは、他者が私たちとは異なった場所にいる（私たちは「ここ」に、他者たちは「そこ」にいる）という点を、私たちがいかにして調和させるのかといったことを考察するために自分の説明を展開した。また彼は、一対一の状況だけでなく、そこからコミュニティ全体まで説明しようと試みた。だがそうした点の提示はここではやめることにして、フッサールの立場に関する問題点のいくつかに目を向けることにしたい。

フッサールの行った説明は、根本的なところで多くの問題を含んでいる（Crossley [1996a] [2001b] ; Schutz [1971] ; Levin [1989]）。ここではこれらの批判点を詳述する紙幅はないが、以下の三つの点は手短に記しておきたい。第一にフッサールは、離れたところから視覚的に与えられた他者たちに出会うような、孤立した個人の観点から出発する。まさに彼は、筆者が自我論的観点と呼んだものを採用している。第二にフッサールは、自己が自らをいわば「内部から」から認識すると想定している。第三にフッサールは、「他者」についての自分の感覚に先行する自己についての自分の感覚を、所与のものだと想定している。これらの想定はそれぞれ問題含みであり、それらの問題含みの想定を解きほぐすことによって、私たちは間主観性のより根底的で社会学的な意味へと進んでいくことができる。

　自己から論じ始めながらシュッツ（Schutz [1971]）は、「自己」の概念は「他者」の系としてのみ意味をなすと注意喚起し、さらに私たちは「他者」の経験と関係する「自己」を経験するだけであって、それゆえ自己と他者のこの二つは同時に生起すると論じている。「他者」なき「自己」は存在しない。なぜなら、「自己」とは「他者」に依拠している一つの関係的な概念であり経験であるからだ。さらに少なくともジョージ・ハーバート・ミード（Mead [1967]）以降の社会学者たちや社会心理学者たちが観察してきたように、自己と他者の両者に関する私たちの感覚は、私たちの初期の幼児期において社会的経験の一つの機能として立ち現れてきている。

　言い換えれば、自己や他者といった感覚をもつ以前に、私たちは他者と相互行為を行っており、私たちが自己や他者の感覚を発達させるのは、まさにこうした相互行為からなのである。このことは、フッサールとは反対に、自己についての私たちの感覚は、他者についての私たちの感覚に先立つ基盤ではありえないということを示唆している。さらにこのことは、個々人が集団やそこでの相互行為に先立って現れるというフッサールの強調とは逆に、集団や相互行為が先にきて、他と区別される個人は、相互行為の文脈の帰結として、その相互行為の文脈から出現するのであるということを示唆している。私たちは生まれた瞬間から、したが

って私たちが自己と他者についての自覚的な感覚をもつずっと以前から、相互行為に巻き込まれている。とはいえ、私たちが自己と他者の覚識をもつようになるのも、そうした相互行為によってなのである。

この相互行為は「間主観的」なのだろうか。この問いに答えることができるためには、その前にさらなる論点に目を向けておく必要がある。フッサールは、主観状態がもつ意味は人間存在の「内部」で生じており、そうである以上、私たちは自分自身の主観状態に特権的に接近できることを享受している、と考えているように思われる。私は内部から「愛」を理解するからこそ、たとえば私は他者が「愛」をもっていると考える。そして、私がそのように考えるのは、私が恋愛状態にあるときに私が振る舞うのと同じように、他者もまたそう振る舞うという点が根拠になっている。だが、実際の出来事の様相はかなり異なっていると信じる正当な理由が数多くある。この例を続けてみよう。

「愛」という言葉は他者に向けられた公的な言語であり、したがってそのようなものとして「愛」という言葉の適切な使用の基礎をなす規則や規準もまた公的でなければならない。「愛」という言葉が何ごとかを指示するかぎり（そして明らかに、この言葉は単純に「指示する」ものよりもさらに多くのことを行うために用いられるだろう）、それは公的な行動と必ず結びつく[2]。恋愛をすることは、少なくとも原理上は、他者にも見える形で一定のことを「行う」ことである。もし意味というものが本質的に私的なものに依存しているとすれば、愛という言葉がもつ、公的言語である言葉にとって必要な意味を、人はいかにして学んだり教えたりすることができたのだろうか。私的なものであれば、私たちは、愛を指し示すことも説明することもできないだろう。公的言語である言葉は、その意味の公的規準にもっぱら依存しているのである（Ryle [1949]；Wittgenstein [1953]；Crossley [1996a][2001a]）。

人は自己と他者の両者の関係の中で、それらの行動と関連して用いられる公的な文脈において、おそらくは「恋愛状態にある」ことで仲間に

---

[2] たとえば、私が誰かに「愛している」という場合、私は何かを記述したり指示したりしているのではない。私は自分の愛を、すなわち恋人たちが通常行いたいと思うことを行いたいと宣言しているのである。

よってからかわれたり、あるいは他の「恋人たち」の滑稽なしぐさに接したりしながら、言葉の使い方を学ぶ。このことは、私的な「感情状態」がそこに含まれないと述べているわけではなく、ただ私的な「感情状態」は、「恋愛」という語の意味が依拠し、その意味が学ばれ知られる基本の指示物ではないと述べているのである（同上書を参照）。さらにいえば、「恋愛」の意味にとって、あるいはその他の主観状態にとって、必要ないしは十分な「感情状態」は存在しない。もちろん、恋愛という行動に伴いながら感情状態は——もしそれがあるとすればだが3)——文脈を横断して変化し、その意味を、愛されている個人の存在を含む場に応じた文脈から引き出す。

「ドキドキする」というのは恋愛のしるしであろうが、それは一定の文脈の中でのみ生じる。「ドキドキする」というのは、多くの他の場合のしるしでもありうる（たとえば、恐れ、あるいは心臓発作の兆候など）。また同様に特定の文脈で生じる恋愛のしるしはほかにもたくさんある（たとえば、自分の恋人が幸せなときには自分も幸せであるとか、逆に悲しいときには自分も悲しいなどといったしるし）。主観状態としての恋愛の論理は社会的文脈と結びついており、私たちが「恋愛状態」にあることを知っているということは、そもそも公的で社会的な図式、つまりもともと間主観的である図式に応じて自分自身の行動や感情状態を読み取ることを、各々の文脈のもとで学んでいたということである。

最後に、私たちは他者が最初に指摘してくれるまでそれと知ることはなしに「恋愛状態」にいることがある点、そしてまた私たちは自分たちが「本当に」恋愛状態にあるのかどうかという問いを他者とともに意味ある形で論じることができるという点、こうした二つの点に留意したい。再度くり返しておけば、私だけが自分の感情状態を「持つ」ことはあるが、その感情状態——もしそれがあるとすればだが——が意味するのは、私が（潜在的に）公的な文脈の内部で行為する仕方との関連から引き出

---

3) たとえば、恋愛といった感情は一般に、ゾクゾク感を伴わない活動期間があると思われる。私はここ10年ほどあなたを愛してきたが、それはその期間ずっと私が得体の知れないゾクゾク感を経験してきたということを意味するわけではない。

されているということである。したがって私の主観状態は、有意味な現象として、公的で間主観的な一つの事柄である。恋愛にとって当てはまることは、どんな主観状態にも当てはまる。それに基づいて、私たちはフッサールの議論を逆にすることができる。

　私は私自身についての知識から始め、そして他者に働きかけるのではない。私は最初に他者と相互行為し、そうすることに基づいて自分自身を理解することを学ぶのである。主観性は間主観性の中で、間主観性を通して発達する。だがもちろん、主観性の発達とともに、間主観性もまた発達する。幼児は完全に公的で間主観的な存在である。幼児の感情と意図は、いささか漠然として曖昧であるが、すべて「大声」で表現されて騒々しい。幼児の発達のある部分は、間主観的な絆の鋭敏化を含む。幼児は自らの行動の制御を学び、社会的に限定された仕方で自らの表現を明確にする。すなわち、理解可能で、したがって間主観的に有意味であった「自然な噴出物」が、社会的に受容可能でより正確な形態に昇華される。だが、幼児の発達のある部分は、フッサールによって描写されたようなより私的な自我の方向にいたる思考と経験の私事化を伴う（Elias [1984]；Crossley [1996a] [2001a]）。

　以上の文脈において、言語について少し短いコメントを付け加えておくことが重要である。私たちの主観的生がもつ意味の多くは、言語の内部ではっきりした形をとる。私たちの熟慮は、そのもっとも私的な形態においてさえも、言語の内部ではっきりした形をとるのである。だがもちろん言語は、他者との相互行為によってその用法を学んできた公的で社会的な制度である。さらに、ミードが記しているように（Mead [1967]）、私たちが「自分自身に話しかける」ときでさえ、思考の一貫した流れは対話の形式をとり、それによって社会的世界から借りてきた形式を採用する。ミードが述べているように、私たちは「他者の役割を取得」し、自分の提示に対する他者からの情報や反応を予期し、そしてそうした他者の反応への自分自身の反応を形成することを学ぶ。ここでもまた、私たちに見えてくるのは、個々人の主観的生が一つの間主観的領域にある素材から形づくられているあり方である。

　フッサールの議論に伴う問題点は、その議論に部分的にデカルト主義

が残っている点である[4)]。フッサールは、身体とは区別され身体に対して特権的に振る舞う精神——それはその内部からもっともよく認識することができる——というデカルトの見解と自らの考えとを明確には結びつけてはいないが、フッサールの議論の多くはこうしたデカルトの見解のいくつかの側面を前提としている。フッサールは間主観性の探究を、明らかにデカルトに従いながら、思惟する個人から始めている。そして次に、意識の志向性に関する彼自身の鍵となる主張——意識はつねにその外部にある何ものかについての意識であり、対象としてその何ものかは意識それ自身に直接与えられてはいないことを含意する主張——を捨てて、フッサールは自分が特権的に接近できる有意味な内的経験の領域を見いだすと主張する。最終的に彼は、身体的な行動をこの内的領域の単なる副次的効果として扱ってもよいと考え、内的に感じられる感情状態を不当に切り離して、その感情状態が身体的行為に対して特権的なものだとする。

　だが、はるかにずっと満足のいく出発点は、内的存在によってコントロールされる単なる人形というよりも、むしろ身体的行為を主観的生の基礎として認める点にあり、またこの「主観身体」がつねにすでに他者との相互行為に巻き込まれていることを認める点にある（→【03主観身体】）。「相互行為以前」には何もない。あると見なすのは哲学者の虚構である。

　以上のように述べたので、私たちはいまや次の議論に進むことができる。すなわち、間主観性とは、その原初的でもっとも根本的（根底的）な形態においては、自己による「他者」の知覚と解釈という自我論的観点からではなく、むしろ相互行為論的で関係的な観点からもっともよく捉えることができるものである。そしてこの観点は、社会生活が織り合わされたものとしてあり、諸個人はその中に生まれ落ち、その中で個々

[4)]　デカルト主義とは、ルネ・デカルトと結びついた哲学のことである。デカルトとの結びつきはフッサールの著作の多くでとくに強いというわけではないが、間主観性の議論を含む彼の主要著作は『デカルト的省察』であり、この著作はデカルトの『省察』（Descartes [1969]）における知見を跡づけて考察を加えている。

の自我としてはっきりした形をとるものだが、それとの関係の中で諸個人は「連関」の「結節点」としてつねに脱中心化されているのである。

　何らかの意味で、間主観性は私たちの存在の根本的で所与の状態だということを意味しているのだろうか。筆者はそうは思わない。間主観性は、社会的な存在というよりは、むしろ絶えざる流れであり、「社会生成」の織りあわさる現場である（Crossley [1996a]）。間主観性は、絶えざる進行中の相互行為を伴っている。さらにいえば、そこに「共有された意味」「合意」などが関わる。会話分析およびエスノメソドロジーが私たちに気づかせてくれたように、もっとも基本的な人間の相互行為ですら、それが（対話者の観点からみて）うまくいっているかぎり、巧みな技術の遂行であり、しばしばかなりの準備作業を必要としている（Sharrock and Anderson [1986]；Heritage [1984]）。

　しかしこれらの相互行為は、以前からある、あるいは他の仕方で分離されている諸単体(モナド)からなる相互行為ではない。相互行為のまさにその流れにとって「外部」はない。人はぎこちなく相互行為することがあるが、相互行為をやめることはできない。メルロ゠ポンティが述べているように（Merleau-Ponty [1962]）、コミュニケーションを拒否することでさえコミュニケーションの行為であり、しかもそれは意味の豊かな行為なのである。

【基本文献案内】
　フッサールの『デカルト的省察』（Husserl [1991]）は――その第五省察が間主観性に関する彼の理論の概要を描いている――読むのはそれほど容易ではないが、かなり短いものであり現象学全体への非常によい導入となっているので、挑戦するに値するものである。この立場への優れた批判は、シュッツ（Schutz [1971]）の中に見いだすことができる。この論点に関するミードの見解を明確にするのは難しいが、ヨアスは、ミードを自分の哲学的文脈に位置づけて興味深い説明を与えている（Joas [1985]）。筆者自身の間主観性に関する見解は『間主観性と公共性――社会生成の現場』（Crossley [1996a]）の中で展開されている。この著作は、フッサール、ミード、およびその他の人びとについてより立ち入った議論を行っており、しかも筆者のより早い段階の著作とはいえ、間主観性の根源的形態と自我論的形態に関するより精緻な見解が与えられている。

　　　　　　　　　　　　　　　　　　　　　　　　（西原和久訳）

31 知識の構成的関心
Knowledge Constitutive Interests

◎関連概念：認識論的断絶、理想的発話状況、
イデオロギー、権力

　初期の著作『認識と関心』の中でユルゲン・ハーバーマス（Habermas [1972]）は、認識論の問題より科学哲学の問題が優先するという考えを批判的に考察している。知識と認識論に関心をもつ哲学者は、狭く「科学的知識」に焦点を絞るようになってきている、とハーバーマスは論じる。すなわち、科学的知識が他の形式の知識に対して自らの優位をいかにして主張できるのか（そもそもその主張が可能かどうかではなく）にのみ注目する傾向にある。哲学者は、知識がどこから現れるのか、その発生の条件は何かといったより広い認識論的な問題への視点だけでなく、より広範な形態の知識を見る視点さえも失いつつあるように思われる。このような視点の喪失を指摘し、また同時に批判理論（ここでハーバーマスは批判理論を（実証主義的）[1] 科学概念の対概念として設定している）の認識論的基盤を築こうとして、ハーバーマスは「知識の構成的関心」の理論を概説している。

　ハーバーマスは、現在までずっと人間の主要な条件となってきた三つの基本的関心——制御、理解、解放——のいずれか一つのために、すべての形態の知識が追求されるという。私たちは、その三つの関心を順に検討していくことにする。しかしまずは、これらの基本的な（ある程度固定的な）欲求と、社会状況に従って私たち個々人に割り振られるよう

---

1) 実証主義は多くのさまざまな仕方で定義されてきた（Halfpenny [1982] を参照）。厳密な意味では、実証主義はオーギュスト・コントの哲学や、（論理実証主義の場合は）ウィーン学派に由来する。しかしハーバーマスの使用法のように、実証主義概念はより一般的には、自然界が自然科学の内部で研究されるのと同じように、社会と社会関係が科学的方法で研究されうるという見方を指す。

な、より具体的で変わりやすい関心とを区別することが重要である。「知識の構成的関心」によってハーバーマスは、社会の特定の集団や行為者があるタイプの問題の具体的な解決を求めようとする具体的な関心を意味しているのではない。たとえば、現代生活の問題への薬理学的解決策を見つけるという製薬会社の関心や、新しい形の生地生産への衣料会社の関心は、ハーバーマスの意図するものではない。これらは特定の社会的位置づけや状況に由来する具体的な関心だからである。この関心よりも、知識の構成的関心はより基礎的でより一般的である。それは、さまざまな集団でさまざまな形式の表現がなされようとも、人間すべてがもっている関心である。私たちは、このことを次のように表現しうる。知識の構成的関心は、経験的関心というよりも、むしろ超越論的関心なのだと。

　ハーバーマスが最初に記述した知識の構成的関心は、環境を制御し予測可能にしたいという人間の欲求に由来する。ハーバーマスによれば、私たちは生まれた瞬間から、自らの手近な環境を何がしか制御しようとする。そして制御するためには、私たちは環境がいかに振る舞うか予測する手段を考案しなくてはならない。これを完璧に例証しているのは、ピアジェが子どもの認知的発達についての有名な著書の多くを割いて説明した「図式(シェマ)」である（たとえば、Piaget [1962]）。子どもは、手を伸ばして物をつかもうとする最初の試みから、予測し制御するために環境を知ろうとする。その発展の経路は、ある水準では、この制御と予測を確実にするよう正確に機能する図式(シェマ)の出現によって特徴づけられる。そして人間社会の歴史は等しく、少なくともそれが宇宙の本質に関する技術と信念の様式の歴史だというかぎりにおいて、この同じ目標に向かう集合的図式(シェマ)を継承する歴史であるともいえる。ある意味、人間社会の歴史は、世界をより予測可能にし、制御し、支配しようと試み、奮闘してきた歴史である。火を手なずけることや早期の狩猟技術から、コンピュータや代替エネルギーに至るまで、この制御という知識の構成的関心が明らかに現れている。

　ハーバーマスが述べているように、多くの人間行動に、この予測と制御への関心が現れている。しかし近代社会においては、この関心は科学

の中にのみ集中し専門化した形をとっている。逆にいうと、科学は世界を予測可能かつ制御可能にしようとする日常的なやり方を広く専門化したものである。そしてその意味で、科学は予測と制御に関する「知識の構成的関心」の表れである。

環境の制御と予測が人間にとって（生存のために）必要だとハーバーマスは認めているので、この様式の知識が必要だということもある程度認めている。しかし、社会科学の実証主義的様式に反対する彼の態度の一部には、明らかに予測と制御への関心が人間の生活それ自体にまで過度に拡張されているという前提がある。実際、科学に潜んだ制御に関する関心を暴くことで、ハーバーマスは私たちに、彼が考えている、社会分析への科学的アプローチの危険性を警告しようとしている。アドルノなどフランクフルト学派[2] 第一世代は、「実証主義的」な社会調査を中立的な研究のふりをする社会的制御の技術だと見なした（Adorno, *et al.* [1969]）。ハーバーマスは、事実上この第一世代と足並みをそろえている。

ハーバーマスが言及した知識の構成的関心の二つめは、「理解」である。この関心は、人間がコミュニケーションのさまざまな象徴的システムを使って、他者と社会の中で生きていることに由来する。社会的文脈の中で生きていくためには、人間は理解と解釈の道具を発達させなければならない。ここでも私たちは、子どもの発達に関する研究を引用しよう。子どもたちは、自分の身のまわりの環境をなるべく制御可能にすることを学ばなければならないのと同じように、他者を理解し自分を十分理解させることを学ばなければならない。ここでもまた、この人間個人の発達過程は、集合的な社会の歴史、たとえば言語やコミュニケーション形態の歴史と類似している。制御への関心と同じように、この理解への関心はより特定の仕方で歴史的に方向づけられてきた。この一つの例は、初期の社会でも盛んであった法と宗教のテキストに関する専門研究（ハーバーマスが法と宗教の解釈学と呼ぶもの）である。この研究は読

---

[2] フランクフルト学派とは、フランクフルト大学社会研究所に集った哲学者および社会科学者の集団のこと。ハーバーマスは、この学派の第二世代に属するとしばしば見なされている（Held [1980]；Jay [1996] 参照）。

解の技術を高度に形式化する。しかし近年になると、これらの狭い意味での解釈学は、より広い文化的・哲学的な解釈学[3]の中に含まれるようになった。ハーバーマス自身がその文化的・哲学的解釈学に一部関わっており、さらに彼はその解釈学を、社会科学のより解釈的ないくつかの分野と同じだとしている。狭い意味での解釈学が文化的・哲学的解釈学に含まれるという点では、ヴェーバー社会学と相互行為論は、社会的行為者を「理解」しようとするかぎりにおいて（またとくに「理解」を「説明」と対比させるときには）、解釈学の一派となる。自己と他者を理解したいという人間の欲求は、日常的にも現れるし、またより専門的な場でも現れるのである。

　しかしながらハーバーマスによれば、解釈学もまた社会生活の研究の適切な基礎とはなりえない。というのも、とくに理解を探究する際、解釈学はあることを取り扱わずにしておくという保守的な本能を見せるからだ。解釈学的探究はさまざまな生活や伝統を明らかにしようとはする。しかしその探究過程で生活や伝統に挑戦しようとはしない。むしろ批判理論の認識論的基礎は、残った最後の知識の構成的関心、「解放」に求められなければならない。ハーバーマスによれば、人間の歴史は支配集団からの解放を求めて被抑圧集団が起こした闘争と紛争の歴史である。この見方は、ヘーゲル（Hegel [1979]）やマルクス（Marx and Engels [1967]）と呼応する。この点で実際、彼らの仕事はこの学問的業績に関してハーバーマスに大きな影響を与えた。再び私たちは、自立を求めて両親と闘う子どもの発達の例でこの点をみることもできる。しかし、より関連が深いのは歴史的な事例である。人間の知識の背後にある重要な衝動の一つは、解放されたいという衝動である。このことは、たとえば社会運動によって生み出されたさまざまな批判や抵抗の文化をみると明らかである。知識は単に制御や理解のためにあるのではなく、それらと

---

[3] 解釈学とは、解釈と理解の過程の分析を専門とする哲学の一派のこと。解釈学はしばしば、さまざまな種類のテクスト解釈のことを意味する。しかし、ハーバーマスらにとって解釈学は、解釈と理解の問題に取り組む社会科学のより哲学的アプローチのことをも同様に指す。例は、現象学、エスノメソドロジー、相互行為論である。

同様に、批判し、ニーチェがあるところで言う「切断」を行うためのものでもある。

　これが批判理論のモデルである。しかしながら、このモデルに関するハーバーマスの議論は、精神分析の議論を経由している。彼によれば、批判理論は解放への関心に基づく。そして解放への関心に根ざした知識の原型は、とくに精神分析によってもたらされた。だからといって、精神分析の内容（リビドー理論、エディプス的葛藤など）を受け入れなくてはならないというわけではない。むしろ、精神分析的批判の形から推定するという事柄なのである。精神分析は、被分析者のコミュニケーション的生活の中に「体系的な歪み」を探し当てる。そしてその被分析者の個人史を遡り、出来事や制度の影響を辿るのである。これら出来事や制度は、被分析者の自由を妨げる無意識の力として現れる。もしその自由が獲得されるべきものであったならば、その力の現れを確認しそこまで働きかけなければならない。批判理論は公的な言説や文化に対して同じことができるし、行うべきなのだとハーバーマスは主張する。批判理論は、大衆文化を歪め現代社会のメンバーの自律性を妨げる無意識の力をつまびらかにして、イデオロギー批判を成し遂げなくてはならない。

　批判は、形式の点で、科学者が求める説明とも、解釈学内部で探究される理解とも異なる。しかしそれは、説明や理解からある程度得られるものでもある。ハーバーマスは、フロイトが時おり見せる科学主義には批判的であるにもかかわらず、著作の中で批判理論が「混ぜ合わされた言説」であると認めている。すなわち批判理論は、私たちの自己理解を疑わしくし、歪め、自律性の適切な発達を阻害する体系的な歪みを、修正しつつ同時に説明しようとしているのである。

　ハーバーマスのこの説明は問題性を孕んでいる。とくに、科学を非常に風刺的に単純化してみており、科学自体が解放の力をもつという見方をとることができていない[4]。しかしながら、この説明は（どのような認識論的立場のものであろうとも）批判理論を詳述し確立しようというもっとも興味深く示唆的な試みの一つとなっている。さらに筆者がとくに魅力的だと思ったのは、ハーバーマスが社会批判の専門的な知識を含む専門的な形態の知識を、同じタイプの素人的な知識との関係の中に

位置づけていることである。もし少なくとも私たちが、知識の専門的形態と素人のそれとをしばしば切り離す「認識論的断絶」に注意を払わなかったとしたら（→【14認識論的断絶】）、ハーバーマスの考えは潜在的な問題を抱えることになる。しかしこの考えによって、ある種の批判理論を矯正できることも重要である。その批判理論とは、社会の素人メンバーが自分で批判的発言を作り上げられることを十分考慮しないような理論である。

　批判理論は社会批判を無理矢理でっちあげるのではない。それは社会批判を続け、発展させ、専門的なものにする。さらにいえば、（問題もあるけれども）精神分析のメタファーが示唆するように、批判理論は解放につながるであろうとか、一般の人びと（パブリック）がそれを受け入れるであろうとか期待したとしても、専門家でない一般の人びとに自らの解釈を指図することはできない。むしろ、お互い受け入れることのできる解釈に至るまで、専門家ではない一般の人びととの対話を続けなければならないのである。

4）　ハーバーマスの考えとは異なり、科学についての多くの考え方は、科学を、知識の発達によって神話を打ち砕き人間を解放することに専心する批判のプロジェクトとして描く。最近の社会科学において、ノルベルト・エリアス（Elias [1978]）やピエール・ブルデュー（たとえば、Bourdieu [1993] [1998a] [2000]）がこの見解を発達させてきた。とくにブルデューは、社会科学の社会批判的性質を強調している。ロイ・バスカーも著作『リアリティの再生』（Bhasker [1989]）の中で、ハーバーマスの科学観に対して興味深い批判を行っている。

【基本文献案内】
　ハーバーマスの『認識と関心』（Habermas [1972]）は直接関連するテキストである。しかしさらなる注釈に関しては、ジェイ・バーンスタインの『倫理的生活の再生』（Bernstein [1995]）を参照されたい。

（樽本英樹訳）

32
生活世界 Lifeworld

◎関連概念：主観身体、認識論的断絶、ハビトゥス、間主観性

　生活世界という概念には、少なくとも二つの異なった論述がある。一つは、フッサール（Husserl [1970a]）に従った現象学研究における論述である。もう一つは、ユルゲン・ハーバーマス（Habermas [1987a]）の研究にみられる論述である。本項で筆者は、この概念の現象学的な見方を論じる。そこで、この概念の概要から始め、次にこの概念が潜在的にもっている批判的な意義を論じるつもりである。この概念に関するハーバーマスの捉え方は、本書の【56システムと生活世界】の項で論じられる。

　生活世界の概念は、現象学的哲学の創始者エドムント・フッサールによって、その後期の著作の中で展開された。それは、フッサールの『ヨーロッパ諸学の危機と超越論的現象学』（Husserl [1970a]）ととくに結びついているが、フッサール後期の研究に基づく他のいくつかの文献の中でも明示的、暗示的に論じられている。もともとこの概念は、根本的で基層的な諸経験において人間存在に与えられるままの世界を、つまり生きられるままの世界を指し示している。生活世界とは生きられる世界のことである。そのようなものとして、この概念はフッサールが創始したより広範な現象学的哲学の様相と直接的に結びついている。この現象学的アプローチの基礎は、私たちの目的にとっては、フッサールによるデカルトに関する批判的検討に言及することによって、とくにデカルトが『省察』（Descartes [1969]）で行った哲学的探求の理路に関するフッサールの『デカルト的省察』（Husserl [1991]）での再検討に言及することによって、一番よく説明できるであろう。

　デカルトの『省察』（Descartes [1969]）は17世紀の半ばに書かれているが、それは知、とくにその当時に興隆してきた科学の基盤となる確実な点を打ち立てることを狙いとしていた。彼が生きた社会の知の基盤は、あらゆる様式の迷信や呪術的な信念によって悪影響を受けていたので、

もし真の信念と偽の信念を分離できるならば、そのときこそ科学が前進し、人間をその無知な状態から解放するだろうとデカルトは考えた。

このことを達成するために、デカルトはそれまでの知で満たされた果実の荷車をひっくり返して、彼が確実だとは思えない信念をすべて捨て去り、最終的にこれなら確実だと思えるものを見いださなければならない、とデカルトは論じた。そして、確証できる知を産み出す堅固な基盤を彼に与えるものこそ、この「アルキメデスの点」であるとデカルトは続ける。したがってデカルトは、彼の思索において疑うことができるものをすべて疑おうと決めたのである。疑うことの中には、外的世界や自分自身の身体、さらに論理や理性からなるさまざまな真理でさえも含まれる。とくにここでの私たちの目的に関係するのは、外的世界についてのデカルトの懐疑であり、また夢や幻影に関する彼の経験に根ざした懐疑である。自分は、過去に非常にリアルな夢を見たことを覚えている。だがそれは、自分が目覚めた後で夢だとわかるようになるものである。だとすれば、いま自分が夢を見ていないということは、どうして知ることができるのであろうか。自分の生活すべてがまさに夢かもしれない！同様に人は、他の人びとが実際の知覚とは区別できないような幻影を経験していることに気づいている場合もある。このことはまた、世界に関する自分自身の知覚にも疑いを投げかける。自分が幻影を見ていないということをどのようにして人は知るのだろうか。しかしながら、デカルトが疑いえないものとして見いだしたのは、思惟する存在である自分自身の存在である。たとえ自分の思惟しているものがすべて間違っていたとしても、自分は思惟する存在として依然として存在しているのだ。このようにしてデカルトは、'cogito ergo sum'（「われ思う、ゆえにわれ在り」）という彼の有名な言葉に到達する。

デカルトは、思惟する存在としての自分自身の存在の確実性を確固たるものとし、彼が神の存在を「証明」したとする神学的議論を通り抜けたのち、外的世界の存在や論理の正確性に関する彼の信念の問題に立ち戻る議論を行いはじめる。私たちはこの細かな行程に付き合う必要はないであろう。私たちの観点からみてより重要な点はむしろ、フッサールが採用した別の行き方である。『デカルト的省察』において、フッサー

ルはデカルトに従ってコギトに至る道を歩んだ。フッサールは、私たちにとって絶対に確実だと見なしうることは、思惟し経験する存在としての私たちの存在であると論じる。さらにフッサールは、知の確実な基盤や他の知的な努力の確実な基盤を固めようとするデカルト的企てに沿って、少なくともその精神を自分自身に課す。しかしフッサールは、自分自身の（知覚上の）経験や認識を超える外的世界の存在を証明しようとしたデカルトについては批判的である。定義上、私たちは自分自身の知を超えて在るものについて知ることもできなければ、自分自身の知覚的意識を超えて在るものを知っていると主張することもできない（というのも、何ものかを「認識すること」は、その何ものかについての意識を意味するからである）、とフッサールはみる。それゆえ、デカルトの「実在論」[1])はその出発点から失敗する運命にある。

　しかし、このような議論はフッサールの見解によればさらに含意がある。すなわち、この世界の存在を疑うこともまた理にかなっていないということである。理にかなっているのは、ただ潜在的に是認されるか否認される可能性があるものについて疑うことであって、世界についての私たちの意識を超えている世界の存在は、是認も否認もできないので、それを疑うこともまた理にかなっていない、とフッサールは論じる。したがって哲学者は、自分の経験の世界つまり現相的ないし現象学的な世界と、その背後に横たわっているといわれている第二の、「真の」世界とを調和させようという実りのない試みは断念しなければならない。

---

1) 　フッサールがデカルトの「実在論」と呼ぶものは、実在論の一種であるにすぎず、より頻繁に実在論と呼ばれる哲学的立場とはほとんど関係がないということをここで記しておくことは重要である。本書の実在論の項（→【43実在論】）のはじめの方で示されているように、何人かの実在論者は世界の存在に関する自分たち自身の意識を超えて——その存在を説明し解釈しようとする何らかの試みに抵抗する「世界」の位置に基づいて——、その存在を「超越論的」に証明することを要求するという点もここで記しておくべきだろう。もし世界がそれについての私たちの知覚を超えて存在していないとすれば、私たちの知覚や解釈は決して深まることはないだろうと実在論者は論じる。だがもちろん、実在論者はみな、実際にはあまりにもしばしば誤っているのである。

32 生活世界　Lifeworld

　哲学はむしろ、現象学的世界の性格、つまり経験に与えられるままの世界と経験それ自身の性格について検討することに集中すべきである。とりわけ、少なくとも『デカルト的省察』の中でフッサールは、見えない権能で経験が秩序づけられ装飾されているあり方を探求することに関心をもつ。そのようなあり方は、フッサールによれば、人間主観の構成的諸活動に立ち返ることでのみ適切に説明される。とくに私たちにとって興味深いのは、「ハビトゥス」概念（→【18ハビトゥス】）のフッサールによる使用である。私たちの経験を検討してみれば、どのような状況においても、私たちには、経験に実際に与えられるもの以上のものをつねに知覚する傾向があるということがわかる。私たちが知覚するものは、習慣的な図式のストックや暗黙の知の形式によって実際に型どられている。

　生活世界の概念は、現象学的哲学のこうした企図の中に位置づけられる。もし現象学の課題が人間経験の根本性格を探究することにあるならば、生活世界、つまり生きられ経験される世界は、その経験の第一次的なデータである。生活世界とは私たちが経験するままの世界のことである。それは、私たちが世界を生きていくために担うハビトゥス的な図式、前もっての知識、処方知によって、私たちの経験内部で構成される世界である。したがって生活世界の分析とは、ハビトゥス的な構成のこの過程を分析することである。

　しかしながら、以上のことは話の半面にすぎない。生活世界という概念はまた、私たちの生きられる経験の世界と、科学において理解されるような世界とを差異化するためにも機能している。後者の科学的世界は、フッサールからみれば、抽象化と一般化からなるしばしば誤った世界、潜在的には危険ですらある世界でもある。それゆえ、その世界を批判するための手段として、生活世界の分析が考えられているのである。この点をさらに探究するために、手短ではあるが、生活世界のハビトゥス的構成についてもう少し詳細に考察しなければならない。

　生活世界の分析、とくに生活世界の構成においてハビトゥスが果たす役割の分析によって、私たちの経験はつねに一定程度の一般化と抽象化を含んでいることが示されている。たとえば、私たちのハビトゥスの一

側面は、特定の独自な対象をある部類に属する一例であると知覚させるように私たちを導くような、知覚における「類型化」の中に存在する。

例を挙げれば、もし私が友人の家に初めて訪問したとすれば、私はそこに多くのものがあることを見いだすだろう。しかし厳密にいえば、私はこれまでそれらを見たことはなかったのである。だが、それらのものが標準的な家具や家電製品であるかぎり、私はそれらすべてを疑いなく馴染みなものとして経験するだろう。たとえ私がそのいくつかを実際に使う場合でも、問題なくそうするだろう。私はたとえば友人のトースターを単純にトースターと知覚する。つまり私はそのトースターを、私がこれまでの人生で経験してきた他のすべてのトースターと「対化(ついか)」し、このトースターに、私がトースターに関してこれまで知っているすべてを「移入」するであろう。トースターに関して私は、たとえばそこにはパンを入れるすき間があるし、パンを引っくり返すための押しボタンもあり、さらにそれはパンを少し温めてくれたり、焦がしてしまうこともあるだろう（というのも、以上は自分の経験上、トースターがやることだからである）という、ハビトゥス的な暗黙の予期をもっている。もしこのトースターがこれまで私が知っているものと実際に同じであるならば、これらの私の想定は私には見えないであろう。もし何らかの理由でこのトースターがこれまでと異なっている場合にだけ、私はトースターに関する私の「ハビトゥス的な構成」に気づくことになる。たとえば、これは本当はトースターの形をしたパン入れだったとわかるような場合である。その際、トースターに近づいて試しにスイッチを入れてみるなどした場合に、私は少しショックに似た状態を経験するかもしれない。混乱しているからこそ、私の期待と知覚図式の存在が私に示されるのである。

とはいえ私の知覚は、フッサールによれば、いつでもそのような期待と慣習によって形づくられているのである。私の期待と図式はハビトゥス的な慣習状態にあって通常はこうした混乱がないので、私はこのようなことに気づかない傾向があるだけだ。生活世界は一つの慣習世界であり、私たちがその世界を知覚し、理解し、行動する際のハビトゥス的な仕方を通して構造化されている経験の世界なのである。

フッサールは、以上の点をさらに推し進めて、生活世界にとってもつ

言語の中心的役割を記している。実際、言語はハビトゥス的な「類型化」に関する社会的に共有された貯蔵庫である。言語は、新たな経験と旧い経験を対化させ、その新たな独自の状況に一般化されたカテゴリーと理解図式を賦課し、その状況を馴染みのものへと転じさせる[2]。だが、こうしたことが機能する抽象性の段階は、私たちの日常の生きられる経験からなるあまり抽象的ではないレベルから、科学というはるかにずっと抽象的なレベルまで、さまざまである。

フッサールは、科学は必然的に日常的な生活世界の上に構築されるが、科学ではずっと抽象化と一般化のレベルが進んでいると論じる。より重要なことは、科学の概念図式は高度に選択的であって、私たちの生きられる経験に通常与えられるものの多くを括弧に入れて考慮していない。科学は視野が狭い範囲のレンズしかもたない。とくに、科学は個々の主観の「観点」を削除し、世界に関する私たちの日常経験を取り巻く道徳的、美的な「周縁」を括弧に入れてしまう。科学において、たとえば身体は、ときに美しいとか（あるいは醜いとか）、道徳的考察を要するとかいったような他の誰かの表現の場としてはもはやみられていない。その場合、身体は因果的に相互に関連する物理的「諸部分」の集合とみられる。身体のもつ道徳的、美的、実存的な意味は、むき出しの抽象的な物理的核を示すために剝ぎ取られている。実際このことは、フッサールが論じているように、危険で問題的なものとなりうる。『ヨーロッパ諸学の危機と超越論的現象学』で彼が論じたように、確かにこうした科学

---

[2] 「独自性」および「特殊性」は、ここでは非常に厳密な意味で用いられている。フッサールは、私たちの生が一つの新奇でこれまでとは完全に異なっている状況から別の状況へと飛躍することを示していない。要点はむしろ、私たちはこれまでの経験から学ばれた知識を現在の状況を理解するために用いるという点にある。実践的観点からいえば、状況の大部分は、非常に類似した対象を含みつつ私が過去に出会った状況とよく似ている。そしてこのことは、私が以前の経験を現在の経験に適用することもできるし、実際にそのようにしてもいることの理由である。しかしこのことは、そこには把握されるべき「意味理解」という興味深い過程があるという事実を変えるものではない。そしてこれが、フッサールが私たちに取り組ませようとしたことなのである。

内在的な危険が強まるのは、現実の科学的「構築」が私たちの日常的な構築物を超えて進み、それゆえ科学の世界が私たちの日常経験の世界、私たちの生きられる世界、つまり生活世界よりも現実的であると見なされるようになることによってである。

　例示したように、諸々の身体が因果関係と結びついた物理的諸部分の「現実の」集合と見なされ、この「根底的な現実」にとって、私たちの美的、道徳的な把握はせいぜい第二次的なものと見なされてしまうが、フッサール流の観点からいえば、それはまったく本末転倒である。こうしたことは、私たちが科学に与えている高度な実質的資源と地位によって制度レベルで生じるが、しかし私たちが科学に従い、現実に関する自分たち自身の定義に代えて科学による定義を用いるときには、より限られたレベル、つまり個人のレベルでも生じるのである。

　その帰結として、道徳的、実存的、美的な問題を取り扱うことができない一つの「事実―精神」文化が生み出されることになる、とフッサールは論じる。私たちは自分たちの視野地平を狭め、それによって自分たちの能力が奪われることになる。生活世界の第一次性と、科学の権限の副次性と限定性とをめぐる現象学的議論は、生活世界の諸相についての特定の現象学的研究と結びついて、以上の点において非常に重要なバランス維持という均衡点をなしている。現象学的議論は、科学が抑圧してきたものすべてを視野に入れ、人間生活の道徳的、美的、実存的な構成を再発見する。たとえば、生きられるままの身体に関する現象学的探求は、メルロ゠ポンティが行ったように、科学のもつ非常に一面的な性格、つまり人間の身体の生理学的見解を露呈させ、科学的説明から排除された身体の実存的、美的、道徳的次元を回復させ、この次元の根本的で還元不可能な性格を論証するのである。

　フッサールが続けて述べているように、生活世界的な見方を世界に関する科学的な見解に置き換えることは、日常生活の文脈だけでなく、哲学においてもまた明白である。哲学のレベルにおいて、この置き換えはあらゆる種類の問題と困難を産み出し、ここでもまた危険なものとなる。デカルトの心身問題は[3]、その一つの例である。デカルトは、自分自身の身体の存在を、それによって自分自身の存在を疑うことなしに、疑

うことができるという事実を基盤として、心身の区別に至るようになると主張し、その結果、自分自身の存在は自分の身体以外の何ものかからなるに違いないと結論づけざるをえなくなった。それが精神である、とデカルトは結論づける。この点に関してフッサールは、人が自分の身体の存在を疑うことができるという可能性に疑問を呈する。

　私たち自身の日常経験において、私たちの心的生が身体領域から切り離されることはない。私たちの経験は感覚的な経験であり、私たちの身体は一つの外的対象あるいは外的付属物でないことは非常に明確である。さらに、私たちは他者たちの心的生をその身体上の身振り、表現、行動を通して経験する。デカルトが行ったような精神と身体とを分離することは、何よりも身体を、魂を欠いた単なる「物質」として抽象化する考え方を前提としている、とフッサールは論じる。これはまさに、ガリレオに従ったデカルトの時代の科学者たちが展開した物質に関する考え方であり、デカルトは彼自身のより基本的な生きられる身体経験に代えて、無意識のうちにこの抽象的な科学的モデルを採用した、とフッサールは記している。このことがもっとも明白なのは、デカルトが精神と物質の区別を実際に説明するときである。その際、彼の物質（したがって「身体」）に関する定義はまさしくガリレオの定義と同じである。まさにこの理由で、デカルトの『省察』は、その著作が述べていた科学のための根本的な基盤を打ち固めるという課題に失敗したのである。なぜなら、『省察』にはそのもっとも根本的な諸前提のただ中に、科学的な概念化を含めてしまったからである。それゆえおそらく、より重要なことは、デカルトの『省察』がそれ以後ずっと長く続く哲学問題となるもの、すなわち心身二元論のための誤った基礎を産み出したことである。

　デカルトの『省察』は必ずしも徹底したものではなかった、とフッサ

3） 有名なことだが、デカルトは精神と身体は明確に区別される「実体」であると論じた。だが、それらを分離した後にデカルトは、いかにそれらが人間の内部で共在し相互作用するのかについて満足のいく説明には至っていないし、他の誰もこの説明に至ることができなかった。そのことが、多くの著述者が精神と身体ははじめから区別されるという見解を拒否するようになった問題点である。

ールは結論づける。『省察』は、学の抽象的な概念的枠組みの内部に閉じ込められ、その議論のレベルを生活世界のより原初的なレベルにまで深めて掘り下げることに失敗し、その結果、自らの課題追求に失敗した。それは、（多分に無意識のうちに）科学に追随することで私たちを騙し、そして学が求める疑いのない基盤をその学に与えることに失敗したという点で、科学をも騙している。学を基礎づけようとするデカルトの試みは循環論になっている。なぜなら、その基礎づけは、それが基礎づけると称している諸学から得た概念を前提としているからである。

この点において、現象学と、それによる生活世界の探究には二重の「徹底さ」がある。現象学は哲学的に見て徹底的であるが、その徹底さは、デカルトが行おうとしていた仕方においてみられ、また現象学が科学の抽象性と一般性の下層に、そして科学によって支配された文化の深層に迫り、生きられる経験という非常に豊かな世界がその深層にあることを示そうとするかぎりにおいてみられる。そうした場合、現象学は社会的にも政治的にも徹底的である。というのは、現象学は必然的に科学のヘゲモニーと支配的な科学の世界観の細部にも挑戦するからである。

フッサールの後期の研究のある場面、とくに『経験と判断』において、彼は徐々に私たちの原初的諸経験がもつ身体的性格を強調し、そして生活世界の身体的性格を強調するようになった。このことはとりもなおさず、デカルトの体系において与えられていた反省的思惟の第一次性に対する直接的な挑戦、とくにコギトに対する直接的な挑戦を伴っていた。世界内存在という私たちの原初的なあり方は、まず第一に「われ思う」ではなくて、むしろ「われ能う」であるとフッサールは論じる。私たちは、ハイデガー（Heidegger [1962]）が「身構え」（readiness-to-hand）と呼んだものから成り立つ原初的な世界経験を有する実践的な存在者なのである。

このようなより「身体的」な現象学の展開は、しばしばメルロ゠ポンティの仕事、とくに彼の『知覚の現象学』（Merleau-Ponty [1962]）の仕事と結びつけられている。メルロ゠ポンティは、「生きられる身体」という考え方をかなりの程度推し進め、人間の身体を単なるモノに還元してしまう粗雑な唯物論者に挑戦し、その過程でさまざまな客観主義的、

科学的な構築物に対する非常に啓発的で現象学的な挑戦を行ったのである（→【03主観身体】）。たとえば、空間の客観主義的な構築に対しては、それは幾何学で概念化されるような「空間」と同一視されているとして反対し、メルロ=ポンティは私たちの身体存在がもつ「生きられる空間」の第一次性を論じた（Husserl [1970b] も参照）。彼は、私たちの直接経験は直線や完全な直角についての経験でもないし、私たちの空間把握は最初の段階では反省的であったり知性的であったりするわけでもないと論じる。むしろ私たちは上下、遠近といった方向をもったパースペクティヴ的な空間を占有し、したがって私たちの空間把握とはまさにそのようなものとして、移動しつつ私たちを取り巻く場を活用する際の実践的な能力なのである。たとえば、幼児が初めて歩き出したり、物に接近しはじめてそれを摑むときに、空間についての意識や理解が生じるのだが、しかしそれはユークリッドが理解し理論化したような空間ではない。それは、ある特定の観点から実践的に捉えられる空間の概念化であって、空間支配において顕在化するものなのである。

　社会学や社会理論の内部では、フッサールの流れをくむ生活世界に関するこのような特定の考え方は、二つの方向へと進む傾向があった。初期のフランクフルト学派の何人か、とくにマルクーゼ（Marcuse [1968]）に顕著だが、彼らは科学と生活世界との関係をさらに究明し、自分たちの批判理論がもつ他のさまざまな概念によってフッサールの主題を拡大してきた。ハーバーマスもまた、彼の初期の研究のある部面ではこうした流れに従っていた（Habermas [1987a]）。他方、批判的脈絡の度合いは少なくなるが、アルフレッド・シュッツは、フッサールのアプローチによるより広範な主題の多くと結びつく中で、この生活世界という概念によって社会的世界とその中での私たちの経験を探求しようと企てた（たとえば、Schutz [1972]）。シュッツは、フッサールのさまざまな洞察をヴェーバー理解社会学の基本関心の中に置き、意味レベルでの適合性というヴェーバーの関心が現象学的概念を用いることで十分な形で満たされうるとした。実際、この視点は、行為者たちがお互いについての経験を構築し、さらにより広い社会的世界に関する自分たちの経験を構築することを可能にするようなさまざまな「類型化」や多様な形のハビトゥス

的な知に焦点を当てる社会学となったのである。

　ここでは、フッサールのパースペクティヴに向けられた諸批判を詳細に考察する十分な紙幅はない。だが、次のことは記しておくに値する。すなわち、フッサールとは非常に異なった見解を表明する他のいくつかのパースペクティヴがあることだ。とくに著名なのはガストン・バシュラール（たとえば Bachelard [1970] [2002]）のパースペクティヴである。

　バシュラールの哲学とフッサールの哲学との関係は複雑である。だが私たちの目的にとっては、フッサールが生きられる世界に与えたいと望んだその第一次性について、それをバシュラールは問題だとみていると述べておけば十分であろう。とくにアインシュタインの研究から影響を受けた「認識論的断絶」という概念を考察しながら（→【14認識論的断絶】）、バシュラールは、どのようにして科学的研究が私たちの常識的世界観に根本的に挑戦して、私たちの世界を知覚する仕方を変化させ、また実際にそのことによって私たちの主観性の性質自体を変化させるかを論じている。バシュラールからみれば、生きられる世界という観念はあまりにも静態的で後ろ向きな面がある。さらにバシュラールは、私たちの根本経験が科学的言説や科学的類型化によって形づくられている点についてフッサールに同意する一方で、この点を肯定的にみている（というのは、バシュラールは科学を肯定的に捉えているからだ）。

　筆者は、この点が提起する無限ともいえる問題点を語ることはできない。ここでバシュラールは、生活世界というフッサールのこの重要な考え方とは逆方向の考え方もありうることをまさに示している、と筆者は述べておきたい。

【基本文献案内】
　一般的にいえば、フッサールの著作はかなり難解である。ただし、『デカルト的省察』（Husserl [1991]）と『ヨーロッパ諸学の危機と超越論的現象学』（Husserl [1970a]）の二つは、おそらくもっともわかりやすい著作であり、全体としてフッサールの研究へのもっともわかりやすい入門書となっている（さらに、これらは社会科学の観点ともっとも関連性をもつものである）。加えて、生活世界という考え方を取り上げ展開しているシュッツの著作は、非常に明瞭であり魅力的である。この面での研究の一番の導入的な著作は、おそらく『社会的世界の現象学』（Schutz [1972]）であろう。ただし、短くしかも興味深い数多くの論文がシュッツの3巻本の『著作集』（Schutz [1964a] [1964b] [1971]）に収められている。

（西原和久訳）

33 鏡像段階と自我 Mirror Stage and the Ego

◎関連概念：イド・自我・超自我、想像界・象徴界・現実界、
　　　　　　承認、無意識

　鏡像段階という概念は、ジャック・ラカンの精神分析において最初に定式化されたものである。この概念はその後、モーリス・メルロ＝ポンティ、フランツ・ファノン、ルイ・アルチュセール、そしてジュリア・クリステヴァを含む数多くの論者の仕事において、使用され、あるいはほのめかされている。だが、これについてのラカンの論文（Lacan [1989]）は、古典的な説明としての地位を保っている。

　ラカンの視角は複雑であり、しかも往々にして矛盾しているようにみえる。しかし、鏡像段階の概念は、ラカンの経歴の非常に早い時期、すなわちその研究の方法に関する他の多くの中心的考想よりも前に、そしておそらくは、その名を知らしめているより論争的なスタンスのいくつかを彼が身に付けるよりも前に、出現したものである。この概念は、彼の仕事が、確かにすでに確固として精神分析的ではあったが、現象学、動物行動学、ゲシュタルト心理学、（アレクサンドル・コジェーヴ（Kojève [1969]）の講義によって1930年代のフランスにおいて広まった）ヘーゲルの仕事の影響も受けていた。こうした影響のすべてが、鏡像段階という概念の形成に与っているが、精神分析の基本的な枠組みを例外として、承認（→【44承認】）を求める欲望とそれを求めての闘争というヘーゲル派の観念ほどの影響は及ぼしていない。

　ラカンの主張の基本的前提は、人間は生を、主観的には未分化な状態で始めるということである。それはすなわち、私たちには（成熟した）自己意識が欠けているということであり、私たちは自分自身を自分自身として意識するわけではないのである。ヘーゲルはこうした見方を共有しているが、彼によれば（Hegel [1979]）、自己についての意識は欲望を通してはじめて出現するものである。乳児は、動物たちが事実そうであ

るように、欠乏を通して、また欠乏として、たとえば食物の欠如として自己を経験する。飢餓の感覚ないし苦しみは、実際、「自己」経験あるいはむしろ自己の中心部における（食物の）不在の経験である。だが、普通の動物の欲望は食べることによって直ちに満たされ、その欲望は自己を一時的に垣間見させることができるにすぎない。したがって、成長した人間が動物よりも強い自己感覚をもっているとすれば、人間の内部にはさらなる欲望、人間の自己意識を説明する、満たすことのできない人間特有の欲望が存在するに違いない、とヘーゲルは主張する。

　ヘーゲルが提案する欲望の候補は、承認に対する欲望である。これは、コジェーヴが述べるように（Kojève [1969]）、欲望を「求める」欲望、「欲望されることに対する欲望」である。この主張に不可欠なのは、人間は、他者の意識に気づくこと、および自分は他者の意識の中で対象として存在しているという事実に気づくことによってはじめて、自己を意識することができるようになる、という考えである。この点では、自己意識は、少なくとも完全な承認が存在しない場合には「疎外状態にあり」、人間は自己を、他者の経験の中で「捕らえられ」、「拘束され」ているものとして経験する。ジャン‐ポール・サルトルの「眼差し」の概念（Sartre [1969]）は、このことをうまく説明している。サルトルは、見られているという感覚、自分の行為や存在が自分自身のものではないという感覚といった不安を昂進させる経験を詳細に描写している。

　こうした考えについては、本書の別項でより詳細に探求している（→【44承認】）。さしあたり、ラカン（Lacan [1989]）は、自己意識——彼は「自己」ないし「自我」など種々の呼び方をしている——が、「他者との弁証法的な同一化」と彼が呼ぶものの文脈の中で、すなわち私たちと他者との関係を通して、発生するという事実に、非常に用心深い態度をとっているということを指摘しておけば十分だろう。さらにいえば、この過程は、乳児が言語を獲得することによってさらに拡大される、とラカンは考えている。だが、「他者との弁証法的同一化」は、ラカンによれば、より初期の経験、すなわち月齢6カ月から18カ月の間の時期に生じる経験によって早くも引き起こされ、それどころか促進されることすらあるのである。

3.3 鏡像段階と自我 Mirror Stage and the Ego

　この時期に、乳児たちは鏡のような反射面に自分自身を認めることができるようになる、とラカンは指摘している。これは、ある程度まで、「現実喪失」の過程である。すなわち、乳児は鏡の中の像は現実のものではないということを学ぶのである。それは現実の他者ではなく、自己自身の反射像なのである。チンパンジーを含む他の哺乳類が、これを理解することはある。だが、こうした哺乳類は、この像が現実のものではないということに気づくと、像に対する興味を失いがちである。これとは対照的に、人間の乳児はこれに対する興味を失わない。認知的なレベルにおいては、乳児はこの像を自分自身の像だと認識しているようである。だが、より情動的なレベルでは、乳児はこの像に魅了されはじめ、鏡の前で遊ぶことに大きな喜びを見いだしていく。自らの外見を操作し、このことの視覚的な効果を愉しむのである。さらに乳児は、精神分析的な意味でこの像に「同一化する」とラカンは論じている。すなわち、乳児はこの像を内面化し、そのイメージの諸特徴を自己の感覚の中で引き受けるのである。

　ここで論じられていることについて明確に理解しておくことが重要である。鏡像段階以前に、乳児は自己自身についての現実感覚をもっていない。乳児は周囲の世界の存在に気づいており、自らのまだごく未発達な状態においても、可能な範囲でその世界に参与する。しかし乳児は、自身をその世界の一部として意識しているわけではない。自己が自身の感覚知覚の、そして——ラカンが述べるように——快楽の対象、それどころか愛の対象となるのは、乳児が鏡に映った自分の姿を目にとめるときだけである。だが、乳児が自己自身との間に形成する関係は、上で他者との関係が疎外的であると述べたのと同じような意味で、ラカンにとって疎外的である。乳児は自身についての外的な像に同一化するのである。さらに、乳児の自己についての認識（recognition）は、ラカンの見方によれば、誤認（misrecognition）である。

　この誤認という言葉によってラカンが言おうとしていることには、いくつかの意味のレベルがある。あるレベルにおいては、鏡像段階は乳児を以前のより直接的な自身への関係と世界への生きられた関係から引き離す。乳児は、鏡像に促されて、自身を外部から眺める眼差しを手にす

るが、そうすることで、乳児は自分自身にとっての外部者となる。乳児は自己自身から遠ざけられ、それゆえ疎外される。さらに、乳児が同一視するものは自身の外貌であるのだから、乳児は自身を誤認してもいるのである。乳児は「あちら側の」像に同一化するが、それは、生きられ、知覚している「ここにある」身体というよりは、視覚的に捉えられた像なのである。

　しかし、ラカンにとって関心があるのは、乳児が鏡の中に知覚する「完全な」全体性と乳児が発達のこの時点で生きているはるかに断片化された状態との間の不一致である。乳児にはまだ基本的な運動神経の協応と固有受容組織が欠けている間に、それどころかこうした神経や組織を可能にするニューロンの発達が完全なものになるより前に、鏡像段階は生じる、とラカンは書いている。それゆえ、乳児が鏡の中に知覚する「全体」と自身を同一視するかぎりにおいて、乳児は自身を誤認していることになるのである。この誤認は、成人の自我を構成する基本的な誤認を予示しているとラカンは論じる。私たちは自分自身を、すなわち自分の「私」を、自分の行為と経験の首尾一貫して組織だった作者にするが、これは自分の経験を理解するために採用する都合のいいフィクション、鏡像段階に始まるフィクションであるにすぎない。ラカンの見解では、私たちは首尾一貫した全体ではなく、むしろ深く裂開し、亀裂が走った存在であり、統一的で首尾一貫した者としての自己感覚に誤って同一化している存在なのである。

　ラカンがここで「自己」ないし「自我」と名づけているものは、明白に精神分析的な意味を担っている。実際、鏡像段階は、フロイトが「一次的ナルシズム」、すなわち乳児が自身を愛の対象と考える段階として言及した自我の発達段階に関するラカンなりの説明であると見なすことができる。しかし、グロース（Grosz [1990]）が論じるように、フロイトはその仕事のそれぞれの段階において、自我とは何かということについて異なった見解を提示している。あるいは少なくとも、力点にかなりの移動があることを表明している。そしてラカンの説明は、こうした見解の中の一つ、それももっとも著名であるとは決していえない見解と重なっているにすぎない（→【24 イド・自我・超自我】）。

実際、ラカンの説明が、フロイト派精神分析における自我についてのより人口に膾炙した説明に対抗しているということは、きわめて明らかなことである。フロイト派のこうした説明によれば、自我は本質的に知覚と意識のシステムであり、それは個人が自己を見いだす世界に適応し、世界からの要求と自己の欲望によって構成された要求との間のバランスをとることを可能にするのである。精神分析のある別の流派、とりわけアメリカの「自我心理学」の流派は、主としてこの適応概念に焦点を当てており、治療の目的とは、現実の諸要求に対処できるよう自我を強化することであると論じている。ラカンは、そこには政治的保守主義が見いだされるがゆえに、こうした概念を避け、そのかなり異なった自我観に基づいて、分析のための別の目的、すなわち自我を作り上げる自己欺瞞を解明するという目的を提唱している。さらにラカンは、分析を妨害し、「抵抗」によって阻もうとする試みを、多くの場合動機づけているのが自我、すなわち自己イメージに対する個人のナルシズム的関係である、と示唆している。個人は、分析家による侵入に抗して、心に抱いている自己自身についてのナルシズム的イメージを防衛するのである。

ラカンにとって、鏡像段階は自我の発達における最初の段階である。それは「他者との弁証法的同一化」という次なる段階のための道筋を準備する。しかし、それは精神分析家が「死への衝動」という範疇によって説明することの多い、「攻撃性」を定着させるものでもある。ラカンがどのようにしてこの結びつきを考え出したのか、彼の説明から正確に取り出すことは非常に困難である。しかし以下の引用は、彼が言わんとすることについて、いくらかの示唆を与えてくれる。

> 私たちが自我と呼ぶこの情念の組織が基礎づけられるエネルギーと形式が見いだされうるのは、このエロス的な関係の内部においてである。この関係の内部において、個々の人間は自分を自分自身から疎外するイメージに自分自身を固定化する。
> この形式は、主体の内部における葛藤をもった緊張という形で具体化され、この緊張が他者の欲望の対象に対する主体の欲望の目覚めを決定づける。ここにおいて、原初的な一体性が攻撃的な競争性

へと転化してしまうのである……。(Lacan [1989 : 19])

　以上を言い換えるならば、他者の欲望の対象になりたいという欲望の基礎を築くのは、主体の自分自身に対する愛なのである。その欲望は不可避的に他者との葛藤につながり、それゆえ攻撃性を生み出すのである。ここからラカンが導き出す哲学的伝統の視点（たとえばヘーゲル(Hegel [1979]) の哲学）からすると、欲望は多くの点において、いつもすでに「攻撃的」である。それはつねにその対象を消費し、その結果、死滅させようとする欲望である。たとえば、飢えは（それを食べることによる）対象の死滅によってのみ満足させられる。そして、ヘーゲルにおいては、承認に対する欲望は、それぞれの主体が自分を他者に「認めさせよう」とするとき、主体を「死を賭した闘争」へと駆り立てることになる（→【44承認】）。だが明らかに、ラカンの説明においては、他者からの承認を求めるよう主体を駆り立てる自己愛の形式の起源という説明を導入することで、ここでの理路に基づく議論が展開されている。

　ラカンが、鏡像段階、自我、攻撃性の間に確認する結びつきについてのさらなる手がかりは、鏡像段階を通じて構成される自我の「パラノイア的」構造に関する数多くの言及にも見いだされる。パラノイアは拡大ないし過剰に延長された自己感覚、すなわち出来事における自己関連性を過剰に知覚する傾向を伴っている。さらにパラノイアには、迫害されているという感覚、監視されている、追跡されている、あるいはうわさ話をされているという感覚を伴っていることが多い。それは世界との関係、とくに他者との関係の障害であり、その障害のために世界ないし他者に対する敵意が生じる。そのようなものとして、パラノイアは「正常な」人間の範囲を逸脱した極端なあり方なのである。しかし、ラカンが主張するには、これは人間にとって正常なものであるが、また同時に攻撃性を生み出すものでもある「エゴイズム」の一形式のより極端なヴァージョンにすぎない。ラカンにとって、自我の通常の状態は「パラノイア的」、少なくとも適度に「パラノイア的」なのである。

　多くの著作において、ラカンは人間の心理的生の構築における社会的諸要因に注意を向けているが、歴史的諸要因には言及していない。すな

わちラカンは、人間の心は社会的文脈の中で発達すると信じているようなのだが、——ラカンの見方においては——時間の中で変化する社会的世界の中の諸要因に精神をことさら関連づけることはしていないのである。しかし、攻撃性についての小論——私のコメントのいくつかはここから引用されている——の中でラカンは、デュルケム（Durkheim [1952]）とよく似たやり方で、エゴイズムは近代社会において否定的な諸結果を伴いながら増幅されている、と言っているように思われてならない。伝統と儀式の衰退と「両性間の戦い」による「男性‐女性」原理の廃止を引きながら、ラカンは次のように論じている。

　今日、自我の昂進は、それを強化する功利主義的な人間概念に適合することで、頂点に達している。つまりそれは、人間とは個人であるという見方のこれまでにない進展の中で、言ってみれば、人間が経験する最初の遺棄に、これまでになく類似した孤立の中で、頂点に達しているのだ。(Lacan [1989:27])

そして

　近代社会の「解放された」人間においては、この分裂は、その存在の深部にまで及び、自己処罰型の神経症を顕在化させる。それは、自己処罰が機能的に禁止されることからくるヒステリー性の心気症の症候、それに結びついた他者と世界に関する現実感喪失という神経衰弱の諸形式、そして失敗と犯罪という社会的帰結を伴っている。近代の人間をもっとも恐るべき社会的地獄へと追いやっているのは、この哀れな犠牲者、すなわち、この解き放たれ、責任を負わない無法者なのであり、こうした者が（たとえば精神分析のために）私たちのところにやって来るときに、私たちはそれに相対するのである。(Lacan [1989:28-29])

　ここでのラカンの議論の道筋は興味深い。彼は明らかに、自分自身を近代社会批判の場所に置いている。あるいは彼自身も述べているように、

フロイトを参照して、「文明」批判の立場に立っている。しかしラカンの批判には、この点に関して保守的なよじれ、あるいは、おそらくはむしろ反動的なよじれがあって興味深い。ラカンは、現代社会は、彼がその仕事の中で分析する精神の「病理」[1]——ナルシズム、攻撃性、エゴイズム、パラノイアといった「病理」——を悪化させると考えている。しかし、ラカンが自らの批判を構成する際のやり方は、過去や伝統に対する追憶としてあり、このスタンスは、ラカンが著作活動を行っていた時代に（たとえば、ボーヴォワール（Beauvoir [1988]）の著作の中で）形成されつつあった伝統的性役割に対する批判に向けた、あからさまな敵意へと発展していく。筆者は、ラカンの保守主義が間違っているということを示したいのではない。それは別の問題である。とはいえ、興味深いのは確かである。とりわけ、ラカンの仕事がフェミニストや他の「批判的」[2]な理論家たちの間で勝ちえてきた賞賛においても、興味深いのである。

[1] もちろんある意味において、こうした「病理」は、統計的には正常なのであるから、ラカンにとっては、「病理」のうちにはまったく入らない。

[2] 筆者はここで、「批判的」という言葉を、注意喚起のため引用符の中に入れている。なぜなら、こうした論者たちが、社会的な意味において非常に批判的であるということは——たとえ彼らが美学的ないしは理論的に挑戦的であるとしても——決して明白なことではないからである。

【基本文献案内】
　ラカンの書くものは極端にわかりにくいと、筆者は本書の先行する箇所で述べた。実際には、『エクリ』（Lacan [1989]）における鏡像段階についての論考は、比較的わかりやすい章の中の一つであり、それに続く「攻撃性について」の章もそうである。二つの章はともにかなり簡潔でもあり、非常にわかりにくいことが多々あるこの論者によって描かれた一次資料を読もうと望むすべての人にとって、妥当な選択となるだろう。優れた二次文献としては、ベンベヌートとケネディの『ラカンの仕事』（Benvenuto and Kennedy [1986]）、およびボーウィーの『ラカン』（Bowie [1991]）、そしてエリザベス・グロスの『ジャック・ラカン：フェミニズム的立場からの案内』（Grosz [1990]）が挙げられる。

（葉柳和則訳）

34 新しい社会運動 New Social Movements

◎関連概念：危機、争議サイクル、争議レパートリー、社会階級、社会運動

　「新しい社会運動」の定義は二つの部分に分けることができる。「社会運動」の定義と、とくに「新しい社会運動」の定義とである。私は本書において、一般的な社会運動の概念について扱っているが（→【52社会運動】）、ここでは定義の「新しい」という部分に焦点を当てる。

　もともと「新しい社会運動」（new social movement : NSMs）という名称は、1960年代後半の政治的変化の中で際立ち、1970年代、80年代、そして90年代を通じて大いに注目されてきた学生運動・環境運動・フェミニズム・反戦運動・動物の権利擁護運動などといった社会運動に対して付与されたものであった。それほど論争とはならなかったが、これらの運動のどこが具体的に「新しい」のかという疑問はかなり込み入った問題である。主張される「新たな社会運動」の「新しさ」は、運動家が立ち向かう争点（たとえば環境問題・ジェンダー問題など）、彼らが採用する戦略（直接行動の戦略や抵抗の戦略）、政治の「通常のチャンネル」に関する彼らの懐疑、そしてマルクス主義的運動に特徴的な大きな革命図式への彼らの反発に由来する、と多くの論者は想定している。そしてその同じ論者たちは、1960～1970年代に起こったそれらの運動にとくに新しい特徴はないという理由で、「新しい社会運動」という概念全体を体系的に非難する。「新しい社会運動」はずっと以前の19世紀でも、一連の労働運動において見いだすことができる（Tucker [1991]; Calhoun [1995]）。「新しい社会運動」は以前の政治的動向を甦らせていると論じられている。その程度の「新しさ」である。「新しい社会運動」の重要な特徴のすべては、過去の労働運動、とりわけ初期の労働運動という重要な政治的運動の特徴をくり返している。この労働運動は原型となる「古い社会運動」であり、これとの比較において「新しい社会運動」は

「新しい」と見なされるだけである。そう論じる者にとっては、「新しい社会運動」というラベルは、誤った呼び方なのである。

　これらのことは重要な点であり、気にとめておく必要がある。だが、私たちは議論と定義づけを少しなりとも推し進める必要がある。「新しい社会運動」の理論家のほとんどは、筆者のみるところ、それらの運動を特定の争点や戦略に言及して、もしくは「システム外部」で働くその運動の傾向に言及して定義づけてはいない。またそうした理論家は、運動の政治学のそのような特徴について完全に新しい何かがあると提示してもいない。実際のところ、初期の労働運動の活動と現在の「新しい社会運動」の活動との間にかなりの重なりがあることを、多くの人たちが認めている。新しい社会運動に関する彼らの議論においては、運動の階級的基盤と運動の新規参加者層が変化し [1]、さらに社会の構造やその断層の構造も変化し、それによって社会における分断と対立の境界となる中心線も変化していると主張する者もいるが、運動それ自体は新しいという者は少ない。さらに彼らの議論は、（少なくともヨーロッパでは）つい最近まで長年にわたり批判的社会科学の内部で力をもっていたマルクス主義モデルに置き換わる、社会運動と社会分断に関する新たな理論を求めている [2]。これらの論点は解明される必要がある。

　マルクスと同様に、「新しい社会運動」の理論家たちは、あるとき論争となる社会の争点がいかに多様であれ、論争や対立の鍵となる領域を規定する基底的な「断層」が存在すると見ている。マルクスにとって、そのような断層とは、労資関係と経済の危機傾向（→【08危機】【50社会階級】）であった。しかもマルクスにとって、労働運動つまり労働者階級

---

[1] 原型となる「古い社会運動」は労働運動であった。予想できるように、その参加者は労働者階級に偏っていた。新しい社会運動はより広範な参加者の基盤（学生、主婦、科学者、公務員）からの参加からなるといわれているが、しかしそのような参加者は労働者階級を代表することはあまりなく、学歴の高い「新中間層」が過度に代表となる傾向があるということが注目される。1960年代になされた多くの研究は、この過度の代表性傾向を指摘している（Bagguley [1995]; Rootes [1995]）。

[2] 最近まで、社会運動の分析はアメリカとヨーロッパにおいて非常に異なる二つの軌跡を辿っていた（Crossley [2002a] を参照）。

の運動は、この断層から発生する重要な運動であった。だが、いかなるときにも私たちが社会の中に見いだす数多くの運動とキャンペーン活動——マルクス主義者の視点からすれば、労働運動——は、資本主義社会における運動であり、それ自体は資本主義の基本的構造と構造的矛盾から構成される。しかし、「新しい社会運動」の理論家たちはこうしたことには同意しない。19世紀後半から20世紀前半にかけての社会変革は、マルクスによって分析された構造的状況と構造的矛盾を変化させ、その衝撃を軽減もしくは抑制した、と彼らは論じる。介入主義的な経済政策は、マルクスが無政府状態で危機を引き起こす経済政策や社会政策と見なしたものを、うまく管理しようとしている。とくに福祉国家との関係から見れば、介入主義的経済政策は、経済の発展力や分業の衝撃を和らげ、政治的行為への関与によって、社会により平等主義的な外見を与え、失うべき「鉄鎖」[3]より以上のものをもつ地位にプロレタリアートをおくようになったのである。

さらに労働運動は、政治的システムの中に、その制度化された一部分として組み込まれてきた。新しい社会運動の理論家たちは、19世紀後半から20世紀前半にかけて労働運動はその焦点を狭めてきたと論じる。労働運動は、より狭い功利主義的で物質的な目標（すなわち高賃金、健康管理の向上などといった労働者のためのもの）の追求を支持することで、闘争の革命的要素と倫理的な生活様式の要素のいずれも失ってしまった。加えて、労働運動は労働党や官僚的な労働組合組織の形をとって、ますます政治システムへと吸収されるようになった。こうした点において、マルクスによって理論化された階級闘争は終焉した。歴史は進んだのである。

しかしながら、「新しい社会運動」の理論家たちに従えば、マルクスによって見いだされた問題は「解決」したのではない。それはただ単に置き換えられたにすぎない。断層は他の場所に広がっている。とりわけ、

3） マルクスとエンゲルスは『共産党宣言』（Marx and Engels [1967]）の最終節において、労働者は何ももたない、したがって失うものは「自らを束縛する鉄鎖のほかは何もない」のだから、労働者はともに革命闘争に参加すべきだとする有名な論述を行っている。

「新しい社会運動」の主要な理論家たち（Touraine [1981] ; Melucci [1986] [1996] ; Habermas [1987b]）は、次のように主張する。すなわち、今や諸々の対立は、日常生活に賦課され、生活形態を攪乱し、官僚制化によって自律と意味の追求の可能性を削りとる巨大な（国家形態をとる）計画立案装置やプログラミング装置の発達から生じるのである、と彼らは主張する。ハーバーマス（Habermas [1987b]）はこのことを「生活世界の植民地化」というフレーズで捉え、そして重要なことだが、彼は資本主義的市場の拡張がこの植民地化のはっきりした一因であると付け加える。国家による監視、官僚制、法[4]の拡充によって、そして強まる市場の浸透と商品化によって、日常生活の土台が掘り崩される。これが現代社会の断層であり、そして「新しい社会運動」が反応する「ひずみ」であるとハーバーマスは論じる。

　「新しい社会運動」の理論家の中には、おそらく経済のダイナミズムにうまく対応していなかったり、また「国家」に新たな問題の原因があると見なすことに慎重である者もいるが、しかし多くは以上の一般的図式を支持している。たとえば、「新しい社会運動」は「プログラムされた社会」という問題への反応であるというトゥレーヌ（Touraine [1981]）の主張は、彼から見れば、私たちの社会の「断層」が社会を上から管理ないしは「プログラム化する」試みに集約される点にあるということを、はっきりと示しているのである。

　この説明が興味深く説得的であることには疑いがないが、問題点も多い。「新しい社会運動」の概念がもつ一つの重要な問題点は、そのエスノセントリズムである。新しい社会運動は、資本主義の世界システムから最大の利益を得る傾向をもつ西洋諸国に対する、そのシステムの影響力に焦点を当てる。ここに二つの問題がある。第一に、それは経済の発展力と不平等、資本と労働が多くの発展途上国においてどの程度鍵とな

---

[4]　ハーバーマスによれば、生活のより広い領域が法規制に従うという意味において、法はかつてよりも広範囲に及ぶようになっており、また法の各領域がそれぞれより複雑になり、かつその内部においては分化されるようになっているという意味において、法はかつてより徹底化されている。

る断層であるかという問題を無視している。そしてまた、実際のところ発展途上国がなくなってしまったら、第一世界の諸社会に再びこのような問題が現実に生じはじめるだろう（以下を参照）。第二に、それは国家と巨大な（多国籍の）経済行為者たちとの相互作用を通してグローバルなレベルで構成される緊張とひずみ、および特定の国家の領域内部でもさまざま形で再生される緊張とひずみとを無視する。

　もう一つの鍵となる問題は、「新しい社会運動」の理論が、1950年代から1970年代後半を通じて多くの西側諸国において自明であったが、1980年代のネオ・リベラル的な動きの興隆によって批判され、広範囲にわたってネオ・リベラル的なものに置き換えられていった経済的・政治的ガバナンスの「戦後の福祉合意」といわれるものを反映した理論だということである。ネオ・リベラル主義者たちの「国境を撤廃せよ」そして市場を「開放せよ」という努力は、西側世界を含む世界中の社会の経済的・政治的な力の配置をかなり変え、おそらくマルクスが記した発展力と諸問題とを再活性化しながら、断層を再び変化させてきたことは間違いない。

　反-企業運動[5]の出現が、多くの点で以上のような論点を例証している。そうした運動の内部では「新しい社会運動」の一定の争点と参加者が目立っているが、彼らは、新たに活性化した「古い争点」を追求しながら、グローバル社会におけるかなり混沌とした不均質な作用状態と、その社会内で循環する金・人・情報などの流れとによって促される論点に焦点を当てている力強い一連の集団はもちろんのこと、原型となる「古い社会運動」の活動家とも、並んで活動している。第一世界と第三世界、右翼と左翼、新しいものと古いもの、世俗的なものと宗教的なもの、これらすべてがこの「より新しい」反企業空間に収斂するかのように思われる。さらに、新しい社会運動にとって中心的と見なされてきた政治への「柔軟な」[6]アプローチは以前より明らかになってきたものの、同時に人と財産の両方に向けられた暴力を通じて運動目標を推し進める

---

[5]　反-企業運動についての議論は、クロスリー（Crossley [2002a] [2003a]）、エドワーズ（Edwards [2004]）、ハーツ（Hertz [2001]）、クライン（Klein [2000]）、スミス（Smith [2001]）を参照のこと。

準備ができているさまざまな「憎悪の」運動とも結びついてきた。このもっとも明白な例が、いわゆる黒ブロック・アナーキスト［白ブロック・アナーキストなどとともに過激なアナーキスト的集団］や極右集団といったさまざまな集団の関与である。さらにより広い文脈でいえば、イスラムや他の形態のテロリズムの出現はすべて、社会運動ポリティクスの目下の文脈が柔軟さからはかけ離れていることを示している。

では、私たちはこれから「より新しい社会運動」について語るべきであろうか。ここはパンドラの箱を開く場ではないし、また実際のところ、今日の社会運動ポリティクスの世界で進行している問題を解決しようとする場でもない。もう一度くり返すならば、社会運動ポリティクスの基盤は変わってきているのだ、といっておけば十分なはずだ。

---

6)「平和と愛」の時代に発生した新しい社会運動のポリティクスは、集団的瞑想を介してペンタゴンを宙づりにするという有名な試みのように、非常に平和的な「ヒッピー」的戦略と結びつけられていたこともある。実際には1960年代末において、赤軍派やブラック・パンサー、怒りの旅団、ウェザーマンなどといったグループによって、数多くの政治的暴力が存在した。さらにまた、反企業運動と結びついた暴力もあったが、たとえば抗議のサンバ・ダンスやいわゆる「ゲリラ・ガーデニング」といった形態をとる柔軟なものも非常に多かった。現に、ある反企業運動家たちは、警察の報復行為からわが身を守る最良の方法は柔軟にやっていくことだという見解をはっきり述べている！

【基本文献案内】
　トゥレーヌの『声とまなざし』(Touraine [1981]) は、（筆者からみれば、話題があちこちへと飛び、後を追うことが簡単だというわけではない風変わりな本ではあるが）新しい社会運動の古典的な言明である。メルッチの『現代に生きるノマド』(Melucci [1986]) は、「新たな社会運動」の争点に関するもう一つの古典で「必読文献」である。ハーバーマスは『コミュニケイション的行為の理論』(Habermas [1987b]) 第2巻の最後で「新しい社会運動」について論じている。しかし幸いなことに、その部分は『新しい社会運動』(Habermas [1981]) というシンプルなタイトルを付けられて一つの論文として英語で出版されている。筆者は再度、この論文は「新たな社会運動」についての古典的な言明であるといっておきたい。反企業運動は筆者が記したように非常に活発であるが、これについて良質の分析がなされた文献が多いとはまだいえない。しかしこの問題に興味のある読者は、新聞を読むことと並行して、クロスリー (Crossley [2002a] [2003a])、エドワーズ (Edwards [2004])、ハーツ (Hertz [2001])、クライン (Klein [2000])、スミス (Smith [2001]) らの文献を参考にするとよいだろう。

(西脇純訳)

35 オリエンタリズム Orientalism

◎関連概念：ディスコース、ヘゲモニー、異種混成性、
　　　　　　権力／知、レイシズムとエスニシティ

　「オリエンタリズム」という言葉は、多彩で長い語法の歴史をもっている。だが、批判理論における使われ方は、エドワード・サイードの著作『オリエンタリズム』(Said [1978]) に遡ることができる。サイードは、この著書の中でさまざまな点においてこれまでとは異なるやり方で「オリエンタリズム」を定義しており、しかもそのやり方はとても明快なものである。だが、サイードの定義においてもっとも明快で包括的なものの一つは、オリエンタリズムを、三つのレベルないしは要素からなる、フーコー的な意味での言説の場[1]として描き出している点である。

　第一のレベルは、「オリエンタリズム」という言葉でかなり古くから広範に用いられている意味に近いものである。それは、オリエントの分析[2]をテーマとする学問とその下位分野のネットワークや、そのネットワーク内部での主要な文献や著者、さらにまたそのネットワークのもとでの研究の規範、方法、動機に関わるもの、つまり実際には「オリエント研究」の文化的・制度的な形式の全体に関わるものである。サイー

---

[1] 本書では、「field」の概念をピエール・ブルデューが用いた意味（「界」）で定義している。筆者の見解では、フーコーは「界」の概念を体系的に発展させることは決してなかったため、界概念のフーコー流の解釈をここで説明するようにはしていない。ここでは、フーコーにとって界＝場とは、実践と言説とが相互作用し、また同時にそれらが相互に関連づけられる社会空間である、といっておけば事足りると思われる。なお、サイードが『オリエンタリズム』においてとくに参照したフーコーの著作は、『監獄の誕生』(Foucault [1979]) と『知の考古学』(Foucault [1972]) である。

[2] 「オリエント」とは、一般的にはアフリカ社会の一部やアジア社会のすべてを含めた東方の諸社会を意味している。しかし、サイードの関心は中東地域にある。

ドは、これらの要素が互いに作用しあって、オリエント研究者の場を形成していると論じている。

　第二のより広い水準としては、西洋（つまりオクシデント）内部における「オリエント」の構成と表象を何らかの仕方で活かすか、それに貢献するような執筆家、基本文献、文化的な生産物や生産者のより広大なネットワークが示されている。『オリエンタリズム』におけるサイードの中心的な関心は、オクシデントとオリエントを分ける二元的な区別に影響を与え、さらに他者としてのオリエント概念、すなわちときにロマンティックで刺激的であり、ときに危険な香りをただよわせ、往々にして野蛮で後進的なものとしてのオリエント概念を作り上げてきた西洋内部の文化的生産物が生み出される、その方法にある。サイードの第一の定義にも含まれているオリエントをめぐる専門的な研究は、ここで大きな役割を果たしているが、その役割とは次のようなものである。すなわち、オリエント研究は、さまざまな程度とさまざまな仕方で東洋を指し示す芸術作品、文学作品、哲学的著作をもち、それらが「他者」としての東洋の意味／地位を利用し、結果としてその意味／地位を再生産するのである。

　サイードは、18世紀後半以降の芸術家、小説家、哲学者の中に一つの伝統を見いだすことができると論じている。そこには、私たちが批判的でラディカルであると考えがちな人びと（たとえば、マルクス）も含まれている。それらの人びとは、自分たちのプロジェクトを推し進めるために、世界の「他の」部分であるオリエントやそこに住まう人たちであるオリエント人を「他者化する」イメージを利用するのである。ここでは、各々の著作家／芸術家群やその作品群が重要である。サイードは、作者に対するサイード自身の関心と、フーコーの著作に見られるような作者への関心の原理的拒否とを慎重に区別している。もちろん、フーコーは他の点ではサイードに大きなインスピレーションを与えている。しかし同時により重要なことは、著作家たちが依拠している基底にある前提や規範の構造である。サイードが自分の著作で考察した一連の著作者たちは、たとえ彼らがその構造の再生産に実際に貢献しているとしても、それぞれが無からオリエンタリズムをまったく新たに作り直したわけで

はない。著作家たちは、たとえ「無意識的」であれ、確立された文化的な慣習や前提に依拠しているのである。

　第三に、サイードは「オリエンタリズム」の意味をさらに一段階広げている。オリエンタリズムの意味は、東洋（の一部）との西洋の物質的な関係と、東洋（の一部）への西洋の統治に関連した権力や統制の実践と様式を含むように拡大された。この議論は、サイードのもっとも決定的な論点である。オリエンタリズムは、東洋についての「観念」であるだけではない。オリエンタリズムは、物質性と観念性の両面をもつ世界の諸部分間の関係性である。さらにサイードは、フーコーの権力／知の考え方とグラムシのヘゲモニーの考え方の双方を利用することによって、知（および想像力）の様式と支配と統制の様式との相互作用に関心を示している（→【19ヘゲモニー】【39権力／知】）。

　サイードは、東方についての知識と想像力は、どこからともなく生じるわけでもなければ中立的な知的出会いから生じるわけでもなく、むしろすでに政治的で経済的である出会いから生じると論じている。東方についての知と想像力は、物質的で政治的な支配の文脈において生じているのであり、この文脈によって形成されているのである。オリエントへの接近は、現場での各種の統制を通してなされているのである。しかしながら同時に、オリエントについての知とイメージは、それらが規律訓練型の統制やそれ以外の戦略的な提言を知らせて正当化するかぎりにおいて、支配の形成に貢献することができるのである。『オリエンタリズム』におけるサイードの関心は、相互作用する諸要素の複雑な場そのもの、もしくは少なくともそのいくつかの側面を解きほぐす試みにあった。

　サイードの意図は、すべての西洋の文学、哲学、社会科学がオリエンタリズム論者のものとして読めるとか、東方の支配に寄与するものとして読めるということを議論することにあるのではない。また、西洋におけるオリエントの文化的構成を語るときに、東洋に固有の土着文化を無視したり否定したりすることを意図していたわけでもない。「オリエンタリズム論者」の言説は、東方文化と西方文化が対立する場面から出現した。だがそれは、西洋の一部分における純粋な創造力による活動ではなかった。さらにいえば、サイードの分析は、とくにイギリスとフラン

スがオリエンタリズムを創り出す初期段階に関与していたが、現在ではこの役割をアメリカが受け継いでいることを示している。

【基本文献案内】
　『オリエンタリズム』(Said [1978]) はそれほど複雑ではないし、しかもかなり取り組みやすい読み物であり、明らかに、オリエンタリズムの背景を探るには最良のテクストである。同じことは、同様の問題を取り扱っているサイードの最近の研究についても当てはまる。とくに『文化と帝国主義』(Said [1994]) を参照されたい。

(渡辺克典訳)

36
家父長制 Patriarchy

◎関連概念：パフォーマティヴィティ、セックス／ジェンダーの区別

　家父長制概念は、ジェンダー支配の関係を示して探求しようとするフェミニスト批評によって展開された概念である。だがこの概念は、使われ方・理論化・説明とも実に多様である。「家父長制」は時に、男性が女性よりも利益を得たり、男性が女性を支配する広範囲な状況のすべてを指し示す用語として、あるいはそういった状況のある部分を指し示す記述用語として使われる。また、イデオロギーは状況を形づくり、状況に伴う支配を正当化する。「家父長制」は、そうした状況に織り込まれたイデオロギー、つまり観念と実践の束を指すこともある。さらに「家父長制」は、マルクス主義者がいう資本主義生産様式のような仕方で、広範な社会を形づくる社会システムであり、「生産様式」[1]あるいは生産様式に類似したものとして把握されることもある。このような多様な定義にもかかわらず、家父長制の説明の中には共通の主題がある。これらの主題のいくつかを簡単に見てみよう。

　多くの場合、二つのシステムが指摘されている。一つは、父系の家系

---

1)「生産様式」は、マルクス主義の概念である。マルクス主義者において、この概念は社会そのものの中心あるいは「土台」である社会の経済構造を捉えている。各生産様式は、「生産手段」（たとえば、工場、炭鉱、あるいは農地や農作業）および「生産関係」（つまり、生産手段の使用の組織化がそれを通じて達成されるような社会関係のシステム）から構成される。

　ある集団（たとえば奴隷や労働者階級）は、この関係のシステムにおいて、他の集団（たとえば、主人や、生産手段を所有し統制するブルジョア階級）と比較して不利となる。家父長制の場合、性的再生産および世帯の再生産に必要となるさまざまな形態の家庭内労働を含め、家庭内における生産手段と生産関係が分析の焦点となる。女性はこのような布置の内部で従属化させられ、女性の従属は家庭の境界を超えた女性の従属につながるのだと論じられる。

システムである。家系が男系で辿られるものであり、女性は最初に父親の、そしてのちに夫の名前を引き受けるというシステムである。もう一つは世襲相続システムである。今日の西洋の文脈ではあまり一般的ではないものの、財産と特権が父から息子、ときには義理の息子へと渡り、娘には渡らないような世襲システムである。これらの家系システムは、さらなる議論がなされてはいるが、文化人類学者レヴィ＝ストロース (Levi-Strauss [1969]) によって記述された有名な基本構造を反映している。

　レヴィ＝ストロースによれば、社会は男性による女性の交換を基盤としている。各集団は、集団間の婚姻という形態で女性成員を交換することで集団間の関係を安定させ、自分の集団の範囲を超えて社会を生成する手段とする。レヴィ＝ストロースが記述する状況は、発展した西洋のそれではないことは明らかである。それにもかかわらず、現代のジェンダー支配のシステムの核心にある根本的な構造を理解する際に、レヴィ＝ストロースの説明が用いられることがある。女性は、男性の間で交換される「品物」あるいは「財産」なのである。

　さらに異なる水準においては、家父長制の説明の多くは、家事労働を構造化し、より広範な労働市場における賃金労働にまで波及するような支配関係の形態を指摘している。女性は、家事労働の大部分を担っている。料理をしたり、掃除したり、家族の世話をしたりする。そして、彼女らがそうあるように期待されるのは、それが「女性の仕事」であるからである。もし女性がそのような労働をしたくない場合にこの役割を拒否することができないなら、これは本質的に不当な状況であるだろう。しかしこれは、女性にとって広範な労働市場における困難な状況を生み出す。第一に、家庭における女性の「責任」が、女性が家庭外で関わりたいと望むいかなるものとも競合するからである。第二に、女性に与えられがちな種類の仕事（たとえば女性の「家庭内の義務」を映し出すような、掃除やケア労働）に関連して、それが彼女ら自身の主観的な優先順位の評価を反映しているかどうかとは無関係に、（実際の、および潜在的な）雇用者や同僚が仕事へのその女性のコミットメントを、家庭への関心と比較して二義的な関心としてみがちであるという点である。こ

の点で、「女性の労働」という概念はより広範な労働にまで波及する。女性は家庭内ケアを担う者として、家庭内労働者として、家父長制の内に位置づけられている。

　家父長制に関する研究においてもう一つ共通するテーマは暴力であり、またジェンダーの支配関係の基礎づけと再生産における暴力の役割である。フェミニストらは、レイプ・ドメスティックバイオレンス・子どもへの（さまざまな）虐待などの男性から女性への身体的暴力、さらにポルノグラフィ[2]などの象徴的な暴力形態、そして女性を男性の消費と快楽の対象として構成するような他の表象形態を分析してきた。これらの暴力の例は、女性が男性の願望に従属し、ジェンダー期待あるいは男性の欲望からの逸脱に関して罰せられ、家父長制の内部でそのような欲望に従って位置づけられるような、非常に具体的で物質的な様式を構成するのだ、と主張される。実際、男性の願望が女性に押しつけられるシステムとして、家父長制は暴力であって、以上の例はもっとも目に見える明白な暴力の形態である。

　最後に、表象および言語そのものにも多大な関心が向けられてきた。男性は、伝統的に社会の内部で「表象の手段」（文学、芸術、映画、テレビ、言語そのもの）を統制しており、その結果ジェンダーの支配的表

---

[2]　ポルノグラフィに関して、とくにマスメディアにおいては、ポルノグラフィが男性の女性への振る舞いの仕方に影響を与えるのかどうか、レイプや性的暴行などを助長するかどうかという点においてしばしば議論が組み立てられている。しかし、フェミニストの中には、これらの効果とは無関係に、ポルノグラフィ自体が女性の象徴的な貶めであり、この理由から吟味すべきだと論じる者もいる（Kappeler [1986]）。

　この問題をどう扱うかという問いに関して、フェミニストは分断されてきた。ポルノグラフィの画像は禁止すべきであり、したがってフェミニストはポルノグラフィを禁止すべくキャンペーンを行うべきだとする論者もいる。また逆に検閲は、それ自身においても、またそれが関与する状況との共謀だという理由からも、フェミニストにとっては受け入れがたい戦略であるとも論じられる（その概要については Chester and Dickey [1988] を参照）。

　ポルノグラフィに関する重要なフェミニスト文献の一つに、アンドレア・ドウォーキンの『ポルノグラフィ：女を所有する男たち』（Dworkin [1981]）がある。

象は男性の支配を反映し強化する、と論じられる。現代の多くの研究は、男性支配のこのような様相に焦点を当てている。興味深いことに、このような仕事の多くにおいて「家父長制」という用語は使われていないように思われる。とりわけ、より家父長制に言及するような基盤が「文学」にある[3]。しかし、そのテーマの多くと同様に、分析の趣旨はほぼ同一である。

　家父長制の概念は、「社会主義フェミニスト」あるいは「マルクス主義フェミニスト」と「ラディカル・フェミニスト」の間の論争として特徴づけられる論点において（かなりの程度の単純化と戯画化を伴ってはいるが）導入されたように思われる。あるいは少なくともその点において浮き彫りにされたように思われる。ステレオタイプ的な社会主義フェミニストによれば、資本主義は、「労働予備軍」[4]と（男性）労働力にサービスし、それを癒すための家庭内労働力を最低限のコストで必要としている。そして女性は、その役割をきっちりと演じている。実際、妻・母・主婦として、彼女らは資本主義にとって無償の労働力であり、資本主義が生み出す感情的緊張や、さもなければ資本主義を脅かしかねない感情的緊張をやわらげ、労働者の健康を維持し、新しい世代の労働者と消費者を生み育て、資本主義的な財への需要を高く維持する。この

---

3) これは、しばしば社会科学（社会学、歴史学、文化人類学、経済学）に焦点があった初期の仕事と対照的である。

4) 資本主義は好景気と不景気の間を揺れ動く。労働力需要はまた、サイクルで動く。したがってシステムは、必要なときに労働市場に参入し、必要でないときには市場から出るような社会の中のグループ、つまり「労働予備軍」を前提とし、必要としていると論じるマルクス主義者がいる。

　また、この予備軍は雇用者にとっても価値がある。なぜなら、予備軍の人たちの労働意欲は、現在雇用されている人びととの仕事を奪うという意欲であり、それ自体、労働者への譲歩を最小限に抑える手段を雇用者に与えるような脅威を現在雇用されているものに与えるからである。つまり「この条件がいやならば、出て行け。働きたいものはたくさんいるのだ」というわけである。この概念は、資本主義における雇用の構造的性格を説明するために、幾人かのマルクス主義者によって使用されている。資本主義労働市場は「予備軍」を必要とし、また作り出すので、資本主義社会においてはつねに失業があるのだと論じられる。

ようにして、資本主義はジェンダー支配を「説明する」といわれる。

ステレオタイプ的なラディカル・フェミニストは、逆にこれを受容しない。資本主義の内部でこうした役割を演じるのが、なぜとくに女性であるのか――仕事がきちんとなされるかぎりにおいては、予備軍を形成し家庭内サービスを提供するのが女性であるか男性であるかなどということは、「資本主義」にとって関係があるだろうか。さらにラディカル・フェミニストによれば、これでは資本主義内部でのすべての女性支配（たとえば男性の暴力）の様相を説明できないし、資本主義形態をとっていない社会での女性支配を説明できないのである。

最後に、ラディカル・フェミニストが資本主義の害悪にもっぱら焦点を当てることで、その種の害悪に注意が向けられるが、基本的なジェンダーの不平等は実際のところ資本主義とはかなり独立的であるので、不平等が存続してしまうという点をラディカル・フェミニストは憂慮する。ラディカル・フェミニストは社会主義者ではないかもしれないし（フェミニズムと社会主義の関係は必ずしも必然ではない）、社会主義者との結合によってフェミニズムから遠ざけられている他の女性との政治的連帯を作り出したいのかもしれない。したがって、ステレオタイプ的なラディカル・フェミニストは、独立したジェンダー的不平等と支配の理論、つまり家父長制の概念と理論を求めている。

しかし、このようなすっきりとした分断は長くは続かなかった。確かに1970年代後半から1980年代初頭にかけ、資本主義と家父長制の概念（資本と労働の説明の多くはもちろんジェンダー関係に何ら言及しないままであり、他方フェミニストの家父長制理論は階級あるいは資本主義に何ら言及せず、「より純粋な」形のままであった）を調和させるためのさまざまな方法を模索する一連の理論を見いだすことができる。家父長制と資本主義を合わせた形態として、「資本主義的家父長制」あるいは「家父長制的資本主義」という概念がある。資本主義と家父長制は「分析的に区別される」が[5]、具体的・歴史的には不可分とする考え方であり、資本主義と家父長制は固有な（そして歴史的に可変な）仕方で「分節」されている別個の社会構造であるとする考え方である。つまり相補的であり、お互いがお互いを形づくり操作するような形で結びつい

ているのである。シルビア・ウォルビー（Walby [1986]）は、このような多様な結びつきをうまく説明し、また「家父長制的資本主義」の強力なヴァージョンを提示している。

「家父長制」は、いくつかのケースにおいて、ある種の説明として使われる。たとえば、とくにジェンダー的不平等を表すような新しい社会発展は、それより先に存在し、不平等な機会および／あるいは定着した文化的な期待と規範のシステムとして、そのような新しい発展を形づくるような家父長制のシステムによって説明されうる。同じ理由で、社会的世界の「こちらの」側面（たとえば賃金労働）における不平等は、「あちらの」側面（たとえば家族）における不平等に関係して説明しうる。しかし家父長制に関する多くの仕事は、家父長制を説明原理として使おうとしたのではない。そうではなく、むしろそれを説明しようとしたのである。

なぜ家父長制があるのか。すでに述べたように理論はさまざまである。あまりに多くの理論があり、あまりに多様であるので、概観を試みることさえ難しい。とはいえ、家父長制の説明における生物学の位置については議論を呼んでいるので、その議論に関しては簡単に言及してしめくくるのが有益であろう。

ジェンダー的不平等としての家父長制の理論は、性的差異の問題に必

---

5) 二つの事柄が分析的に区別されるということは、実際は区別も分離もできないけれども、分析のためにその二つを区別したり分離したりできるということを意味する。「分析的に区別される」存在について語る理論家は通常、その存在の特徴のある側面のみを抽象化し描くことによって、科学的概念がリアリティを単純化してしまうということを認めている。異なる概念化によって、同じ「事物」の異なる特徴を抽象する可能性があり、それゆえ同じ事物の異なる側面を示す二つの概念をもちうることを含意している。

社会思想を苦しめる多くの二元論への批判は、しばしばこの分析的区別という考えを取り上げる。二元論は、分析者が分析的区別を実際の事物の区別と混同してしまうときに生じるのだと論じられる。そのような分析者は、（同じ事物の）二つの異なる記述の水準を二つの異なる事物の記述と取り違えてしまうのである。このようなタイプの論理的思考の誤りを「カテゴリー・ミスティーク」という。

然的に結びつく。システムとしての家父長制は、「女性」を組織的に不利な状態におき、社会的行為者は（通常）ある基本的で生物学的な性的差異のしるしに基づいて「女性」カテゴリーに分類される。この事実に取り組んだきわめて初期の試みからすでに、たとえば『第二の性』[6]におけるシモーヌ・ド・ボーヴォワールの重要な説明においても、生物学的な差異の事実と、そのような生物学的な差異が理解される仕方と、そこから引き出される含意とを区別することに大変な注意が払われてきた。しかし、乗り越えなければならない危険な領域がつねに存在する。

　ボーヴォワールも、ファイアストーンも、たとえばジェンダー的不平等の起源としての女性の再生産能力に関する社会的理解を指摘し、再生産能力は不平等のシステムをもたらす手段を男性に与え、また歴史的にもそれを男性に与えてきたのだと主張した。実際、女性は妊娠中に子どもをお腹にかかえていなければならず、このことは男性が他の家事を女性に押しつける傾向になる状況を作り出す。しかしこの二人の著者に対する多くの批判者は、この説明が生物学的な説明あるいはおそらく過度に生物学的な説明に切り縮められていると感じている。さらにこの説明が、そしておそらく家父長制という概念もまた、歴史的研究が明らかにしてきたジェンダー関係のさまざまなバリエーションに十分に敏感ではないことを、多くの論者が論じてきた。

　家父長制概念は、今日ではほとんど使われていないように思われる。とくにジェンダー的差異を論ずる主要な理論家の間ではそうである。フェミニスト理論とフェミニズムの文献におけるポスト構造主義理論の圧倒的な優越に、フェミニズムにおける新しい言語と新しい概念の出現を見ることができる（→【37パフォーマティヴィティ】【48セックス／ジェンダーの区別】）。しかし多くの場合、議論は同じ問題のまわりをまわっている。たとえばジェンダー的不平等にとって生物学的性がどれほど重要であるのか。多くの説明において、ジェンダー的不平等の経済学的説明はどの

---

[6] ボーヴォワールはフェミニズムの初期の理論に重要な刺激を与えており、現在でもフェミニストの書き手と活動家にとって重要な財産ではあるが、ボーヴォワールの説明は、「家父長制」理論以前になされたものであることに注意されたい。

ような位置にあるのか。全般において資本主義の役割とは何か。こうした点で、家父長制概念がカバーするすべての形態の支配と不平等が頑固に存続するならば、論争は続いていくのである。

【基本文献案内】
　シルビア・ウォルビーの著書『職場の家父長制』（Walby [1986]）は、主要な家父長制理論をうまく概観しており、またウォルビー自身の立場も示されている。現代におけるアプローチと論点を網羅したものとしては、ケンプとスクウェアーズの『フェミニズム』（Kemp and Squires [1997]）がある。シモーヌ・ド・ボーヴォワールの『第二の性』（Beauvoir [1988]）は、いくつかの点で時代遅れであり、批判的なフェミニスト概念としての家父長制の誕生以前に書かれたものではあるが、古典なテクストでありつづけている。

（瀧則子訳）

37 パフォーマティヴィティ Performativity

◎関連概念：ヒューマニズムと反ヒューマニズム、家父長制、権力／知、セックス／ジェンダーの区別

　ジュディス・バトラーの仕事（Butler [1990]）から引き出されたパフォーマティヴィティという概念は、フェミニスト理論のある中心的な考え方を再考しようとする試みであり、人がもつ性質あるいは人の性質としてのジェンダーの実体的な理解に対する批判から生まれたものである。バトラーによれば、ジェンダーは人が「行う(ドゥ)」ものであり、すべての社会構造と同じようにくり返し「遂行される(パフォーム)」ことで存在に至る社会構造である。この観点からすれば、ジェンダーとは、さまざまな身振りや態度、より一般的には私たちがジェンダーと結びつける振る舞いのパターンはもちろん、そのことについて知覚したり話したり考えたりするような、私たちのさまざまな仕方によっても構成されているのである。

　従来これらの振る舞いはジェンダーの「表出」として理解されてきた、とバトラーは論じる。つまりジェンダーは、「ジェンダー化される」活動の背後にあり、その活動を通じてジェンダーを表現する実体的でおそらく形而上学的でさえある本質として、理解されてきた。たとえば私は、もったいぶって歩いたり、あごひげをたくわえたり、男性的な服装をすることなどで、自分の男らしさを表現していると主張するかもしれない。これに対しバトラーが示唆するのは、ジェンダーとはこれらのさまざまな振る舞いのパターンの蓄積された効果以外の何ものでもなく、完全に振る舞いを通して存在するのであり、振る舞いによって「行われる」ということである。ジェンダーは、このパフォーマティヴな形式においてのみ遂行され、存在する。さらにいえば、ジェンダーは「進行中の行い」の中にのみ存在するのであるから、決して完了した行いのことではない。決して完結せず、むしろ継続的にくり返されるようなものである。たとえば私は、決して「男性」になることはない。私はただ男性になり

つづける、あるいは私は私の男らしさを「遂行し」つづけ、「私の男らしさ」はこの進行中の行いの過程において構成される。パフォーマティヴィティが意味するのはこういうことである。

　このパフォーマティヴィティ概念は理解するのがなかなか難しい。この概念を把握するには、もしジェンダーと結びついた行動が剝ぎ取られたら、ジェンダー、たとえば女らしさの中に何が残るのかを想像してみるとよいだろう。そうすると、ジェンダーとして認識されうるものは何も残らないのだ、というのがバトラーの主張である。多くのポスト構造主義的批判や形而上学批判に共通していることだが、西洋の思想は、外見のうしろに本質や形式がある、表面の裏に奥行きがあるとする問題含みな傾向によって足かせをはめられてきたのだとバトラーは考えている。これに対し、くり返しになるが、バトラーは表面の言動や表出は奥にあるものや本質的なものの表出ではないと主張する。そうではなくて、言動や表出は、人びとが「表現する」進行中の行いそのものなのである。

　ジェンダーをこのような仕方で概念化する議論で鍵となるテーマは、ジェンダーのパフォーマティヴィティに関係する「選択」の度合いである。バトラーは自分の概念を、ジェンダーのパフォーマンスを崩壊させたり転覆したりする可能性に重点をおくようなフェミニストの政治形態につなげる。バトラーの見方では、ジェンダーの規範は疑いうるものであり変容されうる。バトラーの仕事の多くはこの点を強調し、その例を探求している。にもかかわらず、彼女の仕事を活用したものの中には、「選択」という概念に不適切に焦点化しているため、ヒューマニスティックな仕方でバトラーによるパフォーマティヴィティ概念を誤って解釈していると批判されているものもある。バトラーによれば、私たちはジェンダーを遂行するけれども、遂行することを選択するのではない。ここで重要なのは次の二点である。

　第一に、バトラーは、さまざまなジェンダーのパフォーマンスの背後に実体的なジェンダーが存在するという考え、つまりジェンダーのさまざまなパフォーマンスを通じて表現される実体的なジェンダーという考えに疑いを差し挟もうとしているのと同様に、行為とは独立してある、あるいは行為の背後に存在する実体的な行為者あるいは主体という考え

にも反対している。バトラーにとって、行為の背後にある実体的な主体や行為者はいないのである。そうではなくて、行為者あるいは主体は、それらの行為の同一延長上にあり、行為によって、行為を通じて作り出されるのである。行為者や主体もまた「パフォーマティヴ」なのである。バトラーは、「パフォーマンス」と「パフォーマティヴィティ」の違いを明確にすることで、これらを精緻化する。

> パフォーマンスとパフォーマティヴィティの区別は重要である。パフォーマンスは主体の存在を仮定しているが、パフォーマティヴィティはまさにその主体概念自体を問題にする。(Butler [1994 : 33])

バトラーは続けて、彼女の仕事を活用した多くの仕事がこの二つを混同しており、結果的に過度に主意主義的なジェンダーの説明に辿り着いてしまっていると指摘する。そのような論者たちは、何らかの仕方で役割を演じたり、あるいは「パフォーマンス」を「上演する」ことによって、行為者が意図的にジェンダーを「演じる (perform)」のであり、行為者は問題のない選択によってジェンダーを変えうるのだ、と暗に想定してしまっている。これは「パフォーマティヴィティ」が意味していることではない。バトラーからみれば、選択があるとしても「パフォーマティヴィティ」は選択に先行し、前思考的・前意識的なレベルで作動しているために直接には視界に入らない。とはいえ、このことがバトラーにとって選択の可能性、あるいはジェンダーに関する（フェミニストの）選択可能性を排除するものではない、と筆者は考える。バトラーは、選択それ自体が「パフォーマンス」であり、パフォーマンスはつねに選択に先行すると主張し、そしてジェンダーのパフォーマティヴィティは、一般に意識的な反省をたくみに避け、なかなか変化も変容もしにくいものであることが明らかになる、と主張するであろう。

第二に、ジェンダーのパフォーマンスは、バトラーが『ジェンダー・トラブル』において「異性愛のマトリックス」として言及したもの——フーコーが記述した権力／知の総体と似通った、社会の中の権力と言説のマトリックス（→【39権力／知】)[1]——によって形づくられていると彼

女は論じる。このマトリックスは、個人が振る舞うべき仕方を規定し、さまざまな仕方でそれらの規定を強制して、個人を性的にカテゴリー化する。この異性愛のマトリックスの性質についてバトラーはあまり詳細に述べてはいないが、彼女が言及している実践と言説が、日常の世界からより専門化された科学的および芸術的な形態の表象と統制にまでわたっていることは明らかである。ジェンダーのパフォーマンスが選択とは独立に形をとるようになるのは、子どもの誕生の瞬間から、そしておそらくはそれ以前から（両親は特定のジェンダーの子どもを世の中に送り込むように準備をする）、個人のパフォーマンスに作用しはじめる「異性愛のマトリックス」の力によるものである。社会的行為者は、自分がそうしていることさえわからずにジェンダーを演じる。さらにいえば、選択する方法を知る前に、ジェンダーのある側面を演じるようになったのかもしれない。

『ジェンダー・トラブル』の後の著作では、バトラーは「異性愛のマトリックス」という用語をあえて使わないようにしている。なぜなら、それはあまりにも静態的で不動であるように聞こえるからだという（Butler [1994] を参照）。そのかわりに彼女は、「異性愛のヘゲモニー」という概念を使う。この概念はおそらく変化の自由度が高い。というのは、「ヘゲモニー」は継続的に再生産され育まれる、歴史的に固有で、歴史的に達成される権力の均衡点であるからである（→【19 ヘゲモニー】）。とはいえ、基本的な点は同じである。ジェンダーは、さまざまな仕方でジェンダーを形づくり制約する権力関係の文脈の中で遂行される。

「パフォーマティヴィティ」概念の中心的な要素は、『ジェンダー・トラブル』（Butler [1990]）において、バトラーによって導入された。この著作以来、彼女はさまざまな仕方でこの概念を展開している（Lloyd [1999]; Bell [1999] を参照）。とくに注目に値するのは二つの点である。

第一に、精神分析理論、権力の「哲学的心理学」と呼びうるもの（たとえば主人と奴隷の弁証法に関するヘーゲルの説明（Hegel [1979]）や善

---

1) バトラーの仕事はフーコーから非常に強い影響を受けている。とくに異性愛のマトリックス概念の概略を述べた初期の仕事ではそうである。

悪の判断力に関するニーチェの考察）とつねに関連づけながら、バトラーがこの概念を展開している点である（Butler [1993] [1997a]）。これらの理論と彼女自身の主張との関係の正確な位置づけは不明確なままだ。だがバトラーがこれらの理論から引き出そうと試みていると思われるのは、どのような権力関係が人間の主観性を取り巻き、またそれを構築するのか、さらに権力関係がいかにして主観の形態をとるのか、ということに関するより広範な説明である。特定はしばしば困難ではあるが、この展開によってバトラーは、何人かの批評家によって描かれた過度に主意主義的な描写から距離をとるための広い射程を得ることができた。ジェンダーの執拗な再生産を駆動する心理学的ダイナミクスであるとバトラーが考えるものを、バトラーは効果的に探求しているのである。

　バトラーの仕事における展開の二つ目は、イギリスの哲学者ジョン・オースティン[2]がその著作『言葉で物事をいかに行うか』（邦訳『言語と行為』）（Austin [1971]）で提示した言語行為の「遂行的な（パフォーマティヴ）」説明、ジャック・デリダやピエール・ブルデューの仕事に見いだされるその説明へのさまざまな批判的展開に、より焦点を絞った仕方で立ち返る点である（Butler [1997b]）。オースティンに関するデリダの論文は、バトラーによる「パフォーマティヴィティ」という用語の使用のきっかけとなったようである。とはいえバトラーは、より最近の著作以前には、オースティンと彼のより具体的な「遂行的発話」概念に取り組んでいない。より最近の著作で、バトラーは、発話が行為であるという考えのさまざまな含意に関心を抱きはじめている。とくに、発話行為が実際に「行為」であって、単なる考え方の表明ではないということを根拠として、ポルノ

---

[2] 彼女の初期の著作とオースティンの著作を読むかぎり、バトラーの『触発する言葉』（Butler [1997b]）では近づいているが、この二人の哲学者は「パフォーマティヴ」という概念を非常に異なった仕方、異なった目的で使っており、その結果、非常に異なった意味合いを与えている。オースティンの著作の中心的なねらいは、彼の文献のタイトルが示すように、言葉が単に世界を記述しているのではなく、言葉のやりとりの文脈において物事を「行っている」という議論である。「議会の開会を宣言する」という文は、国家の元首によって発話されるならば、議会を開会するという効果をもつのである。

グラフィ（および人種差別的な考えの表明）に関する法的規制の強化を求めるフェミニストの主張に見いだせるある種の緊張を問題化しようとしている。この論争の大部分の文脈は、言論の自由を規定したアメリカ合衆国憲法修正第一条である。もし、ポルノグラフィが単なる言論の自由を越えるものなら、修正第一条のもとではポルノグラフィを擁護することはできなくなり、その法規制はしたがって合法となる、と論じられる。この一連の議論に対するバトラーの批判的分析は複雑である。しかし、彼女の議論の肝要な部分は、同様の根拠と思われるもの、つまりある人が同性愛者だと述べることそれ自体が同性愛の行為であるという根拠に基づいて、合衆国の軍隊においてある人が同性愛であると言明することが禁じられる仕方に焦点が当てられている。

発話と検閲に関するこの最近の著作は、バトラーによる「パフォーマティヴィティ」という用語の使い方の変化をある点で示している。すでに述べたように、彼女はオースティンに見られる初期の哲学的なこの用語の使用法により近づいているように思われる（とはいえ、オースティンに批判的ではあるが）。加えて彼女は、規範的な理論化[3]により明白な関心を示してもいる。にもかかわらず、この辺りの議論は「パフォーマティヴ」アプローチの含意を探求し、過度に単純化された概念の適用に（バトラーが著作全般を通じて行っているように）警告を発するための興味深い分野であることもわかる。バトラーが示すように、「パフォーマティヴィティ」概念の「洗練さを欠く」適用は——それを望まない人もいるが——規範的な方向へと進む可能性がある。

パフォーマティヴィティ概念は、明らかに挑発的で興味深い考えである。このジェンダーの見方についてバトラーがどれほどオリジナリティを主張できるのかは結論が出せないが、彼女は古い批評を再考することで、その中に新しい活力と洞察をそそぎこんでいる。筆者の考えでは、この概念の鍵となる問題点は、第一に、その内容の詳細が哲学的／文学的な解釈によってのみ肉づけされる傾向があること[4]、つまり明確さ

---

[3] 要するに、道徳的な要求を行い、それらの要求に理論的な正当性を与えるような理論である。

からは程遠く、(たとえばヘーゲルやニーチェといった)哲学の権威者に対してのみそれ自身の権威を求めうるとする傾向があることである。私たちはある理論を真実として受け入れるように仕向けられる。なぜなら、フロイト、フーコー、ラカン、ヘーゲル、ニーチェの著作からその理論が引き出せるからである。そうすると批判理論は事実上、経験的な実験や証明への要求から離れて、自己言及的な哲学ゲームになる。それゆえ、この概念が経験的領域——ジェンダーと女性の生活——への手がかりを私たちに提供すると主張するならば、それは問題含みとなる。第二に、バトラーが引用するさまざまな哲学の権威者たちが——少なくとも一定量の議論なしに(バトラーは実際に議論を行っていない)——果たして一貫した形で繋げられうるのかどうかは、決して明確ではない。たとえば少なくともヘーゲルと精神分析への彼女の取り組みは、彼女の仕事におけるよりフーコー的な側面とは相容れないように見える。フーコーは結局、ヘーゲル哲学にも精神分析にも大変批判的であったのである。

4) つまり、バトラーは世界についての経験的な要求をしているように見えるが、体系的な形で世界を調査する研究に言及したり、そういった仕事を彼女自身がするのではなく、文学や哲学の著作を解釈する過程を通じて検証しようとするのである。

【基本文献案内】
多くのポスト構造主義の論者と同じく、バトラーの文章はとても読みにくい。また多くのポスト構造主義の論者同様に、この読みにくさはバトラーの考えの複雑さに由来するものではなく、むしろ明確さが否定され、もったいぶることや(偽の)奥深さが賞賛されるような限定された哲学的「ゲーム」にバトラーが関与しているからだと筆者は考えている。とはいえ、『ラディカル・フィロソフィー』誌(1994, issue 67, pp.32-39)に大変わかりやすいインタビュー記事が載っている。このインタビューでは、バトラーは『ジェンダー・トラブル』と『問題なのは身体だ』における鍵となる考えについて、「ポスト構造主義陣営」の外側の哲学者や理論家が挙げそうな異論や質問に答えながら、きわめて簡潔に述べている。またヴィキー・ベル編の雑誌『理論・文化・社会』(1999, 16(2))の特集号もあり、パフォーマティヴィティ概念に関する比較的明快で興味深い優れた論文が載っている(『問題なのは身体だ』以降に書かれたバトラーの著作について語るバトラーのインタビューもある)。

(瀧則子訳)

38 権力 Power

◎関連概念：身体－権力／生－権力、イデオロギー、権力／知

　批判的社会理論のほとんどすべての学派（さらに、その他の多くの学派）が、権力についての理論を提起している。競合する理論や概念があまりにたくさんあるので、概観を提示することさえ難しいくらいである。しかしながら、主に「誰が」という問題に焦点を合わせる理論と、主に「いかにして」という問題に焦点を合わせる理論との間に区別を設けるのは有効である。すなわち、誰が権力を保持しているのかという問題を扱う理論と、社会関係の特質としての「権力」がいかにして生じるのかという問題に焦点を合わせる理論との間の区別である。

「いかにして」と「誰が」との論争

　「いかにして」の論陣の論者たちは、「誰が」の理論への批判を試み（たとえば Foucault [1982]）、「誰が」という問いは素朴にも権力を、ある行為者たちが所有し、他の行為者たちが所有しないような資源や能力であると思い込んでしまっている、と論じた。この拙劣なモデルにおいて理解される権力は、ある行為者や行為者のグループが、自分たちの意志を他の行為者や行為者のグループに対して、同意があろうとなかろうと、押しつけることができるようにする固定的な能力だということになる。それはまた、ある一定の結果を確実なものにするための能力としても定義される（Hindess [1982] も参照）。

　以上に対しては、次のような点が論じられている。すなわち、服従させ、支配し、意志を押しつけようとする企ては、見かけ上は「弱い」集団に見えるが、好条件のもとであれば「権力がある者」の行為を妨げることや、あるいは少なくとも「権力がある者」に何らかの妥協を強いることもできるような集団による革新をもたらすかもしれない抵抗によっ

て、つねに脅かされているのであって、したがって「権力」を固定的な「能力」として語ることは適切ではない、という点である。「権力がある」集団が意志を押しつけることに成功するかどうかということは、それ自身の「能力」の問題ではなく、「権力がない」集団との関係や相互行為の問題なのである——つまりは、「権力がない」集団がまったくの無力というわけでは決してないことが明らかになる。結果は、服従している集団の反応や戦略、行為者たちが闘争をくり広げる際の条件、行為者たちが闘争をくり広げている「社会空間」、第三者の干渉の有無、といったことに依存しているのである[1]。

　バリー・ヒンデス（Hindess [1982]）は、以上の一例としてベトコン[南ベトナム民族解放戦線]によるアメリカ合衆国への抵抗に言及している。ヒンデスによれば、ベトナム戦争以前にはアメリカの軍事力は完全であると見なされており、したがってアメリカはどのような国家にも自らの意志を押しつけ、力の劣る国家を打ち破り支配する能力を保持していたのである。しかしながら、戦争の実際の経験はそのように簡単なものでは決してなかった。アメリカ人はベトナムでは策略で裏をかかれ、西側からの抗議によっても評判を落としたのであり、つまりはアメリカの権力は、実際のところ、自らの意志を確実なものにするための固定的な能力では決してなかったというわけである。ベトナム戦争は、アメリカ人のコントロールを超えた数多くの偶然性が働きだし、アメリカ人の意志の遂行のチャンスに影響を及ぼすこととなった「闘争のアリーナ」であった。権力概念は、この闘争のアリーナという概念の観点から再考される必要がある、とヒンデスは締めくくる。保持されるものや固定化された能力として権力を理解することは、実に非現実的なのである。

　もちろんベトナム戦争は例外的な事例であり、ある集団が他の集団との相互行為において有利になる傾向にあるような、相対的に恒常的な支

---

1) たとえば、「法的な争い」において起こりうる結果は、「メディアの争い」、戦争、産業上の対立などにおいて起こりうる結果とは異なっている。こうした社会空間についてヒンデス（Hindess [1982]）が言及しているように、いかなる「闘争のアリーナ」も、そこにおいて起こりうる結果の範囲内に限定されている。

配の状況があるということも私たちは見逃すべきではない。しかしながら、例外的であったとしても、ベトナム戦争の事例によって、「結果」は行為者たちが行為や相互行為をする仕方と、相互行為の場ないし「闘争のアリーナ」における多様な要素のバランスとに依存しているのだということが喚起されるのである。こうしたより批判的な観点から「権力」を語ることができるかぎりにおいて、権力は、ある行為者たちや集団の能力ではなくて「関係的」なものであり、行為者たちあるいは集団同士の関係やその相互行為の影響の特質なのである。

ノルベルト・エリアス（Elias[1978]）は自身の社会学の中で、これときわめてよく似た考えを展開した。二者ないしそれ以上の人びとが相互行為をするときにはいつでも、それぞれの人は他の人の行為に何らかの影響を及ぼす、とエリアスは言う。こうした観点においては、すべての社会関係が権力関係となる。さらに、関係の中にあるそれぞれの人が他の人の行為に影響を及ぼすことができるのだから、権力は一者によって保持されているのではなくて、むしろ関係者同士のバランスや比率の中にあるのであり、しかもその比率は変化するのである。

エリアスの用いた例を引き合いに出そう。新しく誕生した子どもは両親に実に多くのことを依存していて、両親の権力のもとにあるけれども、両親は子どもを愛し幸せになってほしいと思っているのだから、子どもも両親の行動にかなりの影響を及ぼすことができる。そのかぎりでは、子どももまた権力をもつのである。さらに、子どもが成長するにつれて権力バランスも変化するだろう。子どもは両親に対してあまり依存しなくなるだろうし、そして両親の方が子どもに依存するようになるかもしれない——ただしもしそうなっても、子どもから両親への愛によって、両親が子どもへ影響を及ぼすことができるような手段がもたらされる場合には、両親は無力にはならないだろう、という点を付け加えておく。ある時点においてバランスは、ある者に有利な状態になる傾向をもつが、つねにそれはありうるバランスのうちの一つなのであり、バランスは可変的な要素につねに条件づけられているのである。

不明瞭な対立軸

以上の議論は重要な批判の流れであるが、しかしそれを援用するときには慎重になる必要がある（エリアスは慎重だったが、他の論者たちはそうではなかった）。以上の議論は、権力についての「誰が」の理論を戯画化し、その位置づけを単純化し、誤って伝えがちである。「誰が」の理論家たちのすべてが、素朴な「能力‐結果」の権力モデルを抱いていたわけではない。実際、「誰が」の理論家たちも関係的な概念を抱いているかもしれないのである。たとえば、多くのマルクス主義的な権力理論は、ときに見た目と異なり、権力がブルジョアジーに「掌握されている」ということの論証に専心してきた。マルクス主義者の説明では、ブルジョアジーが権力を「保持している」ということになる。

だが、まさにその「ブルジョアジー」の定義が関係的なものなのである。ブルジョアジーは生産手段との関係によって、そして生産手段を介してのプロレタリアートとの関係とによって、定義される（→【50社会階級】）。したがって、マルクス主義者たちが論じるような「ブルジョアジーの権力」とは、「ブルジョアジーとプロレタリアートとの間の（そして両者が構成する）関係から立ち現れてくる権力であって、それによってブルジョアジーの成員は、多くの場合、自らの意志をプロレタリアートに押しつけることができる」ということの簡略化された表現なのである。人がなぜときに簡略化された表現を選ぶかは明らかである！

さらに、マルクス主義の著作家は一般に、プロレタリアートが自らの境遇に自覚的になり、資本主義廃止の運動の中で結束するならば、その目的を遂げるだろうということを信じていた。この観点からすれば、「ブルジョアジーの権力」はプロレタリアートの断片化と虚偽意識に条件づけられている。つまり「ブルジョアジーの権力」という言い方はやはり、（少なくともマルクス主義者に言わせれば）短期的には相対的な耐久性をもつものの、より長期的には一過性のものにすぎないようなブルジョアジーとプロレタリアートとの関係における条件の暫定的で偶然的なバランス、ということを簡略化した表現なのである。

最後に、「誰が」の権力理論は、権力の基本的な（関係的な）仕組みのうわべを引き剝がし、見かけとは裏腹にその仕組みが維持している利

害関係を探る企てである、という点も注記しておくべきだろう。たとえば「誰が」の理論の論者たちは、国家が、自らの中立性と民主主義を謳うのとは裏腹に、しばしば社会のエリート集団の利害のために役立っていると主張している。国家の権力は、この観点からしても、もちろん関係的である。つまり国家の権力は、付与された正当性や「国民」の服従などに依存しているのである。だがここで重要な点は、そうした関係から生じた権力の蓄えが、ある集団にとっては他の集団よりも利用しやすく、あるいは自動的にある集団の利害に有利に働くということである。ブルジョアジーの権力という例を再び引き合いに出せば、ブルジョアジーという社会階級が「権力を保持している」という主張は、国家を構成する関係的な実践がブルジョアジーの利害を持続させるように機能する傾向にあるが、それはおそらく政治家や上級公務員がブルジョアジーという階級の中から募られる傾向にあるためか、あるいは国家それ自体の形態や、国家が機能するときのより広範な構造的な制約のためであるという、より洗練された主張を簡略化した表現なのである。

権力についての「誰が」の理論と「いかにして」の理論のそれぞれで鍵となる代表的な論者の議論に言及しながら、もう少しそれぞれの理論を簡潔に紐解いていくことは有意義だろう。スティーヴン・ルークスの主要な議論（Lukes [1974] [1986]）と、ミシェル・フーコーの主要な議論（Foucault [1979] [1984] [1982]）とを、次に概説していこう。

ルークスによる三次元的な「誰が」のアプローチ

スティーヴン・ルークスは、権力理論の「誰が」の伝統における重要な代表的論者である。1986年に出版された権力をめぐる論文集の序文で、ルークスは権力分析の中心的な課題を次のように定式化しており、そのいずれもが「誰が」を問うものである。すなわち、「誰が誰かの利害に不利な影響を及ぼすことができるのか」「誰が誰かを支配することができるのか」「誰が集合財の獲得を確保することができるか」といったものである（Lukes [1986:9-13]）。さらに、1974年に出版されたきわめて有益で重要な著作において、ルークスは権力分析のためのいわゆる三次元的方法論を展開しているが（そこでもやはり「誰が」の問いに焦点を合

わせている)、彼はそれをそれ以前の一次元的方法論や二次元的方法論と対置している。いずれの方法論も、(たとえば国家や地域や組織などの内部において)拘束力をもつ決定を下すことを容認されているような意思決定体や、その意思決定体が下した決定に焦点を合わせている。

　しかしながら、それぞれはアプローチの仕方において異なっている。ルークスがダールの著作(Dahl [1961])に結びつけている一次元的アプローチは、意思決定体によって下された決定や、その決定に関連して何らかの意見を表明していた利益団体にのみ分析の焦点を合わせる。本質的に、研究者は、政策の討論の場に関連して誰がどのような意見を表明したのかを検討し、それを意思決定体によって下された最終的な決定とつき合わせて比較し、制度的な偏りを探るのである。こうした研究の成果は、権力の「多元的」理論、すなわち、権力が一部のエリートというよりはむしろ社会の広範な集団にまで行きわたっているということを主張する理論を支持することにしばしば役立つ、とルークスは論じる。多くの場合、下された決定の大多数から利益を得ているような単一の集団が存在しないことになるからである。しかしながら、ルークスによれば、こうした研究の結果はこの方法論が作り上げた仮構であり、したがってルークスはより洗練された方法論を求める。

　ルークスがバクラックとバラッツの著作(Bacharac and Baratz [1970])に結びつけている二次元的アプローチは、ルークスの観点によれば、より優れた方法論である。このアプローチは、下された決定にのみ焦点を合わせるのではなく、意思決定者の議題に取り上げられることはなかったが、さまざまな行為者や集団によって提示されていたありえたかもしれない決定にも等しく焦点を合わせる。こうした非決定や抑圧された可能性が考慮されたとき、その状況は権力の「エリート的」理論、すなわち権力が特定の集団あるいは諸集団の手に掌握されているということを主張する理論内容に近づく傾向にある、とルークスは論じる。バクラックとバラッツのような研究は、公的な意思決定機関の政策や決定に関して、ある集団が他の集団に比べて制度的により有利な立場にある点を提示しているからである。意思決定者の議題から争点を排除することによって温存される利害関係の土台には、実際になされた決定に関して私た

ちが見いだしているものよりもはるかに大きな同質性がある。

　ルークスはこれを、自らの三次元的アプローチにおいてさらに一歩発展させることを企てる。一次元的アプローチと二次元的アプローチはいずれも、研究実践に関して行動主義的‐実証主義的なモデルにとらわれてしまっており、そのために厳密に「観察可能な事象」にだけ取り組むことになる、とルークスは述べる[2]。バクラックとバラッツは、たとえば、公式の議題に上ることのなかった意見が述べたてられていたという証拠が観察できたような事例についてだけ、非‐決定を語ることができるにすぎないのである。そこでは、科学的な分析は観察可能な事象に取り組むことだけが許されるということ、および観察不可能な事象を頼りにすることは必ずや憶測や空想に陥るということがしばしば当然のこととして考えられている、とルークスはみる。しかしそうではない。

　権力分析は観察不可能な事象に取り組むことができるし、そうすべきでもある。その例としてルークスは、アメリカの都市における環境／反汚染運動の程度を検証し、主な汚染者がその街の大規模な雇用主であり、しかも影響力があるといわれている大企業であるような都市と、主な汚染者が数多くいる雇用主のうちの一つで、そして／あるいはあまり影響力がないといわれている企業であるような都市とを比較したクレンソンの著作（Crenson [1971]）を引き合いに出す。いずれの都市にも環境や汚染を懸念するだけの原因が同じ程度にあり、環境をめぐる争点が政治的な議題から払いのけられるような明らかな証拠はない。しかしクレンソンの研究では、主な汚染者が唯一の大規模な雇用主で影響力をもつともいわれている都市では、抗議が（現れたとしても）ずっと控えめに現れるということが示されている、とルークスは論じる。ルークスはこれを、抗議や異議の観察可能な痕跡を、消してしまわないとしても、薄くしてしまうような大規模な雇用主の権力——おそらくは意図せずに、世評の力のみによってそうしている——があるということを示すものとして解

---

2)　科学の実証主義的な哲学は、観察可能な（そして多くの場合は測定可能な）ものを扱わないような概念はまったく無意味であると主張する。こうした主張についてのさらに立ち入った議論やその問題点については、【43実在論】の項のはじめの部分を参照のこと。

釈する。ほかの言い方をすれば、別の場であれば抗議や異議を行うはずの状況において、誰も明確にはそのようにしないという事実それこそが、隠然とした、観察不可能な権力の働きを示しているのである。これが、ルークスによる権力への三次元的アプローチの要点である。より正確にいえば、ルークスのこのアプローチは、これまで概説した三つの側面すべてを組み込んでいる。ルークスのこのアプローチは、下された決定、抑圧された議題案、意見を述べ立てることに及ぼされる不可視な抑制のいずれにも焦点を合わせる。このアプローチは、権力が少数者の手に掌握されることを指摘するのにもより適したものであり、それゆえ権力のエリート・モデルを支持するのにも適したものである。

ジョージ・オーウェルの『1984年』の中で描き出された世界のような全体主義的な国家は、ルークスの論点をさらに例証するのに有効な思考実験を提供してくれる。そのような体制に対しては目に見える抵抗はほとんどなされないので、その結果、二次元的アプローチをとる権力論者は、人びとはすっかり合意していてエリートが形成されている証拠はほとんど示されないと結論づけたがるかもしれない。しかしながら、抑圧的な処罰の脅威が、イデオロギー的な教化や欺瞞の手段と結びつきつつ、抵抗を――しばしばそれが起こるのに先立って――鎮めているというのが真実である。ただ、三次元的アプローチにも問題はある。たとえば、「利害」という概念がさまざまな困難を引き起こしている（Hindess [1982]を参照）。ただし、ここでの私の目的は、「誰が」のアプローチの有力な例を整理して示すことにのみあった。

フーコーによる「いかにして」のアプローチ

「いかにして」のアプローチで鍵となる現代の代表的な論者は、フーコーである。ルークスと同じように、フーコーは近現代の西洋社会の自由主義的かつ民主主義的な外観に対して批判的である。しかしながら、ルークスとは対照的に、フーコーは意思決定体の活動から離れて、日常生活のうちでしばしば気づかれず作動しているような、そして彼の観点では自由主義的な秩序を下支えしているような、権力のミクロ・メカニズムに焦点を合わせる。近現代の西洋社会は寛容にも市民に言論の自由、

集会の権利、投票の権利を与えているが、それというのも秩序の基本的な前提条件は、個人を有効的で能率的な市民、労働者、親、子どもなどとして形成するような実践や制度のネットワークによって、草の根レベルで確保されているからである、とフーコーは論じる。

　こうした議論の基礎となっているのは、ルークスのものとはきわめて異なった権力の概念である。フーコーにとって権力とは、人間を――しばしば抵抗に駆り立てるにもかかわらず――さまざまな仕方で管理し、統制し、形成するように機能する異なるタイプのさまざまな社会的な「テクノロジー」あるいは「技術」の影響なのである。社会やその内部の行為者が、たとえば必要物資を生産し輸送する新しい方法を発明するのとちょうど同じように、社会や行為者は、新しい「権力のテクノロジー」のような、人間を管理し組織化するための新しい方法や新しい理論的根拠[3]も発案する。このようにして異なる時代の社会は、異なる生産の技術を出現させるのとまったく同じように、それぞれに異なる権力のテクノロジーを出現させるのである。

　このことは、フーコーが、とりわけ彼の言う権力の「規律訓練」テクノロジーに焦点を合わせつつ、旧体制（アンシャンレジーム）から近現代社会にかけての権力の様式やテクノロジーの変遷を辿ってみせた『監獄の誕生――監視と処罰』（Foucault [1979]）において実に明白である。ここでその権力の様式を詳しく説明するだけの紙幅はないが、いくつかの点を対照させることでフーコーの議論の骨子を簡潔に説明することができるだろう。

　第一に、旧体制（アンシャンレジーム）の権力は（たとえば、巨大な城や教会、公開式典、公開処刑、公開拷問といった形で）自らを可視化することによって作動し、暴力や強制力によって服従する者を効果的に脅かしたのに対して、

3）権力についてのフーコーの著作は、（人間）科学の歴史についての研究から発展してきている（→【39権力／知】）。そして、それらの著作は、さまざまなタイプの社会実践（つまり、権力のさまざまなテクノロジー）において具体化されている観念や合理性の領域にもっぱら焦点を合わせている。「合理性の領域」という考えはガストン・バシュラールの著作に由来するものである。バシュラールの科学史へのアプローチは、いろいろな科学はその発展のさまざまな段階でそれぞれまったく別の領域画定的な合理性を証明しているということを示唆している。

規律訓練型権力は服従する者を可視化することによって作動する。規律訓練型権力は、監視を伴い、とくに建築術や時間と空間の組織化を用いて人びとを個別化し観察可能にするテクノロジーによって、成し遂げられている。これによって個人はより把握・管理しやすくなるのであり、そしてそれと同時に、個人がそのことを自覚して監視のメカニズムを内面化しているかぎりでは、自己監視と自己統制が促されるのである。

第二に、そして第一の点にも関わることだが、旧体制(アンシャンレジーム)における権力が宗教的な知や正統性と密接に関係していたのに対して、近現代社会における権力は人間科学と深く関係している（→【39権力／知】）。

第三に、旧体制(アンシャンレジーム)における権力が禁止に関心を集中させ、その禁止を犯した者を（ときに死をもって）罰することを果たしていたという点で圧倒的に「否定的」なものだったのに対して、近現代における権力は一般的に「肯定的」なものである。近現代における権力は、悪行を罰することよりも、望ましい行動様式を養成することの方に関心を集中させる。それには、能率的で従順な人間を養成する「訓練」のための多数の制度や技術が伴っている。実際、近現代における権力は、違反や反抗に直面する場面においてさえも、人びとを「傷つける」のではなく社会復帰させるような「懲罰」によって訓練を行うのである。たとえば、何か悪いことをした個人は、正しい仕方が習慣としてしみ込むまで、懲罰を通してその行為を正しい仕方で何度も何度も反復することが命じられる。

（少なくともここでの目的にとって）最後にみておきたいのは[4]、旧体制(アンシャンレジーム)における権力が君主という人物に基づいていたのに対して、近現代の体制における権力は毛細血管状のネットワークを通じて社会体にあまねく広がっており、日常生活のありふれたレベルで作用しているという点である。フーコーが見いだした規律訓練的なメカニズムは、たとえば、兵舎、監獄、病院、精神病院のうちに、そしてそれらの制度の柵を越えて、私たちが個人的な生活の中で互いに対して振る舞うその仕

---

[4] 対比のリストは、とりわけフーコーが規律訓練型権力の概念を定式化する際に、実にさまざまな文脈の中でまた違った形で続いていくだろう。ただ、ここでの目的は、フーコーが「権力のテクノロジー」という考えを展開させる仕方の独特の調子を示すことだけである。

方のうちにさえも見いだすことができる。政治的現実において、私たちは2世紀以上前に「王の首をはね」、王の絶対的な権力を非人称的で行政的な権力の形態に置き換えたが、その権力はあらゆる人を管理し、そして中央集権化された資源や「権力者」をもっていないとフーコーは論じる。しかしながら、政治理論はいまだ権力の「主権者」モデルに傾いている。そうであるならば、今こそ理論においても王の首をはね、そして、あらゆる人の行為を方向づけながらも誰が所有するものでもないような局地化された社会実践からなるネットワークの関係的な影響として、権力を認識するときである。

　フーコーは、『監獄の誕生──監視と処罰』の冒頭部分で、近現代の（規律訓練型）権力の形態とそれ以前の権力の形態とをはっきりと区別し、フランス革命を境にわずか80年の歳月で隔てられた二つの刑罰制度を対比させる。権力の形態の歴史は、科学史とちょうど同じように（→【14認識論的断絶】）、根底的な断絶を被っているとフーコーは示唆しているように思われる。しかしながらその著作での分析の大部分は、規律訓練型権力を構成しているさまざまな要素は、それぞれに異なった、そしてときにはずっと古い歴史的軌跡をもっていたということを示している。そしてフーコーは、それらの要素の結合を支えた偶然的な土台を強調することに力を入れている。機能的必然性や歴史的弁証法といった、規律訓練型権力を説明するための「大きな物語」はない。ただ局地的な事件や偶然の出来事の物語があるだけである。さらに、フーコーが検証した時代の幅においては、（1789年の）フランス革命が真ん中に位置しているにもかかわらず、フーコーは──規律訓練が革命以降の秩序を構成するきわめて特徴的なものであると述べる以外は──規律訓練の出現を革命の結果として解釈することを退ける。「自由・平等・友愛」は規律訓練という代償を払ってのみ可能になったのであるが、「自由・平等・友愛」も、「自由・平等・友愛」に価値を置く自由主義社会の必要性も、規律訓練の出現の「説明」にはならないのである。

　規律訓練型権力が、ある人の利益にとってより有利に作用するかもしれないということは、フーコーも認めるところである。「支配」集団がそれを利用することもあるかもしれない。しかし、規律訓練型権力を強

力な集団へと還元することはできない。私たちは下から来る権力を説明しなくてはならない。規律は、強力な集団によって発明され、押しつけられたわけではなかった。規律訓練は基底のレベルから出現したのであり、それどころか、支配的な集団が出現するための秩序の土台をおそらく打ち立てもしたのである。さらに、たとえば国家や生産過程の革命的な奪取によって「エリート」を排斥したとしても、規律訓練的なメカニズムがそこにとどまるならば、権力の関係にはほとんど変化は生じない。実際、20世紀半ばの東欧に特徴的な国家社会主義的な社会は、西側資本主義社会よりもさらに「規律訓練的な社会」だとはいえないにしても、少なくともそれと同じくらいには規律訓練的であったのである。

　筆者の観点では、ルークスとフーコーの理論は大きく異なっているので、どちらがより優れていて正しいのかと問うことはほとんど意味をなさない。いずれも問題含みであり、さらなる研究を引きつけているが、権力についてのまったく異なった問題を問うている。そして、批判的社会理論の観点からすれば、いずれかの問いが他の問いよりも（あらゆる場合において）特別扱いを受けるべきであると考える理由はないのである。社会科学における実に多くの概念上の不一致についても同じことだが、ある一つの概念を他のものより優先して選択する場合には、目下の目的に応じて決定されなくてはならないのである。

【基本文献案内】
　ルークスもフーコーも比較的に明確で読みやすい文献である。ルークスに関する主な参考文献は『現代権力論批判』（Lukes [1974]）である。フーコーに関しては『監獄の誕生――監視と処罰』（Foucault [1979]）、「権力と知」（Foucault [1980a]）、「主体と権力」（Foucault [1982]）も参照のこと。「主体と権力」という論考は誰が／いかにしての問題をもっとも簡潔に扱っている。権力の理論についてのきわめて優れた概観に関しては、クレッグの『権力の枠組み』（Clegg [1989]）、あるいはウエストウッドの『権力と社会』（Westwood [1999]）を参照のこと。ヒンデスの論文「権力、利害、闘争の帰結」（Hindess [1982]）は、誰が／いかにしての問題に関する有益な文献である。『社会学とはなにか』（Elias [1978]）での権力についてのエリアスの議論もまた有益である。

（森上健作訳）

39 権力／知 Power/Knowledge

◎関連概念：身体‑権力／生‑権力、ディスコース、認識論的断絶、イデオロギー、権力

　権力／知の概念はミシェル・フーコーの著作で明確に述べられている。その概念は、近現代に特徴的なある種の形態の権力とある種の形態の知とが、相互に強化しあいながら影響しあっているあり方を示そうとするものである。フーコーはそのことを、主に『監獄の誕生――監視と処罰』（Foucault [1979]）と、論文や講義などを集めた『権力／知』（Foucault [1980a]）といった中期の著作の中で書いている。しかしながら、権力／知の概念の中にある着想のうちのいくつかは、とりわけ『狂気の歴史』（Foucault [1965]）や『臨床医学の誕生』（Foucault [1973]）といった初期の著作に見いだされる。

　権力／知の概念を理解するために不可欠なのは、フーコーの初期の著作が、とくにガストン・バシュラール（Bachelard [1970] [1984] [2002]）やジョルジュ・カンギレム（Canguilhem [1991]）の著作によって（フランスの文脈において）形づくられてきたような科学史や科学哲学の伝統に深く根ざしていたことを認識することから始めることである。それらの著作家と同じようにフーコーは、ある種の科学的言説の歴史または前史を跡づけることに関心をもち、多くの場合、それら言説の軌跡を中断する断絶ないしは切断に焦点を合わせた（→【14認識論的断絶】）。しかし、主に物理学に焦点を合わせていたバシュラールと違って、フーコーは人間科学を中心に考察した。そして、生物学的・医学的科学に焦点を合わせていたカンギレムと違って（とはいえ Canguilhem [1980] のような心理学についての論考もあるが）、「人間科学」におけるフーコーの議論の範囲は、より「社会的」で認識論的／政治的な論争の的となる人間科学へもしばしば拡張される。つまり、医学（Foucault [1973]）に加えて、フーコーは精神医学（Foucault [1965]）、性科学（Foucault [1984]）、そしてより広く社

会科学（Foucault [1970] [1979]）なども研究するのである。

　人間科学の歴史は明らかに、言説の歴史、基底的な分類図式の歴史、それら言説や図式を形づくる「歴史的ア・プリオリ」[1]の歴史である。このようにフーコーが、『言葉と物』（Foucault [1970]）において、奥底にある西洋文化のカテゴリー図式、すなわち、彼の言う「エピステーメー」[2]が変形するさまを検証していることがわかる。この水準での変化は、知の中心的な原理としての「人間」という概念を生み出し、そしてそれは人間科学が出現するための不可欠な前提条件であった、とフーコーは論じる。さらに、再度バシュラールに従いつつ、フーコーは、ある種の言説がその対象を構成することを強調し、そして言説上の変化や分裂がそうした構成の過程を促していく様子をさまざまな方法で検証しようとするのである。

　しかしながら、フーコーによれば、言説上の変化だけが人間科学の誕生や歴史を説明するわけではない。一方でフーコーは、これは後で立ち

---

1)「ア・プリオリ」な真理とは、その真理価が論理的あるいは理性的に必然であると考えられているような真理のことである。それというのも、たいていそのような真理は、定義によって真（たとえば、2＋2＝4）であって、経験的観察ないしは経験的事実には左右されないものを扱うからである。一般的に、そうした真理は普遍的であると思われている。すなわち、いかなる時代いかなる場所でも、人びとがそのようなものとして認めるかどうかに関わりなく、真であると思われている。

　しかしながら、とりわけバシュラール（Bachelard [2002]）はこのことに疑いをさしはさむ。アインシュタインの物理学は、ア・プリオリであると公式に考えられていた多くの真理に異議を唱え、「ア・プリオリ」な真理でさえ本来的に歴史的なものだということが事実であると認めさせるような合理性の転換をもたらした、とバシュラールは論じる。フーコーは著作の中でこうした考えをとっているのである。

2)「エピステーメー」という語は、一般的に哲学では、理性的かつ厳密に導き出された知を指し示すためのものである。そして、その語はありふれた共通の意見である「ドクサ」と対比される（→【13 ドクサ】）。筆者が示唆しておきたいのは、フーコーがエピステーメーの歴史的な変化を研究することを決めたという事実は、もっとも基底的な真理でさえ歴史的なものであるという考え方へのフーコーのコミットを示している、という点である。

戻るつもりの点でもあるが、知は研究のためのある種の専門技術や科学技術——バシュラール（Bachelard [1984]）のいう「現象技術」——を前提条件としていると主張するバシュラールに従っている。これらの専門技術や科学技術は、言説や合理性の局域的形成を具体化させるが、それと同時に科学者の「まなざし」をも拡張し、改変する。それらは、世界に対する新しい異なった知覚を作り出し、言説の対象がさまざまな仕方で知覚され測定されることを可能にする。自然科学でのその明快な例は、顕微鏡、望遠鏡、解剖技術、温度計、気圧計、心電図走査機といったものである。

　他方でフーコーは、よりカンギレムに近づきつつ、科学的研究の潜在的な対象を関心の中心へと引きずりだすような社会的な問題や争点に焦点を合わせる。『正常と病理』（Canguilhem [1991]）においてカンギレムは、人間が身体の不調を体験しそれを訴えるので、つまり人びとがしばしば病にかかり痛みを感じるので、医学は発達したにすぎないと主張した。こうした観点からすれば、医学や生物学は日常世界に縛られているのである。医学や生物学はふとした好奇心や抽象的な黙想から生じるのではなく、むしろ知覚され体験された問題に対応することから生じる。フーコーにおいては、この主張が社会的領域にまで広げられているのがわかる。フーコーは、社会的な問題が社会科学的分析の潜在的な対象を生み出す事実と様態とを示したのである。

　例を挙げるとすれば、「狂気」は、それが社会的な問題となる時代までは、科学的な知の対象にはならなかったのである。狂気が科学的な知の対象となる過程の第一の段階、フーコーが「大監禁」[3]と呼ぶ段階では、中世後半に新しく立ち現れつつあった社会秩序に脅威をもたらすという理由で、巨大な監禁施設に閉じ込められていた「望ましくない者たち」という雑多な分類のうちのただの一要素として、狂人は扱われた。社会は変化しつつあり、そしてその結果として、以前には混ざり合って一つになっていたさまざまな集団は、もはやそうであることを止めたのであった。しかしながら、そのような監禁施設という環境において、他の者から際立っていた狂人という存在は明らかな難点を示していた。その結果、狂人は他とは別個の（管理上の）カテゴリーとして出現しはじ

めた。こうした背景の中で、狂人が科学的分析の対象として出現することになった、とフーコーは論じる (Foucault [1965])。狂人は解決策を必要とする可視的な問題となったわけである。

同じような主張は、経験的な[4] 社会科学における初期の数多くの発展のいずれについてもなされるだろう。そしてそれは、権力と知の相互作用にとって決定的な次元である。社会科学的な知の対象となりそうなものは、社会的な問題という背景の中でしばしば出現する。そしてそうした知の対象が、今度は、社会秩序や社会統制の問題、すなわち「権力」の問題となる。『知の考古学』(Foucault [1972]) においてフーコーは、こうした脈絡を「現出水面」として言及している。

ここでさらに付け加えるべき点は、狂人を監禁施設へと閉じ込める過程が、狂人を管理するための技術として、「権力の技術」として、狂人を管理された条件のもとで一挙に観察可能にするための方法としても同時に機能し、その結果、狂人が研究や知の対象となることができたということである。このことは、たとえ単に街頭を出歩かないようにするための手段として狂人が閉じ込められたとしても、真実だろう。しかしな

---

3) 「大監禁」はたぶん間違いなくフランスに特有のものである。たとえば、アンドリュー・スカル (Scull [1993]) は、監禁のはじまりはフーコーが言及している時代のイングランドにおいて顕著であるけれども、イギリスの清教徒革命は大がかりな「トップダウン」式の政治上の主導権に終止符を打った、ということを記している。結果として、イギリスにおける狂人の監禁はきわめて小規模で非公式の施設から始まったのであり、後になって公的な精神病院のきわめて巨大な機構がそれに取って代わったにすぎないのである (Scull [1993] ; Porter [1987] ; Busfield [1989])。これはきわめて重要な点ではあるが、フーコーの議論の全般的な概要を損ねるものではない。

4) ニコラス・ローズ (Rose [1985]) は、こうした原理を心理学の歴史にも当てはめ、そのような仕方で発展するのはとりわけ経験的な学問であるという論点を出した。人間の本性をめぐる理論的思索の歴史は、そうしようと思えば人間の歴史のはるか深みにまで辿ることができ、そして——もちろん人間についての哲学的思索の多くも歴史的な問題や出来事に動機づけられてきていたのだけれども——そうした理論的思索を、経験的な学問と同じような仕方で、同一の「政治的」状況に縛りつけることは必ずしもできない、とローズは記している。

がら、フーコーはこの論点を二つの点で深化させる。

　第一に、狂人を公的制度によって合理的に統制し管理することが、狂人をさまざまなタイプや程度に細分化することにますます依存するようになり、そうして分類と測定のための新しい図式の必要性を生み出したということ、こうしたことにフーコーはとくに言及した。これらの図式は、行政制度においては組織の原理（権力）として機能し、また後の精神医学的なカテゴリー化のための礎石（知）を据えることにもなった。

　第二に、近現代における権力はますます監視に基づいている、とフーコーは論じる（→【38権力】【04身体-権力／生-権力】）。権力は人びとを可視化することで作動し、その結果、人びとが他人と違った行為をしたときには矯正を行うことができるし、そして人びとはその監視を自覚して、自分自身の行為をますます管理するようになる。人びとを可視化する監視の技術が、それと同時に人びとを管理し知の実際的な対象とすることに役立つので、やはり権力と知は協調的な関係のうちに作動しているのである。これはフーコーによる一望監視施設（パノプティコン）[5]をめぐる有名な分析の中で鍵となる論点の一つである（Foucault [1979]）。一望監視施設は人びとを可視化し管理可能なものにするための装置でもある。そして、同じ基本的な特質は、フーコーが言及している「一望監視方式（パノプティシズム）」[6]のより広

---

[5]　一望監視施設（パノプティコン）は監獄の設計であり、よく知られている哲学者で監獄の改革者でもあるジェレミー・ベンサムによって作成された。一望監視施設がもし建設されていたならば、第一に、その瞬間に実際に自分が監視されているのかどうかを囚人に知られることなく、そして囚人から逆に見られることもなく、中央の監視塔にいる監視人がいつでもあらゆる囚人を観察できるようにしただろう。そして第二に、一望監視施設は、監獄の査察官が監獄に立ち入って囚人が置かれている状況を瞬時に査察できるようにするので、監獄の役人をも効果的に監視下に置くことができたであろう（当時、監禁施設や監獄や救貧院における虐待への懸念が高まっていた）。一望監視施設そのものは実際には建設されなかったが、しかし18世紀から19世紀に実際に建設された監獄や公的な建築物の設計は一望監視施設の中心的な原理を取り入れていた。さらに、フーコーの観点からみれば、一望監視施設は当時の管理ための主要な技術の「理論的根拠」を余すところなくとどめているために、フーコーは一望監視施設に関心を抱いたのである。

範な数多くの事例にも当てはまる。

　たとえば、西洋における人口についての初期の（質問票）「調査」は、それと同時に行政的管理の手段や新しく登場しつつあった社会科学のデータベースでもあったと論じる者もいるだろう。社会科学の先駆者たちが自らの手でそうした調査を行わなかった場合でも、その先駆者たちは調査をデータベースとして利用した。そして、社会科学を経験的な学問として可能にしたものは、おそらく間違いなく、人口をより効率的に統制しようとする企てから生まれたそうしたデータベースの存在だったのである。

　私たちはここでバシュラールに立ち戻るべきであろう。世界や世界内の対象に対する私たちの見方を改変するような新しい科学技術（彼が「現象技術」と呼ぶもの）が、科学の対象を構成する際に重大な役割を果たしているとバシュラールが主張している、と筆者は上述しておいた。フーコーは、質問票調査、公的制度、建築的デザインについても同様の主張を行う。それらはいずれも、それ以前の「人間の目」ではなしえなかったような仕方で人間を可視化し、それによって新しい方法でもって人間を対象として構成するのである。しかもその新しい方法が、今度は、分析や知の新しい形態をさらに導き出すのである。しかし、フーコーの主眼点は、人間科学の場合には、それらの「現象技術」がまた権力の中にも密接に織り込まれているという点にある。人間科学における「現象技術」は、権力の技術でもある。監獄は、狂人の監禁施設と同様に、その収容者を把握可能で管理可能なものとし、そしていずれの場合にも収容者を可視化し監禁しておくことによって、そうしているのである。

　しかしながら、フーコーにとって権力と知との関係は双方向的なものとしてある。権力の戦略やテクノロジーは、知を導き出し生み出すだけではない。それと同時に、知も権力の土台や原理となるのである。たとえば、ある面では、人間の多様性についての科学的な研究は統計的な規準を作り出し、そしてその規準が、管理のための干渉が拠りどころとな

6）　一望監視方式（パノプティシズム）は、権力の技術において監視や自己監視が全般的に重要視されていることを捉えるために、フーコーが用いている術語である。

る「道徳的な」規範へとしばしばなり変わってもしまうのである。具体的には、イギリスの心理学の歴史についてのニコラス・ローズの重要な著作（Rose [1985] [1989]）によれば、心理学者によって作られた人間の測定法――IQテスト、発達段階、性格診断といった形式のもの――は、今日においても私たちがいまだ照らし合わされるようなさまざまな「規範」を作り出したのであり、そこから逸脱している者は正式に干渉や治療を受けることになるとされている。こうした観点からすれば、権力の戦略は漠然としているのではない。権力の戦略は、人間科学のうちに自らの理論的根拠を見いだし、人間科学において定式化された詳細な項目（たとえば規範についての項目）と結びついているのである。

　このことはフーコーにおいて一般化可能な論点であり、そしてフーコーが「真理の制度」（Foucault [1980b]）と呼ぶものの一部を形づくっている。権力が宗教的な形態の真理と結びつけられている社会がある一方で、近現代の西洋社会では権力は科学を通して作動する、とフーコーは論じる。近現代の西洋社会における権力は、科学的な知や真理の要求に従い、また人びとをそれに従わせる。たとえば近現代社会では、「狂人」は「病気」であるという理由に基づいて治療を受ける。すなわち、精神医学的な言説が、私たちがある特定の経験や行動を了解する際の原理や、そうした経験や行動に対していかに応答するのかについての理論的根拠の両方をもたらしているのである。

　このことについてのさらにわかりやすい例は、『性の歴史』の第1巻（Foucault [1984]）でフーコーが描き出した、「性愛術」と「性科学」との間の対照において見いだされる。性的快楽をできるだけ高めることをその目的とする性愛術の観点から性がテーマ化される社会がある一方で、西洋社会は性を科学的な分析や規制の対象となす傾向にあった、とフーコーは論じる。カーマ・スートラのような書物を生み出した社会がある一方で、西洋社会は性に関することで測定できるものはすべて測定しようとしてきたのであり、性をその「メカニズム」や科学的に定義された機能（生殖作用）へと切りつめ、そしてそれらの規範から逸脱した人びとを引き戻すための方法を見つけだそうと努めている。こうした点からすれば、社会が科学に支配されているのである。

しかしながら、この「真理の制度」という考えのもう一つの側面は、真理や知のある特定の形態が社会において決定され、しかもそれは権力の関係や権力の技術によって支配的な地位を保持している、ということである。人間についての知が形づくられる際の枠組みはさまざまあるのだが、それらのうちのあるものだけが容認され、正統化され、支持されているとフーコーはみる。これは、知のタイプ間の対立という問題かもしれない。たとえば、私たちの社会では、一般的に科学は他の形態の知よりも特別視されている。しかし、そのような対立は、科学を含めて、ある特定の知のタイプ内部においても同じように起こるだろう。たとえば、ローズ（Rose [1985]）は、初期の心理学における知能についての研究のさまざまなアプローチの運命が、かなりの程度、それらのアプローチが管理のための道具としてどれだけ相対的に価値があるのかによって決定されていた様子を示している。管理上で実用的なモデルが、それと同等かそれよりも優れた知的価値をもちながらも実用的でないようなアプローチに勝るものとして、取り入れられたのである。このような点で、「真理」は「権力」の関数なのである。

【基本文献案内】
　フーコーの著作は一般的にきわめて理解しやすく、しかも興味深い。本項の概念について鍵となるテクストは『監獄の誕生——監視と処罰』（Foucault [1979]）や『権力／知』（Foucault [1980a]）である。『知の考古学』（Foucault [1979]）もまた興味深く、そして重要である。知をめぐるフーコーの観点のある側面に関する優れた論評としては、グッティングの『理性の考古学』（Gutting [1989]）がある。ニコラス・ローズの著作、とりわけ『心理学的錯綜』（Rose [1985]）は、実際に応用された権力／知の概念の多くの事例を示してくれる。

（森上健作訳）

40 公共圏 Public Sphere

> ◎関連概念：生活世界の植民地化、ディスコース、
> 理想的発話状況、システムと生活世界

　「公共圏」とは、普段はそれぞれ私生活を送り、私的関心をもっている個人が集まって自分たちの見解の相違を徹底的に述べ合って、最終的には共通認識に到達することを目的として、共通の関心事項について議論するような現実空間、あるいはヴァーチャル空間を意味する。また公共圏は通常、各人が、議論し合意に至るまでの過程において、理性や数の力によって、政治的・法的変革の圧力を生み出すことも含意する。この点において公共圏とは、私的空間と国家空間を媒介する空間である。しかし公共圏は、国家機関の一部をなすものでもないし、また国家権力の手足となるものでもないという点は重要である。公共圏概念を用いる多くの論者がくり返し強調するのは、公共問題に関する審議・議論の場が公共圏としての意味をもちうるのは、それが市民の自発的なイニシアティヴから生まれ、国家から自律的でありつづける場合に限るということである。国家主導的な審議会の活動やサンプル調査は公共圏ではない。

　哲学や社会科学の領域において、「公共圏」または「公衆」という概念は長く輝かしい歴史がある。この概念は、多くの論者によって直接的・間接的に議論されてきた。しかし、少なくとも批判的社会理論における公共圏概念に関する今日の議論は、通常、ユルゲン・ハーバーマスの『公共性の構造転換』（Habermas [1989]）（ドイツで最初に刊行されたのは1963年）を出発点とするだろう（ただしArendt [1958] も参照のこと）。ハーバーマスは、『公共性の構造転換』の中で、二つの中心的な論点を提起する。

　第一に、ドイツ、フランス、イギリスにおいて、18世紀後半から19世紀にかけて起こったさまざまな社会変革は、短期間のうちに実効力をもったブルジョア公共圏を生み出した。つまり当時のドイツ、フランス、

イギリスの社会的条件は、比較的短い期間のうちに、私人である莫大な数の中産階級の男性が集まり、相互の利害関心における中心的争点をめぐって合理的議論を行う状況を触発・促進し、その帰結として新しい考想や合理的な公共的議論の規律と実践が育まれる空間を作り出した。さらにハーバーマスによれば、このような新たな公共空間の出現が「公衆」についての哲学的な概念や意識をもたらし、そして後者の概念や意識が前者の公共空間を形成していった。この点は、トクヴィル、ミル、カント、ヘーゲル、マルクスといった、当時、活躍した数多くの哲学者の著作にも反映されている。

『公共性の構造転換』の第二の論点は、当時のドイツ、フランス、イギリスの社会的条件が、このような公共空間が誕生した瞬間から公共空間の希薄化に影響を及ぼし、その結果として、20世紀の公共空間——現在となっては、21世紀の公共空間も加えてもよいだろう——は、そもそもそれが存在しているものとして議論することに意味があるとしても、せいぜいのところ問題を孕んだ、実効力を失ったものにすぎなくなっているということである。

このような「盛衰」の時期やその詳細については、ハーバーマスの考察対象である三カ国の文脈によって異なっている。しかし全体像は、いずれの事例も同様であろう。公共圏の拡大を促進した重要な歴史的変化は、社会分化の増大であり、とりわけ個人や家庭という家族単位の私的空間からの政治的権威の分離であった。このような社会分化は、部分的には国民国家における政治権力の集中化を経て展開されていったのだが、この社会分化の過程によって、実効性のある政治権力はより遠い存在となっていった。後にハーバーマスが論ずるように、国家は、日常生活の間主観的現場から「分離」し、またたしかにその現場の規範構造からも分離していったのである（Habermas [1987a]）。さらに、社会分化の過程は、政教分離によっても促進された。宗教改革によって、国家はカトリック教会の道徳的支配から解放され、公共的規範の領域（たとえば法律など）と私的な道徳的信念との境界が明瞭になっていった。このような社会分化の過程が、国家による徴税の増大（海外軍事活動の拡大によって徴税が必要となった）と時期的に合致しているというのは重要な点で

ある。この結果として国家は、国民に対して要求を強めていくのと同時に、「国民」からより離れた存在となっていった。

　ハーバーマスによれば、国家と市民の距離が拡大した結果、公衆の形成を促す圧力が強まっていった。「他者」としての国家──日常生活から遠い存在であると同時に、日常生活に対してさまざまな形で影響を及ぼし、さまざまな要求をするような国家──の台頭は、国家は説明責任を果たすべきであるとする市民の集合的要求を生み出した。だが、公衆の形成は一緒になって公衆を形づくる私的な諸個人を前提にしており、そうしたものとして社会的行為主体の個人化と私事化を前提としている。ハーバーマスによれば、このような傾向は18世紀に明瞭になっていった。ハーバーマスは、ある水準において、家庭生活と労働はともに新たに拡大している私的領域に属するものと捉えている。なぜなら、生産手段の所有権および管理権（これらは、新たに台頭しつつあったブルジョア階級の手中にあった。ブルジョア階級については【50社会階級】を参照のこと）は通常、労働者と私的契約──法的契約それ自体が新たなものであった──を結んでいた有名で有力な個人（男性）の人格と融合していたからである。

　しかし、また別の水準では、18世紀に進行した家庭と労働の分離は、とりわけ台頭しつつあったブルジョア階級において、家族の私事化が拡大していく土台を作った。家族は「外部世界」から避難するための私的領域となり、また家屋の内部にあっても、私的要素を公共的要素から遠ざける機能を強めていった。この結果、個人や主観性がさらに私事化されていく空間が生み出された。最終的にハーバーマスは、このような私的な家庭内空間において、ブルジョアは自己修養の企てにいっそう専心するようになったと述べる。こうして、文化的主題や個人的企てとしての自己が出現した。このように私生活や個人主義が新たに出現したのを背景としながら、そしてそのような背景と対照をなしながら、公衆の可能性が生まれた。このような新たに私事化されたブルジョア個人が自分たちの私的空間から足を踏み出し、他の私人と公共的意味のある問題を議論するようになり、ともに新たな型の集合性を形成したとき、公衆が出現したのである。

その黎明期において、公衆の関心は主に文芸批評や芸術批評に向けられていた。この点において、公衆は、上述した自己修養という企てを集合的に持続させた結果として出現した。ブルデューが後に述べたように（Bourdieu [1984]）、ブルジョアは、集合的な美的感覚を構築するために、自己形成、自己修養、差異化を追求していった。18世紀を通じて、主要な大都市で誕生した数々の有名なコーヒーハウスやサロンは、こうした公衆の中心的空間となった。

このような公衆は、ひとたび姿を現すと、間もなくして商業や政治の問題に強い関心を向けるようになった。文芸的公共性は一つの社会的形態としての公衆の出現をもたらし、これに続く形で政治的公共性が出現した。ただし、黎明期の文芸的公共性が政治的議論空間（フォーラム）に対してなした寄与は、公共についての観念にとどまるものではなかった。文芸的「論議」は、効果的にこのような公衆の出現を促し、議論の手段を発展・洗練していった。このような議論の手段は、後により政治的な問題を議論する際に用いられることになる。実際、文芸的公共性は、レトリック上の能力、規律、「ゲームの規則」を生み出し、公共的理性を構築した。文芸的公共性は、合理的思考を推進する力となった。

> 公共的議論は、**意志**（voluntas）を**理性**（ratio）に変容させるものであると一般に考えられていた。このような見解において、理性とは、私的主張が公共の場で競合する中、すべての当事者の利害にとって、実際に何が必要であるかをめぐる合意として現れるものとされた。(Habermas [1989:83], 強調はハーバーマスによる)

ブルジョアは、文芸批評に関連する議論を嗜好するようになり、そのための能力を修得していくことで、批判的なまなざしを向ける対象を拡大することができるようになった。

サロンは、出現しつつある公共圏にとって重要な社会的形態であったが、同じように重要であったのは、印刷技術の向上と大衆的なニューズレターやジャーナルの登場であった。ニューズレターやジャーナルは、世界に関する重要な情報源となり、公共的議論の参加者はそれらを自分

たちの主張や批判の根拠とした。ハーバーマスによれば、このようなジャーナルの原型が生まれたのは、貿易が拡張した結果であった。そして、交易範囲が広がり、情報の必要性が大きくなってくると、商人は世界の隅々に広がる市場に関して迅速な情報へのアクセスを求めるようになった。そこでニューズレターが生まれ、このようなギャップを埋めていった。だが間もなくして、このようなニューズレターが扱う対象は拡大していき、そこに意見や主張が掲載されるようになった。さまざまな種類のパンフレットとともに、ニューズレターは、個人が自分たちの見解を表明し、議論や批判を展開するためのメディアとなった。最初のうちは、このようなニューズレターの内容は、国家の厳しい検閲を受けていたが、検閲に反対する声が強まってくると検閲は緩和されていき、ニューズレターは相対的に開かれた討論空間となった。

　ハーバーマスによれば、このようなニューズレターやジャーナルの誕生は、二重の意味で重要であった。第一に、ブルジョア公共圏は批判的合理性を促した。ニューズレターやジャーナルが生み出す空間においては、より妥当性の高い論証力が重要な力を帯びるようになった。第二に、ニューズレターやジャーナルは相対的に影響力があった。このような議論空間（フォーラム）から生まれた意見は、政治生活に直接的な影響をもたらし、変革を求める圧力と推進力を生み出すが、その結果として、社会と政体の双方において公衆の批判的論証力が実効的な影響力をもつようになる状況、すなわちハーバーマスが著書の中でしばしば提起していた理想的状況に近づいていくことになる。

　しかしながら、19世紀のブルジョア公共圏は、あくまでもハーバーマスの理想に近似したものにすぎなかった。ブルジョア公共圏が「政治的」なものになったとき、それはもっぱら男性的な領域となっていった。また公共圏は、中産階級が中心を占める空間であった。さらに述べるならば、このような不完全な形態においてさえも、公共圏はなかなか持続することはできなかった。

　ハーバーマスは、公共圏の出現について論ずる一方で、公共圏を弱体化させた条件についても考察を行っている。彼は、公共圏の出現に関する説明と同様に、フランス、ドイツ、イギリスにおける全般的な共通性

と地域的な差異の両方が確認できると認めている。公共圏を弱体化させた条件は、あまりにも多数にわたるので、ここでは網羅的に取り上げることはできない。以下では三つの重要な要素を取り上げるにとどめよう。

　第一に、国家と社会の間にあって公共圏が成立する必要条件を作っていた明瞭な境界は、崩壊したとまではいえなくとも、少なくとも曖昧になっている。福祉国家となった国家は、人びとの生活への介入を強めており、人びとの私的な関心や利害を国家的なものと捉えている。同時に、国家機構の内部において、利害団体が従来よりも重要な役割を担うようになっていることから、国家は私的利害によって侵食されている。

　このような国家の変容はさまざまな影響をもたらしており、ハーバーマスの見解によれば、それは肯定的な面もあるが、多くの点で否定的な結果をもたらしている。ハーバーマスが著書『コミュニケイション的行為の理論』の中でくり返すように、もっとも重要なことは、個人が、市民としてではなく行政サービスのクライアントや消費者として、国家との関係をもつようになっているという点であろう。個人は国家に対して依存するようになっており、市民役割の支柱である自立性を喪失しつつある。政治的議論も同様の展開を経ながら、資源配分や私的（家庭内）利害をめぐる功利主義的な策略へと後退し、政治的決定力を失っていった。

　第二の変革によって、このような国家と社会の境界はさらに曖昧になっていくことになる。公共圏を構築している議論や活動の多くは、かつては社会の内部や私人の間で行われていたが、今日にあっては国家の内部や専門職業化した政治家の間で展開されている。こうして公共的議論の様相はいくらか守られるかもしれないが、より重要なことは、今日の議論や討論は政党間の権力闘争の論理に従属しているということである。ハーバーマスの議論によれば、党派的な議論が展開される結果として、その参加者はそれぞれの見解を真に徹底的に議論し尽くすというのではなく、自分たちの見解に拘泥し、戦略的にそれを操作するということになる。さらに、政治家と有権者が接触する場面で展開される議論は、有権者の思考を促し、教育し、その思考力を育んだ黎明期の公共圏とは異なって、選挙で票を獲得する点にその機能がある。政治は劇場型になっ

ており、このような特徴は有権者の性質によって拍車がかかる。

　ハーバーマスの議論によれば、政治をよく理解している人たちは、どの候補者に投票すべきかもわかっており、またいかなる困難があっても、その候補者を支持しつづける傾向がある。他方、誰に投票するかまだ揺れている有権者やまだ決まっていない有権者は、政治に関する知識が著しく乏しく、また政治的関心が低い傾向がある。ところが、このような浮動票こそ、政治家が標的にしようとしている人たちである。その結果、議論は争点からさらに離れていき、政治的に無関心な浮動票を勝ち取るための媚びへつらいへと向かっていく。現代的な用語で表現するならば、ここでは「水準低下」の力学が働いている。ただし、策術と供応は、政治的無関心層を動員する手段として機能しているわけではない。早くも1960年代には、何よりも投票率の低下に示されるように、公衆の政治的関心が急速に低下していった。ハーバーマスによれば、「水準低下」は、公衆の政治生活を退行させたが、同時にそれは公衆の政治的無関心の帰結でもあった。とりわけ、さまざまな種類の市民的アソシエーションで積極的に活動している人たちのように、政治的関心を保っている社会集団もあるが、劇場政治によって政治は多くの公衆にとって無意味なものとなり、公衆の政治離れが引き起こされている。

　ハーバーマスは、以上の傾向に伴い、世論の意味にも変化が生じていると述べている。このような変化は、専門的訓練を受けた社会科学者の尽力によるところが大きかった。「世論」は、世論調査（今日ではいわゆるサンプル調査となっている）の結果と同義になっている。そして政治家は、自分たちの目的のために調査結果を操作しようとしている。ハーバーマスの見解において、このような調査は多くの問題を孕んでいる。第一に、調査対象者が「投票」するように準備された意見のカテゴリーは、彼／彼女たち自身が実際に用いているカテゴリーを反映していない可能性があることから、世論調査は人工的なものであるという点である。第二に、世論調査は、公共圏のように「最善の論証」が勝ち残るような討議の過程を促すのではなく、調査対象者に意見の表明を求め、そこからもっとも大きな声を拾い集めようとしている点である。第三に、世論調査は、もっとも大きな声を道徳的意味をもった意見としてではなく、

技術的な変数として扱っているという点である。ここで、ハーバーマスは、「価値中立性」を主張する客観主義的な社会科学が、過剰管理化された社会における技術的道具になっていることを嘆きながら、フランクフルト学派第一世代に属するアドルノ、ホルクハイマー、マルクーゼらに共感を示している。

　第三に、ハーバーマスは、メディア市場が公共圏内部に生み出した力学と潮流が問題を孕んでいると述べている。ハーバーマスの議論によれば、マスメディアが成長可能な経済市場として確立するようになると、マスメディアは、宣伝を通じて商品を販売する目的のために乗っ取られ、またそれ自身が売買可能な商品となった。このことが意味するのは、少なくとも宣伝を通じて、公共的コミュニケーションが大企業の論理によって弱められているということ、またさらなる市場開拓を目指す編集者は最大公約数に迎合する傾向があることから、公共的コミュニケーションは公共的議論の「水準低下」を引き起こしているということである。初期の公共圏が自己学習と育成の場として「水準上昇」の傾向があったのに対して、現代のメディアはもっと広範な聴衆を求める中で「水準下降」の傾向がある。

　『公共性の構造転換』の主題は、フランクフルト学派第一世代が展開した悲観論をくり返し、従属的で水準低下させられている近代社会と主体に対する彼らの否定的見解を支持する内容となっている。ハーバーマスは、『公共性の構造転換』以降、近代の二重の潮流、すなわち近代の肯定的側面と否定的側面、批判的な近代と無力化された近代といった潮流について省察を行っているが、それを予期させるかのように、彼は、公共生活の世界が相反する力に引っ張られているという論述をもって、この書を締めくくっている。

　専門職業化された広報型政治や科学化された世論の力は、現代世界にあって、大きな影響力をもっているかもしれないが、合理的討議や批判的議論の力は完全に無力化されているわけではない。さらに述べるならば、このような状況があってこそ、批判理論が可能になり、また批判理論の主題を提示しようとする試みに価値が帯びるというものである。一般的な水準で述べるならば、批判理論の目指すプロジェクトは、次のよ

うな希望を抱いている。すなわち、公共的議論が潜在的にもつ批判の力は、より広範な受け手を獲得しながら、社会変容を触発していき、さらには抑圧からの解放を目指すより大きな社会変革の第一歩として、公共性の再生・再活性化を促すであろう。こういう期待が批判理論に込められているのである。

『公共性の構造転換』以来、ハーバーマスは、くり返し公共圏概念の洗練・修正を図ってきた。同様に、数多くの社会科学者もさまざまな研究分野や理論学派の立場から批判や修正を提起してきた（Calhoun [1994]；Crossley and Roberts [2004] を参照のこと）。とくに、ハーバーマスが批判を受けてきたのは以下の点である。第一に、彼はもっぱらブルジョア的公衆に焦点を置いており、それゆえ公衆の多元性を軽視しているという批判である。第二に、公共的議論を構想するに際して、彼の視点はあまりに規範的で過度に合理主義的である（つまり、彼は合理性を一元論的に捉えている）という批判である。第三に、彼は、公共的議論が展開される制度的な構造基盤について十分に検討していないという批判である。しかし、以上のような批判にもかかわらず、公共圏をめぐる議論の大半は、なおもハーバーマスの見解を中心に展開されているのである。

【基本文献案内】
　ハーバーマスの『公共性の構造転換』（Habermas [1989]）は、入手しやすく興味を惹起する文献である。公共圏を論じている主要文献として、ハンナ・アレントの『人間の条件』（Arendt [1958]）がある。より社会学的な解釈という点で、公衆や世論に関する興味深い論文を収録しているものとして、ハーバート・ブルーマーの『シンボリック相互作用論』（Blumer [1986]）がある。アレントとブルーマーは、ハーバーマスと同じ視点から公衆を概念化しつつ、それぞれハーバーマスとは異なる洞察を提起している。また、カルホーン編『ハーバマスと公共圏』（Calhoun [1994]）やクロスリーとロバーツの『ハーバーマス以降——公共圏に関する新たな視点』（Crossley and Roberts [2004]）には、より批判的な見解からハーバーマスとは異なる構想を打ち出した論文が収録されている。

（本田量久訳）

41 レイシズムとエスニシティ
Racism(s) and Ethnicity

◎関連概念：異種混成性、オリエンタリズム

　「レイシャリズム（racialism）」という用語には長い歴史があるが、「レイシズム（racism）」という用語や、それに先立つフランス語の「レイシスム（le racisme）」という用語が最初に使われたのは1930年代後半であり、それらは多くの場合、ファシズムが高揚する中で顕著となったユダヤ人に対する組織的な差別を了解するための一つの方法として用いられた（Goldberg [1993]）。今日では、レイシズムと見なされるものが異なる文脈でさまざまに形態を変えるため、レイシズム（racism：単数形）ではなくて、むしろレイシズムズ（racisms）と複数形で語る方が一般的である。同じ社会でも、異なる社会集団は異なる形態のレイシズムにさらされている場合があるし、歴史的時期によっては、あるいは異なる社会的文脈の中では、同じ集団が異なる形態のレイシズムにさらされている場合もある。しかしながら、こうした点にもかかわらず、抽象度と一般性を最大限に高めてみた場合、「レイシズム」という用語は、ある集団を別個の「人種（race）」として同定したりカテゴライズしたりすることで、その集団を差異化し、より低いもしくはより劣等な集団として見なすことで、その集団を排除または支配するための一助となるような、さまざまな社会実践（言語的実践も含む）を表すために用いられる。

　ここでいう「人種」というカテゴリーは、たいていの場合、生物学的な観点から考えられている。言説的な構築物としての「人種」は、知覚された生物学的差異（たとえば、肌の色）か、あるいは想像された生物学的差異（たとえば、仮説上の遺伝的「系統」）のいずれかに基づいており、これらの差異のラインに沿って人類全体は多種多様な「自然種」[1]に下位区分されると仮定されている。しかしながら、知覚された

文化的差異と結びついた「新たなレイシズム」に言及する論者たちもいる。つまりこの論者たちは、隔離政策や差異化された／不平等な処遇をめぐる論争は、もはや生物学的差異ではなく、むしろ文化的差異に関する主張について行われている、というのである。たとえば極右集団はしばしば、移民たちの文化——つまり極右集団の見方では「劣等な文化」——は、本来の自分たちの優越した文化に対して脅威を与えており、うまく付き合っていくことなどできないのだから、移民たちは追放されるべきであると論じる。

エスニシティという概念もまた、文化的差異に焦点を合わせる傾向がある。ただし、「レイシズム」がある社会集団に対する外部からのカテゴリー化や判断を表しているのに対して、「エスニシティ」は、その集団成員自身によって内側から定義される文化集団の違いを表すために用いられる傾向がある。そしてその結果、エスニシティという用語の意味としては、さまざまな形態の自己同定化／アイデンティティや所属意識に重心がおかれることになる。

レイシズム（ズ）は、あからさまな個人の偏見、つまり個人の心理学的特性を表明したものであると概念化するのが一般的である。私たちが、もっと微妙でより洗練化された形態のレイシズムを探求していく場合でも、こうした非常に粗野な形のレイシズムを見失わないことが重要である。というのも、そうしたレイシズムはいまでも多くの西欧社会においてかなり顕著であるからである。しかしながら、多くの論者たちは、レイシズム（ズ）は集合的あるいは制度的な形態をとることがあり、その場合は公然たるものであるよりもむしろ暗黙の隠微な形態をとるだろう、と主張している。

要するに、個人、集団または組織／制度の日常的に定型化された諸実践は、行為者（たち）が不利な立場に置かれた集団の劣等性についての明白な信念を必ずしも保持していなくても、特定の社会集団を体系的に

---

1) 「自然種」という概念は、私たちが世界を分割したり、カテゴライズしたりする仕方がこちら側にあって、その向こう側に、それとは離れて、さまざまな特質や差異が、世界の基本的な構成要素の一部として、自然の中に内在していることを示唆している。

差異化して不利な立場に置いてしまうような仕方で作動しうるのである（Gilroy [1992]；Goldberg [1993]）。これは一つの争点である。なぜなら、レイシズムという概念はそこに「意図」を連想させる言葉のように思われるし、私たちはそうした意図を今度は、諸個人が意識的に保持している目標や信念のみをしばしば根拠にして、諸個人だけに帰属させる傾向があるからである。本項は、意図という概念やその適切な用法についての精確な吟味へと乗り出していく場所ではない。ここでは、人間行動の習慣化もしくは制度化されたパターンは、それが個人的なものであれ集合的なものであれ、またそれらの差別に携わる人たちに明白な知識や意図があろうとなかろうと、特定の集団を体系的に差別する効果をもちうるし、この点こそが（好むと好まざるとにかかわらず）「制度化されたレイシズム」という概念によって意味されるものである点を述べておけば十分だろう。

たとえば、警察署へ申し立てられた制度化されたレイシズムの事例では、警官たちは自分たちが黒人系の若者を異質な存在として眺めていることに気づかずに、習慣の力に押されて、黒人系の若者の活動の方をより疑惑をもって眺める傾向があるかもしれない。またその結果として、警官たちは——誠意をもって——黒人系の若者の方を調査し、そこにより多くの犯罪を発見し、そうして当然の結果として、黒人系の若者の方をより疑惑をもって眺める自分たちの習慣を強化してしまう傾向があるかもしれない。

さらに、いくつかの事例のうちから例として精神医学を挙げれば、文化的差異は、それ自体が制度的な分類プロセスの内部では認められていなくても、たとえば文化的差異が精神病の徴候としてコード化される場合のように、異なる表題の下で人種主義的にコード化されたり分類化されたりすることがあるかもしれない。また、多様な形態の魔術を実践し、さまざまな災禍や天罰、死者との交流などを信仰している文化の成員たちが行う主張——たぶん彼らが苦難に直面したときに行うものが多いだろうが——は、西欧型の訓練を受けた精神医学者にはかなり馬鹿げたものに映り、それを理解することもできず、その結果として精神病に値するものと見なされてしまうこともあるだろう（精神医学のレイシズムに

関する論争を概観するには、スマン・フェルナンドの『メンタルヘルス・人種・文化』（Fernando [1991]）またはリトルウッドとリプセッジの『異邦人と精神科医』（Littlewood and Lipsedge [1989]）を参照されたい）。

　これらの事例において意図が存在していないという点は、制度化されたレイシズムに関与した者がそこで引き起こした危害に責任を負うのかどうか[2]、したがって犠牲者たちは補償される資格があるのかどうかを決定しなければならない法学者や法律専門家にとって、数々の問題を提起していることは疑いない。確かに、制度化されたレイシズムという概念は、他の概念と同様に、今では一つの法的概念になっている点はまず間違いない。しかしながら、社会学的文脈では、意図せざる結果が重要な焦点になる一方で、「意図」にまつわる多くの問題に傾倒する必要性はそれほど強く求められているわけではなく、たびたび無視されることもあるため、この問題はそれほど大きなものではない。社会学的な観点から見て、人種主義的な効果が意図されたものかどうかということは、そうした効果が——私たちが数多くの事例で確認できるように——現実に存在しているという点で意見が一致しているかぎり、実際には重要ではないのである。

　多様な形態のレイシズムの起源をめぐる仮説にはさまざまなものがあり、そこにはほとんど一致点が存在していない。しかしながら、ヨーロッパ内部での黒人系およびアジア系の集団に対するレイシズムの多くは、植民地主義（コロニアリズム）と照らし合わせて考えられるべきである。そうした経済的・政治的な支配と搾取のプロジェクトから生み出された文脈の中で、その多くは現在でも継続している生物学的劣等性に関する発想が形成されたのである。このような議論は、研究の中で数多くの仕方で展開されてきたし、少なくともいくつかの場合、レイシズムに対するマルクス主義的な観点と強力に結びついてきた。

　2）　法学者の中には、たとえ意図せざる損害であっても、企業は（たとえば環境破壊のように）それが自らの引き起こした損害であり、あらかじめ予期できた損害である場合には、その損害に対して責任がある、と論じる人たちもいる。だとしたら、レイシズムに対しても同じことが当てはまらないだろうか（Goldberg [1993] を参照）。

しかし目下のところ、とりわけ中東出身の諸個人が直面しているレイシズムを理解するという文脈では、エドワード・サイードの「オリエンタリズム」の命題が、レイシズムの起源に関する命題の内でとくに影響力をもっている（→【35オリエンタリズム】）。

【基本文献案内】
　レイシズムとその効果に対する初期の影響力をもった説明は、フランツ・ファノンの重要な著作『黒い皮膚・白い仮面』(Fanon [1993]) と『地に呪われたる者』(Fanon [1986]) である。より最近では、ポール・ギルロイの『ユニオンジャックには黒がない』(Gilroy [1992]) が、少なくとも英国の文脈では、彼の『黒い大西洋』(Gilroy [1993]) とともに中心的なテクストである。ゴールドバーグの『レイシストの文化』(Goldberg [1993]) も、この争点をめぐる数々の論争へと向かうための有益な入口である。レイシズムとエスニシティの双方をめぐる現代の論争を議論したものとしては、マック・アン・ガイルの『現代のレイシズムとエスニシティ』(Mac an Ghaill [1999]) を参照のこと。

（阿部純一郎訳）

42
合理性 Rationality

◎関連概念：生活世界の植民地化、理想的発話状況、
公共圏、システムと生活世界

　合理性という概念は、社会理論の歴史を通じてつねにその論争の中心に位置するものであった。しかしながら、この概念はきわめて多種多様な仕方で用いられ、そして定義されてきた。ここで筆者が望みうるのも、せいぜい論争のより中心的ないくつかの軌跡を辿ることにすぎない。とくに筆者は「合理的行為論」において前提されている合理性に関するコスト‐便益の定義、およびそれに代替するものとしてのハーバーマス（Habermas [1991a]）による「コミュニケーション的」な合理性の概念、そして合理性の外見上の文化的／歴史的な相対性に関するいくつかの論争を考察するつもりである。

コスト‐便益計算としての合理性

　「合理性」という用語に関するまさにその中心的な用法の一つは、「合理的行為論」、つまり「合理的行為者の理論」あるいは「合理的選択理論」としてさまざまに言及されている議論の中に見いだされる。この理論は次のように主張する。すなわち、少なくとも方法論上の目的のため、社会に関する分析は社会的世界をその個々の成員へと分解せねばならず（この戦略は「方法論的個人主義」として言及されている）[1]、そしてこの語のまさに固有の意味において、そういった成員たちの行為は合理的と見なされるべきだということである。合理的行為論者たちによれば、人間の行為は、それが特定の行為主体の特殊で個人的な目的ないしは欲望を、能率的かつ効率的な仕方で追求するかぎりで合理的であるとされ

---

[1] この点や、それに対する批判に関してより詳細な検討は【45関係主義】を参照されたい。

る。つまり可能な行為の諸経路に付随するさまざまな「コスト」と「便益」を比較考量し、あるいは少なくともそれらに注意を払いつつ、そしてつねにもっとも「有益な」経路を採択するということである。合理的行為論者の主張によれば、合理的行為者はその行為の報酬を最大化し、個人的なコストを最小化することを目指すのである。さらにこのことは、科学的観察者の外的視点からの因果分析に対して、行為を予見可能かつ検証可能にするとされる。つまり、仮に行為者にとってのコスト、便益、およびこれらコストと便益に付随する「重みづけ」[2]が知られるならば、私たちは、行為主体の環境においてコストと便益に関わりをもつ（認知された）変化が、行為者の行動にもたらすであろうありうる影響を予測できるのである。

合理的行為論者には、このモデルは行為主体の利益を考える「自己本位性」を意味するわけではない（たとえば行為主体は他者の福祉を望むかもしれない）と主張する者もいるが、多くの論者はそのとおり「自己本位性」であると認めている（それゆえ利他主義は実際以上に際立つのである）。さらにすべての目的や欲望は、究極的には、前社会的であり没社会的であると主張する者さえいる。たとえば M. レイバー（Laver [1997]）のような合理的行為論者に従えば、社会的世界を説明しようとする場合、私たちの理論の中でそうした社会的世界の様相を前提とすることはできない。私たちは前社会的な「原子」を説明することから出発

---

[2] ある行為主体は、特定のコストをかなり微小なもの、あるいは無視しうるものと見なすかもしれないし、他方では、他のコストは重大なものとして、そしてあらゆる状況において避けるべきものと考えるかもしれない。同様に便益や欲望に関しても、いくつかは「好ましいもの」であるが甚大な労力を払ってまで追求することもないとされたり、他方で他のものはあらゆるコストを払ってでも求められるべきものとされるかもしれない。

合理的行為論者の中には、行為主体たちが所与の条件においてどのように行為するか、一連の状況におけるどの程度の変化が行為主体の行動を変化させるために必要になるか、などの問題を数学的に計算可能にするため、所与の行為主体の「所有明細書」の中にある欲求と嫌悪に数値的価値を付与することができると主張する者もいる。とはいえ、すべての合理的行為論者たちがそこまで主張しているわけではない。

しなければならない。それら原子の行為や欲求が、私たちが知るような社会世界を生成するのである。そしてレイバーによれば、そうした原子は純粋に利己的にコスト‐便益計算をする行為主体である。

さらにレイバーやその他の多くの合理的行為論者に従えば、人間存在は（理論上は）自分たちがランクづけする一定の幅の欲求や目的をもっている。レイバーたちの主張によれば、すべての条件が等しいとすれば、行為主体はもっとも望むものを追求するであろうが、しかしすべての条件が等しいというわけではない。情況によってはもっとも上位の欲望がきわめてコストの高いものになるかもしれないし、あるいは複数の低位の（行為主体にとってその累積的な価値が最上位の欲望よりも大きいような）欲求の達成が、そのきわめて低いコストによって促進されるかもしれない。そのような場合、行為主体は優先すべきものに関するそのリストにおいて、より低位の目的を追求するであろう。

行為主体はその決定をどれだけ多くの情報に基づけねばならないのか、行為主体が情報の追求に費やす労力はどれだけか、そしてありうるコスト／便益の認知に際して解釈や信念がどういった役割を演ずるか。これらの問いが合理的行為論における論争のすべての問題である（Goldthorpe [1998]）を参照）。とはいえ、ここでは以下のことを指摘するにとどめておこう。すなわち、初期の合理的行為論は、行為主体がその選択に関連するすべての情報に十分かつ直接的なアクセスを有していると主張する点で、経済学に従う傾向があったが、しかし今日のほとんどの議論は、初期のモデルがきわめて限られた予測上の価値しかもたないことや、あるいは直観的に説得力がないことに気づいており、慣習、解釈、情報の社会的な配分、および関連する諸要因の役割を許容するさまざまな複雑な要素を取り入れる傾向にある、ということである。

本項は多数の合理的行為論批判について論じる場ではない（Hindess [1998]；Crossley [2002a : 56-76] を参照）。しかし、さまざまな種類の合理的行為論との対話に注目することは重要である。その対話は重要な批判的社会理論家、ユルゲン・ハーバーマス（Habermas [1991a] [1987a]）の著作においてその頂点をなすものであり、社会理論史の重要な撚り糸をなしているのである。

この点で、タルコット・パーソンズは有用な出発点である。『社会的行為の構造』の中で彼は、近代社会学の創設者たち、つまりデュルケムやヴェーバーの理論は、合理的行為論の初期形態である功利主義哲学の批判に基づいていたとしている。彼らは功利主義の先駆者であるトマス・ホッブズから、いかにして社会秩序は可能かの問いを取り出したが、しかしその問いへの功利主義的な解答は拒絶したのである[3]。ヴェーバーやデュルケムらははっきりと、カントの著作において提示された功利主義に対する重要な哲学上の代替案を念頭において、次のように主張した。すなわち人間の行為は、部分的には利己的欲望やそれを実現するために必要な合理性によって形づくられるとはいえ、同時にまた社会規範や義務の感覚によっても方向づけられているのである。続けて彼らは、義務や規範は社会秩序の必須の前提であるとした。そのうえとくにデュルケムは、義務と規範はそれ以上還元しえない社会的なものであり、「方法論的個人主義的な」枠組みの中では、規範やその人間行為への影響は適切に説明されえないと主張した。規範や義務は集合的な文脈から創発するのであり、必然的にそうあらざるをえない。パーソンズはこうした主張に合意し、そしてこれは彼自身の研究の軌跡への出発点を提供した。よく知られているように、それはこうした主張を超えて機能主義

---

[3] ホッブズは、イギリスの清教徒革命の頃に著述したので、彼が「自然状態」と呼ぶ状態においては、社会は「万人の万人による闘争」であると論じたのであった。つまり誰もが、(合理的行為論が述べているように) それが何であれ、もっとも効率のよい手段を用いて自身の利己的な目的を追求するというのである。ホッブズによれば、これはきわめて暴力的な状態であり、そしてこうした暴力的状態は、ただそれ自身の強制力と暴力的脅威の使用を通じて暴力を効率的に削減し服従を強要する強力な国家(ホッブズは「リヴァイアサン」と呼ぶ)の形成によってのみ、削減されるものである。

パーソンズによれば、デュルケムやヴェーバーは、社会的行為者が道徳的に(つまり自発的に規範に基づいて)振る舞う可能性を認めていたがゆえに、これとは異なった結論に至ったとしている。つまり初期の社会学者たちの見解においては、人間存在は単なる「利益追求機械」ではなく、むしろ道徳的存在、つまりお互いに道徳的な関係へと関与しうる存在なのである。

とシステム理論の領域へと向かう軌跡である。

　興味深いことに、社会学におけるより最近の形態の合理的行為論の多くの開拓者たちがその主張を筋道立てて展開しはじめたのは、パーソンズ的な機能主義や社会的世界のさまざまな様相を、その機能への言及によって説明しようとする試みに対する応答という文脈においてであった（たとえばHomans [1961] [1973]）。彼らの主張によれば、全体への参照、つまり機能によって社会的世界の諸要素を説明しようとする試みは、多くの点で問題を孕んでいる。社会的世界の諸要素を適切に説明するためには、それはさらなる要素へと、つまり人間の行為へと分解されねばならず、そして人間の行為は、合理的にコスト‐便益的な観点において理解されうるのである。

　しかしこの筋立てのさらに進んだ展開において、合理的行為論の多くのより洗練された提唱者たちは、パーソンズやデュルケムと同様に、いまや次のような結論に到達している。つまり、規範は社会生活の組織化において重要な役割を演じており、それは「個人的なもの」へと還元しえないのである（たとえばElster [1989]）。

コミュニケーション的合理性
　この紆余曲折する筋書きの最後に、批判理論家、ユルゲン・ハーバーマスの作業が加わる。ハーバーマスは別種の、そしてまったく異なった合理性の定義を論争に付け加えるのである。ハーバーマスは、合理的行為論者たちの描写するような行為と形のうえでは類似する人間行為があることには合意する。彼はこうした行為を「戦略合理的行為」とか、あるいは単に「戦略的行為」として言及する。しかし彼の研究は、合理的行為論に関する多岐にわたる批判をいっそう推し進めるものである。次の三点が私たちの目的にとってとくに関連がある。

　第一に、「戦略的行為」は特定の明確な制約をもつがゆえに文脈的に拘束されており、また必然的にそうあらざるをえない、とハーバーマスは主張する。たとえば社会化の過程、人間のアイデンティティの形成、そして知識と文化の再生産は、「戦略的行為」や目的‐手段的な合理性のごく少数の要素以上のものを前提にしている。つまり、それらは行為

主体が相互的な理解と関係を得ようとするということを前提としているのである。それゆえハーバーマスにとって、人間の行為は、ごく限られた場合にのみ合理的行為論によって提示されたモデルに従うにすぎない。つまり彼の示唆するところによれば、私たちが非人格的な経済や政治的取引に関与するとき——たとえば市場において売買したり、あるいは投票をする、そして／あるいは官僚制的職能を遂行する場合に——私たちは合理的行為論が提示する仕方で、少なくともそれにより類似した仕方で振る舞うのである。

第二に、ハーバーマスは、（上で述べたような）社会的世界において戦略的行為が十全であり適切であるような文脈は、そうした文脈を社会的世界の他の諸側面から効果的に「分離する」ような社会変動の帰結として、比較的に最近になって出現したにすぎないと主張する。ハーバーマスによれば、初期の社会においては経済的行為と政治的行為が宗教の中で、つまり社会の規範的、伝統的な構造（fabric）の中で堅く編み合っていたのであり、それゆえ少なくとも狭義の意味における「戦略的行為」は不可能であった。合理的行為論が言及するような比較的純粋な形の「戦略的行為」が可能となるのは、近代社会においてのみなのである。

そしてくり返しになるが、それでさえも制度的、規範的な枠組みによって文脈的に拘束され、支えられているのである。私たちは経済的、政治的な生活の中で戦略的な「原子」のように行為することができるが、それは私たちが行為するための経済的、政治的な制度がそこに存在するかぎりにおいてのことであり、そしてこれらの制度が（法を含む）規範的枠組みによって促進されているかぎりにおいてなのである。こうしたハーバーマスの主張の中には、きわめて強い社会学的な批判が存在している。彼は、合理的行為論者たちが社会的世界を説明するために用いる「合理的個人」は、社会の歴史的発展の産物であると主張する点において、実質的にはデュルケムに従っている。

第三に、規範と義務は戦略的な合理的個人へと還元しえないという初期の指摘を発展させつつ、ハーバーマスは次のように主張する。つまり規範と義務は社会的世界の様相であり、そして私たちはそれら規範と義務について論議し、それらの「合理的な＝道理に適った」正当化を求め

ることができるのであるが、しかしそれは「合理的」という語のきわめて異なった意味においてである。ハーバーマスが「コミュニケーション的合理性」について語るのは、まさにここである。私たちが規範や規則、善悪などについて「合理的に＝道理に適った」仕方で語ることができるということは、私たちがコストと便益を比較考量しているということを意味するのではなく、むしろ私たちが論理や証拠、共有された想定や信念などに言及することによって、特定の観点から互いに説得することを試みているということなのである。これは「合理的」という語のきわめて異なった意味ではあるが、しかし合理的行為論の定義に劣らず重要である。

たとえばコミュニケーション的に合理的な出会いにおいて、私たちは対話者に対して次のことに注意を向けさせるであろう。すなわち、ある事柄に関して一つの信念をもつ対話者は、首尾一貫しようとするならば、そうした事柄と同じ原理が伴われている別の事柄についても私たちと合意しなければならない、ということである。私たちはたとえば、フェミニズム的な主張を行う人びととはまた、そうした主張を支える正義の原理によって、ゲイの権利や少数派のエスニック集団の権利のためのキャンペーンを支持するように導かれるはずだ、と言うだろう。

それに対して対話者は、フェミニズムについての自分たちの主張はそれらとは異なった原理に基づいており、したがって同じ含意をもたないのだと主張するかもしれないし、あるいはまた、フェミニズムの問題には適合するが他の場合はそうではないような仕方で、正義の原理を資格づけることによって応じるかもしれない。むろんそれとは別に、対話者は、以前には自分たちはフェミニズムとゲイやエスニック運動の問題を結びつけて考えてはいなかったが、指摘を受けた以上（少なくともその「道理的な面」では）拒否できないと述べることで、納得するかもしれない[4]。

同様に、私たちは対話者にいくつかの証拠を提示することで、自分た

---

[4] もちろん人は、ある主張が道理としては正しいと認めざるをえないと感じるとしても、依然としてそれをあまり好まず、それゆえただ渋々と認める、ということもあるだろう。

ちが正しいことを論理的に認めざるをえないのだと対話者に申し立てることもあろう。こうしたことは、彼らをスーパーマーケットに引き連れて、自分の言ったようにサヤエンドウは50ペンスではなく65ペンスだと示すことと同じくらい単純なことで、それは同じく、複雑な統計や、入念な実験や社会学的調査の結果を参照することを意味しているのである。ここで重要なことは、彼らの見解を変えるであろうと思われる証拠を提示するという点にある。

　ハーバーマスにとって討論は、次の条件が満たされるかぎりにおいて、コミュニケーション的に合理的である。すなわち、対話者は相手によって提示された「根拠」によって説得される準備があること、相手の立場に自身を置き、それによって自分自身の視点の特殊性を超越するよう試みること、である。さまざまな見解は、根拠のやりとりにのみ基づいて受容ないし拒否される。対話者が、嘘をついたり欺いたり、あるいは暴力を用いたり脅迫したり、特権を振りかざしたりなどするかぎりにおいて、討論はコミュニケーション的な意味において合理的なものではない。とはいえ、このことは討論が白熱したものとなったり「感情的」になったりすることを排除するわけではないことに注意されたい。討論への参加者は、相手に自身の見解を納得させようと努めたり、相手の反対意見を理解しようと努める場合には、きわめて欲求不満を感じるものなのである。

　ハーバーマスによれば、「戦略的合理性」と同様に、「コミュニケーション的合理性」もまた歴史的に発展してきたものである。ちょうど個人の合理的判断力が発達過程を通じて現れるように、文化の合理性もまたそうなのである——たとえば科学の歴史を見るならば、このことは理解できよう[5]。ハーバーマスにとって文化の合理性は、ヴェーバー（Weber [1930] [1978]）に従って彼が近代社会の定義づけにとって中心的だと見なしているところの、「合理化」の過程の一部を形成するもので

---

[5] 私たち個々人の思考や理由づけに関する能力が明示されてきたのと同様に、科学の歴史はかなりはっきりと、世界に関する今日の思考様式が、一連の「パラダイム」を通じて発展してきたこと、およびその発展がいかなる形でなされてきたかについて示している。

ある。肝心なことは、それは肯定的な帰結と否定的な帰結のどちらも促進するこの合理化というプロセスの、より肯定的な側面の一つだということである。

　合理性の発展は、私たちを次の二つの意味合いにおいて伝統の束縛から解放する。すなわち、私たちが伝統を問いに付す認識的な能力を有しているということ、そして社会的および政治的な権威の中心的形態が、徐々にその正統性を（伝統あるいは神というよりも）「道理上の妥当性」に訴えるようになってきたことである。しかし、上で述べたような、社会的共同体（生活世界）の規範的拘束から政治や経済が解き放たれることもまた、この合理化過程の一部なのであり、そしてこのことは、これら政治や経済の領域が他の領域を「植民地化」し侵食しながら急速に発展するかぎりにおいて、否定的な効果をもちうるのである（→【07生活世界の植民地化】）。そしてハーバーマスによれば、ここで私たちを唯一守ってくれるものが理性なのであり、彼は「新しい社会運動」（→【34新しい社会運動】）を、この「生活世界の植民地化」に抵抗する（コミュニケーション的な）理性の力の重要な顕現と見なしているのである。

　コミュニケーション的合理性の鍵となる側面は、ハーバーマスの説明においては、真理、（道徳的な）権利、および（主観的な）誠実性に対する諸要求の間の、近代において引かれた区別である。多くの議論はこの三つの類型すべての要求を具現化しているが、これらの要求を比較考量する場合には、私たちはそれらを区別し、異なった形で扱う。たとえば私たちは、一方では何らかの事柄が道徳的規範に矛盾しており、そして／あるいは自分たちにとって不愉快であると述べ立てながらも、それが実際に真実であると認めるかもしれない。同じような仕方で私たちは、誤っている主張と、人に偽ろうとする主張との間の区別を支持するだろう。この場合、双方の主張とも、外的世界における事実に対応しないのだが、しかし前者には人を欺く意図はないのに対し、後者にはそうした意図が存在しているのである。

　さらにこれらの区別は、制度レベルに反映されている。たとえば科学は、価値観や主観の問題とは独立に、事実あるいは真実の問題を扱う。たとえば近代物理学や生物学における真実は、私たちがそれらに何を感

じるかに関係なく真であると見なされている。同様に、法的討論において、私たちは特定の状況内で必ず生じるはずの事柄に焦点を当て、それを実際に通常生じるかもしれない事柄から区別することによって、合理的規範を導き出そうと努める。最後に、心理療法や心理学において、私たちは自分たちの主観的な生の真実（私たちが物事を体験する様相）を、そうした体験の道徳性に関する規範的評価や、そうした体験が間主観的に立証しうる世界の出来事の状態と対応するかどうかに関する「客観的な」判断を括弧に入れて、探求しようと努める。たとえば精神分析家たちは、自分のことを迫害していると私が思い込んでいる人について抱いている、その人を殺してしまいたい私の欲望という「事実」を、そうした感情の非道徳的な性質や、迫害に関する私の信念の真理値に必ずしもこだわることなく、考慮するであろう。問題なのは、私がいかに世界を感じ、体験したかなのであり、そうした問いは、世界の実際のありようはいかなるものかとか、私は世界においていかに行為するべきなのかといった問いとは異なるのである。

合理性と相対性

ハーバーマスは、理性や合理化に関する自分の主張を行う中で、社会学や哲学の内部での「合理性」に関するさらなる論争に関与している。1960年代からの論争は、合理性が個々の社会にとって相対的であるというピーター・ウィンチ（Winch [1972]）の主張に焦点を当てたものだった。ウィンチは、アザンデ族の意思決定の形成プロセスにおける神託の利用に関する研究を行った文化人類学者エヴァンス - プリチャード（Evans-Pritchard [1976]）の批判を通じて、自分の立場に到達した。

エヴァンス - プリチャードは次のように結論づける。すなわち、神託の呪術はあらゆる実用上の目的のために意思決定形成のシステムとして作用しており、確かにアザンデ族にとっては「内部的には」意味をなすが、合理的なものではないのである。これに対して、ウィンチは異議を唱える。エヴァンス - プリチャードの主張は、現在の西洋文化内部で措定された合理性の定義を前提にしているが、しかしこの西洋における合理性の定義がアザンデ族の定義よりも適切だと誰が言うことができるの

か、とウィンチは主張する。神託の呪術と同じように、西洋での合理性の形態も特定の文化的伝統に属しており、そうした伝統の外のいかなる正統性や権威にも訴えることはできない。西洋の合理性もまた、必然的にその内部においてのみ正当化されるのである。このことはすべての合理性の形態に該当する、とウィンチは主張するのである。すべては、ただ合理性のそれ自身の内的基準の点からのみ合理的なのであり、そしてエヴァンス-プリチャードが行ったように、合理性をめぐって競合する主張を検証しうるような、ある文化や別の文化の外にある中立的な観察点など存在しないのである。実際、文化から自由な合理性に関する定義といった考えは意味をなさない。というのは、合理性は人間の共同体という文脈においてのみ出現するからである。

ウィンチの主張は多くの反応を引き起こした（Wilson [1974]；Hindess [1982]）。その一つがハーバーマスによるものであり、彼はウィンチ批判の急先鋒と目してよいだろう。まずハーバーマスは、頑固な相対主義者に対して、その立場の外に出るよう説得することはきわめて困難であり、おそらく不可能であるということを認める。というのは「ええ、それは相対的なものでしょう」というお題目はいかなる主張への反応においても唱えられうるからである。

しかし、ハーバーマスはピアジェ（Piaget [1961]）の子どもの思考に関する発達段階理論を引きつつ、次のように主張することによって、相対主義の度合が低い合理性の定義を擁護する。すなわち合理性の発達は、初期の形態がそれ自身の内的問題の重みによって崩壊すると、そうした以前の形態が扱いえたすべてを包含し、またその問題を乗り越えるような、新たなよりよい形態へと道を譲っていく、という段階の継起を伴っているということである。要するに、思考や理性がより包括的で実効的になるような学習プロセスが存しているのである。この観点からすれば、西洋の合理性は数世紀前にはその呪術的段階にあったが、呪術的思考の限界が「その内部から」明白になり、そうして別のより世俗的な合理性の形態へと道を譲ったときに、そうした呪術的段階を超えて実効的に進歩したのである。それゆえハーバーマスによれば、西洋の合理性は呪術的な推論の形態に比べ、より進んだものだということになる。言うまで

もないことであるが、この論争は依然として進行中で決着がついていない。

ハーバーマスの研究において歴史の強調と並んでみられるのが、合理性の諸側面を超越論的な仕方で語用論のうちに基礎づけようとする多くの議論である。すなわち、私たちがその主張を根拠づけるやり方の特定の側面は、言語を使用する生物たる私たち人間にとって必然的なもの、別様ではありえないものと見なす一連の主張である（Habermas [1991b]）。しかしながら、本項はこのきわめて複雑な考えを探究する場所ではない[6]。それに関する三つの批判を行うだけで十分であろう。

第一点として、このような主張が、ハーバーマスの研究のさまざまなところで述べられているより歴史主義的な側面の強調と、どのように整合的に理解しうるのかが不鮮明である。そしてこのことは、ハーバーマスの理解するような合理性のいったいどれくらいが歴史的なものであり、どれくらいがコミュニケーション上の必然性によるものであるかという問いを招き寄せる。

第二点として、ハーバーマスの超越論的な試みは、ピエール・ブルデューによって批判されてきた。ブルデューは、ハーバーマスと同様に相対主義に批判的である一方で、合理性に関する私たちの理解は全面的に歴史的産物であると主張している。ハーバーマスのような超越論的な議論は、歴史的特殊性を普遍化し、それゆえ歴史の忘却に基づいている。つまりそうした超越論的な主張は、いままったく自明で必然的なものとみえるものがつねにそうありつづけてきたと想定しているのであるが、歴史的な分析はこのような見解は妥当なものではないことを明らかにしている。こうしてブルデューは、一方ではハーバーマスの合理性に関する主張のかなりの部分に合意するが、同時にまた、ハーバーマスには適切な歴史的視野が欠如しており、実際には相対的に近代的な社会においてのみ見いだされるような条件について、その普遍性を過大評価する傾向があるとするのである。

---

6) この考え方の一部に関する簡単な議論として【25理想的発話状況】を参照されたい。

これに加えて、第三の批判としてブルデューは、ハーバーマスには単数形の合理性について語る傾向があるのだが、これは今日の社会における多くのさまざまな形の合理性に鈍感であると主張する。とくにブルデューはこうした考えを、科学哲学における論争から導き出している。すなわちそこでは、異なった科学の諸形態はそれ固有の合理性の形態を、つまり主張を行い、証明し、論じ、説得するなどに関するそれ自身の固有の方式を、歴史的に生じさせてきたと論じられる[7]。

---

[7] この点は、ブルデューがとくにフランスの科学哲学者、ガストン・バシュラールから引き出している論点である。バシュラールについての考察については【14 認識論的断絶】を参照。

【基本文献案内】
　合理的行為論に関しては、エルスターの『社会科学の道具箱』（Elster [1989]）やヒンデスの『選択、合理性、そして社会科学』（Hindess [1988]）を見よ。ハーバーマスの合理性に関するさまざまな考察はすべて重要なものであるが、その中核をなすものは『コミュニケイション的行為の理論』（Habermas [1991b]）である。ホワイトの『ユルゲン・ハーバーマスの最近の研究』はこの著作に関する簡潔で明確な二次文献であり、あまり難しいことに首を突っ込みたくない人にとっては恰好の入門書だと思われる。「ウィンチ論争」についてはウィルソン（Wilson [1974]）やヒンデス（Hindess [1982]）を参照されたい。ハーバーマス自身によるものは『コミュニケイション的行為の理論』に収められている。ブルデューの見解は『実践理性』（Bourdieu [1998a]）やとくに『パスカル的省察』（Bourdieu [2000]）で述べられている。

（檜山和也訳）

43 実在論 Realism

◎関連概念：ディスコース、認識論的断絶、
社会的構築／社会的構築主義

　実在論は、それと対立する他の二つの哲学的視座、つまり実証主義（positivism）と、ある種の構築主義（constructionism）を背景にしてもっともよく定義される。

実在論 対 実証主義

　実在論は、実証主義と多くの見解を共有している。双方ともに、科学や社会科学が、それに関する知識を得ようと試みることのできるような世界が「外部に」あることに合意する。また双方とも、この場合の「知識」とは世界をより予測可能に、少なくとも理解可能にする因果関係に関する知識を意味することに合意している。そして双方とも、社会的世界と自然的世界は等しく科学的分析を施すことのできるものだということに合意する傾向がある。しかしながら、三つの重要な点で実在論と実証主義は違いを示している。

　第一に、実在論と実証主義は因果作用の性質に関して意見を異にしている。18世紀の哲学者、ディビッド・ヒュームに従う実証主義にとっては、因果作用は「恒常的随伴」の問題である。つまり、「aはbの原因となる」あるいは「aはbがcをなすことの原因となる」と述べることは、単に特定の状況のもとで、もしaが生じたならばbが生じる、あるいは規則的かつ予見可能な仕方でbはcを遂行する、ということを意味するにすぎない。実証主義者にとっては、因果作用に関してそれ以上有意味に語りうることなどないのであって、それゆえ科学は単にこれら恒常的随伴を観察し記録する実践なのである。

　それに対して、実在論者の見解は異なる。私たちが因果作用について語る場合、単にaがbに付随しているといったことがいわれているので

はない。そこで意味されているのは、aはbの生起という事態を引き起こすということ、そしてこれには何らかの必然性が存在しているということなのである。つまり私たちはaとbを結びつける何らかのメカニズムの存在、あるいはそれらの間に因果関係を構成するようなaとbの本性あるいは本質といったものの存在を確信しているのである。それゆえ、科学は単に恒常的随伴を記録する実践というだけでなく、これらのメカニズム、本質と本性の理論的説明を提供する実践でもある。そしてこれが科学的説明の本分なのである。

　さらに実在論者は、科学のこの使命によって、科学者は必然的に観察不可能な本質、実体、そしてメカニズムに言及することになると主張する。このことは、ある場合には任意の時点で観察しえなかったものが後になって観察可能になりうる、といったことを意味するであろう。たとえば医科学者たちは、ウイルスや遺伝子を可視化する方法が実現されるより前に、それらに言及していたのである。そうした医科学者たちは、彼らの観察している事実を引き起こす何かが「そこに存在している」に違いないことを知っていたのであり、そして実際にそれを知覚するための手段を入手するより以前に、そういった観察不可能な要素の実在を理論化する備えをしていたのである——そしてもちろん、この事例において、彼らは正しかったことが証明されたのである。

　しかし他の場合に、それは、科学者がさまざまな理由ゆえに直接的知覚においては決して観察しえない事象に言及することを意味するであろう。たとえば、電流や磁力場の効果はみることはできるが、それらを直接に観察することは不可能である。そして、それら電流や磁力場は決して観察しえないだろうと推定することには十分な根拠がある。社会的世界の多くの特徴は関係的な現象として、つまり何ら実体的な実在をもたず、むしろ物事の間の関係や対照において実在するような現象として、おそらくはこの部類に入るだろう（→【45関係主義】）。この観察不可能性の強調が、二つ目の実在論者と実証主義者の間の不一致をなしている。

　実証主義者たちはこの観察不可能性という考えにきわめて批判的である。実証主義者たちは、「本質」を含む観察不可能な事象に言及することは形而上的なナンセンスであり、非科学的であると見なしている。こ

の主張は時として、(論理)実証主義¹⁾と関連する言語哲学と関わっている。それによれば、語はただそれが何らかの認知しうるデータと対応するかぎりで有意味であるにすぎない、とされるのである（Ayer [1946] を参照）。この観察不可能なものに関する実証主義者の見解は、近代科学における観察不可能なものの役割が徐々に顕著になってくるにつれて、近年では支持するのがますます難しくなってきている。

第三に、実在論者と実証主義者は、科学的手法に関して、とりわけ社会的世界へのその適用において意見を異にしている。一方では、どちらの立場も、社会的世界は科学的に研究可能でありまたそうすべきだという点で合意している。しかし他方で、実証主義者は科学的手法の性質に関してきわめて厳格な見方をしているのだが、実在論者の観点においては、そのような厳格な見解は、科学者によって実際にとられている方法上のさまざまなアプローチとは容易に合致しない。実在論者にとっては、社会科学は科学的でありうるが、しかしだからといって社会科学は既存の自然科学の手法を模倣するよう試みるべきだということにはならない。実在論者からすれば、社会科学はそれ自身の科学的分析の手法を発展させねばならず、それは他のすべての諸科学がそうせねばならなかったのと同じことなのである。

実在論 対 構築主義

実在論はまた、ある形態の「構築主義」とも対立している。実在論は次のような見解を主張する哲学的立場である。つまり世界は実在しており、そしてそれに対する私たちの知覚や観念とは独立に、つまり私たちの知覚や観念の構築とは独立に、その特性や形態ないし構造を有しているのである（とはいえ、この見解に関する限定については以下を参照）。私たちはもちろん、自分の知覚や観念から離れて世界について認知する

---

1) 実証主義は、しばしば19世紀のフランスの哲学者、オーギュスト・コントと結びつけられている（彼はまた社会学の初期の開拓者であり、「社会学」という用語を作った当人とされている）。それに対して論理実証主義は、言語および陳述が有意味かつ真でありうる条件に多大な関心を寄せた、後ほどの（20世紀初期の）哲学運動に由来している。

ことはできないが、これは世界が存在しないといったことを意味するのではない。世界はそれに特有な、そして既定的な形で、私たちの知覚や観念から独立に実在している。こうした仕方で定義された場合、実在論は認識論的立場というよりは存在論的な立場である。つまり知識についての理論と、私たちが何を知ることができ、何を知りえないかについての理論というよりは、何が存在しているかに関する理論なのである。

この区別は、今日の多くの実在論者にとっては重要なものである。というのも実在論者は、実在論に関する多くの批判が存在論的というよりは認識論的な論証に依拠しており、それゆえ概して的外れなものだと主張しているからである（Bhasker [1989]）。バスカーのような実在論者によれば、実在論批判はくり返し、世界に関する私たちの知識が理論に依存していることを指摘するのだが、それはあたかも、知識に関するこの（認識論的な）事実が、私たちの知識から独立な世界の実在という（存在論的な）問いに何かしら関わりをもつかのごとくである。しかし、認識論的な事実と存在論的な問いは関わりがないのである。このことはもう少し念入りにみる必要がある。

構築主義者は、人間の知識は「そこにある」世界の単なる反映ではなく、認識する彼／彼女が状況にもち込む事柄に基づいているという、疑いなく確かな基礎をもつ認識論的な立場から出発する。そして構築主義の中でも立場の違いによって、この私たちの知識の形成に関わる「有効成分」は、それぞれ異なった仕方で同定されている。ある種の論者にとっては、それは人間の生物学的特性の問題である。私たちは脳や神経系といったハードウエア的組成の結果として、私たちが知っているような世界を知るのである。他の論者にとって、それは人間の実践の問題である。その主張によれば、私たちが認識する仕方は、（歴史的に見て異なったものであるような）調査、分類などといった、私たちの発展させてきた方法に依存しているのである。最後に、多くの理論が言語や言説の研究、つまり人間社会の中に現れてきたものであり、歴史的に多種多様でありうる概念的構造や世界についての語り方の研究に基礎を置いている。とはいえ、すべからく人間の知識は能動的に「構築され」ていることが主張されており、そしてより社会的な見解に立つ構築主義において

は、世界に関する知覚や概念における歴史的多様さや文化間における多様さがこの証拠として引き合いに出される。彼らによれば、もしも私たちが世界について知覚し理解する事柄が、単にそこにあるものの反映にすぎないのであれば、私たちは世界を同じ仕方で知覚し理解するであろうし、少なくとも、私たちとは異なったありとあらゆる世界の見方を論破する論拠があるはずであろう。しかしいまのところ、私たちはそのような状態にはないのである。

このような主張にはかなりの議論の余地があるし、実際多くの哲学者は、認識論的な立場としてさえ構築主義に満足していない。とはいえ多くの実在論者たち、とりわけ「批判的実在論者」[2]たちは、認識論的な立場としてはこのような見解を受け入れるのにやぶさかではない。そうした批判的実在論者たちが異議を唱えるのは、このような見解から一部の構築主義者たちが引き出す次のような推論に対してである。すなわち世界はこうした人間による構築から独立に存在するのではないとか、世界はいかなる特定の形態ないし構造をも有していない、という構築主義者たちの推論である。実在論者の見解からすれば、まさにここにおいて、構築主義者は擁護しうる認識論的な立場から、容認しえない存在論的な立場に移ってしまっている。

このような主張に対して実在論者たちは、世界に関する私たちの知識が私たち自身や私たちが行う事柄によって形成されているからといって、世界それ自体が（その実在や形態に関して）私たち自身の存在や行為に何らかの仕方で依存していることを意味するわけではない、と主張する。世界と世界に関する私たちの知識は二つのまったく異なった事柄であって、それらを混同するべきではないのである。

構築主義者はこのような批判に対しては、少なくとも構築主義者が、世界は私たちの構築から独立しては存在しないのだというこの存在論的

---

[2] 批判的実在論は、ロイ・バスカーや彼に影響を受けた人びとによって発展させられた実在論の特定の立場である。筆者はバスカーの初期の考察に多くの議論を負っているが、ここではこの立場を他のそれと区別するための紙幅がない。バスカーの『リアリティの再生』（Bhasker [1989]）は批判的実在論へのよい手引きである。

な主張を突きつめたいと願うのであれば、いかにして私たちは世界が存在しているということや、それが形態や構造をもっていることなどを知るのか、と実在論者に問い返すことによって応じるであろう。つまり、世界の実在とそれに関する私たちの知識は、二つの異なった事柄なのかもしれないが、定義上私たちはただ、自分たちが知りうる事柄しか知りえないのであるから、それゆえ世界に関する自分たちの知識（あるいは知覚や概念）から独立した世界の実在については、それについて何かしらの知識をもつことも、あるいは有意味に語ることさえできないものなのである。こうした観点からすれば、多くの構築主義者が認めているように、実在論はせいぜいのところ信仰の問題にすぎないのである。それは私たちみながほぼいつも共有している信仰であり、確かに私たちは、世界についての自分たちの認識とは独立に世界が存在しているかのように振る舞っているのである。

　このような主張は、おそらく一部のラディカルな哲学者や社会科学者の間でかなり流行しているものだとはいえ、決して新しいものではない。こうした構築主義は多くの点で、近代哲学の夜明けの時代にデカルトが自分自身に投げかけた一連の問いを鏡のように模倣しているのである。デカルトは構築主義者ではなかったとはいえ[3]、自分の思考や知覚はそれ自体、世界についての自分の経験を超えたところに現実の世界が実在しているのだということを確証をもって証明するには不十分である、ということを認めていた。煎じ詰めれば、人は夢を見ていたり幻想に囚われていたりしていることもありうるのである。ことによると、自分の経験は、自分を欺こうとする悪魔によって操作されていたのかもしれない。

　とはいえ、必ずしもすべてがこの種の主張によって疑われうるわけではない、とデカルトは述べる。突き詰れば、自分がすべての事象につい

---

[3]　デカルトが、自分が抱く世界に関する認識を超えたところに世界の実在を確立しようとしていたかぎりにおいて、彼は明らかに実在論者である。とはいえデカルトは、世界やその特定の様相を知るに至る過程において合理性の重要性を主張するかぎりで、彼はまた（デカルトの哲学以後その近代的な形態をとって現れたような）合理主義の先駆者である。

て誤っている場合でさえも、自分は自分が存在し思考しているということを知っている——これは多くの極端な構築主義者たちが見落としがちな洞察である。欺かれた人間は依然として実在しているのである。実際、人は思考する存在として実在している[4]——その思考が妄想であるとしても。

にもかかわらずデカルトは、彼が神の存在を「証明」した後になってようやく、知識や経験に対応する外在的世界が実在することを説得的に主張するための十分な基礎が得られたと確信したのであった。デカルトは、善なる神は彼が仮定するほど根底的に人が欺かれることを許さないであろう、と理由づける。このようなデカルトの主張からは、実在論者たらんと欲する無神論者の前触れを読み取ることはできない。

今日の多くの哲学者は、この謎からの脱出口を合理的に論証することは不可能だと認める傾向にある。定義によって、人は自分自身の知を超えたところに存するものを知りえない。このことは、世界に関する私たちの知識を超えて世界が存在しないということを意味するのではなく、単に私たちはそれについて何かしら理解したり語ったりすることはできないということにすぎない。フッサールの現象学や、ヴィトゲンシュタインの著作に基礎を置く人びとを含む哲学の特定の学派にとっては、以上でまさに問題は終わるべきなのであり、むしろこの点は、私たちが答えたいし、そこから学びたいと願うことができるような他の問題へと問いを移すための手掛かりとされるべきなのである。

とはいえ今日の実在論者には、この争点についてはさらに言及されねばならない問題があると考える者もいる。たとえばロイ・バスカーは、実在論の「超越論的」論証を推し進めてきた。ここで超越論的論証とは、私たちが現に知っている事柄から出発して、そうした知識が正しいとした場合に必然的にあらねばならない事柄へと辿りなおす論証のことだと定義できる。超越論的論証のもっとも有名な例の一つはカント（Kant [1933]）の著作にみられる。自身の知識と経験を反省しつつ、カントは

---

[4] 「思考する動物」としての人間存在の定義は、かの有名な格言「われ思う、ゆえにわれ在り」において示されているように、デカルトの哲学にとって中心的なものである。

そうした知識や経験には世界それ自体からは導き出しえない、それゆえ自分自身の自我から導き出されねばならない様相や要素があること（たとえばその時間構造）を指摘している。すなわち、くり返しになるが、自分の自我は自分自身の経験には直接に与えられるものではないにもかかわらず、自分の経験がそうしたものであるためには必須の前提として推定されねばならないものなのである。

興味深いことに、この論証は今日の多くの構築主義者に強い影響を及ぼしている。構築主義者たちは知識や経験の内部に、私たちの「世界」の構築に対して役割を演じるが、世界から導き出されたのではない構造やフレームワークを見て取る点で、カントに従っているのである。しかしながらバスカーは、カントの著作からいくつかの議論を取り上げつつ、まったく別の方向に論証を進める。すなわち彼によれば、私たちの知識や経験には、私たちからは導き出しえず、それゆえ世界から導き出さねばならない様相が存在している。それゆえ、世界は私たちとは独立に実在していなければならないと推測することができるのである。

こうした論証の一つの例としては、後になって得られた知覚が以前の知覚を修正する仕方が挙げられる。私たちはみな次のような「思考」の経験に慣れている。つまりある物を見てから、その後それが何か別のものだということがわかった、といったような経験である。たとえば田舎道を歩いているときに遠くに一軒の家を見つけたと思ったが、後になってみるとそれは単に岩が積み重なったものだったことがわかったということがある。あるいは、人間のように見えたものが、よく見ると木だとわかったということもある。こうしたことは、構築主義が提示しているように、私たちの知覚には、秩序を押しつけようとする能動的な試みが伴っていることを示している。

しかしながら、このような例において実在論者が関心を寄せているのは、私たちが周到な観察に基づいて自分自身の構築したものを変更するよう強いられているという事実なのである。私が自ら進んで自分の解釈を変更しようと選んでいるわけではないし、またそうした解釈の変化が、解釈を超えて存在する世界から被る「抵抗」以外の何ものかによるものだと考える理由もない。ピエール・ブルデューの言葉を言い換えれば、

「客観／対象（object）」は「異議申し立てをする（objects）」のである（Bourdieu, et al. [1991:61]）（→【14認識論的断絶】）。つまり客観／対象は、私がそれを当初知覚したような仕方で知覚することを拒絶するのである。これは「家」「岩」「人間」「木」が特定の社会の言語ゲームに属する概念であることを否定するのではない。また必ずしも、私の後の知覚や解釈が以前よりもより良いものであるとか、より現実に接近しているというわけでもない。当初は家だと思った積み重なったレンガは、さらなる入念な精査に基づいて彫刻だとわかったり、ちょうどそれに腰掛けようとしたら崩れてしまい、それでスチロール樹脂の模型とか、石を寄せ集めたものだとわかるかもしれない。

以上で主張されているのは、私の解釈あるいは構築は、私以外の何か、実在論者が「現実世界」と呼ぶ私の外にある何かによって影響を受けているという、ごく単純なことである。私はいかなる場合においても、現実世界の直接的な経験を体験するわけではないが、私が解釈を変えるよう強制されるという事実、離れた場所からは妥当に思われていた知覚図式がもはやそうではなくなるという事実は、世界の実在の間接的な証拠を提示している。私の解釈の変化を説明するためには、私が解釈した世界の実在を引き合いに出す必要がある。つまりそうした世界が、ある状況である解釈を許容し、また別様な解釈には抵抗している。それは超越論的な証拠のための基礎を提供しているのである。

この議論を科学の歴史に拡張してもよいだろう。科学の歴史は、とくにクーン（Kuhn [1970]）の著作に従った場合、構築主義的な認識論者にとって重要な事例の源泉である。一見するとそれは、私たちが世界について知っている事柄が、それを知ろうとする私たちの努力を枠づけている実践や前提に依存していることをきわめて明確に示すようにみえる。とりわけ、こうしたパラダイムをなす前提や実践が時代を通じて変化していくからである。こういったパラダイム・シフト、つまりあるものが崩壊し別のものがその場所を占めるといった一連の変化は、私たちが競合する多種多様なパースペクティヴを通じてはじめて世界を認識し、それゆえ構築しうるとする構築主義者たちにとって強力な証拠である。

実在論者たちはこのことを快く認めるだろう。とはいえ実在論者たち

は、なぜパラダイム・シフトが生ずるのかの理由の一つが、古いパラダイムによっては対応も説明もできない観察が生み出されるに至ったからである、と付け加える。物事はしばしば科学者が期待する仕方とは異なっていることが判明するし、そしてそうした逸脱が蓄積するにつれ、科学者は他のパラダイムを探し求め、受け入れるようになる。このような別のパラダイムもまた、もちろん現実を「構築」する。しかし実在論者が関心を寄せるのは、新たなパラダイムと現実が「適合」するといったことではなく、むしろ古いパラダイムが世界を説明しようとした際に直面した抵抗と逸脱なのであり、したがって世界は古いパラダイムから独立したものと見なされるということなのである。

　実在論者は、もしも「現実」が単に構築されたものであったとしたら、こうしたことは起こりえなかっただろう、と主張する。その場合、それが何であれ、私たちが存在として定義したものが「事実」だということになったはずである。あるいは少なくとも、パラダイムがそれと調和しない要素によって脅かされているとは見なされなかったであろう。再びブルデューの巧みなフレーズを用いれば、客観対象は異議申し立てをしなかったであろう。要するに、実際には科学の歴史において幾度もそうしてきたように思われるのだが、世界は抵抗することがなかったということになるだろう。

　以上の主張において、実在論者は、不整合な観察が世界との無媒介的な、あるいは構築されない仕方での接触から引き出されると述べているのではない。単に、ある解釈はある時点ではうまくいかないということ、そして私たちが、解釈とはそれから独立して存在する何事かについての解釈でなければならないということに気づかざるをえない、そういった一連の状況を強調しているにすぎないのである。

社会のリアリティ

　社会科学の内部では、実在論と構築主義に関する論争には、「構築」という用語のいささか異なった用法に関わるさらなる次元が付け加わることになる。実在論者にとって、社会は物理的世界や心理的世界のように「実在」している。しかし社会的な出来事や事実に関していえば、事

態は単なる物理的な対象や構造の場合よりもいささか複雑である。というのも、定義からして、社会的世界は「社会的な構築物」だからであり、このことは物理的世界には当てはまらないのである。

たとえば、一つの社会的な構築物であるイギリス経済と木星とを比較してみよう。木星は社会的な構築物ではない——少なくともここで述べている「構築」のこの新たな意味においてはそうではない。木星は、私たちがそれが実在していると考えようといまいと実在している。木星は、私たちがそこに木星があると知るようになる以前から実在しており、そして万一私たちが木星を完全に忘れてしまうとか、望遠鏡をなくしてしまうとか、あるいは種としての人間が滅んでしまうとしても、他の条件が等しければ実在しつづけるだろう[5]。

しかしながら、イギリス経済はより複雑である。というのも、それは人間の行動や諸関係を必然的に必要としているからであり、そしてこれらの行動や諸関係は人間の認知や考え、理解などに基づいているからである。たとえば、「経済」ということでいわれている事柄の一部は、私たちが日常生活において定型的に交換している貨幣である。時として貨幣は硬貨や紙幣といった形で物理的な実体をもつが、他の場合に貨幣は小切手、銀行口座明細、コンピュータなどにおける数字として実在する。しかしこれらいかなる場合においても、貨幣は象徴的な媒体(メディア)であり、そうしたものとしてその実在は私たちがそれを考慮し用いる仕方に依存している。つまり、1ポンド硬貨や1ドル紙幣に、それを1ポンドないし1ドルの価値をもたせるものがあるわけではないのである。言うまでもないことであるが、この理由のために、私たちの国の貨幣が他の国では法定通貨として承認されていないので、海外に行く場合には貨幣を交換せねばならないのである。こうしたことは間違いなく、言語や他の象徴

---

[5] むろん筆者は、木星は永遠に存在しつづけるだろうと言いたいわけではない。木星は地球や地球上の人間も含めた全生命の破壊を引き起こすような出来事によって破壊されるかもしれないし、破壊されうるだろう。筆者が言いたいのは、木星の実在はそれが実在しているという人間存在の考えや知識に依存していないということであり、それゆえ地球上の人間の生の実在に依存していないということである。

体系、規範、役割といった社会的世界を構築するほとんどのものについてもいえるだろう。たとえば、医者は社会から独立して実在はしないだろう。というのは「医者」は役割および法的地位だからであり、そうしたものとして、その実在を法や社会のメンバーの「合意」に依存しているからである。

　筆者が言いたいのは、諸個人が貨幣や医者や言語の観念を受け入れることを選択している、ということではない。これらの事例における合意は、ヴィトゲンシュタイン（Wittgenstein [1953]）の言葉を言い換えれば、意見の合意ではなく「生活形式」における合意なのである。私たちはみなが貨幣や言語や医者に対して同じように振る舞うという意味で「合意」する。しかしもちろん、それについて考えたり、そうすることを選択したり、それとは別様なこともできたであろうと気づかないままにそうしているのである。貨幣は木星と同様、現実として私たちに働きかけるのであり、ただそれを理論的に反省する場合にかぎって異なってみえるのである。

　貨幣、医者などはまさに幼児期に「生活の事実」として学習され、めったに問われることのないような事柄なのである。それらはブルデューの言葉を使えば「ドクサ」である（→【13 ドクサ】）。さらに、一人か二人の個人がそれを信じることを拒絶したとしても、たいした違いをもたらさないであろう。デュルケムが社会的事実一般について述べているように、社会的事実は、他の誰もが社会的事実に強制力を付与するような仕方で振る舞っているという事実によって、私たちの誰に対しても強制的な事実として自らを押しつけるのである。

　私は媒体としての「貨幣」を拒絶することはできない。というのも、あなたがそうしないからである。そしてまた私が拒否しないのだから、あなたもそうしえない。そして、私たちの社会の他の無数の人びとがそうしないのだから、私たちもまた拒否することはできない。こういったことはさらに辿ることができよう。いずれにせよ貨幣「システム」はきわめて大きな人間の相互依存の鎖によってまとめ合わされており、そして一人か二人の反抗者ではそれを掘り崩すことはできないであろう。ここで重要な、そして関連のある点は、こうした「モノ」は社会生活の

43 実在論 Realism

「創発特性」だということである。すなわち、社会的事実はただ集合的な生活形式においてのみ実在するということであり、それは何らかの所与の集合において結びつけられている個々人の生の特性というよりも、いわば集合的な生の特性、共有された社会的な編みあわせの特性なのだということである。社会的事実は関係的現象であり、この点は実在論にとってきわめて重要である（→【45関係主義】）。

　最後に付け加えたい点は、貨幣や医者といった役割などの制度は、きわめて複雑な生活様式の多くの様相と密接に絡まりあうようになっており、そうして私たちはあらゆる物事をそうした制度に依存するようになっているということである――そうした依存が明確であるものもあれば、そうでないものもあるが。それゆえ私たちが、私たちの（集合的な）生をカオスへと投げ込むことなく、そういった制度に信頼を寄せるのを止めようと「決断」する、というようなことがいかにしてなしうるかはまったく定かなことではない。しかしながら以上の議論によって、社会的事実がその実在性を、私たちの（生活形式における）集合的な合意に基づいているという事実が変わるわけではない。

　さて、これら社会的事実は「実在」なのか、それとも「単に構築されたもの」なのだろうか。筆者としては、この問いへの唯一ふさわしい解答として次のように答えたい。それは、社会的事実は「実在的構築物」だということである。筆者の考えでは、デュルケムが「社会的事実」という彼の概念によって言わんとしたものはまさにこのことである。さらにデュルケムが指摘しているように、それらはその効果において実在的なのである。

　　　私たちの社会環境全体は、私たちには自分自身の精神の内部においてのみ真に実在している、そういった諸力で満たされているように思われる。私たちは、旗が戦士にとって何を意味するかを知っている。とはいえ旗それ自体は単なる一枚の布切れなのである。（……）製造中止になった郵便切手は将来価値あるものになるかもしれない。とはいえむろん、この価値は何らその自然的な特性に存するわけではない（……）。集合表象はきわめてしばしば、そうし

た特性が付与される物事に帰属させられてきた。しかしそうした物事には、いかなる形においても、いかなる度合いにおいても、そのような特性はありはしないのである。集合表象によって、どんなにつまらない物事も、もっとも強力な聖なる存在となることができるのである。

　しかしこの付与された力は、純粋に理念的なものであるにもかかわらず、あたかも現実であるかのように作用する。それらは物理力と同じ程度の必然性で、人間の振る舞いを規定するのである。
(Durkheim [1915: 259-260])

　実際、「単なる構築物」を追い求めて殺人を犯す人もいるだろうし、そして／あるいは不安のあまり具合を悪くするかもしれない。さらに、こうした社会的事実がその実在性に対する私たちの合意ないし共謀に依存するからといって、このことは、私たちがその力学を十分に理解しているということを意味するわけではない。たとえば、私は「あたかも」貨幣が価値をもつかのように行為することで経済のリアリティに寄与するかもしれないが、このことは、私が全体としての経済がどのように作動しているのか、たとえば何がインフレやデフレを引き起こすのかといったことを理解していることを意味するわけではない。このことはまた、経済がどのように作動しているのかという問題は無意味な問いであるといったことを意味するわけでもない。加えてまた、このように経済に意図せずに寄与するということによって、私の理解していない経済の諸様相の影響を私が免れていることを意味するわけでもない。

　私は欲しいものを買う余裕がないと気づくために、また社会のインフレ傾向によって苦しめられるために、わざわざ「インフレーション」の意味を知る必要はないし、状況をインフレと定義する必要もない。再びデュルケムを引きあいに出すならば、私の生活は他者のそれと結びつけられており、そうした他者は私ではなく、私に外在して実在するのであり、そうして、私が事実をいかに解釈するかを選択しうるとしても、この外在的世界はあらゆる種類の状況を私に押しつけうるのである。

　社会に関するこの実在主義的な理論の中でも、より強い主張は、イギ

リスの社会理論家、マーガレット・アーチャー（Archer [1995]）によって提示されている。社会は行為によって、それゆえ相互行為する社会的行為主体の理解や構築物によって構成されているということを否定することなく、アーチャーは、個人と社会に分析的な区別をすること、およびこのことによって個人と社会の間の双方向的な関係において作用する因果関係について語ることは有意味であると主張している。それゆえ社会は、少なくともある点においては、個人やその構築物を超えた実在性ないし現実性をもっているとされる。彼女の主張を検討する紙幅はもはやないが、筆者としては彼女の主張は読むに値するものとしてはっきりと推奨できるものである。

【基本文献案内】
　アンドリュー・セイヤーの『実在論と社会科学』（Sayer [2000]）は、実在論を社会科学に適用したものとして、実在論に関する現在の最良の概説書である。この著作は鋭く複雑な考察を展開しているが、きちんと整理され明確に論証がなされている点で大変バランスのよいものである。キートとアーリの『科学としての社会理論』（Keat and Urry [1982]）は若干古めのきらいはあるが、依然として実在論についての意義深い重要な解説とその擁護を提示している。今日のほとんどの実在論は、バスカーの著作に依拠している。筆者の考えでは、バスカーの初期の著作は彼の後の著作よりも優れていると思われるし、またきわめて明快でもある。こうした理由から、筆者としては『自然主義の可能性』（Bhasker [1979]）や『リアリティの再生』（Bhasker [1989]）を推奨したい。本項における議論と関連するアーチャーの重要なテクストとしては、『実在論的社会理論』（Archer [1995]）が挙げられる。

（檜山和也訳）

44
承認：承認への欲望と闘争
Recognition (desire and struggle for)

◎関連概念：疎外、シティズンシップ、自由、主我と客我、アイデンティティ、間主観性

　概念としての「承認」の重要性は、西洋哲学史・社会思想史を遡ると至るところでさまざまな装いをまとって現れる（Fukuyama [1992]）。しかし、ヘーゲル哲学（Hegel [1979]）における承認概念の定式化と、とくに1930年代にアレクサンドル・コジェーヴ（Kojève [1969]）によってパリでなされた一連の講義におけるヘーゲルの定式化の解釈は、現代の注釈者にとって重要な参照点である。ヘーゲルの全著作の中で承認概念に関して通常参照されるのは——コジェーヴがフランス知識人に「紹介」しようとした——『精神現象学』（Hegel [1979]）である。しかし承認のアイデアは、『精神哲学』（Hegel [1971]）における講義のような他の著作の中でも論じられている。

　さらにいえば、ドイツの批判理論家アクセル・ホネット（Honneth [1995]）は、もっとも説得的な説明がヘーゲルの最初期（1805-6）の「イエナ講義」の中にあると主張している。ホネットによれば、『精神現象学』においてヘーゲルは「意識の哲学」の観点から承認の問題を提起している。このことは、意識の哲学を批判し、それを超えて進んだ現代の批判理論の観点からすれば、非常に問題である。しかし、ホネットによるイエナ講義の読解によれば、ヘーゲルはそれとは異なった方法で、すなわち唯物論者の見解とより矛盾せず、ジョージ・ハーバート・ミードの重要な研究（Mead [1967]）——ホネットによれば、ミードはヘーゲルの考えを取り上げて批判理論に適合する形で発展させた（→【23主我と客我】）——とも両立するような方法で、承認の問題を構成した。

　十分説得力があるため、イエナ講義での承認概念の定式化を好むホネットに従うことにも一理ある。しかし、『精神現象学』（そしてとくにコジェーヴのその読解）を参照する方が、承認に関する現代の研究にとっ

てはより普通である。それゆえ筆者は、出発点としてコジェーヴの読解に寄り添うことにしよう。イエナ講義に興味のある読者は、ホネット (Honneth [1995]) の『承認をめぐる闘争』の中に明快で興味深い派生的な議論をみつけることであろう。

自己意識の源泉

ヘーゲルは、自己意識論の文脈で承認の問題を取り上げている。彼は問う。人間が単に意識をもつだけでなく、意識をもつ存在として自分を意識できるのは、いかにしてなのか。まず第一に、意識は通常、感覚と知覚に関連がある。しかしヘーゲルは、知覚の中にも、理解能力の中にも、自己意識を説明するものを何もみつけることができなかった。私たちは知覚するとき、私たちの周りのもの、知覚の対象物に気づく。しかし、知覚それ自体には気づかず、また知覚している主体である自分自身にも――少なくとも意識という意味では――気づかない[1]。そこで、欲望から議論を出発させるとよいとヘーゲルは指摘する。彼にとって、欲望は「欠如」であり、「欠如」の経験を伴う。たとえば、食物への欲望は食物の欠如に由来し、その欠如の経験と関係がある。

――私たちは「差を埋める」まで空腹だと感じる。これは重要である。なぜなら、欠如の経験はある程度の自己参照と自己意識を伴うからである。欠如を経験することは、自分が欠如していると経験することであり、

---

[1] 多くの場合、少なくとも成人であれば、自分の外にある対象物を知覚することが、自己の感覚を暗黙のうちにもつことと緊密に関係している。メルロ＝ポンティ (Merleau-Ponty [1962]) が指摘しているように、私たちの知覚は空間に関する遠近感や関係の感覚を伴っている。私たちは、自分の身体的位置との関係で、モノを高い、低い、近い、遠いなどと見なしている。したがって必ず、自分の身体の位置や存在を暗黙の前提としている。より端的にいえば、私たちは素早く動く飛来物（たとえば、落ちてくる屋根板）が自分に向かってくるのを見たとき、避けようとするか防御の姿勢をとる。これはまさに、私たちが知覚の中に暗黙裡に自己の観念をもっていることを示唆している。私たちは自己を守ろうとして動く。この意味での自己は暗黙のものである。私たちは、この例では何も考えず動くし、それを経験したからといって必ずしも自己を深く考えるよう促されるわけではない。

それゆえ、自分を経験すること、すなわち自分を意識することである。しかしヘーゲルにとって、食物への欲望や性的欲望のような基本的な欲望が、人間の自己意識を十分説明できるわけではない。というのも、すべての動物がこれらの欲望をもつにもかかわらず、ヘーゲルの見方では、人間だけが自己意識を享受できているのだからである。ヘーゲルによれば、人間の自己意識は、人間だけがもっている欲望、すなわち承認を求める欲望に基づいているのである。

　ヘーゲルにとって、承認を求める欲望は他の欲望とはまったく異なる。なぜならそれは、欲望それ自体を求める欲望、すなわち欲望されたいという欲望だからである 2)。人間は、他の人間に欲望されることを欲望する。すなわち、他の人間に承認されることを欲望する。ヘーゲルにとって、この欲望は重要である。この欲望は、人間を文化や歴史の領域へと引き上げてくれるからである。彼によれば、欲望は欲望されるものを消費し、欲望されるものを否定し、そして欲望する存在をその存在が欲望するものへと変容させる。たとえば、食物への欲望に動機づけられて食物を消費すると——食べられた物質的有機体と同じように——私たちはまさに物質的で有機的な存在となる。そしてそれは、食べたものを破壊し否定することを伴うのである。

　しかし、承認を求める欲望は高度なものである。他者によって欲望されたいという欲望は、物質的対象に焦点を合わせたものではない。私たちを、（私たちの逃れがたい性質である）物質的で有機的な存在にするわけでもない。「欲望」を欲望することは、モノを欲望することではない。「欲望」はモノではなく、それゆえ「欲望」を欲望することで、人は「モノのようなもの」になるわけではない。より端的にいえば、すぐ後でみるように、「欲望」を欲望することは私たちの基礎的な有機的性質と欲求を引き上げ、私たちを社会的・歴史的世界へと投げ込み、社会的・歴史的存在とせざるをえない。しかし同時に、欲望は存在を否定す

---

2) 欲望を求める欲望は、大文字の「D」を用いて「Desire」（欲望）のように書かれることがある。混乱を避けるため、ここではこの表記法を採用しない。しかし、とくにラカンや彼に続くコジェーヴが時おり、この表記を用いることには注意してほしい。

るので、人びとの間に闘争を生み出す。各人が他者の欲望を「消費」しようと欲望するのである。

　最近、承認について論じている人びとは、次のように主張している。私たちが有機的性質から切断されるのは、社会的・歴史的世界との接触によってのみ生じるのだと。そして、幼児は他者の視点に気づかないがゆえに、承認されたいという欲望をもたない、と論じられる。幼児は、世界を知覚することと世界自体とを混同しているので、自分の知覚が世界のある一つの知覚にすぎないこと、他者が他者自身の知覚、欲望、欲求、そして思惑をもつことがわからない。他者の視点を仮定する能力を獲得し、他者が自身の視点(つまり、知覚、欲望、欲求、思惑)をもっていることを経験し、そしてとくに他者の視点と思惑においては自分が対象となるのだと経験してはじめて、承認をめぐる闘争が始まる。

> 間主観的世界は大人にとってのみ問題となる。子どもは、自分の生きている世界には自分の周りの誰もが近づけるものだと信じている。自分と他者がそれぞれ私的な主観をもつと意識してはいない。［……］闘争が始まるには、そしてそれぞれの意識が自分の否定する異質の存在を感じることができるためには、すべての人びとが共通の基盤をもち、子ども時代の世界の平和な共存状態を覚えていなければならない。(Merleau-Ponty [1962: 355])

　もちろん、次のように付け加えることは重要である。他者の存在と自己を超越する世界の存在を実感することは、自己の観念に必要な前提条件でもあると。私たちは、自分とは異なる独立した他者の存在を自覚してはじめて、つまり自己でない者を意識してはじめて、真に自己を意識することができる（→【23主我と客我】）。

　しかしながら、自覚することは承認することとは異なる。実際、他者の存在を自覚することと、他者を承認したり他者に承認されたりすることとの差異は、「承認を求める欲望」の核心である。さらに端的にいえば、メルロ゠ポンティの言う他者という「異質の存在」を自覚するようになると、意識は他者に認められていないことを経験し、認められたく

てたまらなくなる。認知的および感情的な様相の両者において、他者は私たちが誰かという感覚、私たちがどんな価値をもつかという感覚を満たし確証してくれる（あるいは、否定し打ち消してくれる）。

> 自己意識は、他の自己意識のために存在するとき存在するという事実によってのみ、それ自体としてそれ自体のために存在する。つまり自己意識は、認知されてこそ存在するのである。(Hegel [1979: 11])

他者の存在を自覚できるようになると、私たちは自分の視点が不完全で、限定的で、誤りうると悟り、他者からの認証を求めたくなる。さらにいえば、自分が他者にとっては存在しない、他者にとっては価値がないという感覚には、耐えられなくなる。

承認をめぐる闘争——主人と奴隷——

しかし、承認は自動的には与えられない。承認をめぐる闘争、すなわち他者の承認を求めて人びとの間で闘争が生じる。実際、ヘーゲルは「生死を賭けた闘争」について書いている。お互いに自分の価値を認めあい、人間性を認めあうために、諸個人は生存のための基本的で動物的な欲望より上位に、承認という褒美を設定する準備がなくてはならず、そして闘争に命を賭けることでこれを遂行する、とヘーゲルは論じる。諸個人は生死を賭けて闘うのである。しかし現実には、多くの闘争は片方が生きつづけたいという意思に屈服し——承認してくれる人がいなくなってしまうので、殺そうとは思っていない——、もう片方に従う。弱者が、優位な状況にある強者を承認することに同意し、「主人」に対する奴隷となる。

奴隷となった個人は、主人に従属する。承認も得られなければ、ヘーゲルの言う「市民権」もない。まさに従属者となる。しかし、主人の位置もまた問題である。主人は、奴隷によってのみ、すなわち承認していない人、主人の目から見て承認に値しない人によって承認されなくてはならない。承認は、承認に値するがゆえに自分が承認した人びとからの

み求めることができる。すなわち、相互承認でなくてはならない。それゆえ、命を賭け闘争して勝ったとしても、主人は袋小路に至る。欲しくて仕方のない承認を確保する他の手段がないのである。奴隷だけが、主人とさらに闘争して優位な状況を回復することができる。

さらにヘーゲルの見方では、奴隷は主人のために労働するのであるから、（部分的な）自己意識を獲得する手段を自由にもつことができる。ヘーゲルが思い描くには、労働することによって奴隷は自然を変形させ専有し、そして支配する。奴隷は、たとえ主人に対する奴隷であるとしても、自然に対しては奴隷ではない。また、主人の欲求を満たすために働くことによって、自分の低い食欲や欲望を乗り越えることをうまく学ぶ。そして「生死を賭けた闘い」で行ったように、自分をうまくモノのレベルから引き上げ、人間性を獲得する。奴隷は単なる野獣、動物的欲求に従う奴隷ではない。主人に仕える過程で動物的欲求に従属しているだけである。最後に、労働して周りの世界を変えることは、主観性や意識を外在化させ、次には奴隷に自己意識を得る機会を与えることになる。奴隷が作り出すモノは、奴隷に意識を映し出させる。ちょうど、他者の意識が相互承認と関係づけられて自己に反映するように。奴隷は、労働の対象であるモノの中に自らの人間性や創造性の反映や兆候を見いだし[3]。いやむしろ、ほぼ見いだせるといった方がよいだろう。

ヘーゲルによれば、主人から承認を得るために奴隷は闘争する。そして主人と奴隷との関係の動きは、まさに人間の歴史の動きなのである。このことは、マルクスの関心を喚起したヘーゲルの業績の重要な一側面である。よく知られているように、主人と奴隷の闘争としてヘーゲルが歴史をみたことに共鳴して、マルクスは階級闘争を歴史の動因だと宣言したのである。そして同じことは、ヘーゲルの労働に関する説明についてもいえるであろう。この労働に関する説明は、より批判的で唯物論的な形式をとってマルクスの初期の業績に非常に強く影響を与えた。

---

[3] 労働に関するヘーゲルの見解は、マルクスの疎外概念に重要な影響を与えた。

歴史における闘争

　ヘーゲルは、主人と奴隷の状況を分析して、焦点を抽象的な個人の説明から具体的な集合体の説明へと移した。話を、同時代によく知られていたような人間の歴史の流れに位置づけ、具体的な歴史哲学を導き出す。ヘーゲルは主に、支配権と隷属性（主人と奴隷）の関係を覆い隠し永続させようとする一連のイデオロギーを論じる。しかしその議論は、1789年のフランス革命で終わりを告げている。ヘーゲルにとって、フランス革命は相互承認の関係が歴史上はじめて作られた歴史的瞬間であった。承認をめぐる闘争としての歴史が——相互承認が獲得されたのであるから——終わった瞬間であった。

　右派寄りの政治評論家フランシス・フクヤマ（Fukuyama [1992]）は、ヘーゲルとコジェーヴに依拠しつつ、この承認の成功物語を新しい形式で近年くり返した。フクヤマは、20世紀末の自由資本主義の優位が「歴史の終わり」であると宣言した（すなわち、歴史は承認をめぐる闘争で構成されるのであり、相互承認が獲得されれば終結するはずなのだから）。いうまでもなく、ヘーゲルによって関心を喚起された多くの批評家は、彼に同意していない。むしろマルクスに従いつつ、現代の資本主義社会の階級関係を完全な承認への大きな障害だと見なしているからである。そしてマルクスを超えて、たとえばジェンダー関係、セクシャリティ間、エスニック集団間の解決されていない承認の政治を覆い隠す、広範な社会関係や社会闘争を見いだしているのである。

欲望の対象

　承認をめぐる闘争は、諸個人や諸集団の間の闘争である。しかしまた、モノやシンボルによって媒介された闘争でもある。モノは、他者が欲しがるがゆえに、ある個人によって欲望される。いやむしろ、モノは集団によって欲望され、その集団の欲望を表すがゆえに諸個人によって欲望される。モノはその内在的な性質ゆえに欲望されるのではない。他者の欲望を象徴するから欲望されるのである[4]。この点に関してコジェーヴ（Kojève [1969]）は、軍事闘争における旗の重要性を議論している。旗は単なる布切れである。しかし、兵士たちはよく、旗を奪取したり守

ったりするため命を捨てようとする。旗は闘争の文脈では象徴的価値を獲得するからであると。消費社会では、多くのモノが旗と同じように労力をつぎ込む対象となっているのかもしれない。消費されるモノは、「ステータスシンボル」となる——モノは、欲望されるがゆえに欲望されるのである。さらにいえば諸個人は、一見恣意的で内在的価値や利点がなくとも、卓越していることの象徴となるような偉業（たとえば、登られていない山に登る、高く飛ぶ、深く潜るなど）を達成するために、命や身体を賭けようとするのである（→【28イリュージオ】）。

分析のレベル

ヘーゲルが抽象的な個人から具体的な集合体へと議論を一気に飛ばしてしまったことは、彼の主張の中の問題点の一つである。控えめにいっても、その主張の中では議論の手順が欠落している。前述したアクセル・ホネットの著作『承認をめぐる闘争』は、この問題を取り上げている。事実上ホネットは、欲望と承認をめぐる闘争を三つの要素に分けた。

第一に、人間は愛を必要とし、愛という承認をめぐる闘争は（個人の人格に跡を残しつつ）家族や個人的な関係においてくり広げられる。この水準でホネットは、ヘーゲルの承認の考えを明らかに利用した精神分

---

4) この記述は、そもそも最初にモノがどのようにして欲望されるようになるのかという問いを、はぐらかしているようにみえるかもしれない。他者にとって欲望されるためには、必ず誰かがそのモノを内在的な理由で欲望しなくてはならないと。これはある場合には本当かもしれない。たとえば、ある人（びと）にとって有益な価値をもつ（またはもつと見なされる）モノは、その人（びと）にとって価値がある（と見なされている）がゆえに、別の人（びと）にとっても象徴的な価値をもつようになるかもしれない。

しかしまた、次のようにも考えられる。競争的闘争が、その闘争で役割を担うようになる欲望されたモノよりも先にあり、欲望されたモノは単に卓越していることを示す手段として利用される——行為者は、卓越する能力を授けてくれる何かを探しまわっているのである。たとえばミード（Mead [1967]）は、諸個人が卓越するための戦略的努力において、容姿のうちで恣意的で根拠のないようにみえる側面に飛びついていると主張した。飛びつく前には、その個人にとっても他者にとっても存在しなかった価値を、容姿のその側面に与えようとしてである。

析家たち（たとえば Benjamin [1991]）や、独自にヘーゲルと似た結論に達した精神分析家たち（たとえば Winnicott [1971]）を著作の中で引用している。ホネットによって言及された精神分析家たちは、（精神の発達を説明するときに関係に与えた役割のために）「対象関係論」と呼ばれる学派に属する。しかしホネットは同じく、ヘーゲルとコジェーヴの業績に強く影響を受けたラカン派に言及してもよかったであろう（Lacan [1989]）。

　第二にホネットは、より集合的水準で公式的な平等や社会的メンバーシップへの欲望を識別した。過去だろうと現在だろうと、私たちの社会を分割するような重要な闘争の多くに、この欲望の動因力が明白に現れている。ホネットは主な例として、T. H. マーシャルによるシティズンシップ制度の段階的出現と変容の説明を取り上げている（Marshall and Bottomore [1992]）（→【06 シティズンシップ】）。

　第三に、この公式的な平等の水準を超えてホネットは、スポーツ、ファッション、その他のさまざまな社会的地位という「文脈」でくり広げられる卓越をめぐる人間の欲望を論じている。ホネットはこの文脈では引用していないけれども、ピエール・ブルデューの業績（とくに Bourdieu [1984]）は、この考えが社会学的にどのように発展できるのか示すよい例である。ブルデューは、著作『ディスタンクシオン』の中で、消費や余暇活動がどのように地位の卓越化の指標として働くかを詳細に示している。ブルデューは、「承認」という観点では明確に理論化していないものの、この著作などで「承認」や「承認をめぐる闘争」に時おり触れているのである。

フランスとの関連

　ヘーゲルの承認の理論や、とくにコジェーヴによるその解釈は、ホネットが属しているドイツ批判理論の伝統においてだけではなく、20世紀後半のフランス社会理論の系譜――とくに、ジャン-ポール・サルトル（Sartre [1969]）、シモーヌ・ド・ボーヴォワール（Beauvoir [1988]）、モーリス・メルロ＝ポンティ（Merleau-Ponty [1962]）の実存主義[5]――においても重要である。前に論じたような、承認を求める欲望が人間を動物

的存在以上のものに引き上げるというヘーゲル的主張は、サルトルの初期の仕事、とくに『存在と無』において極端な形で現れている。サルトルは、急進的で妥協の余地のない形式の自由を人間に割り当て、人間を「超越」と定義した[6]。同様に、承認をめぐる闘争という考えもサルトルの哲学の中心であり、過激に解釈された。『存在と無』は、人間関係のほとんど偏執狂的な見方を示している。行為主体は他の行為主体を支配するか、それとも支配されるかのどちらかである。サルトルによれば、他者が私を見るとき、私はまなざしの中で捕らえられ罠にかけられていると感じる。私は疎外される。そして他者が私以外の対象を見るとき、私は自分が何かを失ったことを経験する。他者は「私の」視野にある対象と意味を「消費」している。

シモーヌ・ド・ボーヴォワールとメルロ゠ポンティは、サルトルと同じようにヘーゲルに影響を受けている。しかし、両者はサルトルの議論に釣り合いをもたせようとしている。まず、ヘーゲルの業績から、人間の相互依存とありうる相互承認に関して重要な含意を引き出そうとする。もし他者が私たちにとって疎外を引き起こしうる源泉とすれば、それは、他者が私たちに本当の充足感を与えてくれる唯一の源泉だからである。サルトル（Sartre [1947]）が戯曲『出口なし』で語ったように「他者は地獄である」かもしれないが、しかし他者は天国でもある。確かに他者が私たちにとって「地獄」であるのは、私たちが真なる充足感（「天国」）を得られるかどうかが他者次第だからなのである。第二に、ボーヴォワールとメルロ゠ポンティは別のやり方でも、人間の超越というサルトルの主張を「避けられない事実」の探究を通して和らげようとしている。すなわち、諸個人がサルトルの描いた自由と断絶を享受できないこと、そしてどのようにしてそうできないのかを示そうとした。選択と投企の

---

5) これら哲学者の考えのいくつかに関する議論について、詳しくは【03主観身体】【16自由】の記述を参照。

6) ここでは、「超越」概念の専門的な事柄を論じる余裕はない。次のようにいうだけで十分であろう。サルトルは、人間が世界における与件を超える能力をもつ、つまり人間は現在見いだしている世界を超える人生を想像し創造できるのだと言いたいのであると。

現実を否定することなく、人間の超越的側面が、物質的自然と社会的世界によって形成された文脈の内部でいかにして必然的に形成されてくるかを示そうとしたのである（→【16自由】）。

少し異なる文脈で、メルロ゠ポンティ（Merleau-Ponty [1962]）もまた、承認、言語、そしてコミュニケーションの関係を探究しはじめた。彼の主張は、相互承認関係が真なるコミュニケーションによって獲得されうる、というものであった。サルトルが描いた疎外は、コミュニケーションの欠如の結果としての、コミュニケーションの拒否である。すなわち、コミュニケーションの拒否として、攻撃と物象化を「コミュニケーションする」[7]ことである。行為者が隠さずにコミュニケーションし、直接、間接に他者を承認することを表明すれば、この疎外は乗り越えられるのである。

これは、フランスの精神分析家ジャック・ラカン（Lacan [1989]）によっても取り上げられたテーマである。初期の論文においてラカンは、メルロ゠ポンティと似た方向性をとったようにみえる。真なるコミュニケーションは、相互承認の関係をもたらし、発話は承認を求める欲望によって動機づけされている。どの発語も反応を求めており、それゆえ確認や承認のしるしを求めていると。しかし後期の仕事でラカンは、より懐疑的になる。サルトルに似た言い方で、少なくとも人間関係に関して悲観的に、言語が本質的に曖昧であること、多くの場合発話の意味には捉えどころがないことを考え抜く。たとえば、ある人が彼（女）らは私を愛していると言ったら、それで何を言おうとしているのだろうか。彼（女）らは彼（女）らが私を愛していると本気で言っているのだろうか、本当にそうだろうか……。彼（女）らは私をなだめているだけなのか、それとも私から何かを得ようとしているのか。私はどのようにしたらそれを確証できるのだろうか。後期ラカンによれば、私たちは承認を求め

---

[7] メルロ゠ポンティ（Merleau-Ponty [1962]）にとって、コミュニケーションを拒否することもコミュニケーションの一形態である。人は、少なくとも（私たちがみな行っているように）他者とともに生きているのであれば、人の行いによって他者とコミュニケーションが必ず生じるのである。

る欲望によって発話するよう掻き立てられているけれども、そこには解決策を見いだすことはないだろう。つねに承認されたかどうか疑うだろうし、したがって承認を求める欲望は決して満たされはしないだろう。

　私たちがみてきたどの定式化にしても、承認概念には多くの不都合な点がある。しかし同時に、承認概念にはアイデアとして非常に魅力的な何かがある。それは、人間行動の否定しがたい側面を捉えており、そのため社会科学の多くのさまざまな視角を横断してくり返し言及されている。もっとも頭の固い功利主義者や唯物論者でも、「地位」「同意」「承諾」「尊敬」「卓越」、その他「承認」の類義語を求める人間の欲求に言及している。そのことは、そういう人たちの著作を少し読むだけでわかる。「地位争い」のような概念は、多くの社会学的アプローチにおいて基本的なものである。

　さらにいえば、承認の概念は単に説明要因であるだけではない。ホネットが論じているように、それは道徳理論の基本概念でもある。承認をめぐる闘争は道徳的闘争でもあり、相互承認の関係は道徳的関係でもある。より端的にいえば、承認は、闘争過程によって行為者が「権利」として確立しようとしてきた基礎的な「財」であるに違いない（この議論の含意に関するさらなる議論は、Honneth [1995] を参照）。道徳的側面と説明的側面が組み合わされているので、承認概念は批判理論にとってとくに有用なものとなっているのである。

【基本文献案内】
　コジェーヴの『ヘーゲル読解入門』（Kojève [1969]）は本項に直接関連する著作である。この著作はまた、ヘーゲルの『精神現象学』（Hegel [1979]）の重要な部分を採録しており、ヘーゲル自身がどのようにこのアイデアを表現したか感じ取ることもできる（『精神現象学』は全体として誰にとっても読み進みにくいものだけれども、コジェーヴの採録した部分は比較的明快である）。ケリーの論文「ヘーゲルの支配権と隷属性に関する注釈」（Kelly [1965]）は、コジェーヴのヘーゲルに特化した読解に見通しを与え、それ以外の読解を示唆する点で有益な論文である。ホネットの『承認をめぐる闘争』（Honneth [1995]）もまた、少々異なる（そしてより詳細な）読解をヘーゲルに与え、承認という考えが社会科学の文脈内部でいかに展開できるかを明快に示している。これは承認概念に興味をもつ者なら、誰にとっても「必読文献」である。最後に、中心的テーゼに不備があるものの、フクヤマの『歴史の終わり』（Fukuyama [1992]）は、承認という考えがいかにして応用できるかをとても楽しく生き生きと描き出している。

（樽本英樹訳）

45
関係主義（vs 実体主義）
Relationalism (vs substantialism)

◎関連概念：界、間主観性、権力、社会空間Ⅰ・Ⅱ

　社会学理論における一つの主要な対立は、個人主義的アプローチと全体論的アプローチとの対立である。前者は合理的選択理論（→【42合理性】）のような理論で、それは社会を、それを構成する個人に還元するものであり、後者は機能主義のような理論で、こちらは社会の諸「部分」（たとえば儀式や制度や文化パターンなど）を、全体とその必要性つまり機能的要件の観点から説明しようとするものである。関係論的な観点からすると、これらの両方のアプローチは実体主義の過ちを犯しており、そうであるがゆえに棄却されなければならない。

　「実体主義」の内実は、科学の内部で研究される要素は固定的で安定的な性質が帰属しており、そしてその性質が説明の原理として用いられるというところにある。またそこには、これらの要素が他の要素との関連という状況とは無関係なものと見なされるという意味も含まれる。自然科学の歴史において、実体主義は問題であることが証明されてきたし、科学哲学者が論じてきたところによれば、今日のような先進科学が可能になったのは、理論的ディスコースから実体主義が追い払われたときからである。たとえばバシュラール（Bachelard [2002]）は、実体主義を「認識論的障壁」（→【14認識論的断絶】）と書いている。それは物理学の初期の展開を妨げてきたのである。エルンスト・カッシーラー（Cassirer [1923]）の主張によれば、実体主義から関係主義への移行が近代物理学の誕生の基礎である。ますます多くの社会科学者が、社会科学において同じ変遷が必要だと論じている（とくにミード（Mead [1967]）、エリアス（Elias [1978]）、ブルーマー（Blumer [1986]）、エミアベーヤー（Emirbayer [1997]）、ブルデュー（Bourdieu [1998a]）など）。

　それでは、関係主義とは何なのか。社会科学——あるいはむしろ社会

Relationalism (vs substantialism) 関係主義（vs 実体主義）

学[1]）というべきだろう——の文脈における関係主義の内実は、個人も社会も、社会的世界の諸相を説明するために用いる固定的な実在としては認めず、むしろ行為者間の関係や相互行為に焦点を合わせることである。さらにいえば、関係論的な主張では、これらの関係と相互行為こそが「個人」と「社会」を構成する。言い換えれば、個人を作るのは少なくとも包み込むモノとしての社会ではないし、社会を作るのは独立的な存在としての個人ではない。相互行為が最初の与件であり、相互行為が個人と社会の両方を作るのである（図1参照）。

この二重の創造の過程（個人の創造と社会の創造）は多少とも持続的な形態をとるだろう。社会化の形態において、相互行為はたとえば比較的、持続的な影響力を行為者に与え、その人のハビトゥスを比較的、持続的な仕方で形成することがある。しかし多くの相互行為は一時的で、関係する個人を形成するのは短い時間幅においてのみである[2]）。同様

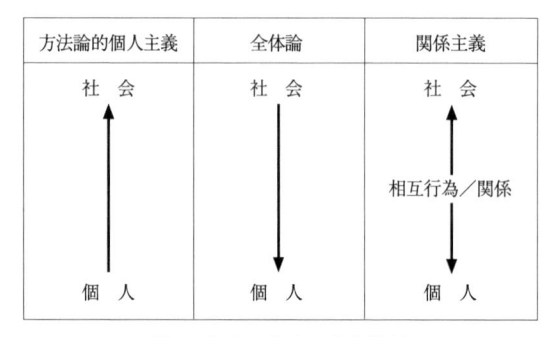

方法論的個人主義	全体論	関係主義
社　会 ↑ 個　人	社　会 ↓ 個　人	社　会 ↑ 相互行為／関係 ↓ 個　人

図1　個人・社会・社会関係

1） 他の社会科学もまた関係論的であるかもしれないが、社会科学はそれぞれは、それぞれ異なる関係や相互行為に焦点を合わせている。それゆえ、ここでそれらをすべて列挙することはできない。

2） これらの一時的な相互行為は、個人を形成するのでなく、その行為のいくつかを形成するにすぎないといいたくなる。しかしエリアスのような関係主義者は、このように行為者を行為から切り離す傾向に異議を唱える。彼が論じるところによれば、行為者は持続的な動き、持続的な行動の中におり、そうである程度にはつねにプロセス（そして変化）の中にある。人とはその人の行動のことであり、何らかの実体や行為の背後に控える何かではない。これは実にラディカルな指摘であり、それを十分に理解するにはもう少し考える必要があるだろう。

に相互行為は、制度化されたパターンの中で安定化し、一見したところ持続的な相（構造）を生み出すこともあるが、はるかに流動的で短い時間の幅においてさえ、つねに変わりつづけるかもしれない。しかし最後に、関係主義者はもっとダイナミックな形態の社会学を求める傾向がある。その主張によれば、相互行為は一時性と動きとプロセスを伴っており、その結果、何も同じ状態のままではいないし、少なくとも比較的、安定的にみえるものは、ただその安定的な形態を永続化する進行中の相互行為によるにすぎない。

　さらにその主張によれば、相互行為は還元不可能である。単純な例を挙げれば、もし一人の行為者aの行為がもう一人の行為者bの行為の反応であり、第二のbの行為がまた最初のaの行為の反応であれば、aとbはともに還元不可能な全体をなしている。相互行為はそういうものとして研究されるような構造であり、その構成要素に還元できるものではない。いうまでもなく、このことは複雑なネットワークのパターンが関係するとき、いっそう当てはまる。関係のパターンがそれ自体、行為に影響を及ぼすかもしれないからである。たとえばもしaとbとcが互いを知っていたら、その相互行為の変動は、aとbが互いに知り、bとcが互いに知っているが、aとcは互いに知らないといった状況とは違う仕方で展開することがある。打ち立てられる関係性のパターンが、差異を生じさせるのである。

　関係主義はまた、私たちに社会科学においてさまざまな仕方で語られる「実在」について再考するように呼びかけ、私たちの知見をきわめて特殊な仕方で解釈するように促す。たとえば「労働者階級」は「中流階級」との関連においてのみ存在するのであり、それは「男性」が「女性」との関連においてのみ存在するのと同じであって、私たちはそれらのどちらかについて論じるときには、このことを念頭に置いておく必要がある。だが実際には、関係に関わっているときには、「モノ」に関わっていると想像するような誘惑がある。

　ノルベルト・エリアスが、このことを権力について議論する中で（→【38権力】）うまく例解してくれている。彼が論じるところによると、私たちは権力を特定の（力をもった）集団または個人が所有する「モノ」

45　関係主義（vs 実体主義）

Relationalism (vs substantialism)

として考えがちである。しかしそれは二つかそれ以上の組の相互依存的な行為者間または行為者の集団間にまたがる関係のこととして考える方がよい。権力をもつ個人は、他の個人または他の行為者集団との関係においてのみ権力をもっている。そして彼もしくは彼女との関係のために、その人たちは行動に影響を与えることができるのである。こうして、ほかではないある特定の文脈において人は権力をもつ、ということが完全に理解できる。

さらに、権力は決して関係の片側にのみあるのではない。それはつねにバランスや「比率」の形で存在している。小さい子どもは、親が子どもに関心があるかぎり、そして子どもの親への関係が子どもに有利な権力の一つであればあるほど、親の行動に影響力を振るうことができる。しかし両親もまた、子どもが欲しがる多くの資源を効果的にコントロールし、さまざまな仕方でその行動に影響力を振るうことができる立場にいる以上は、子どもに対する権力をもつ。実際、エリアスからみれば、二人の相互行為する行為者は互いの行動に影響を与えているので、両者の間には双方向の権力関係がつねに存在するのである。

最後に、権力のバランスは相当数の要因の結果、変化する。その要因の中には、権力バランスが作られているネットワークの中での恒常的な相互行為も含まれる。たとえば、子どもは年を重ねて依存的ではなくなっていくが、その一方で親は年を重ねて依存的になっていく。貴重な資源はときにありふれたものとなり、それを所有している人のメリットは失われる。また分かれていた集団が同盟を組み、同盟を組んでいた集団が分かれるなどということも起こる。

このことの興味深い事例がエリアスの『文明化の過程』(Elias [1984])に出ている。この本における彼の議論の中心は、政治的・軍事的な力のバランスが中央集権国家に向かって次第に移行していったことを説明することである。エリアスの議論では、中央集権は中世においては不可能であった。社会が地理的に孤立していて、中央には支配を実行するための影響力がなかったからである。しかし、地理上の各エリアが社会的にますます相互依存していくにつれて、権力の中心が必要だという認識の受容が形成されてきて、その結果、中央集権国家が発達することができ

たのである。この観点からすれば、中央集権国家の権力は国家の属性でも付属物でもなくて、所与の領域内における各々の土地間の相互依存関係において国家がもつ戦略的位置の機能の属性であり、付属物なのである。

　「関係主義」という用語には比較的新しい感じがあるかもしれないが、この議論の底にある姿勢は何も新しいものではない。それに対応するものは、社会学の多くの古典的な論述の中に見いだすことができる。もっとも、その「創始者たち」は、その見方を実践する際に必ずしも一貫してはいない。

　ジンメルは（たとえば、Simmel [1971]）とくにこの見方の初期の重要な支持者として認められてきた。現代の文脈では、関係論的な思考の重要な流れが多く存在する。その重要な流れの一つが、少なくとも筆者の見方では、シンボリック相互作用論である。最近の「関係論的」な議論における多くの実践的な主張は、相互行為論の中にみられる。相互作用論者によれば、（シンボリックな）意味、アイデンティティ、自己中心性、行為、社会制度、そして全体としての社会はすべて、進行中の社会的相互行為の中で、そしてそれを通して構築される。

　もう一つの関係論的な思考の現代の源泉はエリアスで、彼の「布置連関」（フィギュレーション）という概念は、相互行為のさまざまな絡み合いという考え方や社会の中で編みあわされる相互依存という考え方をうまく捉えているし、プロセスを重視する彼の考えは、個人も社会も静態的で不変の現象なのではなく、不断の流れのプロセスの中にあることをいつも思い起こさせてくれる。同様に、ピエール・ブルデューは「社会空間」と「界」という概念を通して、社会的世界についての関係論的な見方を擁護しようとしてきた。実際、ブルデュー（Bourdieu [1998a]）は科学の哲学として「関係主義」を支持する議論をはっきりと述べている（→【53 社会空間Ⅰ】【15界】）。

　最後に、社会的ネットワーク論は関係論的思考の重要な源泉を提供している。その理論が実際に提供しているのは、社会的世界を構築する（と関係論的理論がより一般論的に主張している）関係論的な布置連関をリアルに描くための一連の重要な技術である（→【54社会空間Ⅱ】）。

45 関係主義（vs 実体主義） Relationalism (vs substantialism)

45 関係主義（vs 実体主義） Relationalism (vs substantialism)

【基本文献案内】

　エリアスの『社会学とは何か』（Elias [1978]）は、筆者がこれまでみてきた中で関係主義についてのもっとも優れた説明である。ブルデューは、彼の著書の中でさまざまな点において関係主義について概説している（ただしそのやり方はつねに断片的である）。ブルデューの『実践理性』（Bourdieu [1998a]）は、最初に読むのには一番よいと勧めたい。優れた包括的な説明を求めるなら、エミアベーヤー（Emirbayer [1997]）である。シンボリック相互作用論者は、上述の人びととほとんど同じように自分たちの考えを必ずしも整序してはいないが、その論者たちが提唱していることはほとんど同一である。ブルーマー（Blumer [1986]）の『シンボリック相互作用論』は、シンボリック相互作用の文献をこれから読んでいくのには最適な出発点であるが、ブルーマーの立場の多くはG. H. ミード（Mead [1967]）の『精神・自我・社会』に負っている。ハワード・ベッカーの重要な研究である『芸術の世界』（Becker [1984]）は、行為の相互作用論という関係主義の優れた例である。ジョン・スコットの『社会的ネットワーク分析ハンドブック』（Scott [1991]）には、ネットワーク分析の仕組みについて（それと関係する技術の歴史についても）優れた議論が記されている。

（郭基煥訳）

46
争議レパートリー Repertoires of Contention

◎関連概念：争議サイクル、新しい社会運動、社会運動

「争議レパートリー」という概念はチャールズ・ティリーの研究に由来する。長期的な歴史スパンで異なる社会の「争議の政治」[1]や抗議を研究しているうちに、ティリーは抗議の仕方が時間や場所によって異なっていることに気づいた。各々の社会は、見たところ異なる抗議テクニックの「レパートリー」（異なる「争議レパートリー」）をもち、社会の成員はそれらを闘争中に利用している。近代社会では、レパートリーは国家規模になる傾向があり、さらには国境を越えて共有されることさえある。それに対して産業革命の初期段階には、レパートリーの多くは地理的に限定された局所的なものであり、そうであるがゆえに、それぞれ独特な変化に富んだ「レパートリー」であることは、歴史的にみてかなり明白であった。

ティリーがはじめてレパートリー概念を定式化したのは、フランス・ブルゴーニュ地方の300年間にわたるさまざまな形態の争議的な政治活動を調査・比較した論文である（Tilly [1977]）。それ以降、ティリーは何度かその概念に立ち戻り、修正を加えている（Tilly [1978] [1986] [1995]）。他の多くの論者も同様である（Traugott [1995a] [1995b] ; Beissinger [1998] ; Chabot [2000] ; Mueller [1999] ; Szabō [1996] ; Steinberg [1995] [1999]）。ティリー自身の研究の中で、レパートリー概念をもっともうまく論じているのは、筆者の見解では1995年の論文である。ここでティリーはレパート

---

[1]　「争議の政治」という表題は、ティリーとその仲間たちが、フォーマルな「通常の」政治プロセスの外側に位置し、それに挑戦しているすべての政治形態に与えている名称である。この概念は、社会運動研究の中で定式化されてきたものだが、そのことが表しているのは、ティリーが明確な意図をもって、自らの焦点を社会運動だけでなく、革命、暴動、ストライキ、サボタージ活動、その他多くの活動を含んだ広範囲の「争議の」政治現象にまで広げてきているという点である。

リー概念を、以下のように定義する。

> レパートリーという言葉は、ある程度考え抜かれた選択のプロセスを通じて学習され、共有され、実演される、ある一組の限定された上演種目(ルーティン)を表している。レパートリーは学習された文化的創造物だが、それは抽象的な哲学に由来するものでも、政治的プロパガンダの結果として形成されるものでもない。つまり、レパートリーは闘争から生まれるのである。人びとは抗議中に窓を割り、さらし台の囚人を攻撃し、面汚しの家をぶち壊し、公の場(パブリック)をねり歩き、請願活動を行い、公式の集会を催し、特殊な利害関心に基づく結社を組織する。ただし、歴史上のいかなる時点でも、人びとが学習する集合的に行為するための方法は、かなり少数のやり方に限られる。 (Tilly [1995:26])

　この定義で留意すべきことは、以下の五点である。第一に、レパートリーは行動や選択を制限することが示唆されている。ティリーは別のところで、レパートリーとの関連で演じられる即興についても言及しているが、抗議は抗議者が学習してきたレパートリーによって境界づけられると考えていることは明らかである。事実、レパートリーに関するティリーの仮説の一つは、次のようなものである。すなわち、「(ある所与の地理的／社会的な闘争場(アリーナ)における)争議の前史は、さまざまな参加者がその活動にもちこむアイデンティティや利害からは部分的に独立して、目下のところ利用できる行為の選択肢を制限する」(Tilly [1995:29])。

　第二に、同じ論点の別の側面であるが、上の定義では、特定の抗議形態に関わるノウハウや獲得された能力の存在が暗黙の内に認められている。抗議を行うためには、特定の抗議テクニックに関するある程度のスキルを必要とする。

　第三に、レパートリーが実践的に構成されるものであることが強調されている。レパートリーは抽象的な思考から生まれるわけではなく、むしろ闘争や日常生活の活動から生まれてくる。バリケードに関するトラウゴット(Traugott [1995b])の研究は、この点をうまく例証している。

トラウゴットが示しているところでは、大衆の抗議におけるバリケードの利用——フランス革命におけるそれがもっともよく知られている——は、16世紀のパリでルーティン化され日常的になっていた「近隣保護」の方法から発達してきたものである。

　第四に、上の定義には、慎重に考え抜かれてはいるが制限されてもいる選択という発想が導入されている。つまり抗議者は、利用可能な在庫（ストック）から自分たちのレパートリーを選択している。

　最後に、主要な論点をくり返すことになるが、レパートリーはある特定の歴史的時期と一体になっているものである。

　ただし、レパートリーはさまざまな形態の行為というよりは、むしろ相互行為である。レパートリーは一連の行為者たちと結びつき、一連の行為者たちに属している。

　　　行為の意味や効果は、それに関わる諸集団が——どれほど嫌々でも——理解や記憶を共有し、意見を一致させることで生じてくるものである。その意味で、行為のレパートリーとは、個人の意識ではなく、言語に似ている。個人や集団はレパートリーの中でまさに行為を知り、その行為を展開していくのだが、一連の個人や集団はその行為によって結びついてもいくのである。(Tilly [1995:30])

　ここでティリーが共有された理解・記憶・同意に言及することで示唆しているのは、争議とは、ある面で、エリート層が文化的に規定されたラインを踏み越えてしまう場合に受けることになる処罰なのだということである。そこには、たとえ嫌々ながら認めるのであれ、苦悩を抱えた人びとには自分たちの利害関心を争議という仕方で守る「権利」があるという了解が含まれている。しかもそこには、抗議は予測された筋道に従っているという理解と、抗議とは部分的には、先に述べた共有された期待が生み出すコミュニケーションの力によって動いていくという理解が同時に存在している。事実、レパートリーとは、あらゆる当事者がおそらく知らず知らずのうちに守っているゲームの正統な手順ないし承認された手順なのである。ここには、レパートリーはある程度制度化され

ているという含みがある。さらにティリーは、レパートリーとそれ以外の制度化された社会的世界の側面——たとえば「警察の実践、集会に関する法律、結社に関する規則、非公式の集会のための決め事、提携や対立のシンボルを提示するやり方……ニュースを報道する手段など」(Tilly [1995：26-27])——との間の「適合性」にも着目することで、レパートリー概念を拡張する。

　レパートリーはこれらの他の諸制度によって形づくられるものだが、レパートリーはまたこれらの制度を形づくる役割も果たしている、とティリーは論じる。あるいはむしろ、正統な抗議のための制度化された空間は、抗議そのものによって切り開かれるのである。その例としてティリー (Tilly [1995]) は、何が承認可能で、合法的な形態のストライキ活動と見なされるかに関して、19世紀の英国でなされた闘争に言及している。現代のストライキ活動は、こうした初期の闘争によって鍛え上げられた「空間」の中で起こっている [2]。

　歴史的な差異や比較に強調点をおいている点からして、ティリーが次の説明を必要としていることは明らかである。つまり、どのようにしてレパートリーの内部に新たな形態が生まれてくるのか、またどのようにして旧来の形態が死滅したり、修正されたりするのかについての説明である。ティリーは、実際にはこの問題に関してあまり述べてはいないが、それに関して述べている場合には、彼の焦点はレパートリーの革新に向けられている。活動家たちはたえず革新的な行為をしているが、これらは大抵、既存のレパートリーの「周縁部」でなされているとティリーは論じる。しかも、活動家たちが実際に新たな抗議形態を生み出す場合でも、抗議形態はしばしば失敗する。しかし、新たな抗議形態が成功し、他の行為者もそれを成功していると見なして利用するとしたら、これらの抗議形態はレパートリーに入れられ、レパートリーを修正することになるだろう。別の論者は、「争議サイクル」（→【09争議サイクル】）の絶頂期では、レパートリーの革新が高いレベルで生まれやすいと論じている。

---

2) もちろん、抗議やストライキ活動に関する法律はたびたび変化し、18、19世紀以来、何度も変更されてきた。

レパートリー概念には、言語的ないし言説的な行動形態が明らかに含まれている。たとえば請願活動は、デモ行進中にしばしば起こるシュプレヒコールと同じく、言説の一形態である。スタインバーグ（Steinberg [1995] [1999]）はこの点をさらに拡張し、多様なタイプの闘争において制度化されてくるような多様な形態のレトリックや論争戦略に焦点を当てている。スタインバーグは、闘争の内部や闘争を通じて獲得された行動面での抗議形態を見分けるのと同じくらい確実に、獲得されたレトリック面での言論形態も見分けられると論じる。同様に、こうした「闘いの言葉」を形づくっている争議の歴史を辿ることもできよう。このようにレパートリー概念は、これらのトークの形態をも組み込めるところまで拡大されなければならない。つまり私たちは、「言説レパートリー」という現象にも注意しなければならないのである。

【基本文献案内】
　ティリー（Tilly [1995]）の論文「英国の争議レパートリー：1758-1834年」は、筆者の観点からみれば、レパートリー概念をもっともうまく解説している。この論文は、マーク・トラウゴットの編著『集合行為のレパートリーとサイクル』（Traugott [1995a]）に所収されており、この著作自身が争議レパートリーと争議サイクルの両者に関心をもつ人びとには豊かな情報源を、これらの考え方を興味深いと思う人びとには重要な出発点を与えてくれる。この論文集にはまた、言説レパートリーの基本的な発想を詳しく説明しているスタインバークの論文も含まれている。

（阿部純一郎訳）

47 精神分析における抑圧
Repression (psychoanalysis)

◎関連概念：身体−権力／生−権力、イド・自我・超自我、
想像界・象徴界・現実界、鏡像段階と自我、権力、
権力／知、無意識

　抑圧という概念は、精神分析と精神分析的社会理論の中心に位置している。「無意識」についての項で書いたように（→【57無意識】）、この心的領域は、精神分析の創設者であるジークムント・フロイトによれば、抑圧の力によって生み出されるものである。社会的に受け入れられない考え、欲望、記憶などは、絶えず意識の外部へと押し出され、それらは、偽装された形式においてのみ、すなわち夢の中、失策行為[1]、そして神経症の形でわずかに垣間見ることができるにすぎないものになってしまう。フロイト自身は、抑圧は文明にとって不可欠なものであると考え

1） 精神分析の専門用語において、「失策行為」は不測のもののようにみえるが、精神分析家からみると、私たちの無意識の（それゆえ「抑圧された」）欲望、感情、信念などの諸要素を顕わにしている行動のことである。

　失策行為のわかりやすい例は、言い間違い（これは通常、精神分析の創設者ジークムント・フロイトにちなんで「フロイトの言い間違い」と呼ばれている）である。ここでは私たちは、「言おうとしていること」とは違っているが、潜在的には私たちが置かれている状況において、ある意味をもっていることを口にする。フロイト派的な例を挙げれば、私たちは「恋人」と言うつもりで「母親」と言ってしまうかもしれない。そのような言い間違いがなされると、それは精神分析家の眼にはきわめて有意味なことに映るだろう。こうした言い間違いは、私たちの無意識の小さな部分がまさに可視化されたのだということを示しているのだろう――フロイトのエディプス・コンプレックスの理論が示しているように、私たちは自分の母親を恋人だと考えているのだ。

　言い間違いのほかにも、精神分析家は、失敗行動、記憶違い、名前の忘却と混同、その他数多くの行為上の「偶発事」の中に、無意識の意味を（潜在的に）読み取ることができると主張している。すべては失策行為なのである。【57無意識】を参照のこと。

ていた。人間の本性には、文明化されず、反社会的な性的欲動や攻撃的欲動が含まれており、それらは秩序をもち文明化された生を達成可能にするためには、統制され抑圧されねばならないものである（Freud [1986]）。

私たちがフロイト自身の仕事の中に見いだすことのできるこの論点についての唯一の規定は、ビクトリア朝時代の中産階級の社交界——そこにフロイトやその患者たちは属していた——を特徴づけているような過剰な抑圧は、神経症的症候を引き起こすという主張の形をなしている。換言すれば、過剰な抑圧は、ダメージを与えうるものをもっているのである。しかし、多くのより急進的な理論家は、資本主義社会に特有の心理的無能力を生み出してしまうような性向を探求する手段として、この抑圧という基本的考えに飛びついた。

ヘルベルト・マルクーゼは、こうした理論家の中にあって早い時期に出現した一人である。フロイトの思想をマルクスの思想の上に重ねることで、マルクーゼは、彼が「社会的に必要な抑圧」、つまりいかなる種類の文明化された生や充実した生にとっても必要な抑圧と、「剰余抑圧」すなわちとくに——利益と効率に過剰に重きを置き、とりわけ搾取的な性格をもった——資本主義社会を維持するために必要な追加的な抑圧を区別している[2]。マルクーゼが論じるところでは、資本主義社会は、人間の性質の、ほぼ間違いなく抑圧されるべき側面、つまり否定的な側面だけを抑圧しているのではなく、私たちの性質の肯定的（共感的、創造的、そして美的な）側面——これらは、もし完全な自由がもたらされれば、よりよい生のあり方のための鍵を提供するかもしれない側面である——をも抑圧している。しかし、マルクーゼによれば、抑圧のバランスは不安定であり、こうした抑圧されたエネルギーは、60年代の「性の革命」や対抗文化において予示されたような、革命的行動の動因を提供することもありうるのである。

やや異なった、しかし無関係ではない系譜に位置する、ジュリア・クリステヴァ（Kristeva [1980]）のような現代のフェミニストの著作が依拠しているのは、現代社会の象徴的秩序が、より充実した生のあり方の土台を構成する可能性をも孕んだ私たちの本性の女性的な側面を抑圧する

という土台の上にのみ、作り上げられたものであるという考え方である。

こうした考えのもう一つの興味深い発展は、より歴史的な根拠をもっているが、政治的な明瞭さの点では劣るノルベルト・エリアス (Elias [1984]) の「文明化の過程」の分析である。エリアスは、主として礼儀作法の手引き書からなる多様な歴史的資料の検討を通して、人間の行動の多様な形式がここ400年の間に変容し、より「文明化」[3]されたということ、そしてそれはいかにして生じたのかということ、さらに自己統制の水準がいかにして上昇したのかということ、を明らかにしている。この分析には、フロイトの諸テーゼの影響が非常に明瞭に見て取れる。だがエリアスの分析は、経験的‐歴史的な明証性を考慮に入れて、文明化という歴史的‐社会的な過程を分析するための——フロイトに見いだされるよりも——はるかに洗練された理論的装置をもっているという点において、フロイトの先を行っており、フロイト派のモデルの中にある、「精神」と「個人‐社会」関係の両方に関してみられる物象化への傾向に対する多様な批判を提供している (Elias [1978] [1984])。

抑圧という概念が精神分析においてもっている中心性を考えるならば、

---

2) たとえば、いかなる社会においても、働くことは人びとにとって必要であるが、それは場合によっては人びとに過酷で退屈な、あるいは別の場合には不快な活動になってしまうかもしれないことに従事する期間を要求する。すなわち快楽の追求を中断することによって満足を延期することを要求する。「最善の」仕事でさえも、こうした要素をいくぶんかもっているだろう。それゆえ、抑圧はつねにある程度は必要なものである——労働者は自分の「快楽原則」を統制下に置きつづけなくてはならない。

しかし、マルクーゼが論じているように、資本主義社会においては、労働者階級ははるかに過酷な労働を強いられており（なぜならその賃金は労働の真の価値を反映していないからである→【50社会階級】）、他の場合ならそうするよりもはるかに厳しい労働条件のもとで働いているのである。こうした文脈の中では、労働者にははるかに高い水準の抑圧が要求されるのである。マルクーゼが、「剰余価値」についてのマルクスの説明に倣って「剰余抑圧」として言及するものがこれである。

3) エリアスは、「文明化」と「文明化された振る舞い」という観念こそが、この歴史的過程の一部なのであるということをはっきりと強調してもいる。

ビリック（Billig [1999]）が書いているように、フロイトやその後継者たちによって、以上のことが適切に説明されている箇所がどこにも見当たらないのは驚くべきことである。そうした点を探求したり、詳細に説明したりしている箇所はどこにも見当たらないのである。それは、機械論的な隠喩をまとって、心理的生の一事実として簡単に提示されているだけなのである。意識の心的機能の負荷を取り除くために、心理的メカニズムは、社会的あるいは個人的に混乱を引き起こす要因を、無意識の領域に追放し、遮断すると信じるよう、私たちは求められている。

こうした見方を、そのままに受け入れるためには、私たちは心についての極端に物象化された概念に賛成しなくてはならないだろう。さらにいえば、多くの論者がそうしてきたように、もし物象化を避けようとすれば、私たちはわけてもサルトル（Sartre [1969]）によって指摘された解きがたいパラドックスに直面させられる。受け入れがたい考え、欲望、記憶を抑圧するためには、意識はそれらに気づいており、それらが受け入れがたいものであることを知っていなくてはならない、とサルトルは論じている。そうでなければどうやって、意識はそれらを排除しつづけることができるのだろうか。しかし意識がそれらに気づいているのなら、それらは無意識ではなく、むしろ私たちが意識的に遠ざけておく観念だということになる。この観点からすれば、抑圧について云々することには意味があるかもしれないが、「無意識」についてはそうではなくなってしまい、抑圧は無意識の過程というよりは、むしろ必然的に意識的な過程であると見なされるだろう。

この辺りの問題について考え抜くためのもっとも説得的なやり方は、マイケル・ビリック（Billig [1999]）によって示されてきた。ビリックは、抑圧を習慣と日常定型的なこととの関連において検討している。私たちはみな、受け入れがたい考えをいつしか自分の心から排除し、合理化によってそれを覆い隠してしまう方法を知るようになる、と彼は書いている。私たちは、状況に固有の規範に従って、自分の考えを調整し、検閲する方法も知っている。たとえば、私たちが自分の教員や両親に話しかけるやり方は、友人に話しかけるやり方とは違っている。これに関して神秘的なものは何もなく、また何も隠されていない。私たちは、自分が

Repression (psychoanalysis) 精神分析における抑圧

そうした調整や検閲をしていることを知っている。私たちは、「本音を抑えること」、笑いをぐっとこらえること、「自制する」こと、あるいは攻撃を招きそうな目下の思いつきに関して「受け入れられる」言い方を考えつくことを知っている。抑圧という概念が常識的な訴求力と妥当性をもっているのは、この理由によるのである。私たちは、自分たちが抑圧を行っていることをときどき意識しているがゆえに、自分がときどきそれをしていることを知っているのである。

しかし、私たちが反復的に行っている他の行動と同じように、抑圧という行為は、それをしているということに気づかないままにそれをしているといえるほどに、日常定型化され、習慣的なものになってしまうかもしれない。そして、こうした抑圧という習慣が私たちの生をより容易にし、私たちを相対的に不安から遠ざけてくれるかぎりにおいて、私たちはこれらの習慣に感情的に深く結びつくようになることもある。さらに言えば、私たちは、こうしたやり方で抑圧を行うよう明示的に訓練されることもある。たとえば、ビリックが論じているように、話すことを学ぶことは、単に何を言うべきかを学ぶことではなく、何は言うべきでないかを学ぶことであり、あるいはブルデュー（Bourdieu [1992b]）が論じたように、婉曲的に表現することを学ぶことでもある。

こうしたことによって、フロイトの患者たちが、性について語る際に経験した困難——これこそがフロイトを抑圧と無意識という観念に導いた経験である——を説明できるかもしれない。患者たちは、話題にすることを避けることを学んでいた問題に関して、議論の中に引き込まれていると感じていたのである。しかし、こうした議論の魅惑的な展開のさなかに、ビリックは、この論理は、フロイトがある範囲の社会的かつ政治的な問題を慎重に避けていることの理由を説明できるとも論じている。それは、フロイトの事例の大部分が収集され、その主要著作が執筆されていた時代に、彼自身とその患者たちの生活にかなりの否定的な影響をもたらしていた社会的かつ政治的な問題——その中心にあるのはドイツとオーストリアにおけるユダヤ人に対する迫害——である。

フロイトは性に関しては比較的開放的だったのかもしれないが、政治的迫害の問題に関しては、かなり抑圧されていたようである。フロイト

はこの問題に正面から向き合うこと、もしくは自分の（ユダヤ人の）患者の心理的健康に影響を及ぼす要因であると見なすことを拒否していた。抑圧についての私たちの理解を、「一次的である」と推定されている心理的欲動の抑圧に限定する必要はない、とビリックは続ける。すなわち、私たちは歴史的にみて偶有的で社会的かつ政治的な問題の抑圧を検討することも同様に可能なのである。さらにいえば、今度はフロイトに同意しながら、ビリックは一定の抑圧は必要であることを認めている。たとえば、いかなる理由であれ、性差別的および人種差別的な思考様式に傾きがちな人びとは、そうした衝動を抑圧し、自分たちのフラストレーションをどこか別の所へと水路づけることを学んだ方がいいだろう。

　この議論は、これまでの事項に対して、サルトルないしフロイトによって提示された行為主体のモデルとはかなり異なったモデルを前提にしている。フロイトが示していたように、フロイトらのモデルを受け入れるために私たちは、意識が私たちの心的生活において優位に立っているわけではないということを受け入れる準備をしておかなくてはならない。私たちの心理は、私たちがつねに意識しているものの総計ではないのである。ビリックは、心の内的機構の聖地の存在を仮定することで、精神分析に従う代わりに、私たちの意識の根底にあるのは具体化され習慣化された人間の行為であると述べている。私たちが考えるものは、私たちが思考することなく行っているありとあらゆる事項という土台の上に立てられており、意識とは、いってみれば私たちの行為の原因というよりは、むしろその効果なのである。言説と修辞に強い関心をもつ心理学者であるビリックにとって、こうしたことの大部分は発話の問題、すなわち社会的に受け入れ可能なやり方で話題になっている事項について語り、ひいてはそれについて考えることを学ぶという問題なのである。

　ビリックにとってもっとも本来的な関心を惹く習慣は、発話と言説の習慣である（→【11ディスコース】）。しかしビリックは、フロイトの言う日常の定型的行動にとくに焦点を当てながら、そうした日常の定型的行動に重要な役割を認めてもいる。それは、私たち自身の行動を制御し、私たちが顕在化させるものに影響を及ぼすことを通じて、私たちが生活を習慣的にかつ思考抜きで組織する方法のことである、とビリックは述

べている。また一方で、この習慣的な行動は私たちのより意識的な行動を映し出している。私たちが、自分たちの心からある事柄を排除する比較的、意識的な方法は「忙しくすること」である。

　こうした立場は、無意識の概念をどこに置き忘れていくのだろうか。筆者の考えでは、この立場は、個人の内部のどこかにあって外部へと噴出しようとしている「現実の」場所として無意識を理解するような、物象化されかつナイーブないかなる実体論的ないしはアニミズム的な立場からも、私たちを遠ざけてくれている。特定の状況においては、私たちの文明化された適切な行動は、強い情動的反応という形式で、あるいは「せねばならぬ」とは違ったやり方で行為したいという言葉ならざる衝動という形で、現実の抵抗に出合うこともあるかもしれない。しかし私たちは、そのような衝動や感情は、長期間にわたり常在する衝動というよりは、ある状況に対する反応であるといわざるをえないだろう。私は他の人びとを攻撃したり、誘惑したりしたいという攻撃的な衝動と四六時中闘っているわけではない。こうした衝動に囚われることも時どきあるが、それらは私の（意識的にしろ、無意識的にしろ）心理的生に永遠に定着しているものではないのである。同様に、私たちの語りの諸形式は、異なったやり方で記述した方が適切な、行為の諸形式についての体のいい虚偽表示と誤解を構成しているのかもしれない——すなわち、私たちの自己理解は詳細な吟味に耐えないものであり、私たちの性向、行為、「動機」は、他の用語で記述した方が適切だということもありうるのである。

　実際、ビリックのモデルに不可欠なのは、個人は直接的な自己理解をもつというデカルト的な観念と縁を切ることである、と筆者は言いたい。ビリックは、動機づけをもった自己欺瞞の可能性と、同時に私たちが気づいていない自分自身の諸局面と歴史があるという可能性に道を開いているのである。たとえば私は、なぜ自分が不安を抱いた人間であったり、あるいは暗い場所を怖れるのか理解していないかもしれない。また、そうした性向をもっともよく説明してくれる自分の個人史上のエピソードを抑圧してしまっているのかもしれない。そして、それらを思い出す手助けとして、心理療法ないしは精神分析を必要としているのかもしれな

い。

　しかしこうしたことは、私が自らの人生の非常に長きにわたって自分の頭の中をさまよっている記憶を忘れてしまっている、ということを意味しているのではない。記憶は、想起の過程、すなわち社会的かつ言語的な再構成の過程を前提としている。記憶は、「無意識的」にも意識的にも、こうした過程の外部に存在するものではないのである。私はまだ、忘れてしまった自分の過去の諸局面、すなわち明確な記憶としては忘れてしまったが、それにもかかわらず私という人間の形成に与っており、それゆえなお私の現在を「形づくっている」エピソードに影響を受けているのかもしれない。しかしこのことは、仮説上の心的エーテルの中で密やかに動き回っている「抑圧された記憶」をもっているということと同じことではないのである。

　ビリックのモデルは、他の数多くの精神分析に対する批判的な議論とうまく結びつく。その仕事はメルロ=ポンティ（Merleau-Ponty [1962] [1965]）の哲学と結びついている。メルロ=ポンティもまた、精神分析の考想をより信憑性のあるものにするために苦心しているのである。またこのモデルは、ブルデューの仕事とも結びついている。ブルデューの「ハビトゥス」は（メルロ=ポンティの「主観身体」にも似て）、ビリックの行為主体モデルの諸局面ときわめてよく似ている。そのうえブルデューもまた、精神分析のキーコンセプトをより社会的な文脈の中で捉え直そうとしている（→【18 ハビトゥス】【03 主観身体】）。最後に、このモデルは、デュルケム、エリアス、そしてまたブルデューを含む主要な社会思想家の数々に通底する「自己抑制」についての重要な考察と結びついている。こうした多様な著者たちを貫く形で、私たちは批判的社会科学の内部で精神分析的考想を操作可能なものにするための有益な方法を見いだすかもしれない、と述べておきたい。

　抑圧概念に関する最後の言及として、私たちは簡単にフーコー（Foucault [1984]）による「抑圧仮説」批判に触れておくべきだろう。フーコーは、社会は性的行動に対してさまざまな禁止を設けるということ、あるいはこのことはフロイトによって取り上げられたビクトリア朝時代の文脈においてとりわけそうであることを否定しようとする意図はもっ

ていない。だが彼は、「抑圧」の観点から、セクシュアリティと社会の関係を理解することの妥当性を問題にしている。ビクトリア朝時代の人びとはセクシュアリティを抑圧したというよりも、それを「発明」したのだとフーコーは論じている。あるレベルにおいては、この議論は、ビクトリア朝時代が人間の自己理解の歴史における移行期間としての性格をもっていたという事実に中心を置いている。

その時代は、セクシュアリティの概念が、それと関連する人間についての観念、すなわち自らの「真実」を「セクシュアリティ」におく――「倒錯者」「同性愛者」などのさまざまな性的類型からなる――性的な動物としての人間という観念と並んで、その近代的な形式においてはじめて出現した時代であった。しかしさらに重要なことは、ビクトリア朝時代の人びとは、セクシュアリティ概念を転倒させたことによって、それに取り憑かれてしまった、とフーコーが論じていることである。彼らは絶え間なくそれについて語り、至る所でそれを目撃し、至る所でそれを制御しようと試みた。この概念は、社会組織の中心的原理となったのである――建築において、教育学において、精神医学において、等々。

さらにフーコーは、セクシュアリティを制御する多様な試みとそれを逃れるための同じく多様な試みが、「セクシュアル」と私たちが見なす一定の興奮と快楽を生み出したということまでも指摘している。この意味において、セクシュアリティは抑圧されたものというより、権力／知（→【39権力／知】）の体制によって作り出されたものなのである。さらにいえば、フロイト、マルクーゼらの考えは、フーコーによれば、権力／知の体制の内部で形づくられるものである。こうした考えは、現代社会を形づくる諸々の装置の一部であり、それゆえ自称しているほどにラディカルなものではないのである――これは治療実践としての精神分析にとくに当てはまる。この論点は、現代社会における権力は生産的であり、人間存在を知解しようという試みと結びついているという、フーコーのより射程の長い主張と響き合っている（→【04身体－権力／生－権力】【38権力】【39権力／知】）。

【基本文献案内】

　本文で記したように、フロイトの著作の中には——抑圧についての言及が絶えずなされているにもかかわらず——この概念についての良質かつわかりやすい議論は見当たらない。しかしながら、フロイトの『文明とその不安』は、抑圧と文明化された社会との関係についての主要テクストである（この論考は選集『文明・社会・宗教』（Freud [1986]）に収録されている）。『精神分析入門』（Freud [1973]）もまた精神分析についての概観を得るには優れた文献であり——フロイトの他の著作すべてと同様に非常にわかりやすい説明がなされている。エリアスの『文明化の過程』（Elias [1984]）は、この問題と非常に深く関連している魅惑的な書物である。ビリックの『フロイト派の抑圧』（Billig [1999]）もまた、優れた本であり、非常にわかりやすくかつ興味深い（おそらく、あらかじめフロイトにある程度の興味をもっており、精神分析における議論についてある程度の知識をもっている者にとっては、いっそう興味深い）。フーコーの『性の歴史　第一巻』（Foucault [1984]）もまた、抑圧と深く関連しており、興味深い研究である。

　　　　　　　　　　　　　　　　　　　　　　　　　　　　　　（葉柳和則訳）

48
セックス／ジェンダーの区別
Sex/Gender Distinction

◎関連概念：身体−権力／生−権力、家父長制、
パフォーマティヴィティ、権力／知、
社会的構築／社会的構築主義

　シモーヌ・ド・ボーヴォワール（Beauvoir [1988]）やアン・オークレー（Oakley [1972]）といった多くの初期のフェミニスト学者や、より保守的な「性役割」理論家（Connell [1987] を参照）は、生物学的なリアリティとしての「セックス」と、文化的、心理学的、歴史的なリアリティとしての「ジェンダー」の区別を確立しようと努めた。両性の間には生物学的な差異があり、ほとんどの人はどちらかの性として生まれてくる（まれにその間に曖昧なケースもあるが）、と論じられた。しかも、個人はどちらかの性に生まれた後に特定のジェンダー期待とジェンダー役割に従って社会化される、とも論じられた。生物学的男性は、男性役割を身につけて男性的な仕方で思考し行動するようになり、一方、生物学的女性は、女性役割を身につけて女性的な仕方で思考し行動するようになる。これは、「ひとは女に生まれるのではない。女になるのだ」というしばしば引用されるボーヴォワールの文章の中に見事に表現されている。

　このセックスとジェンダーの区別は、多くの情報源によって証明されている。たとえば歴史的・文化人類学的な証拠が多く集められ、生物学的差異は相対的に一定なままであるものの[1]、何が「典型的な」男性／女性であるかということは、社会によって著しく多様であることが

---

1) ここで「相対的に」というのは、社会的人間行為者はもちろん生物学的な存在であり、どのように行為するかということがその生物学的構成に影響を与えるからである。要するに「生物学」と「社会」の間には、行為に媒介された双方向の関係がある。私たちの生物学的あり方が、私たちがどのように行為するかに影響を与え、したがって私たちの社会関係に影響を与えるが、私たちの社会関係もまた私たちがどのように行為するかに影響を与え、また私たちの生物学的あり方にも影響を与えるのである。

示された。一つの社会が男性に割り当て男性に帰属させる役割や属性は、別の社会では女性に割り当てられて女性のものになりうるし、その逆もありうる。したがって、私たちにとって自然な男らしさにみえるものは、相対的にみて実際には文化の束縛を受けたものであり、異なる文化や時代においては男性の典型ではない場合がある。一方、生まれたときの何らかのめぐりあわせによって、個人がそのセックスに対して「間違った」ジェンダーを身につけ、たとえばその生物学的なセックスが曖昧なために、ある時点でジェンダーを変更するというケースも多く存在する。言い換えれば、生物学的な構成は一定でありながらも、個々人はジェンダーを変更することができるように思われるのである。

　このことは、力強いフェミニスト的批判の舞台を設定した。セックスとジェンダーの区別はしばしば見過ごされている、とフェミニストは論じた。私たちは、さまざまなジェンダーの性質のうちの多くを固定した自然の事実（セックス）であると想定する。文化的あるいは社会的な「事実」は、生物学的事実として（誤って）理解される。ジェンダー関係は「自然化」され、両性の不平等は避けられないものであるから、その不平等は正当なものとして描かれる。この主張は、学問的であり同時に政治的でもある「生まれか／育ちか」についての一連の論争（いまではよく知られ、よくくり返される論争）を生み出した。この論争の中で、特定の属性が生物学的なのか社会的なのかに関する証明が積み上げられたのである。

　しかし、近年のアカデミック・フェミニズムは、この初期のフェミニストの立場についてさまざまな批判を行ってきた。一方では、たとえば、これらのセックス／ジェンダー議論の中には、男性の役割と属性がより良いものでより望ましいという暗黙の間違った想定があると主張するフェミニストがいる。こうした人びとは、フェミニズムの意義は、女性が男性のようになりうるということを立証することではなく、むしろ女性の属性と役割を軽視し、女性が追求したいと望む人生の機会から女性を締め出すための口実になっているイデオロギーを、まずは疑問に付すことであるべきだとする。両性間の生物学的差異は実際にも、この視点からすれば、心理学や社会的役割における差異を説明するかもしれない。

しかし、この説明はポイントを大きく外している。筆者はここでこの批判は検討しない。むしろ筆者が焦点を当てるのは、主としてジュディス・バトラー（Butler [1990] [1993] [1994]）の仕事に関連した、現時点でより影響力の大きい批判に関してである。

バトラーによれば、セックスとジェンダーの区別の含意は、セックスがまず最初にあって、それが自然なものであるということである。ジェンダーは、この「自然な」区別のうえに設定された二次的構築物として認識される。これに対しバトラーは、「セックス」それ自体が社会的なカテゴリーなのである、と論じる。つまり「男性」と「女性」の区別は、人間的、社会的な区別なのだというのである。それは、世界を知覚し分割する私たち特有の仕方によるものである。この見方からすれば、「セックス」もまた、ジェンダーがそうであるのと同じ程度に文化に関わる問題である。

実際、「セックス」は「ジェンダー化された」言説（→【11 ディスコース】）によって形成される一つのカテゴリーなので、セックスはジェンダーに対して二義的なものと考えることができる。あるいはむしろセックスとジェンダーの区別それ自体が崩壊する。バトラーは詳しく論じてはいないが、セックスの科学的（生物学的）意味と定義における論争と変化が、この主張の重要な証拠の源となっている。というのは、セックスのカテゴリーは理論上の起源をもち、歴史的に変わりうるもので、時代とともに変化してきていることを、それらは示しているからである（これに関しては Laqueur [1990] を参照）。このカテゴリーは人が思うほど自明ではない。さらにバトラーと他の論者たちは、生まれたときの生物学的な性が不明確であり、従来の手続きではその性を決めることができない人たちに関する前述の例を検討する[2]。これらのケースは性的カテゴリーを不鮮明にし問題化する、とバトラーは考えている。そういったケースは、性的カテゴリーが少なくともある程度は恣意的なものであることを示唆しているのである。

---

[2] たとえば、両方の性の性器をもって生まれたり、どちらにも当てはまりにくい性器をもって生まれたりする人がいる。

この主張を行うに当たって、バトラーは、多くのケースで「両性」間に明らかな（生物学的な）差異があることを否定しようとしているのではない。そうではなくて、科学の一学問としての「生物学」そのものが社会的な表象システムであること、そしてさらに重要なことは、人間には多くの差異があるにもかかわらず、そのうちのいくつかだけが人間を異なる「類型」に分類する根拠となっている、ということに彼女の関心はあるのである。言い換えれば、たとえ両性間に基本的な差異があることを受け入れたとしても、これらの差異が人間をグループ分けする（つまり男女に分ける）根拠となる必然性はない、ということである。つまり、この操作が行われてきた社会的政治的文脈とは独立に、そのように分類する合理的な理由も論理的な理由もない、ということである。

　バトラーは続けて、「セックス」は単なる分析カテゴリーではないという。セックスはジェンダーと同じくらいに規範的なカテゴリーである。つまり、女性と男性が何であるかということを単に規定しているのではなく、女性と男性がどうあるべきだということを規定しているのである。セックスのカテゴリーは、法あるいは規則である。フーコー（Foucault [1980a]）を引用しながらバトラーは、性（sex）の知識は性を規制し統制するための権力の形態と切っても切れない関係なのだと主張する（→【39権力／知】）。

　これは、前述のような性のカテゴリーが不明瞭なケースにおいて明らかである。このケースでは、個人の「セックス」は生物学的な基盤では決定することはできないのである。この場合、純粋に分析的で冷静な調査が示すとおりに、人は無性であったり中間的な性であったりすることは許されない。むしろ性をもたなければならないこと、あるいは一つの性でなければならないことが主張される。一つのセックスが人に割り当てられ、多くのケースで生物学的な曖昧さは外科手術によって取り除かれる 3)。これは極端な例ではあるが、しかしバトラーにとって、それはより一般的な点を例証している。つまり「セックス」のカテゴリーは

---

3) たとえば、両方の性の外性器をもっている人は、去勢されることがある。

規範的な内容をもつものであって、そのカテゴリーは、所与のリアリティを記述しているのではなく、セックスを作り出す実践に指向しているのである。これはセックスとジェンダーの「パフォーマティヴィティ」への彼女のさらなる関心に関連している（→【37パフォーマティヴィティ】）。

バトラーはさらに、このセックスに関する規範的な言説は、セクシュアリティに関する規範的言説と密接な形で織りあわせられるのだと続ける。セクシュアリティもまた、人を類型（異性愛者、同性愛者、両性愛者など）に分類し、しばしば生物学的基盤のうえでどのように自己を認識し、どのように振る舞うべきかを規定する。バトラーが初期の著作で「異性愛のマトリックス」として言及している異性愛の「規範」は戦略的な中心であり、人間行為者に規律を守らせようとする分類と規制の形態がその中心のまわりをぐるぐる回っている。この見方からすれば、セクシュアリティ・セックス・ジェンダーは、相互に関連した規範的なモデルであり、社会的身体のすみずみまで数え切れないほどの多数の点において執行されているものなのである。

セックスとセクシュアリティの静態的かつ先取的なカテゴリーは、そのようなカテゴリー化された人びとの中にある流動性や差異の度合いを捉えそこない、また同時にそれらのカテゴリーは流動性と差異を統制し規定しようとする規則の体制の内部で機能するのだというのが、バトラーの議論の基調をなすメッセージである。この問題についていえば、バトラーは、女性あるいはゲイのアイデンティティを何らかの方法で明確にしたり精緻化したりしようとする他のフェミニストやゲイ、レズビアンの書き手に対して批判的である。そのような仕事は、流動的で雑多な生活と実践をきちんと整えられた「箱」に入れ、さらに社会的行為者を形づくり規律訓練的な形で統制しようとするような正常化の過程に加担してしまうのだとバトラーは示唆する。バトラーは、そうした人びとは、少なくともセックスやセクシュアリティの本質を探すことで、さまざまな人種・階級・地理的な位置に由来する女性やレズビアンの中の多様性を無視することになるのだと論じるのである。

この議論は、ジェンダー化されたラインに沿った子どもの社会化について初期のフェミニストが論じたことを疑問に付そうとするものではな

い。ただしバトラーは、このことに関して彼女自身の特別な見解をもってはいる（→【37パフォーマティヴィティ】）。特定の「セックス」としてカテゴリー化されると、子どもは振る舞いについてのジェンダー化された一連の期待とジェンダー化された社会化の道筋に（程度はさまざまだが）晒されることになる、とバトラーは論じる。くり返すが、バトラーの議論が初期のフェミニストの位置から出発しながらもそれと異なるのは、ジェンダーが構築される基盤としての「セックス」の「所与性」を疑問に付している点でなのである。

【基本文献案内】
　バトラーは、議論の形が明確でないことで名高い、難解な著者である。しかし『ラディカル・フィロソフィー（*Radical Philosophy*）』誌の1994年のインタビューでは、（その当時の）彼女の鍵となる考え方を、セックスとジェンダーに関する彼女の考えも含めて、比較的明確な形で説明している（Butler [1994]）。本項で筆者が用いた主要な文献は『ジェンダー・トラブル』（Butler [1990]）であるが、彼女のより最近のテクスト『問題なのは身体だ』は、この問題に関してはおそらく間違いなく重要である。前述のインタビューでは、どちらの文献についても論じられている。ロバート・コンネル（Connell [1987]）は、著書『ジェンダーと権力』において、ジェンダーの問題に関する優れた議論を行っている。『ジェンダーと権力』は、バトラーとは異なる道筋を通って文献を辿り、やや異なる（おそらく間違いなく説得力があり、より社会学的な）地点に到達している。ここでは紙幅の制限もあり、またバトラーの方がより名高いことから、コンネルについて論じることはしなかったが、主要な文献としてコンネルの著書を強く推薦する。

(瀧則子訳)

49
社会資本 Social Capital

◎関連概念：資本、界、社会空間Ⅰ・Ⅱ

　社会資本という概念は社会理論にとっては比較的新しいものであり、1980年代後半に広く使われるようになったにすぎない。しかしそれは、この短い期間に多くの伝統的な概念に匹敵するほどの無数の競合しあう定義や論争、そして曖昧さを招き寄せるようになってきた。本項で筆者は、ロバート・パットナムの鍵となる著作やそれが招き寄せたいくつかの論争だけでなく、ピエール・ブルデューの著作においてみられるかなり異なったアプローチ[1]にも焦点を当てることとしたい。

　社会資本という概念に結びついている曖昧さの一部は、それがジェイムズ・コールマンの著作においてかなり包括的な概念として登場したという事実に由来している。コールマンは合理的選択理論家であり、それゆえ方法論的個人主義を支持している。つまり社会は、少なくとも方法論的な目的にとっては、個人的な企図や目的の追求のために利用しうる多種多様な資源を用い、また相互に交換関係に参入し、利害追求のために資源を交換する利己的な諸個人の活動へと分解されうると考えている。

　しかし彼は、他の方法論的個人主義者たちと異なり、特定の状況において諸個人にとって利用可能な特定の資源は、諸個人同士の関係に由来し、そうした関係の特性であるという点で「社会的」である、と考えている。それはたとえば規範や信頼、ネットワークなどであり、それらは諸個人に還元しえないものなのである[2]。そのうえ彼は、単に諸個人の振る舞いに関心を寄せているだけでなく、社会システムにも関心を寄せており[3]、そしてこれらのシステムにおいて作用している資源も、上の意味で「社会的」であると考えている。「社会資本」とは、コール

---

1) ブルデューの社会資本の概念や、その概念と彼の理論において言及されている多種多様な他の形態の資本との関係に関する議論については【05資本】も参照。

マンがこれらの多種多様な資源に与えた名前である。そしてこの概念を最初に著名なものにしたのは、ある個人の教育上の成功とその人に協力的な家族環境（社会資本の一つの形態）の間の関係を検証した、この形態の資本に関する研究であった。この観点によれば、「社会資本」とはその性質からして本質的かつ還元しえない形で社会的ないし集合的なものであり、そして諸個人が自分たちのプロジェクトを追求するうえで有用に用いることのできる、つまり自分たちが資源として用いることのできるものなのである。

　しかし、コールマンを受け継ぎつつ、社会科学において社会資本の概念を身近な概念にしたのはロバート・パットナムの著作であった。パットナムの初期の仕事はイタリア社会に関するものであり、とくに（相対的により発展している）北部と（未発展にとどまっている）南部の間での発展の度合いの不一致に関するものであった。パットナムの問いは、これが何ゆえなのかに関するものであり、そして彼の答えは「社会資本」にある。彼の述べるところによれば、北部イタリアの伝統は中世にまで遡るものであるが、その伝統は市民的アソシエーションと自発的な形態の公的活動への市民のきわめて強い関わりあいを含んでいた。そしてこの活動、あるいはむしろこの活動が生み出した信頼、相互性、ネットワーキングの高いレベルが他の活動領域へと波及し、そういった諸活動のためのインフラをもたらしたのである。つまり北部の相対的な成功を説明するのはこの社会的インフラであり、こうした社会資本の集中にある。北部イタリアは南部よりも高いレベルの社会資本を有しており、

---

2) こうした主張を行う点で、コールマンは慣習的に「方法論的個人主義者」と見なされてきたものの境界を越えている。しかしその他の点においては、彼は個人に焦点を合わせる分析手法にきわめて強くコミットしたままである。

3) これは、方法論的個人主義という点からすれば、奇妙な関心に思われるかもしれないし、おそらくはそうであろう。しかしコールマンにとって重要なことは、社会システムについて語り、それに関心を寄せることが筋の通ったものであるとしても、そうした社会システムが究極的にはそれを構成する諸個人へと分解されうるし、実際上、この観点からのみ適切に分析され、理解されうるということなのである。

その結果として繁栄してきたのである[4]。

　この研究が言外に意味するものは、社会資本とは何百年にもわたって生み出されるものだということであり、そうしたものとしてそれは設計されえないものだということである。北部イタリアが南部に比べて繁栄しえたのは、その数世紀にもわたる古い伝統のゆえなのであり、そしてパットナムによれば、そうした伝統は長期にわたってゆっくりと出現したのである。しかし彼の後の、そしてより著名な研究、『孤独なボウリング』はかなり異なった像を描き出している。現代のアメリカ社会に焦点を合わせつつ、彼はボーリング・レーンとそのまわりにかつて形成されていたネットワークによって象徴される――と彼は考えている――強い共同的な紐帯と形態を生み出すような、強健な公共的アソシエーションの衰退を嘆いている。パットナムの主張によれば、こうした衰退はほんの数十年のうちに生じたものであり、そしてパットナムや彼に続く多くの研究者はこの衰退を、犯罪や政治的アパシー、肉体的精神的な不健全さ、そしてまた低水準の経済的発展を含む、ある範囲の社会的な病理の中心的な源泉と見なしている。そしてパットナムの主張によれば、求められているのは社会資本の再構築を始めることなのである。

　おそらく社会調査者たちの想像力を実質的に捉えてきたのは、社会資本が衰退しているというこの主張である。こうして、このような衰退を異なる国の文脈において辿ろうとする研究や、ある範囲の社会病理を説明する際にこの主張を引きあいに出そうとする研究、あるいは衰退というまさにこの考えに異議を突きつけることを試みる研究、といったきわめて多くの研究が生み出されてきた。

　とはいえ、社会資本概念に関するこの解釈に関しては、かなり奇妙なところがある。この解釈はきわめて個人主義的な種類の社会理論にその起源を有しており、そして理論化に関してはかなり経済学的な体裁をとっている。そしてこの種の個人主義的な社会理論は、伝統的に構造主義

---

[4] パットナムの経験的な研究は、内容上および方法上の双方の観点から多くの批判に晒されてきた。しかしそのことは、ここでの概念的な説明においては重要ではない。これらいくつかの批判への紹介としてFine [2001] を参照。

的な社会学や、社会はそれ自体独自な実在であり個人としての個人には還元しえないというその考え方にきわめて批判的である。にもかかわらず、社会資本の概念が含意しているのはまさにこのことなのである。

「資本」という用語によって示唆されているのは、私たちは行為主体が動員しうる資源を取り扱っているということである。そして私たちは、社会資本というこの概念がこのような考えとより整合的な形で用いることができるということを確認するだろう。しかしパットナムの解釈において語られているのは、他の社会理論家たちが社会統合と呼んできたものであり、独自な実在としての社会の構造的特性なのである。諸個人はこの統合から利益を受け、諸個人の企図においてさまざまな仕方でそれに依拠するであろう。しかし社会資本は、「資本」という用語が示唆するような形で諸個人が所有するものではない。それは諸個人が属する社会的ネットワークの特性なのである。そのうえ、社会資本の衰退とそれに由来するさまざまな社会病理に関するテーゼは、『自殺論』(Durkheim [1952])におけるデュルケムの古典的主張や、有機的な社会的連帯の解体と結びついている諸々の危機に関するデュルケムのより一般的な強調にきわめて似通っている（→【02アノミー】）。

この点において、社会資本の概念はたいへん古い社会学的なアイデア——きわめて重要なアイデアであるとはいえ——の再創造ないし再発見であるのだが、「合理的選択」の枠組みの中にとどまるべくその点を覆い隠そうとしているがゆえに、実際のところ、それは混乱し不誠実である。ただしこのことによって、パットナムや彼の追随者たちによって生み出された研究に関する経験的な意義が否定されるわけではない。再発見において重要な役割を果たしてきた彼らの経験的研究や、計量的尺度、社会的ネットワーク分析の手法からは大いに学ぶべきものがある。しかし筆者の考えでは、彼らの研究の成果は、それが異なった理論枠組みに、つまりよりきっぱりと明確に個人主義から手を切った理論的枠組みに位置づけなおされた場合に、より筋の通ったものになると思われる[5]。「社会資本」という人を惑わせるようなこの用語を消去してしまうことも、一理あるかもしれない。

しかしながら、社会資本という概念の別の解釈が存在しており、それ

はより個人的／「資源」的な点に関心を寄せており、そしてこの概念をより一貫した有用な仕方で発展させている。この見方によれば、行為主体自身の個人的な（利己的な）「紐帯」あるいは「接触」は、行為主体が視野に入れている目的が何であれ、それを促進するために行為主体が動員しうる資源である[6]。こうした仕方で用いられた場合、「社会資本」という概念は、出世のために重きをなすのは「あなたが何を知っているのかではなく、誰を知っているのか」であるという常識的命題の社会学的解釈である。行為主体たちが職を得る過程において「弱い」紐帯が果たす役割に関するマーク・グラノヴェッター（Granovetter [1973]）の初期の古典的研究はこの良い例である。彼が示すのは、行為主体たちが職を獲得するのに必要な情報を得るために、その個人的なコネクションを用いているということであり、そしてそれがいかなる形でなされるのかということである。そして当該の行為主体に対し、しばしばごく弱く結びついているにすぎないような、かなり分散的な接触がこの文脈においてはとくに価値をなすものだということを彼は強調している。

しかしこのアプローチを実際に定式化し、さまざまな他の種類の資本（経済的、文化的、そして象徴的）と関連づけつつ「社会資本」を位置づけたのは、ピエール・ブルデューの研究である[7]（→【05資本】）。社会資本に関するブルデューの理解は、「あなたは誰を知っているのか」の

5） このことは必ずしも個人を、あるいはまた個人が功利主義的な衝動に幾分なりとも動機づけられているという考え方を、全面否定してしまうことになるわけではない。単に、個人的な事柄を超越するような現象に関しては、より明晰さが必要とされるであろうということにすぎない。筆者の考えでは、デュルケムやG. H. ミードといった古典的な社会理論家たちは、実際この点に関してはるかに明晰であった——とはいえ、彼らはしばしばこれらの点に関して誤読されているのであるが。

6） 言い換えれば、パットナムが行ったように共同体の統合という一般的なレベルや、それが共同体の内部の人びとのために生み出すかもしれない利点を考察するというよりは、私たちは特定の行為主体が誰を知っており、そして彼らが誰のサービスを要求できるのかを考察することができるのである。

7） この点に関して、ブルデューの著作においては明確な言及はない。しかし、社会資本の概念は彼の多くの研究で用いられている。

命題だけでなく、エリート校や大学に属していた行為主体たちを結びつける「OB」のネットワークに関する見解とも共鳴する。私たちはみな、友人、家族、同僚といった何らかのネットワークをもっており、そしてある程度さまざまな「サービス」をこれらのネットワークに依存している。しかし私たちの中には、「高い位置にいる友人たち」、もっと厳密にいえば「より上級な」位置づけのサービスをも提供してくれるより高い位置にいる友人たちをもつ人もいるのである。ブルデューが実際に関心を寄せているのは、こうした関係である。すなわち、権力の座へと接近することを可能にするような、そして／あるいは社会の出世街道を昇っていくのを手助けするようなコネクションをもっているのは誰なのか、ということである。

さらにブルデューは、上位の位置にいる友人たちと出会うのはたいていは上位の位置であり、少なくとも上位の位置へ至る途上であるということを指摘している。そうした友人たちは、オックスフォードやハーバード、あるいはソルボンヌ、イートン、ハローなどの学校や、ことによると高級紳士クラブで出会うような友人である。こうした点において社会資本は、それに関する特定の定義が提示するよりも、より階級構造に密接に埋め込まれており、そしてまた他の種類の資本にもより密接に結びつけられている。「高い位置」に生まれることは、かなりの程度その人が高い位置にいる友人をもつ見込みを高めるのである。

とはいえ、社会的世界は独特の界へと分化されているというブルデューの見解を踏まえれば（→【15界】）、社会資本もまたある程度分化されていると見なされるべきだろう。たとえば、個人が国際銀行業務において昇進する際に助けとなりそうなコネクションは、スポーツや芸術、あるいはストリート・ギャングのような分野で道を開いてくれるかもしれないようなコネクションと同じものではない。「あなたが知っているのは誰なのか」ということは、銀行業務や学術の世界の上層におけるのと同じくらい、都市の危険なスラム街において生き延びるためにも重要だろう。しかし、問題になるのが「誰」なのかはまったく異なるだろう。

社会資本の概念に関する構造的な解釈と資源的な解釈とは、少なくとも構造的要素がそのネットワーク上の要素へと還元される場合、必ずし

も両立しないものではない。各々の行為主体が社会資本という形で「所有する」ものによって、行為主体はそれ自体の（分析しうる）特性をもつネットワーク構造の内部へと位置づけられる。このことを描写するために、下のような小規模の仮定上のネットワークを考えてみよう。

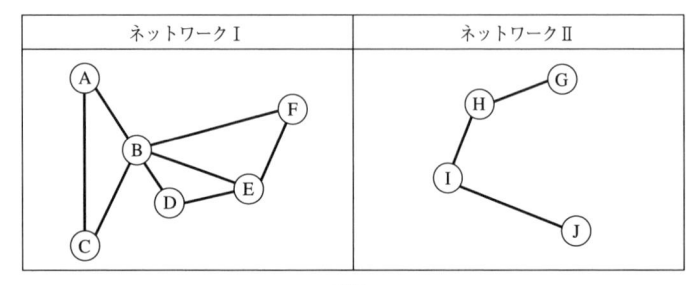

図1

これらのネットワークは、構造的な観点から研究することができる（→【54社会空間Ⅱ】）。たとえば、比較してみればネットワークⅠは（すべてのポイントがポイントBに収斂しているので）ネットワークⅡ（ここではポイントHとIは、GとJよりもより中心に近く、また一つではなくそれぞれ二つの結合を有しているが、これが中心的だといえるようなポイントはない）よりも「中心化」されているといえるだろう[8]。さらに、ネットワーク理論家たちが密度と呼ぶもの、つまりポイント間で可能なすべての結合数に占める実際の結合数の割合を、この二つのネットワークにおいて比較できよう[9]。このような比較は、私たちがパットナムとの関係で簡潔に論じた社会統合の問題と、少なくとも何らかの

---

[8] ネットワークが中心化されていると述べたり、あるいはむしろその中心化の度合いについて語ることは、その構成員たちがそれぞれ核となる成員あるいは成員たちに対して結びつけられている度合いを考慮することである。この点はまたスコット（Scott [1991]）やドジェーヌら（Degenne and Forsé [1999]）において論じられているような数学的定義を有している。

[9] ネットワークⅠには、ありうる15本の結合線のうち8本が存在している。密度スコアは、8/15＝0.533となる。ネットワークⅡにとっては、興味深いことに、ありうる6本のうち3本の結合が存しており、それゆえ3/6＝0.5というほぼ同じ密度スコアとなる。

関係をもつ有用な構造的比較である[10]。ネットワークⅠにおけるかなりの中心化の度合いを踏まえれば、私たちは「社会資本」という言葉を用いて、それはネットワークⅡよりも、より集中化された社会資本をもつといってよいだろう——代わりに、「中心性」や「密度」といった概念の方が厳密であると考えるのであれば、そうした概念を用いてもよいだろう。

しかしながら、私たちはまたネットワークにおけるその位置を、諸個人にとっての個人的な資源として扱うことで、ネットワーク上の諸個人を比較してもよいだろう。たとえば、ネットワークⅠにおける行為主体Bは、かなり中心的な位置にあり、行為主体Aと比べてより多数のポイントと結合されている（五つの結合を有している）。それに対してAは孤立した状態にあり、ほんの二つの結合を有しているにすぎない。社会資本に関する構造的な定義と、個人－資源的な定義は、この観点からは同じコインの二つの側面なのである。

> [10] 筆者は、中心化や密度が統合に関する直接の「尺度」であるといいたいわけではない。とはいえ、それらの尺度はネットワークが堅く結びつけられ、それゆえ統合されているその度合いに関して、明瞭に何事かを語っているのである。

【基本文献案内】

パットナムの著作、とくに『孤独なボウリング』（Putnam [2000]）はたいへん明快であり、じかに触れて読む価値がある。グラノヴェッターの『弱い紐帯の強さ』（Granovetter [1973]）は古典であり、読み応えのあるものである。「社会資本論」に関する優れた批判を扱うものとしては、ファインの『社会資本対社会理論』（Fine [2001]）を参照。社会ネットワーク理論の文脈での社会資本に関する議論を扱うものとしては、ドジェーヌとフォルセの『社会的ネットワーク入門』（Degenne and Forsé [1999]）をみよ。この著者たちはまた、スコット（Scott [1991]）が行っているように、社会ネットワークアプローチの主要な諸概念を紹介している。筆者は主要概念や手法に関してはスコットの方がより明快だと思っているが、ドジェーヌやフォルセは、ネットワーク調査としばしば関連している特定の理論について、より多くの議論を提示している。

（檜山和也訳）

50 社会階級 Social Class

◎関連概念：資本、危機、ハビトゥス、イデオロギー、権力、社会空間Ⅰ

　本書で議論される多くの概念と同様に、社会階級という概念は大いに議論され、争われ、多種多様な競合する定義に晒されている。しかしながら、私たちが簡潔なアウトラインを描くための明白な出発点は、マルクスである。階級についての鍵となる議論、とりわけ階級に対する批判的な研究の多くは、マルクスにまで遡る。

マルクス

　マルクスの階級論は、彼のより広大な歴史理論、とりわけ彼の「生産力」や「生産関係」、そして「生産様式」という概念と関連している。歴史上の異なる時代は、異なる生産様式によって特徴づけられる、とマルクスは主張した。生産様式は、第一に、その社会が自らの基礎となる物質的な財を生産するための手段から成り立っており（生産手段または生産力）、第二に、社会の成員たちがその社会の生産力と取り結ぶ社会関係や、その生産力を通して成員同士が取り結ぶ社会関係から成り立っている（生産関係）。マルクスは続けて、資本主義社会では生産手段は工業的となり、工場のような大規模な生産単位と、鉱山のような大規模な採取単位を構成している、と述べている。

　これらの生産力へと注ぎ込まれた社会関係は、社会を二つの別個の集団へと分断していく傾向がある。一方はマルクスが「ブルジョアジー」と呼んでいる比較的小規模な集団で、生産手段を所有しかつ統制している（たとえば、ブルジョアジーは工場あるいは鉱山の所有者である）。他方はマルクスが「プロレタリアート」と呼んでいるかなり大規模な集団で、生産力を所有しても統制してもいない。プロレタリアートは労働者として自分自身の潜在的な労働力しか所有しておらず、そこで生存す

るためには、マルクスが最低賃金と見なしたもの、つまり、他の家族成員の賃金と合わせれば、ようやくこれまでどおり家族が生存できて働くこともできる賃金と引き換えに、自分たちの労働力をブルジョアジーに対して売らなければならない。

このようにして、ブルジョアジーとプロレタリアートは、それぞれ生産力に対する自分たちの関係性によって定義され、この生産力との関係性が今度は、お互いに対する関係性を成立させるのである。要するに、ブルジョアジーは自分たちの工場で働いてくれるプロレタリアートや、自分たちの鉱山へと向かってくれるプロレタリアートなどを必要としている。プロレタリアートは生存のために賃労働に依存しているから、自分たちの労働力をブルジョアジーに対して売らざるをえない。

しかしながら、マルクスによれば、このような相互依存関係は、同時に搾取関係でもある。工場等で生産される生産物の価値は、その生産物へと投入された労働力の関数である（これがマルクスの「労働価値説」の鍵となる主張である）。生産物の価値は、プロレタリアートによる労働の結果である。それでも、この価値の内のちっぽけな部分しか、プロレタリアートは賃金の形で返報されていない。マルクスが「剰余価値」と名づけているその差額は、ブルジョアジーによって領有されている。大雑把にいえば、ブルジョアジーはプロレタリアートの労働力を搾取することで豊かになっていくのである。

マルクスによれば、ブルジョアジーとプロレタリアートだけが、資本主義社会における社会階級ではない。たとえばマルクスは一方で、その革命観にもかかわらず（後述）、社会は一気に変化するわけではないという点を認めており、どんな社会でも旧来の生活様式のさまざまな要素を保持し、おそらくは未来の生活様式の種子をも保持しているという点を認めている。たとえば、西欧の資本主義社会の大半には、封建的な過去の痕跡が含まれている。イギリスにおける君主制やそれと結びついた貴族の関係は、この点を例証する事例の一つである。加えて、マルクスは、生産手段を所有し統制してはいるが、他の人びとを雇用していない「プチ・ブルジョアジー」の存在だけでなく、労働市場の外側に位置し、マルクスの観点では、とりわけ犯罪や秩序破壊に走りやすい「ルンペ

ン・プロレタリアート」の存在をも認めている。

　しかしながら、ブルジョアジーとプロレタリアートは資本主義社会における主要な社会集団であり、しかも重要な社会集団なのである。なぜなら、歴史の「モーター」を駆動させるのは、両者の関係性、とりわけブルジョアジーがプロレタリアートに対して及ぼすインパクトだからである。社会はブルジョアジーとプロレタリアートとの間の闘争によって駆動され、マルクスの予想では、この闘争から革命が帰結することになる。革命において、プロレタリアートは生産力を共同所有へと導いていき、そうすることで、資本主義から社会主義もしくは共産主義社会への移行を成し遂げる。よく知られているように、このような革命がどのようにして始まるのか、そして新たな社会とはどのようなものなのかに関してマルクスは曖昧であった（→【08危機】）。

　しかし、マルクスの説明の核心にあるのは、ブルジョアジー内部の競争のダイナミクスによって、プロレタリアートの搾取の割合がますます増大し（競争の「コスト」は賃金を低下させることで相殺されるだろうから）、資本がますます少数の手に集中化していく状況（小規模な資本家は市場内部のより大きな事業家によってビジネスから追放されるから）が帰結するだろうという予想である。資本主義経済は無秩序であり、恐慌に怯えて、獰猛に競い合う結果、少数のブルジョアジーだけが生き残り、そうした生存者とプロレタリアートとの間の乖離はますます広がり、ますます分極化していくのである、とマルクスは論じる（→【08危機】）。しかしながら同時に、資本の集中とは、プロレタリアートがより大規模な工場や産業の中心部へとますます集中していく事態の反映でもある。そしてその過程は、プロレタリアートの成員たちが自分たちの共通の社会状況に気づき、プロレタリアートが「即自階級」から「対自階級」へと転換し[1]、「階級意識」という革命の基本的な前提条件を達成する機会を高める。

　マルクスの論述以降に生じた数々の社会変化（もちろん目立った革命的変化が欠けていたことも含めて）は、このような図式に対してさまざまな問題を提起している。たとえば、資本がますます少数の手に集中していくことはありうるが、生産手段の所有と生産手段の統制は今日では

しばしば分離されており、生産手段の所有者は生産手段を統制しなくなっている。生産手段の所有者は管理者に統制を委託し、この管理者はマルクスの言うプチ・ブルジョアジーとは区別される中間階層を構成している。そのうえ、生産手段の所有は、株式所有と政府所有という二つの実践（さらに、これらと関連する株式事業計画）のために曖昧になってきている。大規模な企業の大半は、いまでは数多くの株主によって部分的に所有されており、これらの株主たちは、管理運営の責任を一身に引き受ける熱心な所有者というよりも、日常業務からすっかり解放されている人たちである。

最後に、社会がマルクスの分析した工業化時代から発展していくにつれて、労働の性格が変化してきている。たとえば、「脱工業化社会」への移行によって、マルクス主義の図式にきちんと収まらない公的部門の専門職といった労働者カテゴリーが生み出され、伝統的な「プロレタリアート的」労働の多くが第三世界へと移転させられているのである。

ヴェーバー

これらの変化は大量の論争を生み出してきた。しかし、多くの論争が表面化してくる以前でさえ、他の社会学者たちはマルクス主義の図式を批判し、問題視し、修正することを開始していた。たとえば、マック

---

1)「即自」階級とは、マルクス主義の階級の基準を客観的に満たしている集団である。すなわち、その成員たちは生産手段に対して同一の関係性を有しているが、このことに主観的に気づいてはおらず、その結果、「階級」が（個人的であれ集合的であれ）自己アイデンティティにとって重要な側面ではないような集団である。

「対自」階級とは、その成員たちが自分たちは階級を形成していると認めており、階級としてのアイデンティティをもっている階級である。対自階級は、自分自身を階級として意識しているため、「階級意識」があるといわれている。マルクス主義者によれば、階級意識は革命的行為の鍵となる前提条件である。ただし、階級がどの程度の「革命意識」（つまり、革命に参加する準備のある意識）を自発的に発達させるのかに関しては、かなりの議論がある。レーニン（Lenin [1918]）や彼の追従者たちは通常、階級意識の自発的な表明が革命的な階級意識へと転化するためには、労働者の政党が不可欠である、と論じている。

ス・ヴェーバー（Weber [1978]）は、階級に対してはるかにニュアンスに富んだ見方を唱えていた。ヴェーバーはマルクス主義の図式の基本的要素を認めながらも、そこに三つの重要な革新を導入したのである。

第一に、生産手段を所有する人びとと自分たちの労働力を売る人びととの間の区分を認めながらも、ヴェーバーは、さまざまな労働技術（スキル）の市場価値は非常に異なっており、その結果として、非常に異なる報酬をもたらす異質な労働者の集団、つまり異なる「生活機会」を有する異質な労働者の集団が生じてくる、と指摘している[2]。たとえば、医師と店員は双方とも自分の労働力を売るわけだが、医師が自分の労働に対して獲得する賃金は店員のそれよりも多く、生活機会もはるかに大きい。医師にはより大きな可能性が開かれており、医師はより広範囲の「財」の享受を期待することができる。いくつかの機能主義的な階級論は、こうした事態は基底にある社会的な価値や必要性を反映している——つまり、医師のスキルは店員のスキルよりも重要で入手困難であり、この点を反映してそれぞれの役割には異なる報酬が割り当てられているのだ——と提唱する（たとえば、Davis and Moore [1945] を参照）。

しかし、ヴェーバー派の人たちは概して、こうした見解により批判的な立場をとっている。ヴェーバーに啓発された研究の多くは、専門家集団が自分たちのスキルへの接近を制限し、また自分たちのスキルの供給を制限することで、そのスキルの市場価値を増大させる仕方を考察してきた。さらにこれらの研究は、職業上の位置に反映されているのは（「最善の」職業を獲得可能にする）才能と意欲にすぎないとする機能主義的な見方に含まれる意味合いを批判する中で、一定の職業——または職業群——に対して「閉鎖」を実行し、職業間の移動を制限するような諸活動を考察してきたのである（後述）。高賃金の仕事や威信の高い仕事を得るのは、多くの才能と意欲をもつことよりも難しいのである、とヴェーバーは論じている。少なくともそれは、すべての人びとにとって簡単なことではない。それは、「正しい」環境に生まれ育った人びとに

---

[2] ある個人の生活機会とは、その人の社会的位置に応じて、その人が自らの人生の中で直面することになる諸々の機会、危険、制限などのことである。

とってはかなり簡単であるが、「間違った」環境に生まれ育った人びとにとってはかなり難しいのである。その理由は数え切れないほどあり、ここで論じることはできない。

　職業上のスキルの市場価値に関するヴェーバーの議論がもたらす帰結の一つは、どんな人も少しずつ異なる市場価値を有するために、彼がいうように、少しずつ異なる「階級状況」に置かれている諸個人の次元へと階級構造が分解していくように思われることである。だが前述したように、「階級状況」は、大体において類似した生活機会と生活経験を有している個人や職業からなるグループへとまとまっていく傾向があり、そうしたグループの周りでは、ある程度の「閉鎖」が実行され、したがって十分な社会移動はもたらされない、とヴェーバーは考えていた[3]。これらの集積(クラスター)と閉鎖によって、ヴェーバーのいう「社会階級」の基礎が形づくられるのである。

　第二に、ヴェーバーは続けて、このように定義された階級は独自な生活様式のための基盤でもあると述べる。「社会空間」の内部において近接している諸集団はお互いに連結しやすいし、そういう集団は似通った生活機会をもつという事実も加わって、似通った種類の生活がもたらされやすい。この論点は、階級文化に関するマルクスとエンゲルスの多方面からの考察（とくに Engels [1969] を参照）とある程度は相通じるものがあるが、この論点こそがヴェーバーのアプローチの鍵となる主題を構成しており、ヴェーバーの方がより洗練されている。

---

[3]　それゆえ、たとえばある熟練技術労働者が仕事を変えること、および／あるいはある熟練技術労働者の子どもが自分の（両）親とは異なる仕事に就いたりすることはあるだろうが、どちらの場合も、移動は熟練技術労働者という層の内部で行われやすく、とりわけ上方移動、たとえば専門職という層への移動は（少なくとも比較的）起こりそうもないのである。専門職という領域は、専門職の両親をもち、そうした両親のもとに生まれた者以外の人びとにとっては比較的閉ざされているのがわかるだろう。そうした事態が、少なくともここでの議論の骨格である。近年のさまざまな社会的変化によって専門職セクターが拡大しており、その結果、一定程度の上方移動がいくらか促進されてきている点を考慮すれば、説明はもう少し複雑になる。

第三に、以上と関連したヴェーバーによる鍵となる革新は、地位や党派についての考察を社会階層に関する議論の中へ導入したことである。行為者の権力と生活機会は、その人たちの階級的位置や市場での能力だけによって形成されているわけではなく、その人たちが所属している集団の地位や国家という政治機構への接近機会によっても同様に形成されている。もちろん、ある集団の職業がその集団の地位も示す場合、これら二つの事態は重なりあうわけだが、その布置関係は社会的に変動しうるし、ばらばらに引き裂かれることもある。

　たとえば、ある行為者のジェンダー的な地位あるいはエスニック・マイノリティの一員としての地位は、その人の職業上の機会に影響を与え、そうして社会階級上の地位にも影響を与えることは明らかだろう。しかし、ある個人が職業的／階級的に高い立場をうまく確保したとしても、一定の地位の分化は存続するだろう。したがって、不利な地位にある集団には所属していないが、不利な階級的立場を占めている諸個人の中には、いくつかの点で不利な地位にある集団出身でありながら高い階級的立場にいる行為者と同等の暮らしを送ってはいない者たちが、もちろん大勢いるわけである。階級と地位はどちらも重要であり、それらは交錯している。ただし、私たちは両者の区分にも留意しておかなければならない。

現代の論争

　現代の階級をめぐる論争の中で、マルクスとヴェーバーの亡霊はいまでも現れる。事実、現代の論争で優位を占めている二つの鍵となる階級論、つまりエリック・ライトとジョン・ゴールドソープの階級論は、多くの点で革新的ではあるが、それぞれマルクスとヴェーバーに相通ずる点も多い。一方のライト（Wright [1985] [1989] [1997]）は、マルクス主義的立場の復権に多くを費やし、上述したさまざまな社会変化の問題に精力を傾けて、マルクス主義の継続的な妥当性を論証しようとしてきた。他方で、多分それほど明瞭ではないが、ゴールドソープと彼の同僚たちの研究には、ヴェーバー派の系統を認めることができる（たとえば、Goldthorpe et al. [1980]）。ライトとゴールドソープは両者とも、階級の本質

に関する複雑な説明——あまりに詳細すぎてここでは概略を述べることができない——を行っており、両者間の論争は継続中である（両者の立場について批判的に議論した良いものとしては、Crompton [1998] と Savage [2000] を参照）。

　階級に関する論争の中で、現代のもう一人の重要人物はブルデューである。ある点ではマルクスに啓発されながらも、階級をめぐるブルデューの議論は、むしろヴェーバー寄りである。ヴェーバーと同様に、諸個人は自らが所有している多様な形態の「資本」に応じて「社会空間」の内部に位置づけられる、とブルデューは考えている。その主な資本としては、経済資本（いわゆる貨幣や、潜在的に金銭的価値を伴う商品）、文化資本（文化的価値や市場価値を伴う才能、技術、資格のようなもの）、象徴資本（地位）、そして社会資本（有用なつながりや結びつき）がある（→【05資本】【53社会空間Ⅰ】）。加えて、ヴェーバー——そしてデュルケム派の社会学者モーリス・アルヴァックス（Halbwachs [1958]）——と同様に、ブルデューの関心は、これらの資本形態の分配をめぐって形成される集積と閉鎖に向けられると同時に、こうした集積の内部で形成される生活様式や階級ハビトゥス（→【18ハビトゥス】）にも向けられている。

　階級に関するブルデューの明示的な定義はそれほど洗練されておらず、それゆえ、ブルデューの研究は「ライト対ゴールドソープ」論争において重要な意味をもっているわけではない（ただし、Crompton [1998]；Savage [2000] を参照）。だが、階級理論家の中には、ブルデューの観点から独自な仕方で提出されていた文化の問題を適切に考慮しないかぎり、階級という主題をめぐる論争は前進できないと論じる者たちもいる（とくに Savage [2000] を参照）。こうした議論を後押しするように、より文化の問題を志向している社会学者たちの中には、自分たちの研究領域で階級という争点が比較的無視されてきたことを批判し、階級に焦点を合わせるための鍵となる源泉として、たびたびブルデューに立ち返る者もいる（たとえば、Skeggs [1997]；Charlesworth [2000]）。

　社会学の発展の初期段階では階級が支配的であり、階級を定義したり測定する際にジェンダーや人種のような他の重要な社会的分断の源泉を

無視する傾向があったという点は、最近の社会学者による数多くの批判の源泉となってきている。このような批判が正当なものであることは疑いないが、階級、ジェンダー、そして人種の相互浸透を理解する際のさまざまな問題は残っている。しかしながら、多くの批判者が論じてきたように、私たちは階級という争点を（より専門化された場での論争へ向かう場合であろうと、あるいは忘れてしまおうとする場合であろうと）社会学の主流から取りこぼしてしまわないように注意しなければならない（Savage [2000]）。ほかにも同じくらい重要な社会的分断の源泉はあるけれども、（ライトの著作タイトルを引用すれば）階級は重大（class counts）であって、この階級を社会分析の主流のカテゴリーとして保持していくことは重要である。もちろん、私たちが階級をどのように扱うかという点は、今後も論争の争点でありつづけるだろう。

【基本文献案内】
　階級分析をめぐる現代の論争に対する最良の紹介と議論は、マイク・サベージ（Savage [2000]）の『階級分析と社会変動』である。これとは少し異なっているが、ローズマリー・クロンプトン（Crompton [1998]）は、興味深く説得的な方向性を打ち出している。古典的な階級論を見事に論じたものとしては、ジョン・スコット（Scott [1996]）を参照のこと。

（阿部純一郎訳）

51 社会的構築／社会的構築主義
Social Constructions/Social Constructionism

◎関連概念：**パフォーマティヴィティ、実在論、セックス／ジェンダーの区別**

「社会的構築」という概念は、最近の社会科学においてたいへん流行してきている概念である。そこでは、人は誰でも社会的構築主義者であるとか、あれこれのものが、さらにはほとんどのものが「社会的構築」もしくは「社会的構成物」であるとかいわれる傾向がある。これらのラベルの用いられ方は、「構築主義者」がその用い方を規制しようとさまざまな試みをしているが、きわめて多様である。そこで、ここでは、多様な用い方には共通点がある場合もあるが、必ずしもそういうわけでもないという但書きを付け加えて、筆者がみたかぎりの主要な用い方について触れるにとどめておきたい。

「社会的構築」という言葉の比較的単純な用い方がなされるのは、次のような場合である。すなわち、社会的世界のある一部（役割、制度、実践、行動の形式など）が、生物学的または（個人）心理学的な用語で説明されるよりも、社会的な用語で説明された方がより適切であることを指し示そうとする場合である。この文脈において「それは社会的な構築物である」と述べることは、ここで問われている現象が、自然であったり不可避なものであったり、あるいは私たちの生物学的な機構に強く結びつけられたり、不変のものであるというよりも、むしろある特定の社会またはそれと同様の諸社会の産物であると考えることを意味している。これは、デュルケムが「社会的事実」に関して言及する際に考えていたことの一部をなしている (Durkheim [1965])。

こうした用い方は、すべてのものが社会的構築物である、ということを意味するのではない点が重要である。あるものは社会的構築物であり、あるものは社会的構築物ではない。というのも、あるものはその存在を社会に依拠しているが、社会に依拠していないものもある。たとえば、

民主主義は社会組織の一形態であり、いくつかの社会においてのみ出現しているがゆえに、社会的構築物である。しかし、山々や河川、そして羊は社会的構築物ではない。というのも、たとえその存在が人間の社会生活によって生態学的には影響を受けているとしても、山々や河川、羊の存在それ自体は、人間社会の存在に依拠してはいない。山々や河川、羊は、社会的世界から生じた創発特性ではない。私たちは、地質学や生物学などを参照して、それらがいかにして生じてきたのかについて説明する。

　上記の用い方が意味しているのは、社会的構築物とはある特定の社会に特有なものであるということである。私たちは、私たちの社会における特定の役割や実践を見つけ出すことができる。しかし、それをすべての社会に見いだすことは期待できない。前述した特定の役割や実践が他の諸社会において存在しないことを示すような、歴史的または比較文化的な証拠を手に入れるかもしれない。実際に、私たちの主張の正しさを説得力をもって証明するには、私たちはこの種の証拠を必要とするだろう。

　しかし、仮にすべての社会に見いだすことができても、「社会的構築物」であると見なすことができるものもある。たとえば、言語体系や道徳律ないし規範は、すべての社会にわたって多様であるとしても、それらが（それらの変異形を含めて）すべての社会において見いだしうるというのは、妥当な想定の一つである。異なる社会には異なる言語体系があるが、しかしすべての社会には言語がある。同様に、異なる社会は異なる道徳律に従っているが、すべての社会には道徳律がある。こうした制度のように明らかに普遍性がある事柄は、それが社会的構築物であることを証明する通常の方法を拒否する。私たちは、そうした制度がある特定のタイプの社会にのみ存在しているという事実を指し示すことができないのである。

　しかしながら、再びデュルケムとともに、言語体系や道徳律は社会の創発特性であり、言い換えれば、それらは集団生活から生じてきたものであり、そのようなものとして社会的構築物なのであると主張することもできる。たとえば、道徳規則は他の人びととの関係性や相互行為を規

制しており、それゆえ道徳規則は他者がいるという状況においてのみ生じるのである。ロビンソン・クルーソー——当然ながら、彼は社会の中で育ち、その養育環境から恩恵を受けていた——は、彼自身の個人的習慣を発達させえたが、マン・フライデー［ロビンソンの従僕となる人物］の出現があってはじめて規範的な要素が生じはじめたのである。なぜならば、規則や規範が必要となるのは、まさに彼の生活と他者の生活とを協調させなければならないときだからである。社会的構築物の第一の定義と同じように、この定義もまた、すべてのものが社会的構築物であることを意味しない。おそらくすべての人びとが、この定義によってあるものは社会的構築物であり、あるものは社会的構築物でないことに同意できるのではないだろうか。

　「社会的構築」の文献での使われ方のもう一つは、ある社会的な「モノ」の活動依存性を強調することである。一例を挙げれば、この意味における「社会的構築主義」を取り入れている人びとは、社会科学において「国家」や「メディア」や「家父長制」が物象化された「モノ」として語られる傾向が、それらの「モノ」が少しも事物などではなく、むしろ人間の相互活動や相互依存の総体(アンサンブル)であるという事実を曖昧にしてしまっている、と論じる。「国家」や「メディア」や「家父長制」は、人間活動を介して「構築される」のであり、そしてそれらは「脱構築される」ことも可能であり、ことによると、それらとは異なって構築されることも可能なのである。この観点からみると、社会科学の目的とは、これらの構築の過程を探求することになる。つまり、行為者が家父長制をいかに「実践する」のか、行為者が国家をいかに「実践する」のかなどといったことを探求するのである。

　私たちはまた、社会的構築主義の心理学的なバリエーションをみることもある。そこでは、精神生活を物象化するような傾向に対して、その精神生活が関わっている活動中の社会的過程に言及することで、異議を申し立てようとする（Potter and Wetherell [1987]）。たとえば、構築主義的な心理学者たちは、「記憶」をきわめて個人的な心象の保管場所、つまり頭のどこかにあると見なすのではなく、しばしば特定の目的のために記憶が想起され検討される現実世界の社会的文脈について探求するの

である。この観点からいえば、記憶は想起という単純な問題ではなく、活動的な再構築という問題なのである。しかも再構築の方は、集合的に遂行されるという側面からみて、往々にして本質的に社会的であり、文脈上の手がかりに依拠し、しばしば社会的な目的を志向する（たとえば私たちは、関係を回復させたり、責任をなすりつけたり、「教訓」から学びとることを他人に伝えたりする手段として、誰かと一緒に思い出話をするのである）。

　この点から、すべてのまたはたいていの社会的・心理学的現実が、上述してきたような社会的活動の面から理解されねばならないと考えるとき、構築主義は独自の社会科学的パースペクティヴであると語ることは意味がある。しかし、それでもなおこの見方は、すべてのものが社会的に構築されたものであるということを意味しているわけではない。なぜならば、すべてのものがこうした仕方で活動的であったり文脈依存的であるわけではないからである。上述の例に戻るのならば、木々や山々は、存在するために社会的文脈において人が何かを「実践する」必要はないのだから、こうした観点からみれば社会的構築物ではない。

　以上のように述べた後で、筆者なりの検討を先取りすれば、このようなアプローチのいくつかのバリエーションは次のことを論じることができる。すなわち、「木々」や「山々」といったものは、人間の企図の中で重要な意味をもつかぎりにおいて世界の一部として登場し、人間の企図と関連づけられて意味ある対象として構成される。このようにして、それらもまた曲がりなりにも「構築される」のである。たとえば、「山々」は、縦走するか、登山して「制覇する」といった人間の能力や欲望の観点から「構築される」のである。しかし、このような議論は、私たちが慎重にならねばならない「構築」の意味のズレを伴っている。この点についてはさらに議論が必要である。

　まさに最後の段落で論じられたような例外を除いて、上述の例のそれぞれにおいて、「社会的構築」の概念は存在論的な方法で用いられるというのが筆者の主張である。つまり、事物の存在やその存在様式は、実質的な部分において社会的世界に依存している、と私たちは述べているのである。このことは、ある事物は社会的には構築されていないという

可能性を排除するものではないし、社会的に構築された事物が、その存在のために世界の他の非社会的な側面にも同様に十分依存しているかもしれないことを排除するものでもない。実際に、デュルケムに従うとするならば、社会的世界の存在は、一種独特であって、それゆえ生物学の構造や心理学の構造のような下層の秩序構造に厳密には還元できないにもかかわらず、それ自身の存在のためにはそのような下層の構造に依存すると結論づけざるをえないだろう。デュルケムからみれば、私たちはつねに心理学的であると同時に生物学的な存在であり、また実際、化学的で物理的な存在である——私たち自身に関するこれらの事実は、社会学者として私たちが興味を抱く事物に関しては、ほとんど何も伝えてはくれないのだが——。

　しかしながら、「社会的構築」はむしろ認識論的文脈で、私たちが世界を知るようになるやり方が社会的要因によっても形成されているということを示すためにも用いられてきた。ここでの社会的要因とは、たとえば、社会言語学的なカテゴリーや、知の産出の手続きや実践、さらに還元しえない形で社会的な関係性や観念を具体化している技術といったものである。この意味での用い方の根底にも、「社会表象」に関心を抱いたデュルケム（Durkheim [1915]）がいる。デュルケムは、私たちがこの世界について分類をしたり知識を得たりするそのやり方は、私たちが生きる社会の社会関係によって形成されていることを示そうとしたのである。

　これは、魅力的でとても重要な「社会的構築」概念の用い方であるが、この見方はとくに、この世界にあるすべてのものが社会的に構築されたものかどうかという問いに関しては、誤解されてしまうと潜在的に多くの問題をも抱えている見方である。つまり、ややもすると、存在論的な主張と認識論的な主張が混同されてしまうのである（→【43実在論】）。たとえば、社会的構築主義者が、批判的で挑発的な意図をもって、病いや死、そして実に（太陽を含めた）天下すべてのものが社会的構築物なのである、と議論をすることは珍しいことではない。ここで意図されていることは、私たちが事物を定義したり知識を得たりするときの方法が、私たちに固有の社会の生産物である分類図式などによって形づくられて

いるとすれば、それは疑う余地のないほどに真である。

　しかしながら、不幸なことに、ときにこの議論はより存在論的な領域に入り込んでしまうことがある。すなわち、構築主義者は、自然の世界に属している多様な客体のまさにその存在が、何らかの形で私たちがそれらにラベルを貼ることに依存しているのである、ということを示そうとしているようにみえる。そうすると、私たちはさまざまな病いや自然災害のような現象に名前を付けることでそれらを実体化しなければ、私たちの社会がそういった病いや災害に苦しめられることはないのだ、と信じたくなってしまうかもしれない。ここで明らかであるのは、私たちがそういったことを信じる適切な理由はなく、同時にそうではないと仮定する適切な理由が大いにある、ということである。世界そのものと、その世界に関する知は、二つの異なる事柄である。世界そのものは、世界に関する知に先行し、ほぼ確実にそれよりも長く存在するだろう。

　とはいえ、すでに記してきたように、分析は「構築」をめぐる存在論的な用い方と認識論的な用い方の間を往き来できるし、そしてこの往来によって、より興味深い帰結が導き出されうる。筆者がみるかぎり、重要なことは、私たちが「構築」を定義するときや使用するとき、そのように定義と使用との間を往き来していると気づき、その点を明確にしておくということである。もしこのことを怠るのならば、構築主義は馬鹿げていると同時に知的に不誠実な説明に終わってしまうだろう。

【基本文献案内】
　バーガーとルックマンの『現実の社会的構成』（Berger and Luckman [1979]）は、構築主義者的な立場の最良の入門書である。心理学における構築主義者の立場については、ポターとウェザレル（Potter and Wetherell [1987]）を参照。存在論と認識論の問題に関するより詳細な議論は、バスカーの『リアリティの再生』（Bhaskar [1989]）を参照されたい。

(渡辺克典訳)

52 社会運動 Social Movements

> ◎関連概念：**危機、争議サイクル、新しい社会運動、争議レパートリー**

　社会運動についての明確かつ有効な定義を提出するよりも、さまざまな社会運動の事例を考える方がずっと容易である。環境保護主義、フェミニズム、動物権利保護、労働運動、ファシズムなどが運動を構成しているという点に、大方の意見の食い違いはない。

　しかし、それらを運動たらしめている正確な特徴を特定するとなると、そこにはかなりの意見の食い違いが生じる。「社会運動」に共通している特徴の多くは、他の社会形態でも共有されている。とはいえ、社会運動の定義を狭めようとする試みには、多くの人たちが社会運動のカテゴリーに含めたいと望んでいる経験的事例を排除してしまう危険が伴う。しかもそうした状況は、以下の二つの論点によって複雑になる。

　第一に、私たちが構築しうるきちんとした理論的定義はどれも、社会運動研究の分野における大量の経験的研究と衝突せざるをえない。それらの研究は、広範囲にわたる多くの操作的定義を織り込んでいるし、その定義のうちのいくつかは、社会的運動と宗教的運動と政治的運動との間にある基本的な区分や、さらにはライフスタイル／ファッション的な運動との間にある基本的な区分までも曖昧にしているように思われる。言い換えれば、私たちは目下の目的のためにすっきりとした運動の定義を考案することはできるかもしれないが、そうした定義は社会学的研究の中で用いられている多くの定義とは一致しそうにないので、それほど重要な功績とはならないだろう。その最大の理由は、社会学的研究におけるさまざまな定義の間で合意が得られていないことにある。

　第二に、社会学的研究にみられるたくさんの定義は対立しているばかりではなく、たとえば「集合的」「政治的」「抗議」のように、しばしばそれ自体さらなる定義を必要とするぼんやりした曖昧な用語に依拠して

いる[1]。筆者はこうした意味論上の問題に答えるために、別のところで次のように主張した。すなわち、社会運動という概念は日常言語に属し、曖昧で文脈に左右されやすい日常言語の論理に従っている。そしてそうである以上、社会運動という概念は本質的な特徴を保持しているというよりも、むしろさまざまな社会形態の間の「家族的類似性」を保持するものなのである、と主張した（Crossley [2002a]）。要するに、ある社会運動は他の運動と異なる特徴を共有しており、そこにはすっきりした定義を構成できるほど十分に包括的かつ排他的であるような一連の中心的な特徴など存在していないのである。だからといって、特定の研究プロジェクトのために特定の定義を組み立てることが妨げられるわけではない。それは不可欠であるし、避けられないものである。だがそこでは、あらゆる目的に見合うような一般的な定義は排除されているのである。

以上はおそらく、それほど満足いく結論ではないのかもしれない。しかし、たとえ社会運動に関するすっきりした定義を与えることはできなくても、少なくとも数多くの事例に適用でき、さまざまな運動が含んでいるものを思考するための出発点となるモデルを与えることは可能である。筆者が提案しようとしているのは、「争議界」としての運動という筆者自身のモデルである（Crossley [2002a] [2003b] を参照）。このモデルはピエール・ブルデューの界の概念に依拠しているが（→【15界】）、社会学研究の中で描写されてきた数多くの社会運動モデルにも依拠している。ザルドとマッカーシーの運動界というモデル（Zald and McCarthy [1994]）について簡単に議論することから始めよう。

ザルドとマッカーシーは、「社会運動」という用語を——非常に曖昧ではあるが、必要最低限に抑えた形で——何らかの変化を求める社会の基本的な願望ないし要求を記述するために用いている。もしも社会のあ

---

1) たとえば、ある活動を集合的な活動として定義するものは何なのか。集合的な運動、つまり社会運動を構成するのに二人で十分なのか。それとも三人であればいいのか。さらに「抗議」を構成するものは何なのか。それにはプラカードを振りかざすことが不可欠なのか。だが、それだけで十分なのか。あるいは議事堂の外で行進しなければならないか。これらの観点のいずれも、さらに社会運動の定義に含まれる別の多くの観点も、ほとんど当てにはならないのである（Crossley [2002a] を参照）。

る部分が問題を抱えており、それを変える必要があるという一般的な感情が社会に存在しているとしたら、ザルドとマッカーシーの観点からいえば、そこには社会運動が存在しているのである。より保守的な運動や反動的な運動をもこの定義に含めるためには、ある種の変化を阻止したいとか、社会をこれまでどおりにしておきたいといった願望ないし要求（もしくは過去のやり方に回帰したいという願望ないし欲求まで）も付け加えるべきであろう。さらにザルドとマッカーシーは、ある社会運動とは対立する欲求ないし願望を共有している運動として定義される「対抗運動」という発想も、その定義に付け加えている。たとえば私たちは多くの社会の中に、妊娠中絶に対して肯定的な感情と否定的な感情、ファシストに対して肯定的な感情と否定的な感情、動物の捕獲に対して肯定的な感情と否定的な感情などを見いだす。これが運動と対抗運動である。そして前者の運動は、二つの対立する陣営のうちのどちらであれ、はじめに登場するものであり、後者の対抗運動は、それに反応（対抗）して後から展開されるものである。

　だがザルドとマッカーシーによれば、これらの「感情のプール」よりも重要なのは「社会運動組織」であり、それが運動を「推進」する。たとえば、環境を保護して向上させたいという願望を共有している運動として単純に定義されている現代の環境保護運動は、英国ではアース・ファースト、リクレイム・ザ・ストリーツ、フレンズ・オブ・ザ・アース、さらにグリーンピースといった社会運動組織によって国家規模で「推進」されている。

　ザルドとマッカーシーは、運動と社会運動組織との間の関係を、「供給と需要」という観点から概念化している。社会運動組織は、変化を求める集合的要求に反応する形で、そして／あるいはそうした要求を促進させるために登場してくる。ただし、社会運動組織にその準備が整い、そして／あるいは社会運動組織が実際にそれを実行できるのは、変化を求める集合的要求が次のような形をとる場合に限られる。すなわち、金銭、時間、その他の諸資源を社会運動組織に捧げ、その活動を可能にし、少なくともある状況では困難に直面している組織を後援する用意もあるような「支持者」や「構成員」が、具体的に存在している場合である。

ここで私たちは、ザルドとマッカーシーのモデルの核心部分に触れている。社会運動組織が生き残り、抗議を組織したり、抗議に加わることができるのは、そのために不可欠な資源を動員できるかぎりなのである。社会運動組織は、その資源を多種多様な源泉から獲得するだろう。ただし現代の多くの事例では、社会運動組織はその資源を、もっぱら金銭面の寄付という形であるが、より広範な社会の中で組織の目標を支持している個々人（支持者）だけではなく、組織の信念に対して物質的な援助という形で応えようとする用意のある個々人（構成員）から得ている。たとえばグリーンピースは、外部からの寄付や自分たちの支援者の年会費を受けとることが多ければ多いほど、環境に働きかけることができる。

　社会運動組織とその支持者およびその構成員との間の関係には、重要なダイナミズムがある。だが、ザルドとマッカーシーが「社会運動業界」と名づけるようなあらゆる社会運動組織の間の関係にも、重要なダイナミズムが存在している。社会運動業界とは、類似した目標を追い求めているさまざまな社会運動組織の束のことである。たとえば、環境保護運動業界、フェミニスト運動業界、平和運動業界などについて語ることができよう。

　これらの業界では、さまざまな社会運動組織がつねに相互行為しているし、少なくともお互いに対して影響を与えている。その最大の理由は、これらの社会運動組織が、潜在的な支持者／構成員や潜在的な諸資源に関して同一のプールに頼る傾向があるためである。このことが、ある特定の状況のもとでは、さまざまな社会運動組織の間の協調をもたらすこともあるが、別の状況では闘争や競争をもたらすこともある。しかも、これらの多様な形態の相互行為は、社会運動組織に対して変化と適応への圧力も生み出す。たとえば、ある社会運動組織が別の組織と非常によく似ていて、その別の組織が「自分たち」の構成員を取り込んでしまう可能性が高い場合には、その組織は別の選択肢を見つけなければならないだろう。もしも別の成功している社会運動組織が自分たちの核となる争点をうまく再定義するとしたら、こちらもそれに遅れないように自分たちの争点を再定義しなければならないだろう。

　ある業界の中でのさまざまな社会運動組織の相互関係は、直接的なも

のかもしれない。ネットワーク分析が示しているように、明白な協調関係、さまざまな資源の交換、さまざまなメンバーシップの錯綜、コミュニケーションの直接的な経路――これらはすべてが社会運動組織の間の直接的なコネクションを示している。だが相互行為はそれほど直接的ではない（おそらく意図せざるもの）かもしれない。たとえば潜在的な構成員、というより実際には組織の権威者が、ある業界におけるさまざまな社会運動組織の違いを区別できないときは、ある社会運動組織のキャンペーンの成功が別の社会運動組織に対する支持率を増加させてしまうことを意味するかもしれない。

それとは逆に、ある社会運動組織が論議を生じさせるような活動をすることで、その業界全体の支持が低下するかもしれない。たとえば、英国の婦人参政権に関する歴史研究が示しているところでは、武闘派の組織が破壊的な抗議をしたことで、婦人参政権の「セクター」内のあらゆる組織に対する支持率が低下し、そこまで武闘派でない組織の交渉能力も低下してしまったのである。少し異なる脈絡であるが、ある社会運動組織が特定タイプの介入方法に関して支配を確立するとき、別の社会運動組織にはオルタナティブな戦略を見つけることが求められる――たとえそれが前者の社会運動組織の意図するところではないとしてもである――。これらの複雑なダイナミズムを考慮して、ザルドとマッカーシーは、（ブルデュー派とは異なる意味であるが）「界」について語るようになる。「……ある社会運動業界のどんな社会運動組織も、相互行為しあう界の一部として見なさなければならない」(Zald and McCarthy [1994: 120])。

この「界」という発想について、筆者自身の解釈を短めに述べておきたい。ただし、その前に述べておくべきことがある。それは、ザルドとマッカーシーからみれば、さまざまな社会運動業界の間にも競争関係が存在するという点である。というのも、潜在的な支持者や構成員は、時間と金銭を無制限にもっているわけではないので、ある特定の業界のさまざまな社会運動組織の間だけではなく、多様な業界の間でも選択をしなければならないからである。たとえば、これらの人びとは自分たちの時間、金銭、エネルギーを、環境保護ではなくてむしろフェミニストの

目標のために注ぎ込むという決断をするかもしれない。あるいは、環境保護運動を援助しようとして、フェミニズムには援助が少なくなり、フェミニストの社会運動組織の力を低下させるということもあるかもしれない。しかも、あらゆる社会運動業界がまとまって構成している「社会運動セクター」は、経済のヴォランタリー・セクターや公的セクター、そして私的セクターとも競合しなければならない。

ザルドとマッカーシーが論じているように、社会運動の活動が経済的な好況時に増加する傾向にあるのは、こうした理由によるのである。好景気の時期には通常、公的セクターに税金を納め、私的セクターから欲しい物を購入した後でも、個々人の財政にはより多くの余剰分が残るため、ヴォランタリー・セクターや運動セクターに対して財を寄付するのに好都合な立場に置かれるのである。こうして寄付のレベルが増大すれば、社会運動組織の活動レベルも向上し、いわゆる「運動起業家」が新たな組織を形成することをおそらく促進するのである。

このモデルには重要な点がたくさんある。とくにこのモデルは、社会運動の中身を「切り開き」、そこに含まれている多種多様な位置や関係（それらは、たとえば社会運動組織を横断する形で、あるいは社会運動組織とその構成員との間に、存在している）に注目するよう促すのである。さらに、このモデルによって、さまざまなタイプの社会運動組織や異なるタイプの構成員（たとえば、単に金銭を与えるだけの人びとや時間を割いてくれる人びと）などを区分することもできる。最後に、ザルドとマッカーシーのアプローチを支えている経済的メタファーには、抗議や動員を何らかの程度で生み出す交換のダイナミズムを把握させてくれるという点で利点がある。だがそうした経済主義は、彼らのアプローチの主要な問題点の源でもある。その研究のいくつかの箇所で、彼らは社会運動組織と経済組織との間の明確な違いを確定し、運動の活動実践がしばしば象徴的な性格をもつことを示している。

> 私たちは、社会運動組織と経済的なプロセスとの並行関係は決定的に重要であると考えているけれども、そこには違いも存在しているということを思い起こすべきである。とくに、社会運動組織の間

での支配権をめぐる競争は、しばしば象徴的な支配権をめぐる競争であり、つまりは社会運動行為の用語を定義する競争である。社会運動の指導者は、象徴的なヘゲモニーを追い求める。社会運動の分析は、もしもその社会的に限定された仕方で行われる協調や紛争を完全に理解しようとするのなら、いくつかの点で、文化や言語についての分析に入り込んでいかなければならない。(Zald and McCarthy [1994 : 180])

　筆者はこの点にまったくもって同意している。そしてさらに、次の点は書き記しておくに値する。すなわち、実際の社会運動組織の事例に目を向けるとき、ザルドとマッカーシーはこれらの組織がしばしば「脱中心化された」性格を備えていることを認めており、この点において彼らは、社会運動組織を過度に統一された「合理的な」様式で描いてしまう傾向があるのではないかという何人かの批判者たちが提起している反論にも対処していることである。社会運動組織は運動の活動実践の中核に位置しているが、ザルドとマッカーシーが認めているように、社会運動組織の束のいくつかは高いレベルのメンバーシップの重複によって特徴づけられるため、その境界線はかなり不明瞭である。さらに多くの社会運動組織は、その内部の紛争や分裂にさらされる結果、内部の同意や一貫性を欠いてしまう。

　とはいえ、ザルドやマッカーシーの研究にも問題はある。第一に、彼らは以上の論点のほとんどに対してリップ・サービス以上のものを与えてはいないし、実のところ自分たちが言及している象徴的／文化的な要素については精緻化された議論をしていない。第二に、彼らの研究のかなり多くの部分は、こうしたより広範な考察対象を巧みに棚上げしつつ、それよりも狭い経済主義モデルを提出している。このモデルでは、経済的に合理的な行為者としての社会運動組織は、資金調達者として行為しているのである。第三に、こうして彼らの社会運動組織の定義では、その基本的な組織モデルに合わないさまざまなネットワークや運動の「実験的試み」は無視されてしまう。最後に、彼らの説明は、行為者についての「合理的行為」モデルを前提しながらも（→【42合理性】）、同時にそ

のモデルの外側に位置し、そのモデルとは矛盾しているようなキーコンセプトも前提している。たとえば合理的行為モデルは、行為者は自らの利己的で物質的な目標を追い求めて行為しているにすぎないと想定している——この発想は、オルソンの研究（Olson [1971]）を継承している社会運動分析の中でかなり明示的に議論されてきたし、ザルドとマッカーシーもそれを作業仮説として認めているように思われる——が、にもかかわらず彼らは「意識的な構成員」や「目的志向的な誘因」にも言及し、行為者が利他的な理由やその他の非物質的で非利己的な理由から社会運動の活動に巻き込まれてしまうことも示唆しているように思われる。彼らは同一のモデルの中で、利己的な唯物主義とその対極のものとを同時に想定し、両方の要素を用いて運動の活動実践を説明しようとしている。しかも彼らはそうしていながらも、これらの一見対立している二つの想定を、どのようにして結びつけようとしているかに関して、何の説明もしていないのである。

　ブルデューが提唱する「界」という幅広い、より文化に指向している概念のもとでなら、このような循環のいくつかを是正していくこともできるかもしれないというのが、筆者の主張である。また筆者は別のところで、ブルデューのハビトゥスという概念は、ザルドやマッカーシーのようなモデルにおいて使用される「合理的行為」という概念から派生するさまざまに関連した問題を処理するための助けとなるのだとも論じてきた（Crossley [2002a] [2003b]）。ブルデューのモデルは、おそらくより広く定義すればのことであるが、ザルドやマッカーシーのモデルと同じ要素（たとえば、社会運動組織、支持者、構成員）をたくさん含んでいる。だが、ブルデューのモデルは少なくとも以下の点についてより深く考察しようとしている。第一に、活動家のさまざまな行為や交換が起こる文化的枠組みについて。第二に、活動家の自分たちの「界」に対するハビトゥスの次元での調和（→【18ハビトゥス】）や「ゲームへの信憑」の役割（→【28イリュージオ】）について。第三に、界を構成しているさまざまな交換や相互行為の中での（経済的資源や時間的資源ばかりではなく）象徴的資源や文化的資源の役割について（→【05資本】）。これらはどれも、ブルデューの「界」という概念の重要な側面ばかりである（→

【15界】)。

　しかし以上の問題は、私たちがゼロから始めなければならないということではない。ブルデューは重要な源泉であるし、加えてブルーマーの初期の研究（Blumer [1969]）からメルッチのより最近の研究（Melucci [1986] [1996]）、そして多様な「集合的アイデンティティ理論家」（たとえばDella Porta and Diani [1999]）に至るまでの研究の中に、私たちは運動の界を構成している文化的な組成や競争を理解するための出発点となるような大量の文献が存在していることを見いだす。もしもこうした研究の成果を、本項で筆者が素描してきた「運動界」または「争議界」という概念のもとにうまく配置することができ、そしてまたブルデューの重要な革新を効果的に利用することができるとしたら、私たちは社会運動の強力なモデル構築に向かうための大きな一歩を踏みだすだろう。

【基本文献案内】
　社会運動研究の中で界に関してより広く論じているものとしては、『社会運動の意味』（Crossley [2002a]）を参照。筆者は同書の中で自分自身の考え方をもっと網羅的に素描し、Crossley [2003b] では、それを別のアングルから素描している。これとは別の選択肢としては、デラ・ポルタとディアーニの『社会運動』（Della Porta and Diani [1999]）を参照。ザルドとマッカーシーの『組織社会における社会運動』（Zald and McCarthy [1994]）も、筆者の観点からみれば魅力的な著作である。

（阿部純一郎訳）

53
社会空間Ⅰ：ブルデューの場合
Social Space I (Bourdieu)

> ◎関連概念：界、ハビトゥス、関係主義、社会階級、社会空間Ⅱ

　社会空間という概念には、ピエール・ブルデューの研究において（少なくとも）二つの異なる用法があり、そのどちらも社会や社会関係を可視化する方法を発達させたいというブルデューの願望と結びついている。一方でブルデューは、社会空間としての社会的な界について言及し、異なる活動領域に応じて異なる区域をもっているような地図的な区画線に沿って社会を考えさせる（→【15界】）。他方でブルデューは、時おり社会空間「そのもの」についても言及している——それは思うに、国民社会全体というある特定の概念の同義語を言い表すものである。

　筆者がここで関心があるのは、後者の用法である。この意味での社会空間は、ブルデュー社会学の中にみられる鍵となる資本形態、たとえば経済資本、文化資本、象徴資本、そして社会資本の配分によって構成される（→【05資本】）。これらの資本形態を、個々人の資源として考えることも可能である。すなわち、諸個人は一定量の金銭や文化を「所有」している。そして、諸個人がこれらの多様な資本形態の所有に応じて連続線上に置かれたり、位置づけられたりするのなら、そのかぎりにおいて私たちは、これら四つの一般的な諸資源を、いやむしろこうした諸資源の配分を、（少なくとも）[1] 四次元からなる空間の各次元として考えていくこともできる [2]。

---

[1] 私たちが認識する資本の諸形態——それらは連続量の観点から考えられるものだ——が多くなるほど、組み入れられる次元も多くなる。筆者が四つの次元に固執しているのは、解説のためである。というのも、それがさまざまなタイプの資本に関するブルデューの基本的な類型論にも一致しているからである。だが、そうする必然性は必ずしもない。筆者がこれから説明するように、二つの次元に固執しようとする人びとも明らかにいる。

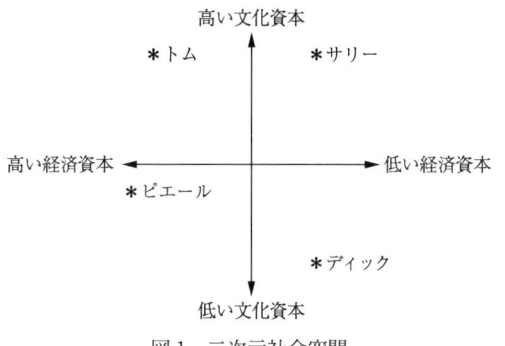

```
          高い文化資本
              ↑
   *トム      |      *サリー
              |
高い経済資本 ―――+――― 低い経済資本
   *ピエール   |
              |      *ディック
              ↓
          低い文化資本
```

図1　二次元社会空間

　この点のいくつかを解明するための手始めとして、経済資本と文化資本から構成される二次元空間について考えてみよう。行為者の中には、金銭面でも文化的資質の面でも豊かな者たちがいる。また、文化的には豊かであるが、あまり金銭をもたない者たちもいる。さらに行為者の中には、お金はもっているが、文化的資質が足りない者たちもいるし、お金と文化的資質のどちらも貧しい者たちもいる。以上のことは、分散図または「視覚図」の形で可視化することが可能である。

　図1で、トムはもっとも特権的な位置を占めており、文化資本と経済資本の双方において豊かである。ディックは正反対の位置にいる。つまり、彼はどちらの資本形態においても低い位置にいる。サリーは文化資本では高い位置にいるが、経済資本ではそれほど高い位置にはいない。ピエールは経済資本では（トム以上の）かなり高い位置にいるが、文化資本では中間的な位置にいるにすぎない。これは単に例を示す作業ではない。因子分析、主成分分析、多次元尺度構成法、あるいはもっと限定してブルデューの場合は（多次元）対応分析といった統計技術を用いる

---

2)　四次元空間という考え方は奇妙に思えるかもしれない。しかし、現代の数学や幾何学の分野では、多次元空間――実際には四次元以上の空間もある――という観点からの理論化はかなりありふれている。しかも、社会科学がこれらの考え方を適用するための良い場の一つであることも認められている。実際、ブルデューはこうした新しい数学的な考え方から影響を受けていた。このような考え方のいくつかに興味をもって接近できる数学の分野の入門書としては、ガウアーズ『数学』（Gowers [2002]）を参照。

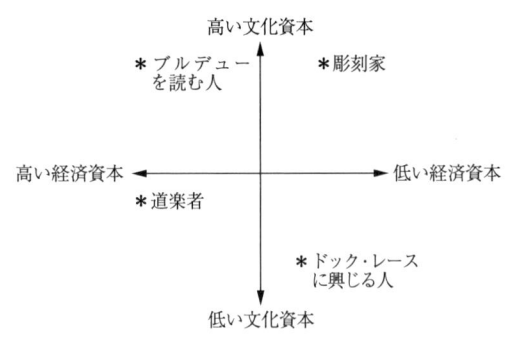

```
              高い文化資本
                  ↑
      ＊ブルデュー      ＊彫刻家
       を読む人
高い経済資本 ←─────┼─────→ 低い経済資本
          ＊道楽者
                  │
                  │    ＊ドック・レース
                  │     に興じる人
                  ↓
              低い文化資本
```

図2　二次元空間における実践と職業（仮説）

ことで、ある所与の人口の成員たちを、まさにこうした仕方で図示できるわけである[3]。しかも、それは行為者を図示するだけにとどまらない。行為者の実践とその資本形態との間の関係を探究できるほど比較的大規模なサンプルを想定できるのなら、ブルデューが『ディスタンクシオン』で行っている有名なやり方で、行為者の実践や選好をもこの仕方で位置づけることが可能である（図2を参照）[4]。

『ディスタンクシオン』には、この種の図表が数多く含まれており（その図表に位置づけられている実践や職業はもっと多いけれども）、それらは適切なデータを対応分析した結果に基づいている。これらの図表によって、私たちは、さまざまな実践（や職業）がお互いとの関連性の中で「社会空間」の内部にどのように位置づけられているかを考察でき

---

[3]　これらの新たなテクニックを説明している大量のテキストが、今日では利用可能である。これらのテクニックは学生でも手に入る基本的な統計ソフトの多くに入っており、より最新のSPSSにも入っていることを書き記しておこう。Kruskal and Wish [1978]；Hair *et al.* [1984]；Clausen [1998]；Andersen [1997] を参照。

[4]　ただし、ブルデューはもう少し複雑な「対応関係図」を用いることが多く、資本の構成と資本の量によって座標が決定されていることも記しておこう。つまり、文化資本の水準という軸と経済資本の水準という軸が提示されているわけではなく、むしろブルデューは（文化資本と経済資本を組み合わせた）資本の全体量を一つの座標軸で表し、それから行為者の経済資本と文化資本の「保有量」の構成比を示している座標軸を提示しようとするのである——たとえば、行為者は二つの資本のうち、どちらを、どれくらい多く所有しているのかを提示するのである。

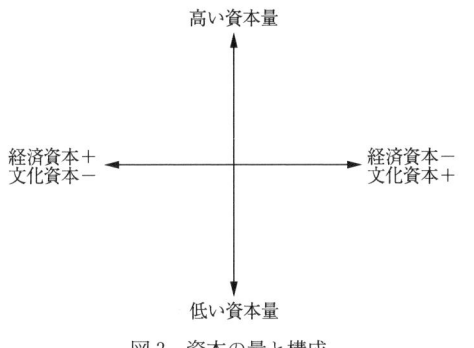

```
            高い資本量
              ↑
              |
  経済資本＋   |   経済資本－
  文化資本－ ←─┼─→ 文化資本＋
              |
              ↓
            低い資本量
```

図3　資本の量と構成

るのである。

　こうした基本的な図面に加えて、行為者、職業、実践を、それらの資本の総量や構成比に応じて位置づけることもできるし、実際、これこそ通常ブルデューが行っていることである。この場合、社会空間の一方の軸は、職業、行為者、もしくは実践と結びついている（経済的および文化的）資本の合計量を表しており、他方の軸は文化資本の経済資本に対する割合を表している。図3の場合、たとえば図のもっとも左側は、経済資本の文化資本に対する割合が経済資本に大きく傾いている状態を表し、図のもっとも右側は正反対の割合を表している。

　もちろん、経済資本と文化資本の相対的な配分は、ブルデューが（四つの主要なタイプの資本に応じて）実際には四次元空間として記述している空間の内の二次元にすぎない。私たちは象徴資本や社会資本についても考慮しなければならない。さらに、私たちは第五の次元を加えてもよいだろう。つまり、時間を通じての変化という次元である。しかし、ブルデューの分析の多くは、経済資本と文化資本によって構成された二次元空間に焦点を合わせる傾向がある。筆者の観点では、ブルデューの分析がそうした焦点化を行うのは、以下の三つの主要な理由からである。

　第一に、本または雑誌のページという二次元空間の内部で三次元空間の位置づけを表現することは難しいので、図は二次元になってしまいがちである（図4を参照）。しかも、二次元モデルの相互作用という構成で表現するよりほかに、単一の図面でそれ以上のものを表現するのは不可能である[5]。加えて、表を用いるよりもこれらの図面を用いる方が、

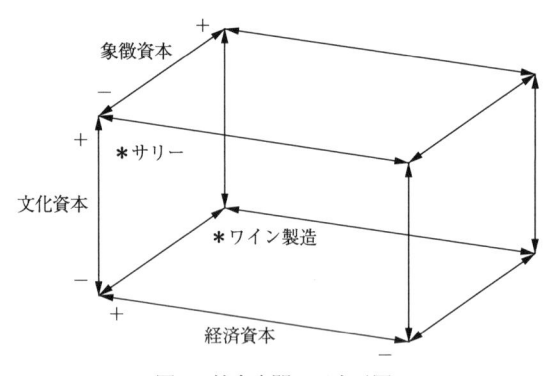

図4　社会空間の三次元図

さまざまなパターンや関係性を示すことは容易であろうし、またこれらの図面が見づらくなってしまえば、そもそもの目的は達成しにくくなる。

　第二に、経済資本と文化資本は有効な方法で定量化することが比較的容易であるが、とりわけ時間となると、ブルデューが用いているような視覚的な図面のうえで捉えることが非常に困難になる[6]。

　最後に第三として、より積極的に述べるのなら、経済資本と文化資本はあらゆる時点で姿を現してくるので、もっとも信頼できる重要な社会空間の次元であるとブルデューは信じていた、と筆者は考えている。経済資本と文化資本は、社会的世界の中で実際に差異を生み出す資本形態なのである。

　しかし、どうして経済資本と文化資本は重要なのだろうか。経済資本と文化資本を、社会空間における重要な資本として位置づけるポイントは何なのだろうか。ある水準では、この答えの一つは、ブルデューが十分な理由をもって、経済資本と文化資本の次元は鍵となる根底的な社会構造であって、その他の社会的世界の側面をも形づくり、その側面の説明にも利用できるものだと信じている点にある、と筆者は考えている。ヴェーバー（Weber [1978]）とモーリス・アルヴァックス（Halwachs

---

5) ガウアーズ（Gowers [2002]）は、前述した最先端の数学への入門書で、このモデルに関する事例を与えている。
6) もちろん、過去の位置と現在の位置を、両者を結びつける矢印を用いて図示することもできるが、これは実際かなり読むことが難しい。

[1958]）に従って、ブルデューは、経済資本と文化資本の水準が生活機会（ある個人がその人生の中で達成を期待できるもの）と生活様式（ハビトゥスの形態をとる）の両者を形づくると信じている（→【50社会階級】【18ハビトゥス】）[7]。経済的な資産と文化的な資産において類似のプロフィールをもつ行為者は、類似の諸資源と類似した水準の権力を享受するだろうし、類似した型の辛い／楽しい経験をしたことが多いだろう（たとえば、余剰人員のカットの脅威や、私立学校への進学といった経験、あるいはたくさんのお金を持っていたかどうかの違いなど）。加えて、これらの「資本」の配分は、集団形成にとっての効果的な基礎も構成する。

社会空間内で類似の位置にいれば、人びとがお互いに接触する機会は増大するし、そうした接触が増大すれば、お互いを共通の経験やその経験が生み出す共通の「ハビトゥス」に基づいて同一視する機会も増加するのである。

---

[7] このようなブルデューの説明は、非常に決定論的に聞こえるかもしれない。ただし、ハビトゥスと社会的位置との結合を、一方での行為者の集合的な行為性と創造性との結びつき、他方での（雇用関係のような）特定タイプのネットワークや関係性における資源の欠如と、位置づけによって課される制限の両方を表すものとして考えれば、もう少し納得がいくだろうと筆者は思う。階級がハビトゥスを「生み出す」傾向があるというのは、この意味においてである。というのも、階級の成員たちは共に相互行為しているだけではなく、その成員たちは自らの人生を生きていく中で、自分たちが非常に類似した（社会的・物質的な）条件や制限に従っていることに気づくからである。

【基本文献案内】
『ディスタンクシオン』（Bourdieu [1984]）は、本項での議論との関連で当然顧慮すべきテクストであるが、『実践理性』（Bourdieu [1998a]）の第1章も有益となるであろう。

（阿部純一郎訳）

54
社会空間Ⅱ：ネットワーク
Social Space II (networks)

◎関連概念：関係主義、社会資本、社会空間Ⅰ

　ブルデューの業績において概説され、前項の「社会空間Ⅰ」および「界」の項でも論じられた社会空間に関する重要な概念に加えて（→【53 社会空間Ⅰ】【15界】）、もう一つの社会空間の概念がある。それは「ネットワーク」の概念に関わる概念、より厳密にいえば、社会的ネットワークについてのフォーマルセオリーの発展に関わる概念である。

　ネットワーク論は、人間個々人や組織、国家などといった、互いに関係しあう社会的存在の間の社会関係のパターンを描き、探求しようと努める。これらの関係は、ネットワークに結びついた行為者や要素を表す「ドット」あるいは「ノード」[1]と、それらの間の結びつきを表す「線」[2]との連なりによって描かれる（図1を参照）。結びつきをどのように定義するかは、研究者が決定すべき事柄である。それは研究課題[3]や、入手可能または潜在的に収集可能なデータ[4]によって左右される。ある場合には、図1の重みつきモデルのように、調査者が測定した関係の強さを示す数字を線に添えることもある。また図1の有向モデ

---

[1] これは、しばしば「頂点」と呼ばれている。
[2] これは、しばしば「辺」とも「弦」とも呼ばれている。
[3] たとえば、もし「趣味」の社会的基礎に関心があるならば、辺は美学的な事柄を論じあったり、あるいは意見を求めたりすることに関わる相互作用や関係の型を表すであろう。一方、もし社会的統合や安定性に関心があれば、信頼や相互承認、またおそらく相互扶助のレベルによって紐帯を定義しようとするであろう。もし性感染症の蔓延に関心があるなら、性的活動をともにした人びとだけを結びつけるであろうが、それがもしインフルエンザの流行なら、互いに何らかの意味で顔見知りであるかどうかを問わず、たまたま同じバスを利用した人たちを繋げるだろう。最後に、もしそれぞれのドットが会社であれば、重役が重複している会社同士、あるいはつねに取引のある会社同士を繋げるかもしれない。

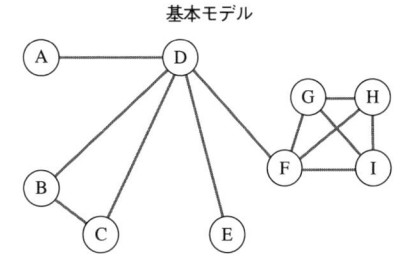

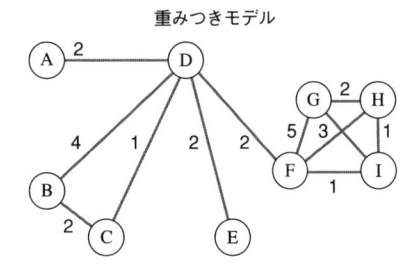

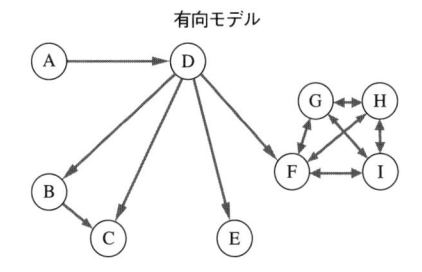

図1 社会的ネットワーク・ダイアグラム

ルのように、矢印をつけて関係（あるいは相互行為）の方向を示す場合もある。たとえば、もし疫学的な目的にネットワーク分析を用いてウイルスの感染経路を跡づけるとすれば、矢印は誰が誰にウイルスを「うつした」かを示すことになるだろう。

> 4） さまざまな理由で、社会的ネットワークについてのよいデータを収集することは、実際には非常に難しい。多くの調査は、実践的な必要に迫られて、入手可能なデータに合うようにネットワークを定義せざるをえないのである。

どのようにネットワークを描くか、すなわち包摂／排除、紐帯の存在／不在についての方法論的な決定は、明らかに重要である。しかし、ネットワーク分析に関する研究のほとんどは、ネットワークを描いた後に、いかにしてその構造的特性を分析し、その影響を研究することができるかという方法に関心が向けられている。当然、そのことを論じれば一冊の本が書けてしまうので、ここでは手短に概略を示すのみにとどめよう。この考えを少し現実的に理解するために、図１で描かれた仮想のネットワークについて、簡単な構造的特性をいくつか考察することができる。話を簡単にするために、重みも向きも考えないこととし、議論を基本モデルに限定する。

第一に、「密度」という特性を考えることができる。この概念は、ネットワークにおけるノード間の実際のつながりの数を、ありうるつながりの数と比較するものである。たとえば、前ページにあるような九つのノードからなるネットワークでは、もし全員が他の全員と関係をもつとすれば（「関係」をどのように定義するとしても）、合計36の関係（すなわち、グラフにおける36本の結びつきの線）があるであろう。これを手早く計算するには、ノードの数（この場合は９）とノードの数から１引いた数（８）を掛けて、それを２で割ればよい（$(9 \times 8) \div 2 = 72/2 = 36$）[5]。しかし、実際には全員が他の全員と関係しているわけではない。グラフでは12本の線しかない。したがって、このネットワークの密度は$12 \div 36$、すなわち0.333となる[6]。そこで密度の公式は、実際の関係（線）の数を可能な関係（線）の数で割ったものである。可能な関係の数は、ノードの数とノードの数から１引いた数とを掛けた数を、さらに２で割ったものを分母とする。式で表すと、

---

[5] 有向モデルで描かれたネットワークでは、合計を２で割るという最後の操作を行わなくてよい（少なくとも、必ずそうする必要はない）。なぜなら、それぞれの関係は潜在的に双方向の関係であって、そのため２回カウントできるからである。

[6] 一つのネットワークにおける最大の密度は1.00である。というのも、ネットワークにおける実際の紐帯の最大数は、定義上、潜在的な紐帯の最大数と等しい数（ここでの例でいえば36のうちの36）にしかなりえない（決して上回ることがない）からである。

$$\frac{l}{n(n-1)/2}$$ （l は実際の線の数を表す）

　ネットワークの密度に何らかの意義があるか否か、そしてもしあるとすればどのような意義か。それは検討している問題と、関係の定義の仕方によって明らかに異なるであろう。しかし、ネットワークの密度が重要となる場面を容易に想像することはできる。たとえば、もし調査対象のネットワークがある種の集合的行為に従事する可能性を予測させるものならば、密度の高さによってその可能性が増大するであろうと推測できる。というのも、全員が互いに知り合っている集団の方が連帯が強くなりやすいし、集合的反応を組織化する過程が容易だろうからである。同様に、密度の高いネットワークの方が情報はより速く行きわたるであろう。なぜなら情報の伝達が可能な経路が多数あり、またたとえばあなたの友人たちの各々が立てつづけに同じ新事実を話してあなたを「驚かす」といった場合のように、反復を通じて情報が強化されやすいためである。これらの仮説がどれほど容易に検証できるかということについては、やはり各々で相当の差があるだろう。しかし、同じように定義されたネットワーク同士で密度の違いを比較することによって、それらの可能性を探りはじめることができるであろう。

　私たちが扱っているネットワークは、特別に密度が高いものではない。しかし、図1においてF・G・H・Iからなる部分集団を見てみると、各々のノードが他のすべてと結びついているという状態がある。ここには、可能な密度の最大値である1.00の密度があり、したがってこれはネットワーク研究者が「クリーク」と呼ぶものである。クリークにどれほどの意義があるかについてもまた、一概に述べることはできない。それがどのような種類のクリークであるか（すなわち関係がどのように定義されるか）によって、その意義は異なる。それでもやはり、ある状況の下でクリークの存在が重要であると想像することは難しくない。たとえばクリーク内部で、少なくともかなり大きなクリークにおいてはより連帯が強くなると予想できるだろう。というのも、クリークの各成員は彼らの行動が多くの人びとから同じように影響を受けていることに気づくはずだからである。同じ理由から、クリーク内部では高い同質性がある

ことも予想できる。さらにクリークの成員は、より素早く、そしてほかと比べて高いレベルで組織化できることが予想される。なぜならクリーク内の各成員は、ほかの成員それぞれに情報を伝達することができるからである。情報がネットワーク内のある成員に届くまでに、何人もの仲介者を経由しなくてすむのである。

　密度とクリークに着目することは、ネットワーク全体にわたるあるパターンに焦点を合わせることになる。これらの変数を量的に測定するときには、構造的アプローチが適用される。しかしそれと同じくらい、ネットワーク内における個々のノードの位置に着目することもできるであろう。たとえば、AとEはそれぞれ1本の結びつきしか、またBとCは2本の結びつきしかもっていないのに、Dは5本の結びつきをもっており、そのためネットワークにとってかなり中心的な存在となっている。

　Dはまさに車輪のハブである。すなわち、DはAとEを互いに結び合わせ、次に彼らをBやC（彼ら同士はすでに関係し合っている）に結びつける結節点にほかならないのである。このことによって、おそらくDはネットワークの中で非常に力をもつであろう——その反面、Dには利害対立と緊張が与えられもするだろうが——。Fは、結びつきの総数は4本でDより少ないが、それでもクリーク（F・G・H・I）をより広範なネットワーク（A・B・C・D・E・F）につなぐ橋渡し役（ブリッジ）という、非常に重要な位置を占めている。このネットワークがもしビジネスのネットワークであるとすれば、F社は業界の両半分の間で情報の流れを支配できるから、多大な権力が与えられるであろう。というよりはおそらく、それぞれネットワークに接続しているDとFとの関係に、権力が集中しているというべきであろう。

　ネットワークを分析できる別の方法について、また上述のような類いの分析がもたらす数々の方法論的な争点や問題について、まだまだ多くのことを述べることもできる。それでも、社会空間を調査するために非常に有益で興味深いこの方法を簡潔に紹介するのに十分なことは、以上で述べてきたつもりである。

【基本文献案内】

　ジョン・スコットの『社会的ネットワーク分析ハンドブック』(Scott [1991])は、基本的な専門概念とこのアプローチの歴史について説明しているという点で、間違いなくこの分野で最良の入門書である。スコットは、読者がすぐに実行に移せるような段階へ至るまでの考え方を非常に明解に説明してくれる。彼はフィールドで多くの経験を積んだ社会学者なので、このアプローチを生かし、ほとんどの社会学者にわかるような文脈や例に根づかせることもできるのである。

　ディジェーンとフォルセの『社会的ネットワーク入門』(Degenne and Forsé [1999])もよい入門書である。スコットが、どのような理論的アプローチを支持する人びとでも使ってみたくなるような一式の技術としてのネットワーク分析という考えを守る傾向があるのに対して、こちらの本は、社会理論の一派としての社会的ネットワーク理論の考え方に焦点を合わせている。

　ディジェーンとフォルセが論じた理論にもみる価値はあるといえるが、私はそれ以上にスコットのネットワーク分析についての見解をお勧めしたい。その理由はとくに、同書には多くのネットワーク研究者がこれまで（少なくとも現時点ではまだ）取り上げてこなかったような、社会学に対する数々の興味深いアプローチがあって、それら自体はネットワーク論そのものを用いたものではないが、ネットワークという観点から社会的世界を理論化したものであり、それらについての理解に役立つところが大きいからである。まさにこのような趣旨で、「ネットワーク」の諸問題に関心をもつすべての人にとって最適な読み物として、ノルベルト・エリアスの『社会学とは何か』(Elias [1978])やハワード・ベッカーの『芸術の世界』(Becker [1984])を推薦したい。

（杉本学訳）

55 象徴権力／象徴暴力
Symbolic Power/Symbolic Violence

◎関連概念：界、資本、ドクサ、ディスコース、ハビトゥス、権力、権力／知

　象徴権力と象徴暴力の概念を最初に定式化したピエール・ブルデューの仕事の中では、これらの概念は相互に入れ替え可能である。筆者はここで、異なった二つの現象を区別するために、これらの概念を使い分けることを提案したい。その前に、ブルデューによる用法を概観しておこう。

　象徴権力は、二つの潮流に同時に挑戦するためにブルデューが用いた概念である。つまり、権力、政治、不平等の分析の多くにみられる表象と象徴文化の諸問題の無視という潮流と、表象と象徴文化の分析の多くにみられる権力や政治の問題の無視という潮流である。ブルデューによれば、言語、言説（→【11ディスコース】）、そして象徴文化は、私たちの社会において状況を定義するうえで——言い換えれば、現実に「フレーム」を当てはめ、それによって社会的実践と制度を形成するうえで——決定的な役割を果たす。だが、この定義づけと構築の実践は、決して開かれた平等な過程によるのではない。というのも、特定の社会的位置や社会集団には定義を作り出す認可を与えられており、他の位置や集団にはそれが与えられていないからだ。たとえば、医学の専門家は、個人を「病気」ないし「健康」として、あるいは「正気」ないし「狂気」として定義する認可を与えられている。こうした定義は重大な帰結をもたらしうる。たとえば、「病気」であると正式に定義してもらうこと（医師に書類を作成してもらうこと）で、処罰の恐れなしに仕事を休むための法的権利が個人に与えられるのである。医者ではない一般の人間が同じ診断をしても、同じだけの重みはない。

　同様に、精神科医（イギリスの法律に従えば、二人の精神科医）が個人を「精神病」と定義したうえで、その個人が治療によって益するとい

う所見を明示すれば、その個人は最長6カ月まで精神病院に強制入院させられ、強制的に治療を受けさせられることになる。それに対し、診断を受けた個人が、自分は正気であると宣言したり、場合によっては、精神科医こそが病気であると宣言したりしても、彼らの定義は精神科医のそれと同じだけの重さをもたない。くり返せば、一部の行為者は、判断を下し、定義や分類を課すための認可を与えられているために、少なくとも自分たちが認可を与えられた領域の中では、他の行為者が発する言葉よりも有力な言葉を発することができるのである。

　こうした議論と、「権力／知」と「真理の体制」（→【39権力／知】）をめぐるフーコーの議論との重なり合いは明らかである。しかしながら、ブルデューの関心は、言語行為の哲学的理論とその社会学における活用にある。言語行為の理論によれば、言葉を発することは「何かを行う」ことなのであり、話すことは行為の一形式なのである。実際そのとおりで、社会的にきわめて重要な行為を含むほとんどの行為は、言葉という形式をとっている。多くの言説分析や会話分析の専門家によれば──この見解には、「マクロ社会学」という相手役に対する批判が込められているのであるが──社会的世界におけるほとんどの「大規模な」過程は発話によって達成される（→【11ディスコース】）。宣戦布告や、議会の解散、法の改正など多くの達成は、すべて発話によってなされる。ブルデューはこれに同意するが、いくつかの留保をつけている。たとえば、最初の例では、戦争は宣戦布告によって公式に開戦されねばならない──「われわれは貴国に宣戦布告する」──としても、社会科学にとってより重要なのは、そのような宣言がなされる対立状況に至るまでの背景となる諸要因である。

　しかしながら、ここで私たちにとってもっとも重要なことだが、ブルデューが関心を向けるのは次のこと、すなわち「われわれは貴国に宣戦布告する」という言葉が戦争を開始する効果をもつのは、それを発する者が政治的ないし軍事的な指導者であり、したがって、このような決断を下しそれを公式に宣言することを「われわれ」から認可されている場合に限られるということである[1]。この点においてブルデューは、言語行為の哲学的理論を最初に創造し、言語行為が前提する「適切性の条

件」に言及した J. L. オースティン（Austin [1971]）にならっている。オースティンによれば、船を名づけるためには、「私はこの船を〜と名づける」という言葉を発するだけでよいが、この言葉が手品のように魔術的効果を発揮するためには、特定の（適切性の）条件が満足されていなければならない。つまり基本的には、船を名づけるよう指名された人間がこの言葉を発したのでなければならないのである。ブルデューによれば、ここでオースティンが特定しているのは、言語行為に遂行的な魔力を注ぎ込む制度的条件の網目の存在とその重要性である。この網目こそが、象徴権力の基礎なのである。

　たとえば、精神科医の例に戻れば、彼ないし彼女の権力は、精神医学を実践するための公式の認可を精神医学および医学全般の体制から与えられているという事実に依存している。そしてこの認可は、彼ないし彼女が精神医学および医学全般の公式に認定された教育課程を修了したことに依存している。精神科医は医学の権威による審査を幾度も受けてから、仕事に就くための免状を与えられるのであり、そうして就いた仕事が、他者の自由を奪う権力を精神科医に与えるのである。そして、医学の体制それ自体も国家によって認定されていなければならない。というのも、国家は、暴力（精神科学は決定事項を強制するために、ときに暴力を用いる）と象徴権力の合法的な使用とを事実上独占しているからである。

　精神科学の体制がその実践者に特定の方法で振る舞うことを認可する権利は、それ自体が国家によって認可されており、そして国家自体も、少なくとも名目上は公衆から認可を受けるべく努めている（公衆は、国家の権力を認め、投票によって特定の管理エリートを認可する）。ある程度まで精神科学の歴史は、競合する諸権威（たとえば、法的ないし宗教的な専門家）の訴えを退けることで、自分たちがこの認可を受けよう

1）もちろん、問題の行為者が（言語）行為を行う前に一連の決まった手続きを経ていることが重要だということもありうる。特定の行為を行ったり、特定の決断を下したりするための認可は、通常は、それらが特定の方法で、特定の予防的措置をとったうえで行われねばならないという条件が付けられている。

とする医師たちの闘争の歴史である（Scull [1993]；Busfield [1989]；Porter [1987]）。

　このように主張することで、ブルデューは、危険だがきわめて重要な橋を歩いている。彼は一方で、象徴権力が最終的には、その権力に服従する人びとによる承認（recognition）――より正確には「誤認（misrecognition）」かもしれない――に依存していると主張している。その力は自己成就する予言の力であり、私たちの意図していない共犯と正当化に依存している。なぜなら、特定の社会的行為者は、部分的には、私たちがそう信じることによって権力を獲得しているからである。しかしながら他方で、ブルデューは、たとえば精神科医の患者に対する権力を、特定の場面において両者の間に発生する相互行為的なダイナミクスに還元しようとする論者にも挑戦している。なぜなら、精神科医の権力はダイナミックで、歴史的に進歩する界における彼らの位置に由来しているからである。この点を主張することで、ブルデューは、相互行為の社会学、言語哲学、そしてより最近のものとしてはジュディス・バトラーのポスト構造主義にみられる言語とシンボリズムを素朴にも過度に強調する立場を批判する[2]。

　そもそも、ブルデューの議論は科学哲学に根をもっている。多くの言説分析家は、実証主義的で行動主義的としかいいようのない社会科学の概念に依拠して、言説に対するより広範な制度的条件を無視する自分た

---

[2]　バトラーは『触発する言葉』（Butler [1997b]）の中で、ブルデューにおける制度の強調を批判する。彼女はブルデューに比べ、状況における言葉のパフォーマティヴィティに強調点を置いている。筆者の視点からすれば、彼女は、ブルデューがまさに指摘している過ちを、重大なやり方で犯しているのである。ブルデューの『男性支配』にはバトラーの批判に対する回答としての要素が多少は認められるが、この議論が決するのを待たずにブルデューは亡くなってしまった。

　筆者は、ブルデューの図式が、ときに抵抗の余地をほとんど認めていないというバトラーの指摘は認めるが、抵抗はバトラーが示唆するほどには「サンクション」から自由ではないことを近年の業績は示しており（Lovell [2003]）、この点について筆者はブルデューに賛成である。バトラーの思想については、【37パフォーマティヴィティ】【48セックス／ジェンダーの区別】を参照。

55 象徴権力／象徴暴力 Symbolic Power/Symbolic Violence

ちの傾向を正当化している。分析の焦点が当てられるのは、可視的であり、したがって観察可能な状況だけであることを、その傾向は根拠にしている。言説分析家によれば、もし「制度」が重要であるなら、それを行為者間の「現実」の相互行為の中で見たり聞いたりできなければならない。ブルデューは、筆者の見地からすれば正しくも、この点を時代遅れの科学の捉え方、つまりバシュラール（Bachelard [2002]）の言う「認識論的障壁」と見なす（→【14認識論的断絶】）。ブルデューによれば、近代科学は目に見えないものに専心し、直接知覚可能な世界の背後にある隠れた力を発見すべく努力してきた。もちろん、私たちはこれらの力の存在と効果を証明せねばならないが、それは言説の詳細にのみ焦点を当てることではない。

　上述したように、ブルデューは、この力を説明するために「象徴権力」と「象徴暴力」の語を互換的に用いている。もし彼の用法に違いがあるとすれば、「象徴暴力」はときに社会的行為者が社会化と歴史的な象徴闘争のために自らに課されるカテゴリーと象徴システムを受容するようになる——そして、自らが意図せずにその権力を認可する——方法を強調していることである。しかしながら、筆者はこのような事態を指すためには「象徴権力」の語をとっておくことを提案したい。そして「象徴暴力」の語は、他の集団が得ている社会的認知を特定の集団が体系的に拒否されている場合——つまり、価値が低いものと見なされたり烙印を押されたりしている場合——を指すために用いたい。

　同じものを指すのに二つのほとんど区別のない用語が存在するのは混乱を招くし、「象徴暴力」の語は、それを受ける者に明らかな苦痛（精神的にしろ、身体的にしろ）を引き起こさない状況を指すためには必ずしも適切ではない。それに対し、広範な社会から価値が低いものと見なされたり、烙印を押されたり、基本的な認知を拒否されたりした人びとが感じる苦痛や、これらの人びとによって実際に生きられる苦痛を捉えるうえで、「象徴暴力」の語は適切であるように思われる。ブルデューの晩年の研究『世界の悲惨』は、こうした価値が低いものと見なされた人びとによって生きられた苦痛の感覚の例を数多く提示している。また、ゴフマンの『アサイラム』や『スティグマの社会学』もそうである

(Goffman [1961] [1969])。

【基本文献案内】
　これらの問題についてのブルデューの二つの鍵となるテクストは、『再生産』(Bourdieu and Passeron [1996]) と、『言語と象徴権力』(Bourdieu [1992b]) である。前者では「象徴暴力」の語が、後者では「象徴権力」の語がそれぞれ用いられる傾向にある。ジョン・オースティンの『言葉で物事をいかに行うか』(邦訳『言語と行為』)(Austin [1971]) は、非常に面白く、ブルデューの象徴権力の概念を正しく理解するための背景として重要なテクストである。

(倉島哲訳)

56 システムと生活世界 System and Lifeworld

◎関連概念：生活世界の植民地化、生活世界、
　　　　　　新しい社会運動、公共圏

　本書の【32生活世界】で、生活世界の概念は現象学者の研究において展開されてきたものである、と筆者は論じた。ここで筆者は、ハーバーマスによる生活世界の概念と、それと対照的な「システム」概念について論じる。ハーバーマスによる生活世界の概念は、その多くを現象学の見解から借用している。しかしここで筆者は、これらの繋がりについては探求しない。ここでの目的のために、二つの概念をまったく異なるものとして考えることが有意義である。

　ハーバーマスは、異なる二つの点で「システム」と「生活世界」を区別する。ハーバーマスの仕事において、システムと生活世界は社会の異なる二つの「部分」である。しかし彼はまた、システムの分析方法と生活世界の分析方法とを認識論的に区別する。この区別は混同の可能性をも生み出す。そしてこの混同の可能性が、システム分析の観点からは生活世界がシステムの部分と見なされるという事実に基づいて増大する。筆者は、本項の最初に、これらの多様な概念的もつれを解いておきたい。しかし筆者がこの作業を始める前に、次のことを前もって述べておくことは最善であろう。筆者は、生活世界を明確に社会の部分として考えることから出発する、と。

　ハーバーマスにとって、すべての社会、すなわち生活世界とシステムは本質的に相互行為からなる。けれども、相互行為は異なった形式や文脈を帯びることがあり、それゆえ相互行為は異なるレベルの社会組織を生じさせる。生活世界は、本質的に「シンボル的」またはコミュニケーション的な相互行為からなる。これらの相互行為は、対話における行為者の間で獲得される相互理解と、共有される規範と価値へと向かう共通の方向性を通して、対面状況の水準で調整される。生活世界は、伝統や

それによって課されるさまざまな義務や責務により繋ぎ合わされる。そして生活世界はまた、コミュニケーション空間として、文化、知識、アイデンティティなど他の側面とともに、伝統が再生産される社会領域である。

シンボル的相互行為の場面においては、解釈学的分析[1]が生活世界に導き入れられる。これは、ハーバーマスが「生活世界分析」によって意図していることである。社会学的目的のために、生活世界分析は、相互行為に従事する行為者にとって社会的行為がもつ意味を研究することを意味しているか、より哲学的目的にとって、生活世界分析は、重要概念の基本的論理や文法そして／あるいはコミュニケーション形式を研究することを意味している。しかし上述したように、ハーバーマスはまた、生活世界がシステム分析を受け入れる余地があると考える。要するにこれは、タルコット・パーソンズ（Parsons［1966］）流の機能分析ということになる。

つまり、ハーバーマスは生活世界を、生活世界を構成する行為者の相互行為の意味と解釈の観点から分析できるということだけでなく、同様により大きな社会を維持するのに役立つ機能の観点からも分析できると考えている。実質上、生活世界はパーソンズ（Parsons［1966］）のAGIL図式[2]の「統合」機能と「潜在」機能をもっている。それは規範的秩序と考えられている。その規範的秩序は、根底のレベル（統合）において相互行為を調整／統合する規則と規範（明示的であれ黙示的であれ、公式的であれ非公式的であれ）のシステムである。それはまたコミュニケーション的秩序とも考えられる。その秩序は、たとえば言語などの文

---

[1] 解釈学的分析とは、行為者の行動や発話の意味を解明することに焦点を当てた分析である。
[2] 社会が存続できるとしたら、すべての社会システムは四つの基本的な「機能要件」を満たさなければならない、とパーソンズは主張する。社会システムは、外部環境に適応（A）しなければならないし、目標（G）を策定し達成しなければならない。また社会システムは内的統合（I）を達成しなければならなし、潜在的文化パターン（L）を再生産しなければならない。以上が、パーソンズのAGIL図式として知られているものである。

化的なパターン、性向、資源を再生産する。それらは、社会生活を可能なものとし、社会の他の「諸部分」が要求するものである（「潜在性」）。

こうしたシステム分析は、より一般的な観点から行うことができる。たとえば、どのような社会でも、構成的な相互行為を調整したり「統合」したりする規範のシステムをもっているに違いないということができるし、社会は基本的な文化の蓄積（たとえば言語や信念など）を再生産する手段をもつに違いないということができる。けれども、システム分析はまたより具体的でもある。というのも、「この」社会類型は、「この」種の社会組織を前提とし、「この」規範や社会的パターンを前提にしている、と論じうるからである。たとえば、資本主義社会はその成員を生産的経済活動へと動かす労働倫理という形式を要求する、と論じることができる。また議会制民主主義は、明確な形式と、市民の利益のための政治へのある程度の関心を前提にしている、と論じることができる。

ハーバーマスがパーソンズと異なるところは、生活世界を社会的文化システムと考えるとき、生活世界の内にある危機的傾向の可能性にハーバーマスが注目している点である（Habermas [1988]）。とりわけ、ハーバーマスは「正統性の危機」の可能性に言及している。その危機は、政治システムが対処できない程度にまで規範が統合力を失い、それが疑問に付され、疑義をもたれているような状態のことである。またハーバーマスは、「動機づけの危機」についても言及する。その危機は、生活世界が社会システム全体の求める労働倫理のような基本的性向を再生産することを止めてしまう状態のことである（→【08危機】）。

生活世界は、「コミュニケーション的行為」を通して構成される。くり返していうと、これは相互理解と合意の達成を志向する言語的相互行為の形式である。ハーバーマスはこの行為類型を二つの下位カテゴリー、すなわち規範形成的行為と討議（ディスコース）とに分ける。その名称が提示しているように、規範形成的行為は多かれ少なかれ共有された社会規範への慣習的で、気づかれない遵守を含む。行為者は自分が関与するどのような相互行為類型にも適用される社会的期待に準拠する。これに対して、討議は、行為者にコミュニケーション的合理性に基づく審問や評価を受けさせるために、行為者が反省的に習慣や前提を省みる契機を指し示してい

る（→【11ディスコース】）。討議は、行為者間の論争を伴い、その論争の中で各行為者が論理や理由のやりとりによって、異なった見解をもつ他者を納得させようとするのである。

　ハーバーマス（Habermas [1987a]）は彼自身のコミュニケーション的合理性を、より広範な歴史的合理性の説明の内に位置づける（→【42合理性】）。コミュニケーション的合理性は歴史的な達成物である、と彼は主張する。科学史がはっきりと立証しているように、私たちの論理的な思考、議論、意味づけは文化の領域に属し、明白にその文化の歴史の中にある学習過程に属している。今日の私たちが論理的に考える仕方は、私たちが過去に行っていた論理的思考とは異なるものである。

　近代的な論理的思考の出現が討議的民主主義を可能にした、と彼は続けて述べる。それは、ある社会の可能性を開いた。その社会とは、もっとも重要なものとしては、法を含む社会規範が、純粋な理性による討論の結果であるような社会である。さらに、かつて議論の彼方にあると考えられていた、とくに権力や権威に関連する社会生活の領域は、現在、議論と論争に対して開かれている。合理化や啓蒙運動が起こるに先立って、政治構造や法はとくに宗教に起源をもち、宗教を参照することにより正統づけられていた。そして、宗教それ自体は質疑や議論に開かれていなかったのである。封建制の王は、理知を参照することによって自分の法に対する正統性を主張してはいなかった。もしそうしていれば、理知的主体による質疑が可能であっただろう。その正統性は、誰も疑問に付す資格がない神を参照することで主張されたのである。この事態が変容し、政治エリートたちが自分自身の合理性に基づくことによって権威と決定に対する正統性をだんだんと主張していったのは、合理化の過程を通してである。国法は神の法ではなく、理性的個人が公正で妥当なものとして受け入れるものであり、少なくともそれが理念である。ハーバーマスは、実際のところ、民主主義社会はそれが自己の正統性のために足場とし依拠している理念からはほど遠い、と論じている（→【08危機】【40公共圏】）。

　合理化の過程はまた、ハーバーマスが社会の「システム」部分として言及するものの中心をなしている。伝統社会において、社会のあらゆる

側面は生活世界の中に含まれていたとハーバーマスは述べる。これが意味するのは、政治活動と経済活動の両方が宗教や伝統によって強く規制されていたということである。そして宗教と伝統が、政治活動と経済活動に意味や倫理の枠組みを与えていた。たとえば、経済取引においてもっとも高値で買う者と自由に取り引きする人はいなかった。商品は伝統と義務に従って順次取り引きされる傾向があった。しかし、合理化過程に不可欠であるのは、社会の規範的な核からこれら二つの行為形式を分離することであり、その結果、各々の行為形式は、道具的理性の計算に基づいた比較的自由な功利的行為の闘技場（アリーナ）となった。

　近代社会において、政治的、経済的な行為者として、私たちは自分たちにとって最善なものを選択し、戦略的な仕方でその選択を追求する。私たちは規範的な考慮や伝統に束縛されない、または少なくともその必要はない。さらに生活のこれらの領域、つまり経済と政治それぞれの領域は、新しいコミュニケーション・メディアの出現を通して、さらに合理化されている。

　このメディアとは、経済の場合は貨幣であり、政治の場合は合理化された政治的な権力である。これら二つのメディアは、量的・質的の双方において経済的、政治的な関係を変容させているとハーバーマスは述べる。たとえば、標準化された国内通貨が出現したことは、相互的な感情の繋がりのネットワークによって結びついていた国家のすべての成員を以前よりもより強く結びつけ、それゆえあらゆる範囲の新しい社会的ダイナミズムを生じさせる。共通通貨を通して結びついた人びとの数は、繋がりの強さと同様、より拡大する。人びとが（間接的に）互いに影響を与える方法は変容している。

　ハーバーマスにとって、これらすべての最終的な影響は、彼が「システム統合」と呼ぶ社会統合の新しい形式が出現したことである。くり返すならば、生活世界の方は、ローカルな相互行為における対話者間で達成された相互理解に基づいて統合されている。これは「社会統合」である。それに対して、システム統合はマクロ的秩序におけるインプットとアウトプット、需要と供給との間で達成される均衡という、むしろ非人格的なものである。たとえば政治システムにおいて、すべての市民は、

選挙やその他の市民参加という文脈で自分が望むとおりに「行使」するある程度の権力をもっている。これは、国家への権力の移行を構成し、そしてその国家は、同じ市民に対して政策や法を課すことが認められる。要求されるどのような政策でも行使できる効率的な委任を国家が集約している程度に応じて、統合は達成される。経済においても同様に、すべての経済的行為主体は富を自由に追求し、望む方法で自由に富を使うことができる。経済的行為主体は自己本位的に、他者を考慮することなしに振る舞うし、少なくとも振る舞う可能性がある。全体の二側面、すなわち他者が求める商品を需要と供給が均衡する量で供給するように、人びとが富への欲望によって十分動機づけられる程度に応じて、システムは統合される。

　ハーバーマスは、彼の生活世界概念の場合と同様に、システムの（体系的な）統合が自律的で確実なものだとは考えていない。反対にハーバーマスは、近代社会システムの体系的側面の内部において二つのはっきりと区別される危機傾向を識別している。これは経済的危機傾向と合理的危機傾向である（→【08危機】）。ハーバーマスが経済的危機傾向を理解する態度は、その方向性において本来的にマルクス主義的である。経済が自由であるとしたら、経済は利潤の低下や周期的な過剰生産の危機という傾向を被ることになる。さらに、結果として労働者階級における失業、賃金の減少、貧困の増大が生じるかぎりにおいて、ハーバーマスはマルクス主義者の立場を支持する。この立場とは、資本主義に対する労働者階級の反対意思や急進的な階級意識という形で、経済的危機傾向が簡単に正統性の危機や動機づけの危機を発生させうることを認識することによって生まれる。

　ハーバーマスは歴史的な後知恵を利用するのだが、彼がマルクスから離れるところは、経済的危機傾向を安定化し、労働者の暴動――それはたとえば、19世紀と20世紀の初期を通して、多くのヨーロッパ諸国において増大していた――を沈静化し、少なくともそれを制御するという方法で、国家が社会に介入することができるということを承認する点にある。とくに国家は、経済運営に対する増大する責任と、また社会政策や福祉国家を通して国民の福祉と国民生活の順調な運営に対する増大する

責任を引き受けてきた。さらにいえば、国家がいまや社会のすべての成人成員の民主的代理人であることを宣言できるほどに、参政権は拡張されてきた。けれども、ハーバーマスの見解によれば、こうしたことは資本主義の危機傾向を解決したのではなく、置き換えただけである。経済は現在、管理され独立性を欠いているので、独立した危機ではない。しかし、だからといって「危機管理の危機」、すなわちハーバーマスが「合理性の危機」と呼ぶものが起こるのを防ぐことができるというわけではない（→【08危機】）。

近代社会における国家は、国民の要求や必要性に沿って予算を均衡させる。しかし、これは帳尻を合わすことができることを保障するものではない。それゆえ、管理上の危機すなわち「合理性」の危機の可能性は、つねに脅威となっている。戦後合意の急速な衰退、経済運営に対するケインズ主義的方法、1970年代後半の英国と米国の双方における政府の新自由主義的政策の高まりは、この種の危機に関わる例として取り上げられるであろう。

総括していえば、ハーバーマスは二つの分析形態として、システムと生活世界を区別する。システム分析は実際には「機能主義的」である。これに対して、生活世界分析は実際には解釈的または解釈学的である。しかし、生活世界とシステムはまた社会統合の二つの異なるレベルを表している。つまり一方（生活世界）は、人びとの間の相互的合意に焦点を当てる。そして、相互的合意は規範と理解という方法（社会統合）によって達成される。他方（システム）は、社会的世界の多様な部分相互の意図せざる調和に基づいている。そこでは機能的な要件が満たされている（システム統合）。

けれども最終的に、近代社会の文脈においては、システムが、生活世界から経済と国家を「分離させる」ことと結びついている。ちなみに、この分離の過程は、社会のこれらの部分がそのシステム特性に従ってより自由に作動することを可能にし、そしてこの過程は異なった行為の志向性が行為者に求められるような空間を作り出してきた。生活世界は理解を志向するコミュニケーション的行為（「コミュニケーション的合理性」）によって構成される。経済的システムと政治的システムは、戦略

と戦略的な合理的行為によって特徴づけられる（→【42合理性】）。そしてこれらは、貨幣と権力によって媒介され、個人的目的の達成へと方向づけられるのである。

【基本文献案内】
　本項のための鍵となる文献は、ハーバーマスの『コミュニケイション的行為の理論』第2巻（Habermas [1987b]）である。ただし、この文献はかなり難しいので、ホワイトの『ユルゲン・ハーバーマスの最近の仕事』（White [1988]）、あるいはアウスウェイトの『ハーバーマス』（Outhwaite [1993]）から読みはじめる方がずっと容易であろう。

（安田裕昭訳）

57
無意識：あるいは無意識的なもの
Unconscious (the)

> ◎関連概念：イド・自我・超自我、想像界・象徴界・現実界、
> 鏡像段階と自我、精神分析における抑圧

　無意識と呼ばれる概念には、西欧の文化と哲学に深く遡ることができるほどの歴史がある。しかし現在の用語において、無意識は、一般的に精神分析の学問分野、とくにその創設者であるジークムント・フロイトと関連づけられている。フロイトは、彼がみたところによると、「精神」や「心理」を、意識——自己と世界の両方に関する人間の意識の気づき——と同じものと見なしていた当時の哲学者や心理学者に批判的であった。フロイトは、人間心理学が意識というものを扱い切れていないことは、彼が「前意識」と呼ぶ証拠によって明らかであると論じた。

　「前意識」には、ある特定の瞬間において個人があるときは気づいていないが、必要とするか欲すれば容易に呼び戻すことができるすべてが含まれる。たとえば、私はいつも私の電話番号や住所のことを考えたり意識しているわけではないが、それが必要となるか必要とされれば、私はすぐにそのいずれかを意識上にもってくることができる。すなわち、私はそれらを言葉として思い出すことができるし、声に出すこともできる。これらの「事実」は、それをいまは意識できないとしてもいつでも意識できるという意味で、前意識的である。これは、次の理由で有益な議論である。つまり、精神的生には私たちがいつでも意識的になれる大きな部分が存在しており、意識は心理の氷山のほんの一角にすぎないということを示唆しているのである。

　しかしながら、フロイトにとって、前意識よりもさらに重要なのは、彼が「無意識」と名づけるものである。フロイトは、無意識は主として記憶と表象という精神現象で構成されており、少なくとも容易に、そして日常的な文脈で意識に上げることはできないと論じている。しかし無意識は、それが存在していることも、私たちの意識的な経験や行動に影

響を及ぼしていることも推測することができる。フロイトは、ある心理療法の実践（精神分析）を進展させる中で、この考え方に辿りついた。神経症の問題は、個人が意識にのぼらせることはできないが何らかの影響をもたらしている（現実的または想像的な）経験によって説明されると思われる、とフロイトは論じた¹⁾。この考え方の「論証」は、ある程度臨床的であったし、いまもそうである²⁾。しかしながら、フロイトはこの考えを「通常の」または「普通の」経験の中にもみられる現象のいくつかに言及することで、その「論証」を行おうとしてもいる。フロイトはこれを「日常生活の精神病理学」（Freud [1976]）と呼んでいる。

　一方で、フロイトは彼が「錯誤行為」と呼ぶ証拠を示していた。これらは、私たちのほとんどが日々生み出している日常生活のありふれた「失敗」の一種である。私たちがふとしたことから不適切なことを言ってしまう「言い間違え」は、おそらくこの事例のもっとも有名な例の一つであり、それは「フロイト的失言」という通称を得ている。だが、フロイトは他にも数多くの例を示している。たとえば、名前や約束を忘れたり、不手際な振る舞いをしてしまったり、ある言葉を聞き間違えたりすることがある。フロイトによれば、私たちはそれらの失錯をちょっとした間違いやアクシデントと見なしがちである。だが、フロイトはそうした見方とは異なる見解を提案している。フロイトは、私たちが私たちの失錯に対してより詳細に眺めてみると、その失錯がアクシデントであるとは考えられないような、また（生体心理学的な）「機械の故障」の結果であるとは考えられないような特徴が明らかになると論じる。私たちは、ただある言葉を言うのに失敗しているだけではない。

　一例を挙げてみよう。私たちは別の言葉を言ってしまうことがある。往々にして、その言葉は私たちが言わねばならなかった言葉とはまった

　1）　精神分析における心理療法は、その実践者が主張するように、これらの無意識的な要素を意識に引き上げることである。これは、その無意識的な要素を払いのけるか、少なくとも個人とその苦悩とを調和させようとしているのである。

　2）　フロイトの考え方の妥当性は多くの議論を生んでいる。さらに、この考えが妥当かどうかという点は、解釈的社会科学の中で事柄を「証明する」際の困難さを例証する一つの典型例となっている。

く似ても似つかない言葉であることがある。そして、たとえその言葉が「言おうとしていた」ことと反対であったり、それとは矛盾することを意味していたとしても、言ってしまった言葉がその文脈の中で意味をもつことがしばしばある。言い換えれば、私たちはある意味をもつ行為を遂行することを失敗しただけではない。私たちは、当初の意味をもつ行為に反し、さらに私たちの意識的な意図に反した他の意味をもつ行為を遂行したのである。

フロイトは、これらの例において私たちは二つの意図を混同していると論じる。一つは、私たちが自覚しているものであり、もう一つは私たちが自覚していないもの、すなわち無意識的なものである。たとえば、たぶん無意識的であれ、「口を滑らせて言った」ことを本当に言おうと意図していたと仮定することによって、失言に意味を帰することは今日でも一般的である。そして、そのようにすることは、多少とも私たちがフロイトに従っているといえよう。失錯の一貫性と有意味性は、私たちが思うほどに「偶発的」ではないことを示唆している。より明確にいうならば、これは、たいていはうまく隠されているが、私たちの失錯やしくじりという形で定期的に表面化せざるをえなくなっている私たちの心理的生の一側面を少なくとも示唆しているのである。

錯誤行為に加えて、フロイトは夢の現象の中に無意識的な心理的生の証拠を見いだしている。フロイトによれば、錯誤行為と同様に、夢は「攪乱」である。夢は眠りを攪乱する。そして錯誤行為と同様に、たとえそれが往々にして偽装された方法であったとしても、無意識的な願望を明らかにする。フロイトは、あらゆる夢には顕在的な意味があると論じている。たとえば、私がトンネルの先へ逃げる夢を見たとしよう。そのトンネルは、走れば走るほど長くなる。トンネルの出口には決して辿り着くことができない。このような夢の場合、その顕在的な意味は「私は回廊のようなものの中を走りまわっている」というものである。

しかし、なぜ私はこのような夢を見たのだろうか。回廊の中を走りまわって何をしようとしていたのだろうか。なぜ私はそのような夢を見て、たとえば、在りし日の出来事や目が覚めた後の朝食の夢を見なかったのだろうか。このような疑問をもつとき、私たちはフロイトが夢の潜在的

な意味——夢が「本当に」意味するもの——と呼ぶものについて考えはじめているのである。

フロイトは、夢の衝動はどこからやってきているに違いないと論じている。この衝動の中には、私たちにとって外部的なものもある。寝室での出来事は、ときに私たちの夢の中で暗号化された形で現れることがある。たとえば、寝室のドアがバタンと閉まった音が、夢の中で銃の音として現れる。しかしながら、多くの場合その衝動は私たちの内部的なものである。これら内部的な要因の中には、私たちが意識的な状態では、たいてい自覚的である欲求や欲望が含まれている。たとえば、お腹がすいたとき食べ物の夢をしばしば見る。また、膀胱に尿がたまってくると水に関係した夢や排尿をする夢を見ることが時どきある。

だが、フロイトによれば、私たちの夢の内容の多くを説明する鍵となる干渉は、無意識からの干渉である。そして、夢の潜在的な内容を説明する鍵——暗号を解く鍵——となるのが、この夢の無意識的な干渉への遡及である。とくにフロイトは、夢は「願望の充足」の一つの側面であると論じている[3]。つまり、夢は私たちの無意識的な願望や欲望を映し出し、またそれら願望と結びつけられたさまざまな不安、恐怖、関心を映し出しているのである。たとえば、先ほどの「長い回廊」に戻れば、それはおそらく次のようなことを意味しているのであろう。私は出世を望み、そのために努力をしている。だが、前に進もうとするあらゆる奮闘にかかわらず、私の目標は遠ざかっているようである、と。おそらく、意識的にはこのような考え方をしないが、無意識の中での関心はそこにあり、その関心は夢のストーリー中での主題として夢の形態をとって現れてきているのであろう。それはちょうど、尿がたまった膀胱とそれを排出したいという欲望が、夢の中で流れる水のイメージとして現れるのと同じである。

だが、それで終わりというわけではない。目標の達成に失敗することは不快な経験であり、また自身では受け入れがたい経験である。そのた

---

[3] 空腹で食べ物の夢を見て眠っている人や、膀胱に尿がたまって水や排尿の夢を見るような、これらの例とは異なる事例がいくつもあるのは当然のことである。

め、私たちは失敗を認めたがらないかもしれないし、夢の中での回廊のような隠喩的な形式に表現手段を見いだすことしかできないかもしれない。しかし、それは多くの社会的文脈の中で承認されたり、理解されたり、許容されたり、ことによると共感すらされる。これは、古典的なフロイトの図式の中では無意識には当てはまらない。この理由のため、夢のテクストの中で前提とされているであろう無意識的な願望が帯びる隠喩形式は、多くの場合、明白な婉曲表現形態として理解される。

　フロイトは、私たちの日常生活や、とりわけ文学作品や神話において、社会的に敏感な問題やとくに性的な問題を扱っているときに、婉曲的に表現する傾向があると記している（この文脈において、「社会的敏感さ」それ自体が「性的」婉曲表現である）。たとえば文学作品において、性体験は時としてある人が別の人と交差するなどといった、より文学的な一文で象徴的に示されることがある。また映画においては、時としてトンネルを通過する電車で示されることがある。そして私たちは、性的な器官と実践とを言い表す羞恥心から逃れるための数多くの言葉をもっている。たとえば、「ビット・オブ・ハウズ・ユア・ファーザー［性交のこと］」「オールド・マン［ペニスのこと］」「メリー・ジェーン［マリファナのこと］」「アーサー・ジェイ・ランク［自慰のこと］」といった俗語がある。フロイトは、無意識の願望も同じで、それはうまく夢に化けるのだと述べている。睡眠中のリラックスした状態は、こういった願望が表面化してくるのであり、願望は夢見状態に入り込みはじめる。しかし、こういった場合であっても、好ましくない部分を削除したり、ときにはそれを偽るような、偽装または婉曲された方法を用いるのである。

　この点は、フロイトの企ての中心にある数多くの問いへと私たちを誘う。すなわち、なぜ私たちは無意識的なものをもつのだろうか。また、無意識的なものはいかにして形成されるのだろうか。フロイトにとって、この答えは、私たちの本来の基礎状態と、社会——とりわけ私たち自身の文明化された社会——の中での生の要求との間の葛藤の中にある。とくに、フロイトは本来私たちの性に関する傾向が、私たちの社会の道徳とは調和しないと考えている。本来、私たちは「多形倒錯」である（Freud [1973]）。すなわち、私たちは多様なやり方で性的快楽を引き出す

ことができ、礼儀正しく道徳的な社会の規則に向かう本来的な傾向はほとんどもっていない。それが気持ちよくて、そうする力があるのならば、私たちは気持ちがよくなるように行為する傾向がある。

さらに同様に、私たちは集団生活やとりわけ文明化された生活と合わない攻撃形態に傾きがちである。フロイトは、その結果として、私たちはこれらの願望と、それが心理的生を支配していた幼い頃の経験と記憶を抑圧することを学ばなければならないと論じている（→【47精神分析における抑圧】）。そして、私たちが文明化と抑圧の状態を達成してしまったとき、もし欲望に自覚的になりはじめることができるとしたら、これらの欲望は私たちにとってまさに衝撃と動揺を呼び起こし、その結果さらなる抑圧への動機を生み出す。しかしながら、この抑圧の過程は欲望や記憶を取り除いているわけではない。この過程は、それらを意識の外にとどめているにすぎない。抑圧の過程が、とくに精神分析的な意味での無意識を作り出すのである。

フロイトにとって、この過程でもっとも影響がある時期は、彼が幼児期の発達におけるエディプス段階と呼ぶ時期である[4]。フロイトは、幼児の性に関する歴史は、口への関心の集中から始まると論じている。年少の幼児たちは口の中にうまく入りそうなものならば何でも放り込んでしまうし、一見したところ明らかにそうする感覚を楽しんでいる。年を経るにつれて、このような行いは、肛門周辺の快楽と両親と子どもの間での「おまる」をめぐる奮闘にとってかわる。子どもは、はじめのうちは内臓のコントロールをうまく作動させられないし、排泄物で遊ぶことも抑制しない。実際にフロイトは、子どもたちは排泄物で遊ぶことが楽しいのだと示唆している。言うまでもなく、子どもたちは内臓を抑制することを学ばなければならないし、排泄物への嫌悪感を発達させなければならない。だが、このことを達成すると、注意は生殖器へ移ることになる。

そのうえ、フロイトの見解によれば、これは次のような時期と同時に起こっている。すなわち、子どもたちは母親と過度に同一化し、母親に

---

[4] この時期は、5歳頃であるといわれている。

対して（性的に）5) 強く惹きつけられていくようになる。これは厳しい社会的禁忌、すなわち近親相姦の禁忌に反することであり、また父親の干渉を招くことになると、フロイトは論じている。とくに男の子の場合、これは子どもの母親に対する性的な欲望を抑圧し、父親と同一化し、結果として父親の（文明化された）態度と性向を引き受けることになる。言い換えれば、この時期は、子どもが文明の要求に屈服し、その結果、無意識を発達させる徹底的な断絶の時期である。

この理論は、とりわけ女の子の宿命に関して、数多くの問題を抱えており、何度も批判され、再解釈され、再定式化されてきた。ほとんどの精神分析家たちは、知られているかぎりでは、まさに「そのままの」ストーリーには賛成しない。だが、基本的な考え方は多くの精神分析家にいまだ広く支持されている。そして、この基本的な考え方は無意識の考え方としっかりと結びつけられている。この無意識は、エディプス葛藤が生み出したものであると考えられているのである。

精神分析理論の多様な側面や、とくに無意識に関する理論の信頼性は、評定するのが困難である。フロイトは多くの社会理論家たちに多大な知的刺激を与えたことが知られている。ある者は、フロイトの「心」に関するモデルが、社会的行為者に対する伝統的な見方への力強い批判になっているとみている。またある者は、フロイトの性的抑圧を、社会／政治的な抑圧の批判に変えている（→【47精神分析における抑圧】）。

だが、フロイトや各派の精神分析を受け入れるのに慎重になるのには、正当な理由がある。たとえば、多くの社会理論家たちは、人間行為者が行為を形成するすべての動機や出来事といったものに必ずしも意識的でないことには同意している。そして多くの理論家たちは、行為者が望んでいなかったり受け入れられない動機を隠蔽することがあるということ

---

5) 精神分析家たちは、これがどの程度「成人」期の性的な魅力を表象するかについて意見を異にしている。子どもが経験する性的な魅力は成人期の性的な魅力とはまったく異なっているという説明を推し進めている者もいる。だが、（その根っこにある性質だけをとってみれば）成人の欲望とおおよそ同じであると見なす者もいる。フロイトは、概して後者の立場に分類される。

にも同意するだろう（→【47 精神分析における抑圧】）。私たちは、フロイトの説明を必ずしも受け入れなくても、以上のようなことすべてを容認することができる。さらにいえば、フロイトのモデルには多くの問題がもち上がっている。たとえば、一方で精神分析家によって描かれた無意識の精神過程の複雑な描写は、いくぶん過度に「精神主義的」[6]であるようにみえるし、少し信じがたいものである。また他方で、フロイト自身の著作の多くは極端に機械論的で決定論的であるし、時代遅れの社会像と社会関係とに深く結びつけられている。最後に、精神分析学的な説明は検証できないし、きっちりした説明もないゆえに[7]、往々にして受け入れるのが困難である。そこで私たちは、次のように述べるのが最良だろう。社会理論のうちのこの精神分析という特定の源泉に関しては、審査はいまだ終わっていない、と。

---

6) 精神や「内的世界」に対する言及は隠喩であり、実際には、私たちの精神生活は、主として「外的な」行動や知覚によって成り立っているのだと論じる人は多い。この見方に立つと、複雑で「内的な」精神過程への精神分析的な言及とは、精神分析家自身が不運にもありのままに記述していると錯覚しているものであり、せいぜい手の込んだ隠喩であるすぎない。

7) 言い換えると、精神分析的な説明はその説明がまったく明白でないし、簡潔でもない。このことは、もしその説明がテストされて「証明」されるのであれば何ら問題ではないだろうが、実際にはそれができない。同様に、検証ができないという性質も、もしも精神分析家たちによって示された説明がわかりやすくて明白である（つまり、きっちりとしている）のであれば、たいした問題ではないだろう。虻蜂取らずの説明は、いかんともしがたく問題含みの説明を作り出しているのである。

【基本文献案内】
　多くの重要な批判理論家たち（とりわけ多くの精神分析家たち）とは対照的に、フロイトは感嘆に値する著作を残している。フロイトの著作は、つねに納得させられるわけではないが、明解で、自身の位置どりを擁護するための説得力のある合理的な議論である。フロイトの無意識に関する考え方のもっとも明確な解説は、彼のメタ心理学の中に見いだすことができる（Freud [1985]）。だが、彼の精神分析についての導入的な講義もすばらしい。そこにはフロイトが思い描いた精神分析の概況が示されている（Freud [1973]）。

（渡辺克典訳）

参考文献

Bibliography

【 A 】

Adorno, T. ed. [1969] *The Positivist Dispute in German Sociology.* London : Heinemann（城塚登・浜井修・遠藤克彦訳『社会科学の論理』河出書房新社、1979）.

Adorno, T. and Horkheimer, M. [1983] *The Dialectic of Enlightenment.* London : Verso（徳永恂訳『啓蒙の弁証法』岩波書店、1990）.

Althusser, L. [1969] *For Marx.* London : Verso（河野健二・西川長夫・田村俶訳『マルクスのために』平凡社、1994）.

Althusser, L. [1971] 'Ideology and State Ideological Apparatuses', in *Essays on Ideology.* London : Verso. pp. 1-60（「イデオロギーと国家のイデオロギー装置」西川長夫・大中一弥・山家歩・伊吹浩一・今野晃訳『再生産について：イデオロギーと国家のイデオロギー諸装置』平凡社、2005）.

Althusser, L. and Balibar, E. [1979] *Reading Capital.* London : Verso（権寧訳『資本論を読む』合同出版、1982）.

Andersen, E. [1997] *Introduction to the Statistical Analysis of Categorical Data.* New York : Springer.

Archer, M. [1995] *Realist Social Theory : the Morphogenetic Approach.* Cambridge : Cambridge University Press（佐藤春吉訳『実在論的社会理論：形態生成論アプローチ』青木書店、2007）.

Arendt, H. [1958] *The Human Condition.* Chicago : University of Chicago Press（志水速雄訳『人間の条件』筑摩書房、1994）.

Aristotle [1955] *The Ethics.* Harmondsworth : Penguin（朴一功訳『ニコマコス倫理学』京都大学出版会、2002）.

Austin, J. [1971] *How To Do Things With Words.* Oxford : Oxford University Press（坂本百大訳『言語と行為』大修館書店、1978）.

Ayer, A. [1946] *Language, Truth and Logic.* London : Gollancz（吉田夏彦訳『言語・真理・論理』岩波書店、1955）.

【 B 】

Bacharac, P. and Baratz, M. [1970] *Power and Poverty.* New York : Oxford University Press.

Bachelard, G. [1970] *Le Rationalisme Appliqué.* Paris : Presses Universitaires de France（金森修訳『適応合理主義』国文社、1989）.

Bachelard, G. [1984] *The New Scientific Spirit*. Boston: Beacon（関根克彦訳『新しい科学的精神』筑摩書房、2002）.

Bachelard, G. [2002] *The Formation of the Scientific Mind*. Manchester: Clinamen（及川馥・小井戸光彦訳『科学的精神の形成：客観的認識の精神分析のために』国文社、1990）.

Bagguley, P. [1995] 'Middle class radicalism revisited', in T. Butler and Savage, M. *Social Change and the Middle Classes*. London: UCL.

Barrett, M. [1991] *The Politics of Truth*. Cambridge: Polity.

Beauvoir, S. de [1948] *Pyrrhus and Cinéas*. Paris: Gallimard（青柳瑞穂訳『ピュリウスとシネアス』新潮社、1952）.

Beauvoir, S. de [1962] *The Prime of Life*. Harmondsworth: Penguin（朝吹登水子・二宮フサ訳『女ざかり：ある女の回想』紀伊國屋書店、1963）.

Beauvoir, S. de [1967] *The Ethics of Ambiguity*. New York: Citadel（「両義性のモラル」青柳瑞穂他訳『ボーヴォワール著作集（第2巻）：人生について』所収、人文書院、1968）.

Beauvoir, S. de [1988] *The Second Sex*. London: Picador（生島遼一訳『第二の性（1-5）』新潮社、1953-6）.

Beck, U. [1992] *The Risk Society*. London: Sage（東廉・伊藤美登里訳『危険社会』法政大学出版局、1998）.

Becker, G. [1996] *Accounting for Tastes*. Cambridge: Harvard University Press.

Becker, H. [1960] 'Notes on the concept of commitment', *American Journal of Sociology*, 66.

Becker, H. [1984] *Art Worlds*. California: University of California Press.

Becker, H. [1993] *Outsiders*. New York: Free Press（村上直之訳『アウトサイダーズ：ラベリング理論とはなにか』新泉社、1993）.

Beissinger, M. [1998] 'Nationalist violence and the state: political authority and contentious repertoires in the former USSR', *Comparative Politics* 30: 401-33.

Bell, V. (ed.) [1999] 'Performativity and Belonging', *Theory, Culture and Society* (special issue) 16(2).

Benjamin, J. [1991] *The Bonds of Love*. London: Virago（寺沢みづほ訳『愛の拘束』青土社、1996）.

Benvenuto, B. and Kennedy, R. [1986] *The Works of Jacques Lacan*. London: Free Association Books（小出浩之・若園明彦訳『ラカンの仕事』青土社、1994）.

Berger, P. and Luckmann, T. [1979] *The Social Construction of Reality*. Harmondsworth: Penguin（山口節郎訳『現実の社会的構成：知識社会学論考』新曜社、2003）.

Bernstein, J. [1995] *Recovering Ethical Life*. London : Routledge.
Beynon, J. and Dunkerley, D. [2000] *Globalisation; The Reader*. London : Athlone.
Bhabha, H. [1994] *The Place of Culture*. London : Routledge(本橋哲也・正木恒夫・外岡尚美・阪元留美訳『文化の場所:ポストコロニアリズムの位相』法政大学出版局、2005).
Bhaskar, R. [1979] *The Possibility of Naturalism*. Brighton : Harvester(式部信訳『自然主義の可能性:現代社会科学批判』晃洋書房、2006).
Bhaskar, R. [1989] *Reclaiming Reality*. London : Verso.
Bhaskar, R. [1994] *Plato Etc*. London : Verso.
Billig, M. [1999] *Freudian Repression*. Cambridge : Cambridge University Press.
Blauner, R. [1964] *Alienation and Freedom*. Chicago : University of Chicago Press(佐藤慶幸監訳『労働における疎外と自由』新泉社、1971).
Blumer, H. [1969] 'Collective Behaviour', in A. McClung-Lee, *Principles of Sociology*. New York : Barnes and Noble. pp. 67-121.
Blumer, H. [1986] *Symbolic Interactionism*. Berkeley : University of California Press(後藤将之訳『シンボリック相互作用論:パースペクティヴと方法』勁草書房、1991).
Bourdieu, P. [1977] *Outline of a Theory of Practice*. Cambridge : Cambridge University Press.
Bourdieu, P. [1983] 'The forms of capital', in J. Richardson, *The Handbook of Theory and Research for the Sociology of Education*. New York : Greenwood Press. pp. 241-58.
Bourdieu, P. [1984] *Distinction*. London : RKP(石井洋二郎訳『ディスタンクシオン:社会的判断力批判(1・2)』藤原書店、1990).
Bourdieu, P. [1986] *Homo Academics*. Cambridge : Polity(石崎晴己・東松秀雄訳『ホモ・アカデミクス』藤原書店、1997).
Bourdieu, P. [1988] 'Vive la Crise', *Theory and Society* 17(5) : 773-88.
Bourdieu, P. [1990a] *In other words*. Cambridge : Polity(石崎晴己訳『構造と実践:ブルデュー自身によるブルデュー』藤原書店、1991).
Bourdieu, P. [1990b] *Photography : A Middle-Brow Art*. Cambridge : Polity(山縣熙・山縣直子訳『写真論:その社会的効用』法政大学出版局、1990).
Bourdieu, P. [1992a] *The Logic of Practice*. Cambridge : Polity(今村仁司・港道隆共訳『実践感覚(1・2)』みすず書房、2001).
Bourdieu, P. [1992b] *Language and Symbolic Power*. Cambridge : Polity.
Bourdieu, P. [1993] *Sociology in Question*. London : Sage(田原音和監訳『社会学の社会学』藤原書店、1991).
Bourdieu, P. [1996] *The State Nobility*. Cambridge : Polity.
Bourdieu, P. [1998a] *Practical Reason*. Cambridge : Polity(加藤晴久・石井洋二

郎・三浦信孝・安田尚訳『実践理性：行動の理論について』藤原書店、2007）．

Bourdieu, P. [1998b] *On Television and Journalism*. London : Pluto（櫻本陽一訳『メディア批判』藤原書店、2000）．

Bourdieu, P. et al. [1999] *The Weight of the World*. Cambridge : Polity.

Bourdieu, P. [2000] *Pascalian Meditations*. Cambridge : Polity.

Bourdieu, P. Chamboredon, J-C. and Passeron, J-C. [1991] *The Craft of Sociology*. Berlin : Walter de Gruyter（田原音和・水島和則訳『社会学者のメチエ：認識論上の前提条件』藤原書店、1994）．

Bourdieu, P., Darbel, A. and Schnapper, D. [1990] *The Love of Art*. Cambridge : Polity（山下雅之訳『美術愛好：ヨーロッパの美術館と観衆』木鐸社、1994）．

Bourdieu, P. and Haacke, H. [1995] *Free Exchange*. Cambridge : Polity（コリン・コバヤシ訳『自由−交換』藤原書店、1996）．

Bourdieu, P. and Passeron, J. [1996] *Reproduction*. London : Sage（宮島喬訳『再生産』藤原書店、1991）．

Bourdieu, P. and Wacquant, L. [1992] *An Invitation to Reflexive Sociology*. Cambridge : Polity（水島和則訳『リフレクシヴ・ソシオロジーへの招待：ブルデュー、社会学を語る』藤原書店、2007）．

Bowie, M. [1991] *Lacan*. London : Fontana.

Burkitt, I. [1991] *Social Selves*. London : Sage.

Burkitt, I. [1999] *Bodies of Thought*. London : Sage.

Busfield, J. [1989] *Managing Madness*. London : Unwin Hyman.

Butler, J. [1989] 'Sexual ideology and phenomenological description : a feminist critique of Merleau-Ponty's Phenomenology of Perception', in J. Allen and I. Young, *The Thinking Muse*. Bloomington : Indiana University Press.

Butler, J. [1990] *Gender Trouble*. London : Routledge（竹村和子訳『ジェンダートラブル：フェミニズムとアイデンティティの撹乱』青土社、1999）．

Butler, J. [1993] *Bodies That Matter*. London : Routledge.

Butler, J. [1994] (with Osborne, P. and Segal, L.) 'Gender as performance : an interview with Judith Butler', *Radical Philosophy* 67 : 32-9.

Butler, J. [1997a] *The Psychic Life of Power*. Stanford, CA : Stanford University Press.

Butler, J. [1997b] *Excitable Speech*. London : Routledge（竹村和子訳『触発する言葉：言語・権力・行為体』岩波書店、2004）．

Buytendijk, F. [1974] *Prolegomena to an Anthropological Physiology*. Pittsburgh : Duquesne University press.

Byrne, P. [1997] *Social Movements in Britain*. London : Routledge.

【 C 】

Calhoun, C. [1994] (ed.) *Habermas and the Public Sphere*. Cambridge : MIT（山

本啓・新田滋訳『ハーバマスと公共圏』未來社、1999).

Calhoun, C. [1995] '"New Social Movements" of the early nineteenth century', in M. Traugott, *Repertoires and Cycles of Collective Action*. London : Duke University Press. pp. 173-216.

Callinicos, A. [2003] *An Anti-Capitalist Manifesto*. Cambridge : Polity（渡辺雅男・渡辺景子訳『アンチ資本主義宣言：グローバリゼーションに挑む』こぶし書房、2004).

Camic, C. [1986] 'The matter of habit', *American Journal of Sociology* 91 : 1039-87.

Camus, A. [1948] *The Plague*. Harmondsworth : Penguin（宮崎嶺雄訳『ペスト』新潮社、2004).

Camus, A. [1975] *The Myth of Sisyphus*. Harmondsworth : Penguin（清水徹訳『シーシュポスの神話』新潮社、2006).

Camus, A. [1982] *The Outsider*. Harmondsworth : Penguin（窪田啓作訳『異邦人』新潮社、1954).

Canguilhem, G. [1980] 'What is Psychology?' in *I & C* 7 : 37-50.

Canguilhem, G. [1991] *The Normal and the Pathological*. New York : Zone（滝沢武久訳『正常と病理』法政大学出版局、1987).

Cassirer, E. [1923] *Substance and Function and Einstein's Theory of Relativity*. London : Open Court Publishers（山本義隆訳『実体概念と関数概念：認識批判の基本的諸問題の研究』みすず書房、1979、および山本義隆訳『アインシュタインの相対性理論：哲学からみた物理学の革命』河出書房新社、1976).

Chabot, S. [2000] 'Transnational diffusion and the African American reinvention of the ghandian repertoire', *Mobilisation* 5 : 201-16.

Charlesworth, S. [2000] *A Phenomenology of Working Class Experience*. Cambridge : Cambridge University Press.

Chester, G. and Dickey, J. [1988] *Feminism and Censorship*. Dorset : Prism Press.

Clausen, S-E. [1998] *Applied Correspondence Analysis*. London : Sage.

Clegg, S. [1989] *Frameworks of Power*. London : Sage.

Coleman, J. [1988] *Foundations of Social Theory*. Cambridge : Harvard University Press（久慈利武監訳『社会理論の基礎（上・下）』青木書店、2004/2006).

Connell, R. [1987] *Gender and Power*. Cambridge : Polity（森重雄他訳『ジェンダーと権力：セクシュアリティの社会学』三交社、1993).

Cooke, M. [1997] *Language and Reason : A Study of Habermas's Pragmatics*. Cambridge, MA : MIT Press.

Cooley, C. [1902] *Human Nature and the Social Order*. New York : Charles Scribner's Sons（納武津訳『社会と我』日本評論社、1921).

Coulter, J. [1979] *The Social Construction of Mind*. London : Macmillan（西阪

仰訳『心の社会的構成：ヴィトゲンシュタイン派エスノメソドロジーの視点』新曜社、1998).

Crenson, M. [1971] *The Un-Politics of Air Pollution*. Baltimore : John Hopkins University Press.

Crompton, R. [1998] *Class and Stratification*. Cambridge : Polity.

Crossley, N. [1994] *The Politics of Subjectivity : Between Foucault and Merleau-Ponty*. Ashgate : Aldershot.

Crossley, N. [1995] 'Body techniques, agency and intercorporeality', *Sociology* 29(1) : 133-50.

Crossley, N. [1996a] *Intersubjectivity : The Fabric of Social Becoming*. London : Sage（西原和久訳『間主観性と公共性：社会生成の現場』新泉社、2003).

Crossley, N. [1996b] 'Body-subject/body-power', *Body and Society* 2(2) : 91-116.

Crossley, N. [1998] 'R. D. Laing and the British anti-psychiatry movement : a socio-historical analysis', *Social Science and Medicine* 47(7) : 877-89.

Crossley, N. [1999] 'Working utopias and social movements : an investigation using case study materials from radical mental health movements in Britain', *Sociology* 33(4) : 809-30.

Crossley, N. [2001a] *The Social Body : Habit, Identity and Desire*. London : Sage.

Crossley, N. [2001b] 'The phenomenological habitus and its construction', *Theory and Society*, 30 : 81-120.

Crossley, N. [2001c] 'Citizenship, intersubjectivity and the lifeworld' in N. Stevenson, *Culture and Citizenship*. London : Sage.

Crossley, N. [2001d] 'Merleau-Ponty', in B. Turner and A. Elliott, *Profiles in Contemporary Social Theory*, London : Sage, pp. 30-42.

Crossley, N. [2002a] *Making Sense of Social Movements*. Buckingham : Open University Press.

Crossley, N. [2002b] 'Global anti-corporate struggle : a preliminary analysis', *British Journal of Sociology* 53(4) : 667-91.

Crossley, N. [2002c] 'Habitus, agency and change : engaging with Bourdieu', *Gendai Shakai-Riron Kenku* (Journal of Studies in Contemporary Social Theory) 12 : 329-57（西原和久訳「ハビトゥス・行為・変動——ブルデューの批判的検討——」『現代社会理論研究』第12号、人間の科学社、2002).

Crossley, N. [2003a] 'Even Newer Social Movements', *Organisation* 10(4) : 287-305.

Crossley, N. [2003b] 'From reproduction to transformation : social movement fields and the radical habitus', *Theory, Culture and Society* 20(6) : 43-68.

Crossley, N. [2004a] 'Phenomenology, structuralism and history : Merleau-

Ponty's social theory', *Theoria* 103 : 88-21.
Crossley, N. [2004b] 'The circuit trainer's habitus : reflexive body techniques and the sociality of the workout', *Body and Society* 10(1) : 37-69.
Crossley, N. and Roberts, J.M. [2004] *After Habermas : New Perspective on the Public Sphere.* Oxford : Blackwell.
Cutler, A., Hindess, B., Hirst, P. and Hussain, A. [1977] *Marx's Capital and Capitalism Today.* London : RKP（岡崎次郎他訳『資本論と現代資本主義』法政大学出版局、1986-8）.

【 D 】

Dahl, R. [1961] *Who Governs?* New York : Yale University Press（河村望・高橋和宏監訳『統治するのはだれか：アメリカの一都市における民主主義と権力』行人社、1988）.
Danaher, K. [2001] *10 Reasons to Abolish the IMF and World Bank.* New York : Seven Stories Press.
Davidson, D. [1980] *Essays on Actions and Events.* Oxford : Clarendon Press（服部裕幸・柴田正良訳『行為と出来事』勁草書房、1990）.
Davis, K. and Moore, W. [1945] 'Some Principles of Stratification', *American Sociological Review* 10.
Degenne, A. and Forsé, M. [1999] *Introducing Social Networks.* London : Sage.
Della Porta, D. and Diani, M. [1999] *Social Movements : An Introduction.* Oxford : Blackwell.
Derrida, J. [1973] *Speech and Phenomena.* Evanston, IL : Northwestern University Press（林好雄訳『声と現象』筑摩書房、2005）.
Derrida, J. [1978] *Of Grammatology.* Baltimore : Johns Hopkins University Press（足立和浩訳『根源の彼方に：グラマトロジーについて（上・下）』現代思潮社、1972・1976）.
Derrida, J. [1982] *Margins of Philosophy.* Brighton : Harvester（高橋允昭・藤本一勇訳『哲学の余白（上）』法政大学出版局、2007）.
Derrida, J. [1989] *Edmund Husserl's Origin of Geometry : An Introduction.* New York : Bison Books（田島節夫・矢島忠夫・鈴木修一訳『幾何学の起源』青土社、2003）.
Derrida, J. [1994] *Spectres of Marx.* London : Routledge（増田一夫訳『マルクスの亡霊たち：負債状況＝国家、喪の作業、新しいインターナショナル』藤原書店、2007）.
Descartes, R. [1969] *Discourse on Method and The Meditations.* Harmondsworth : Penguin（三宅徳嘉他訳『方法叙説；省察』白水社、1991）.
Dews, P. [1987] *The Logics of Disintegration.* London : Verso.
Dews, P. [1995] *The Limits of Disenchantment.* London : Verso.

Dreyfus, H. and Rabinow, P. [1982] *Michel Foucault : Beyond Structuralism and Hermeneutics.* Brighton : Harvester（山形頼洋他訳『ミシェル・フーコー：構造主義と解釈学を超えて』筑摩書房、1996）.

Durkheim, E. [1915] *The Elementary Forms of Religious Life.* New York : Free Press（古野清人訳『宗教生活の原初形態（上・下）』岩波書店、1975）.

Durkheim, E. [1952] *Suicide.* London : RKP（宮島喬訳『自殺論』中央公論社、1985）.

Durkheim, E. [1964] *The Division of Labour.* New York : Free Press（田原音和訳『社会分業論』青木書店、2005）.

Durkheim, E. [1965] *The Rules of Sociological Method.* New York : Free Press（宮島喬訳『社会学的方法の規準』岩波書店、1978）.

Durkheim, E. [1973] 'The dualism of human nature and its social conditions', in *Émile Durkheim : On Morality and Society.* Chicago : Chicago University Press. pp. 149-66.

Durkheim, E. [1974] *Sociology and Philosophy.* New York : Free Press（佐々木交賢訳『社会学と哲学』恒星社厚生閣、1985）.

Durkheim, E. [2002] *Moral Education.* New York : Dover Publications（麻生誠・山村健訳『道徳教育論（第1・2巻）』明治図書出版、1964）.

Dworkin, A. [1981] *Pornography.* London : The Women's Press（寺沢みづほ訳『ポルノグラフィ：女を所有する男たち』青土社、1991）.

【 E 】

Edwards, G. [2004] 'Habermas and new social movements : what's new', in N. Crossley and J. M. Roberts, *After Habermas : New Perspectives on the Public Sphere.* Oxford : Blackwell.

Elias, N. [1978] *What is Sociology?* London : Hutchinson（徳安彰訳『社会学とは何か：関係構造・ネットワーク形成・権力』法政大学出版局、1994）.

Elias, N. [1984] *The Civilising Process.* Oxford : Blackwell（波田節夫他訳『文明化の過程（上・下）』法政大学出版局、2004）.

Elias, N. [1996] *The Germans.* Oxford : Blackwell（青木隆嘉訳『ドイツ人論：文明化と暴力』法政大学出版局、1996）.

Elster, J. [1989] *Nuts and Bolts for the Social Sciences.* Cambridge : Cambridge University Press.（海野道郎訳『社会科学の道具箱：合理的選択理論入門』ハーベスト社、1997）.

Emirbayer, M. [1997] 'Manifesto for a Relational Sociology', *American Journal of Sociology* 99(6) : 1411-54.

Engels, F. [1969] *The Condition of the Working Class in England.* St. Albans : Panther（武田隆夫訳『マルクス・エンゲルス選集 第2巻：イギリスにおける労働階級の状態』新潮社、1960）.

Evans-Pritchard, E. [1976] *Witchcraft, Oracles and Magic Amongst the Azande.* Oxford : Clarendon（向井元子訳『アザンデ人の世界：妖術・託宣・呪術』みすず書房、2001）.

Eyerman, R. and Jamison, A. [1991] *Social Movements : A Cognitive Approach.* Cambridge : Polity.

【 F 】

Fairclough, N. [1994] *Language and Power.* London : Longman.

Fanon, F. [1986] *The Wretched of the Earth.* Harmondsworth : Penguin（鈴木道彦・浦野衣子訳『地に呪われたる者』みすず書房、1996）.

Fanon, F. [1993] *Black Skins, White Masks.* London : Pluto（海老坂武・加藤晴久訳『黒い皮膚・白い仮面』みすず書房、1998）.

Fernando, S. [1991] *Mental Health, Race and Culture.* London : Macmillan.

Fine, B. [2001] *Social Capital versus Social Theory.* London : Routledge.

Foucault, M. [1965] *Madness and Civilisation.* London : Tavistock（田村俶訳『狂気の歴史：古典主義時代における』新潮社、1975）.

Foucault, M. [1970] *The Order of Things.* London : Tavistock（中村雄二郎訳『言語表現の秩序』河出書房新社、1995）.

Foucault, M. [1972] *The Archaeology of Knowledge.* London : Tavistock（中村雄二郎訳『知の考古学』河出書房新社、2006）.

Foucault, M. [1973] *Birth of the Clinic.* London : Tavistock（神谷美恵子訳『臨床医学の誕生』みすず書房、1969）.

Foucault, M. [1978] 'Politics and the study of discourse', *Ideology and Consciousness* 3 : 7-26.

Foucault, M. [1979] *Discipline and Punish.* Harmondsworth : Penguin（田村俶訳『監獄の誕生：監視と処罰』新潮社、1977）.

Foucault, M. [1980a] *Power/Knowledge.* Brighton : Harvester（蓮實重彦訳「権力と知」小林康夫他編『フーコー・コレクション4』所収、筑摩書房、2006）.

Foucault, M. [1980b] *Language, Counter-Memory, Practice.* New York : Cornell University Press.

Foucault, M. [1982] 'The subject and power', in H. Dreyfus and P. Rabinow, *Michel Foucault : Beyond Structuralism and Hermeneutics.* Brighton : Harvester. pp. 208-26（「主体と権力」山形頼洋他訳『ミシェル・フーコー：構造主義と解釈学を超えて』所収、筑摩書房、1996）.

Foucault, M. [1984] *The History of Sexuality Vol. I*, Harmondsworth : Penguin（渡辺守章訳『性の歴史1：知への意思』新潮社、1986）.

Foucault, M. [1988] 'Truth, Power, Self : An Interview', in Martin, L., Gutman, H. and Hutton, P., *Technologies of the Self.* London : Tavistock. pp. 9-16（「真理・権力・自己」田村俶・雲和子訳『自己のテクノロジー：フーコー・セミナー

の記録』所収、岩波書店、2004).

Frankfurt, H. [1982] 'Freedom of the will and the concept of the person', in G. Watson, *Free Will*. Oxford : Oxford University Press. pp. 81-95.

Freud, A. [1968] *The Ego and the Mechanisms of Defence*. London : Hogarth（外林大作訳『自我と防衛』誠信書房、1958).

Freud, S. [1973] *Introductory Lectures on Psychoanalysis* (Pelican Freud Library Vol. 1). Harmondsworth : Penguin（安田徳太郎・安田一郎訳『精神分析入門』角川書店、1970).

Freud, S. [1985] *On Metapsychology* (Pelican Freud Library Vol. 11). Harmondsworth : Penguin.

Freud, S. [1986] *Civilisation, Society and Religion* (Pelican Freud Library Vol. 12). Harmondsworth : Penguin.

Fukuyama, F. [1992] *The End of History and the Last Man*. Harmondsworth : Penguin（渡部昇一訳『歴史の終わり（上・下）』三笠書房、2005).

【 G 】

Giddens, A. [1984] *The Constitution of Society*. Cambridge : Polity.

Giddens, A. [1990] *The Consequences of Modernity*. Cambridge : Polity（松尾精文・小幡正敏訳『近代とはいかなる時代か？：モダニティの帰結』而立書房、1993).

Giddens, A. [1991] *Modernity and Self-Identity*. Cambridge : Polity（秋吉美都・安藤太郎・筒井淳也訳『モダニティと自己アイデンティティ：後期近代における自己と社会』ハーベスト社、2005).

Gilroy, P. [1992] *There Ain't No Black in the Union Jack*. London : Routledge.

Gilroy, P. [1993] *The Black Atlantic*. London : Verso（上野俊哉・毛利嘉孝・鈴木慎一郎訳『ブラック・アトランティック：近代性と二重意識』月曜社、2006).

Goffman, E. [1959] *Presentation of Self in Everyday Life*. Harmondsworth : Penguin（石黒毅訳『行為と演技：日常生活における自己呈示』誠信書房、1974).

Goffman, E. [1961] *Asylums*. Harmondsworth : Penguin（石黒毅訳『アサイラム：施設被収容者の日常世界』誠信書房、1984).

Goffman, E. [1969] *Stigma*. Harmondsworth : Penguin（石黒毅訳『スティグマの社会学：烙印を押されたアイデンティティ』せりか書房、2001).

Goldberg, D. [1993] *Racist Culture*. Oxford : Blackwell.

Goldstein, K. [2000] *The Organism*. New York : Zone（村上仁・黒丸正四郎訳『生体の機能：心理学と生理学の間』みすず書房、1957).

Goldthorpe, J. [1998] 'Rational actor theory for sociology', *British Journal of Sociology* 49(2) : 167-92.

Goldthorpe, J. [2000] *On Sociology*. Oxford : Oxford University Press.

Gowers, T. [2002] *Mathematics : A Very Short Introduction.* Oxford : Oxford University Press（青木薫訳『数学』岩波書店、2004）.

Gramsci, A. [1971] *Selections From Prison Notebooks.* London : Lawrence and Wishart.

Granovetter, M. [1973] 'The strength of weak ties', *American Journal of Sociology* 78（「弱い紐帯の強さ」野沢慎司編・監訳『リーディングス ネットワーク論』所収、勁草書房、2006）.

Grehan, K. [2002] *Gramsci, Culture and Anthropology.* London : Pluto.

Grosz, E. [1990] *Jacques Lacan : A Feminist Introduction.* London : Routledge.

Gutting, G. [1989] *Michel Foucault's Archaeology of Scientific Reason.* Cambridge : Cambridge University Press（成定薫他訳『理性の考古学：フーコーと科学思想史』産業図書、1992）.

【 H 】

Habermas, J. [1970a] 'On systematically distorted communication', *Inquiry* 13(3) : 205-18.

Habermas, J. [1970b] 'Towards a theory of communicative competence', *Inquiry* 13(4) : 360-75.

Habermas, J. [1972] *Knowledge and Human Interests.* London : Heinemann（奥山次良他訳『認識と関心』未來社、1981）.

Habermas, J. [1981] 'New social movements', *Telos* 49 : 33-7.

Habermas, J. [1987a] *Toward a Rational Society.* Cambridge : Polity（長谷川宏訳『イデオロギーとしての技術と科学』（部分収録）平凡社、2000）.

Habermas, J. [1987b] *The Theory of Communicative Action, Vol. II.* Cambridge : Polity（河上倫逸他訳『コミュニケイション的行為の理論（上・中・下）』未來社、1985）.

Habermas, J. [1988] *Legitimation Crisis.* Cambridge : Polity（細谷貞雄訳『晩期資本主義における正統化の諸問題』岩波書店、1976）.

Habermas, J. [1989] *Structural Transformation of the Public Sphere.* Cambridge : Polity（細谷貞雄・山田正行訳『公共性の構造転換：市民社会の一カテゴリーについての探究』未來社、1994）.

Habermas, J. [1991a] *The Theory of Communicative Action : Reason and the Rationalisation of Society,* Vol. 1. Cambridge : Polity（河上倫逸他訳『コミュニケイション的行為の理論（上・中・下）』未來社、1985）.

Habermas, J. [1991b] *Communication and the Evolution of Society.* Cambridge : Polity.

Habermas, J. [1992] *Moral Consciousness and Communicative Action.* Cambridge : Polity（三島憲一・中野敏男・木前利秋訳『道徳意識とコミュニケーション的行為』岩波書店、2000）.

Habermas, J. [1993] *Justification and Application.* Cambridge: Polity (河上倫逸・耳野健二訳『事実性と妥当性 (上・下)』未來社、2002-3).

Hair, J., Anderson, R., Tatham, R. and Black, W. [1984] *Multivariate Data Analysis.* London: Prentice Hall.

Halbwachs, M. [1958] *The Psychology of Social Class.* London: Heinemann (清水義弘訳『社会階級の心理学』誠信書房、1958).

Halfpenny, P. [1982] *Positivism and Sociology.* London: Allen and Unwin.

Hall, S. [1987] 'Gramsci and Us', *Marxism Today* (June): 16-21.

Hammond, M., Howarth, J. and Keat, R. [1991] *Understanding Phenomenology.* Oxford: Blackwell.

Hegel, G. W. F. [1971] *The Philosophy of Mind.* Oxford: Clarendon Press (長谷川宏訳『精神哲学』作品社、2006).

Hegel, G. W. F. [1979] *The Phenomenology of Spirit.* Oxford: Oxford University Press (長谷川宏訳『精神現象学』作品社、1998).

Heidegger, M. [1962] *Being and Time.* Oxford: Blackwell (原佑・渡辺二郎訳『存在と時間』中央公論新社、2003).

Heidegger, M. [1978] 'A letter on humanism', in *Basic Writings.* London: RKP. pp. 190-242 (渡辺二郎訳『ヒューマニズムについて』筑摩書房、1997).

Held, D. [1980] *Introduction to Critical Theory: Horkheimer to Habermas.* Cambridge: Polity.

Held, D. and McGrew, A. [2002] *Globalisation/Anti-Globalisation.* Cambridge: Polity (中谷義和・柳原克行訳『グローバル化と反グローバル化』日本経済評論社、2003).

Heritage, J. [1984] *Garfinkel and Ethnomethdology.* Cambridge: Polity.

Hertz, N. [2001] *The Silent Takeover.* London: Heinemann (鈴木淑美訳『巨大企業が民主主義を滅ぼす』早川書房、2003).

Hindess, B. [1982] 'Power, interests and the outcome of struggles', *Sociology* 16(4): 498-511.

Hindess, B. [1988] *Choice, Rationality and Social Theory.* London: Unwin Hyman.

Hindess, B. and Hirst, P. [1977] *Mode of Production and Social Formation.* London: Macmillan.

Hirschman, A. [2002] *Shifting Involvements.* Princeton: Princeton University Press (佐々木毅・杉田敦訳『失望と参画の現象学』法政大学出版局、1988).

Hirst, P. [1979] *On Law and Ideology.* London: Macmillan.

Hobbes, T. [1971] *Leviathan.* Harmondsworth: Penguin (水田洋訳『リヴァイアサン (1-4)』岩波書店、1992).

Homans, G. [1961] *Social Behaviour.* London: RKP (橋本茂訳『社会行動：その基本形態』誠信書房、1978).

Homans, G. [1973] 'Bringing men back in', in A. Ryan, *The Philosophy of Social Explanation*. Oxford University Press. pp. 55-64.
Honderich, T. [1973] *Essays on Freedom of Action*. London : RKP.
Honneth, A. [1995] *The Struggle For Recognition*. Cambridge : Polity（山本啓・直江清隆訳『承認をめぐる闘争』法政大学出版局、2003）.
Howells, C. [1999] *Derrida*. Cambridge : Polity.
Hume, D. [1969] *A Treatise of Human Nature*. Harmondsworth : Penguin（大槻春彦訳『人性論』岩波書店、1948-1952）.
Husserl, E. [1970a] *The Crisis of the European Sciences and Transcendental Phenomenology*. Evanston, IL : Northwestern University Press（細谷恒夫・木田元訳『ヨーロッパ諸学の危機と超越論的現象学』中央公論社、1992）.
Husserl, E. [1970b] 'The origin of geometry', in E. Husserl *The Crisis of the European Sciences and Transcendental Phenomenology*. Evanston, IL : Northwestern University Press. pp. 353-78（細谷恒夫・木田元訳『ヨーロッパ諸学の危機と超越論的現象学』所収、中央公論社、1992）.
Husserl, E. [1973] *Experience and Judgement*. Evanston, IL : Northwestern University Press（長谷川宏訳『経験と判断』河出書房新社、1999）.
Husserl, E. [1989] *Ideas Pertaining to a Pure Phenomenology and to a Phenomenological Philosophy; Second Book*. Dordrecht : Kluwer（渡辺二郎訳『イデーン：純粋現象学と現象学的哲学のための諸構想（1-1・2）』みすず書房、1979・1984，および立松弘孝・別所良美共訳『イデーン：純粋現象学と現象学的哲学のための諸構想．2-1』みすず書房、2001）.
Husserl, E. [1991] *Cartesian Meditations*. Dordrecht : Kluwer（浜渦辰二訳『デカルト的省察』岩波書店、2001）.
Hutchby, I. and Wooffitt, R. [1988] *Conversation Analysis*. Cambridge : Polity.

【 J 】

Jamison, A., Eyerman, R., Cramer, J. and Laessoe, J. [1990] *The Making of the New Environmental Consciousness*. Edinburgh : Edinburgh University Press.
Jay, M. [1996] *The Dialectical Imagination*. Berkeley : California University Press（荒川幾男訳『弁証法的想像力：フランクフルト学派と社会研究所の歴史 1923-1950』みすず書房、1975）.
Jenkins, R. [1987] *Social Identity*. London : Routledge.
Joas, H. [1985] *G. H. Mead*. Cambridge : Polity.

【 K 】

Kant, I. [1933] *Critique of Pure Reason*. London : Macmillan（原佑訳『純粋理性批判（上・中・下）』平凡社、2005）.
Kant, I. [1948] *The Moral Law : Groundwork of a Metaphysic of Morals*. Lon-

don : Routledge（下地恵常訳『道徳哲学原論』成文堂、1967）.
Kant, I. [1993] *Critique of Practical Reason*. New Jersey : Prentice Hall（宇都宮芳明訳『実践理性批判』以文社、2004）.
Kappeler, S. [1986] *The Pornography of Representation*. Cambridge : Polity.
Keat, R. and Urry, J. [1982] *Social Theory As Science*. London : RKP.
Kelly, G. A. [1965] 'Notes on Hegel's lordship and bondage', *Review of Metaphysics* 19 : 780-802.
Kemp, S. and Squires, J. [1997] *Feminisms*. Oxford : Oxford University Press.
Kingsnorth, P. [2003] *One No, Many Yeses*. London : Free Press（近藤真里子訳『ひとつの NO！たくさんの Yes！』河出書房新社、2005）.
Klein, M. [1993] *Envy and Gratitude*. London : Virago（松本善男訳『羨望と感謝：無意識の源泉について』みすず書房、1975）.
Klein, N. [2000] *No Logo*. London : HarperCollins（松島聖子訳『ブランドなんか、いらない』はまの出版、2001）.
Kojève, A. [1969] *Introduction to the Reading of Hegel*. New York : Basic Books（上妻精・今野雅方訳『ヘーゲル読解入門：「精神現象学」を読む』国文社、1987）.
Koopmans, R. [1993] 'The dynamics of protest waves', *American Sociological Review* 58 : 637-58.
Kristeva, J. [1980] *Desire in Language*. New York : Columbia University Press.
Kruks, S. [1990] *Situation and Human Existence*. London : Unwin Hyman.
Kruskal, J. and Wish, M. [1978] *Multidimensional Scaling*. London : Sage（高根芳雄訳『多次元尺度法』朝倉書店、1980）.
Kuhn, T. [1970] *The Structure of Scientific Revolutions*. Chicago : Chicago University Press（中山茂訳『科学革命の構造』みすず書房、1971）.

【L】

Lacan, J. [1989] *Écrits*. London : Routledge（宮本忠雄他訳『エクリ　1』弘文堂、1972、佐々木孝次・三好暁光・早水洋太郎共訳『エクリ　2』弘文堂、1977および佐々木孝次他訳『エクリ　3』弘文堂、1981）.
Laclau, E. and Mouffe, C. [1986] *Hegemony and Socialist Strategy*. London : Verso（山崎カヲル・石沢武訳『ポスト・マルクス主義と政治：根源的民主主義のために』大村書店、1992）.
Laqueur, T. [1990] *Making Sex*. Cambridge : Harvard University Press（高井宏子・細谷等訳『セックスの発明』工作舎、1998）.
Larrain, J. [1979] *The Concept of Ideology*. London : Hutchinson.
Laver, M. [1997] *Private Desires, Political Action*. London : Sage.
Leder, D. [1990] *The Absent Body*. Chicago, University of Chicago Press.
Leder, D. [1998] 'A tale of two bodies', in B. Welton, *Body and Flesh*. Oxford :

Blackwell. pp. 117-30.
Lenin, V. I. [1918] *State and Revolution*. Moscow : Foreign Language Publishing（角田安正訳『国家と革命』筑摩書房、2001）.
Lenin, V. I. [1973] *What is to be Done?* London : Progress（山内房吉訳『何をなすべきか？』彰考書院、1947）.
Levin, D. [1989] 'The body politics : the embodiment of praxis in Foucault and Habermas', *Praxis International* 9 (1/2) : 112-33.
Littlewood, R. and Lipsedge, M. [1989] *Aliens and Alienists*. London : Unwin Hyman.
Levi-Strauss, C. [1966] *The Savage Mind*. Chicago : Chicago University Press（大橋保夫訳『野生の思考』みすず書房、1976）.
Levi-Strauss, C. [1969] *The Elementary Forms of Kinship*. Boston : Beacon（福井和美訳『親族の基本構造』青弓社、2000）.
Levi-Strauss, C. [1987] *Introduction to the Work of Marcel Mauss*. London : Routledge.
Lloyd, M. [1999] 'Performativity, parody, politics', *Theory, Culture and Society* 16 (2) : 195-213.
Lockwood, D. [1964] 'Social integration and system integration', in G. Zollschan and W. Hirsch, *Explorations in Social Change*. London : RKP.
Lovell, T. [2003] 'Resisting with authority.' *Theory, Culture and Society* 20 (1) : 1-19.
Lukács, G. [1971] *History and Class Consciousness*. London : Merlin（城塚登・古田光訳『歴史と階級意識』白水社、1991）.
Lukes, S. [1974] *Power : A Radical View*. London : Macmillan（中島吉弘訳『現代権力論批判』未來社、1995）.
Lukes, S. [1986] *Power*. Oxford : Blackwell.
Luxemburg, R. [1986] *The Mass Strike*. London : Harper Torchbooks（松本悟朗訳『大衆罷業、黨及び組合』白揚社、1927）.

【 M 】

Mac an Ghaill, M. [1999] *Contemporary Racisms and Ethnicities*. Buckingham : Open University Press.
Mandel, E. [1970] *Introduction to Marxist Economic Theory*. New York : Pathfinder.
Marcuse, H. [1968] *Negations*. Boston : Beacon.
Marcuse, H. [1986] *One-Dimensional Man*. London : Arc（生松敬三・三沢謙一訳『一次元的人間』河出書房新社、1980）.
Marcuse, H. [1987] *Eros and Civilisation*. London : Arc（南博訳『エロス的文明』紀伊國屋書店、1958）.

Marshall, T. H. and Bottomore, T. [1992] *Citizenship and Social Class*. London: Pluto（岩崎信彦・中村健吾訳『シティズンシップと社会的階級：近現代を総括するマニフェスト』法律文化社、1993）.

Marx, K. [1959] *Economic and Philosophical Manuscripts of 1844*. Moscow: Progress Publishers（城塚登・田中吉六訳『経済学・哲学草稿』岩波書店、1964）.

Marx, K. [1976] *Capital* (Vol. 1). Harmondsworth: Penguin（向坂逸郎訳『資本論（1-4）』岩波書店、1967）.

Marx, K. and Engels, F. [1967] *The Communist Manifesto*. Harmondsworth: Penguin（大内兵衛・向坂逸郎訳『共産党宣言』岩波書店、2007）.

Marx, K. and Engels, F. [1970] *The German Ideology*. London: Lawrence and Wishart（廣松渉編訳『ドイツ・イデオロギー』岩波書店、2002）.

Mauss, M. [1979] *Sociology and Psychology*. London: RKP（有地亨・伊藤昌司・山口俊夫共訳『社会学と人類学』弘文堂、1973）.

McAdam, D. [1995] 'Initiator' and 'Spin-Off' Movements', in Traugott, M., *Repertoires and Cycles of Collective Action*. London: Duke. pp. 217-40.

McAdam, D., Tarrow, S. and Tilly, C. [2002] *Dynamics of Contention*. Cambridge: Cambridge University Press.

McAllester Jones, M. [1991] *Gaston Bachelard: Subversive Humanist*. Madison: University of Wisconsin Press.

Mead, G. H. [1967] *Mind, Self and Society*. Chicago: Chicago University Press（稲葉三千男・滝沢正樹・中野収訳『精神・自我・社会』青木書店、1973）.

Melucci, A. [1986] *Nomads of the Present*. London: Radius（山之内靖・貴堂嘉之・宮崎かすみ訳『現在に生きる遊牧民：新しい公共空間の創出に向けて』岩波書店、1997）.

Melucci, A. [1996] *Challenging Codes*. Cambridge: Cambridge University Press.

Merleau-Ponty, M. [1962] *The Phenomenology of Perception*. London: RKP（中島盛夫訳『知覚の現象学』法政大学出版局、1982）.

Merleau-Ponty, M. [1964] *Signs*. Evanston, IL: Northwestern University Press（竹内芳郎他訳『シーニュ（1・2）』みすず書房、1969）.

Merleau-Ponty, M. [1965] *The Structure of Behaviour*. London: Methuen（滝浦静雄・木田元訳『行動の構造』みすず書房、1964）.

Merleau-Ponty, M. [1968a] *The Visible and the Invisible*. Evanston, IL: Northwestern University Press（滝浦静雄・木田元訳『見えるものと見えないもの』みすず書房、1989）.

Merleau-Ponty, M. [1968b] *The Primacy of Perception and Other Essays*. Evanston, IL: Northwestern University Press.

Merleau-Ponty, M. [1969] *Humanism and Terror*. Beacon: Boston（合田正人訳『ヒューマニズムとテロル』みすず書房、2002）.

Merleau-Ponty, M. [1971] *Sense and Non-Sense*. Evanston, IL : Northwestern University Press（滝浦静雄他訳『意味と無意味』みすず書房、1983）.
Merleau-Ponty M. [1973] *Adventures of the Dialectic*. Evanston, IL : Northwestern University Press（滝浦静雄他訳『弁証法の冒険』みすず書房、1972）.
Merleau-Ponty, M. [1974] *The Prose of the World*. London : Heinemann（滝浦静雄・木田元訳『世界の散文』みすず書房、1979）.
Merleau-Ponty, M. [1988] *In Praise of Philosophy and Themes From the Lectures at the College De France*. Evanston, IL : Northwestern University Press（滝浦静雄訳「哲学をたたえて」木田元他訳『哲学者とその影』所収、みすず書房、2001）.
Merleau-Ponty, M. [1992] *Texts and Dialogues*. New Jersey : Humanities Press.
Merton, R. [1964] *Social Theory and Social Structure*. Glencoe : Free Press（森東吾他訳『社会理論と社会構造』みすず書房、1961）.
Michels, R. [1949] *Political Parties*. Glencoe : Free Press.
Mills, C.W. [1974] *Power, Politics and People : the Collected Essays of C. W. Mills*. London : Oxford University Press（青井和夫・本間康平監訳『権力・政治・民衆』みすず書房、1971）.
Monbiot, G. [2001] *Captive State*. London : Macmillan.
Mueller, C. [1999] 'Escape from the GDR, 1961-1989 : hybrid repertoires in a disintegrating Leninist regime'. *American Journal of Sociology* 105 : 697-735.

【 N 】

Neale, J. [2002] *You are G8, We are 6 Billion*. London : Vision.
Nietzsche, F. [1967] *The Genealogy of Morals and Ecce Homo*. New York : Vintage（木場深定訳『道徳の系譜』岩波書店、1964、および手塚富雄訳『この人をみよ』岩波書店、1982）.
Norris, C. [1987] *Derrida*. London : Fontana（富山太佳夫・篠崎実訳『デリダ：もうひとつの西洋哲学史』岩波書店、1995）.

【 O 】

Oakley, A. [1972] *Sex, Gender and Society*. London : Temple Smith.
Offe, C. [1985] 'New social movements : challenging the boundaries of institutional politics'. *Social Research* 52(4) : 817-68.
Offe, C. [1993] *Contradictions of the Welfare State*. Cambridge : MIT Press.
Olson, M. [1971] *The Logic of Collective Action*. Cambridge, MA : Harvard University Press（依田博・森脇俊雅訳『集合行為論』ミネルヴァ書房、1996）.
Orwell, G. [1978] *Nineteen Eighty-Four*. Harmondsworth : Penguin（吉田健一・竜口直太郎訳『1984年』文芸春秋新社、1950）.
Outhwaite, W. [1993] *Habermas*. Cambridge : Polity.

【 P 】

Parsons, T. [1951] *The Social System.* New York : Free Press（佐藤勉訳『社会体系論』青木書店、1974）.

Parsons, T. [1966] *Societies.* New Jersey : Prentice Hall（矢沢修次郎訳『社会類型：進化と比較』至誠堂、1971）.

Parsons, T. [1968] *The Structure of Social Action* (2 Vols). New York : Free Press（稲上毅他訳『社会的行為の構造 (1-5)』木鐸社、1976）.

Pascal, B. [1972] *Pensées.* Harmondsworth : Penguin（由木康訳『パンセ』白水社、1990）.

Piaget, J. [1961] *The Language and Thought of the Child.* London : RKP（大伴茂訳『臨床児童心理学 １：児童の自己中心性』同文書院、1954）.

Piaget, J. [1962] *Play, Dreams and Imitation in Childhood.* New York : W.W. Norton（大伴茂訳『幼児心理学 (1-3)』黎明書房、1988）.

Porter, R. [1987] *Mind Forg'd Manacles.* Harmondsworth : Penguin.

Potter, J. and Wetherell, M. [1987] *Discourse and Social Psychology.* London : Sage.

Psathas, G. [1995] *Conversation Analysis.* London : Sage（北澤裕・小松栄一訳『会話分析の手法』マルジュ社、1998）.

Pusey, M. [1987] *Jürgen Habermas.* London : Routledge（山本啓訳『ユルゲン・ハーバーマス』岩波書店、1993）.

Putnam, R. [1993] *Making Democracy Work.* Princeton : Princeton University Press（河田潤一訳『哲学する民主主義：伝統と改革の市民的構造』NTT出版、2001）.

Putnam, R. [2000] *Bowling Alone.* New York : Touchstone（柴内康文訳『孤独なボウリング：米国コミュニティの崩壊と再生』柏書房、2006）.

【 R 】

Rabinow, P. [1987] *The Foucault Reader.* Harmondsworth : Penguin.

Robertson, R. [1992] *Globalization : Social Theory and Global Culture.* London : Sage（阿部美哉訳『グローバリゼーション：地球文化の社会理論』東京大学出版会、1997）.

Roche, M. [1992] *Rethinking Citizenship.* Cambridge : Polity.

Rootes, C. [1995] 'A new class? The higher educated and the new politics', in L. Maheu *Social Movements and Social Classes.* London : Sage.

Rose, N. [1985] *The Psychological Complex.* London : RKP.

Rose, N. [1989] *Governing the Soul.* London : Routledge.

Rowbotham, S. [1973] *Woman's Consciousness.* Man's World. Harmondsworth : Penguin（三宅義子訳『女の意識・男の世界』ドメス出版、1977）.

Ryle, G. [1949] *The Concept of Mind*. Harmondsworth: Penguin（坂本百大他訳『心の概念』みすず書房、1987）.

【S】

Said, E. [1978] *Orientalism*. Harmondsworth: Penguin（今沢紀子訳『オリエンタリズム（上・下）』平凡社、1993）.

Said, E. [1994] *Culture and Imperialism*. New York: Vintage（大橋洋一訳『文化と帝国主義（1・2）』みすず書房、1998/2001）.

Sartre, J-P. [1947] 'Huis clos', in *Théâtre* I. Paris: Gallimard.（伊吹武彦訳「出口なし」『サルトル全集　第8巻　劇作集恭しき娼婦』所収、人文書院、1952）.

Sartre, J-P. [1948] *Existentialism and Humanism*. London: Methuen（「実存主義はヒューマニズムである」伊吹武彦他訳『実存主義とは何か』所収、人文書院、1996）.

Sartre, J-P. [1965] *Nausea*. Harmondsworth: Penguin（白井浩司訳『嘔吐』人文書院、1994）.

Sartre, J-P. [1969] *Being and Nothingness*. London: Routledge（松浪信三郎訳『存在と無（1・2）』筑摩書房、2007）.

Sartre, J-P. [1972] *The Psychology of Imagination*. London: Methuen（「想像力の問題」平井啓之訳『サルトル全集　第12巻』所収、人文書院、1951）.

Sartre, J-P. [1973] *The Age of Reason*. Harmondsworth: Penguin（「猶予」佐藤朔・白井浩司訳『サルトル全集　第2巻（上・下）』所収、人文書院、1951）.

Sartre, J-P. [1976] *The Critique of Dialectical Reason*. London: New Left Books（「弁証法的理性批判」竹内芳郎・矢内原伊作訳『サルトル全集　第26巻』人文書院、1961　平井啓之・森本和夫訳『サルトル全集　第27巻』人文書院、1965、および平井啓之・足立和浩訳『サルトル全集　第28巻』人文書院、1973）.

Sartre, J-P. [1993] *The Emotions: Outline of A Theory*. New York: Citadel（竹内芳郎訳「情緒論素描」『サルトル全集　第23巻　哲学論文集』所収、人文書房、1957）.

Saussure, F. de [1959] *Course in General Linguistics*. New York: The Philosophical Library（小林英夫訳『一般言語学講義』岩波書店、1972）.

Savage, M. [2000] *Class Analysis and Social Transformation*. Milton Keynes: Open University Press.

Sayer, A. [2000] *Realism and Social Science*. London: Sage.

Schutz, A. [1964a] *Collected Papers I: The Problem of Social Reality*. The Hague: Martinus Nijhoff（渡部光他訳『アルフレッド・シュッツ著作集第1巻　社会的現実の問題』マルジュ社、1983、および渡部光他訳『アルフレッド・シュッツ著作集第2巻　社会の現実の問題』マルジュ社、1985）.

Schutz, A. [1964b] *Collected Papers II: Studies in Social Theory*. The Hague: Martinus Nijhoff（渡部光他訳『アルフレッド・シュッツ著作集第3巻　社会理

論の研究』マルジュ社、1991）.
Schutz, A. [1970] *Reflections on the Problem of Relevance*. New Haven, CT : Yale University Press（那須壽他訳『生活世界の構成』マルジュ社、1996）.
Schutz, A. [1971] *Collected Papers Ⅲ : Studies in Phenomenological Philosophy*. The Hague : Martinus Nijhoff（渡部光他訳『アルフレッド・シュッツ著作集第4巻 現象学的哲学の研究』マルジュ社、1998）.
Schutz, A. [1972] *The Phenomenology of the Social World*. Evanston, IL : Northwestern University Press（佐藤嘉一訳『社会的世界の意味構成：理解社会学入門』木鐸社、2006）.
Scott, J. [1991] *Social Network Analysis : A Handbook*. London : Sage.
Scott, J. [1996] *Stratification and Power*. Cambridge : Polity.
Scull, A. [1993] *The Most Solitary of Afflictions*. New York : Yale University Press.
Sharrock, W. and Anderson, B. [1986] *The Ethnomethodologists*. Chichester : Ellis Harwood.
Simmel, G. [1971] *Individuality and Social Forms*. Chicago : University of Chicago Press.
Simmel, G. [1990] *The Philosophy of Money*. London : Routledge（居安正訳『貨幣の哲学』白水社、1999）.
Skeggs, B. [1997] *Formations of Class and Gender*. London : Sage.
Sloan, T. [1996] *Damaged Life*. London : Routledge.
Smart, B. [1983] *Foucault, Marxism and Critique*. London : RKP.
Smith, J. [2001] 'Globalising Resistance,' *Mobilisation* 6(1) : 1-20.
Snow, D., Zurcher, L. and Ekland-Olson, S. [1980] 'Social networks and social movements', *American Sociological Review* 45(5) : 787-801.
Starr, A. [2001] *Naming the Enemy*. London : Zed Books.
Steinberg, M. [1995] 'The roar of the crowd', in M. Traugott, *Repertoires and Cycles of Collective Action*. London : Duke University Press. pp. 57-88.
Steinberg, M. [1999] 'The talk and back talk of collective action : a dialogic analysis of repertoires of discourse among nineteenth-century english cotton spinners', *American Journal of Sociology* 105(3) : 736-80.
Stevenson, N. [2001] *Culture and Citizenship*. London : Sage.
Strauss, A. [1997] *Mirrors and Masks*. New Brunswick : Transaction（片桐雅隆監訳『鏡と仮面：アイデンティティの社会心理学』世界思想社、2001）.
Szabó, M. [1996] 'Repertoires of contention in post-communist protest cultures', *Social Research* 63(4) : 1155-82.

【 T 】

Tarrow, S. [1989] *Democracy and Disorder*. Oxford : Oxford University Press.

Tarrow, S. [1995] 'Cycles of collective action', in M. Traugott, *Repertoires and Cycles of Collective Action*. London : Duke University Press. pp. 89-116.

Tarrow, S. [1998] *Power in Movement*. Cambridge : Cambridge University Press（大畑裕嗣監訳『社会運動の力』彩流社、2006）.

Tilly, C. [1977] 'Getting it together in Burgundy'. *Theory and Society* 4 : 479-504.

Tilly, C. [1978] *From Mobilisation to Revolution*. Reading : Addison Wesley（堀江湛監訳『政治変動論』芦書房、1984）.

Tilly, C. [1986] 'European violence and collective violence since 1700'. *Social Research* 53 : 159-84.

Tilly, C. [1995] 'Contentious repertoires in Great Britain, 1758-1834', in M. Traugott, *Repertoires and Cycles of Collective Action*. London : Duke University Press. pp. 15-42.

Touraine, A. [1981] *The Voice and the Eye*. New York : Cambridge University Press（梶田孝道訳『声とまなざし：社会運動の社会学』新泉社、1983）.

Traugott, M. [1995a] *Repertoires and Cycles of Collective Action*. London : Duke University Press.

Traugott, M. [1995b] 'Barricades as repertoire', in M. Traugott, *Repertoires and Cycles of Collective Action*. London : Duke University Press. pp. 43-56.

Tucker, K. [1991] 'How new are the new social movements?' *Theory, Culture and Society* 8(2) : 75-98.

Turner, B. [1986] *Citizenship and Capitalism*. London : Allen and Unwin.

【 W 】

Wacquant.L. [1995] 'Pugs at Work', *Body and Society* 1(1) : 65-94.

Wainwright, H. [2003] *Reclaim the State*. London : Verso.

Walby, S. [1986] *Patriarchy at Work*. Cambridge : Polity.

Wallach, L. and Sforza, M. [1999] *The WTO*. New York : Seven Stories Press（海外市民活動情報センター監訳『誰のためのWTOか？』緑風出版、2001）.

Waters, M. [1995] *Globalisation*. London : Routledge.

Watson, G. [1982] *Free Will*. Oxford : Oxford University Press.

Weber, M. [1930] *The Protestant Ethic and the Spirit of Capitalism*. London : Allen and Unwin（大塚久雄訳『プロテスタンティズムの倫理と資本主義の精神』岩波書店、1988）.

Weber, M. [1978] *Economy and Society* (2 Vols) : New York : Bedminster Press（『経済と社会』シリーズ　世良晃志郎訳『支配の社会学』創文社、1960-62, 世良晃志郎訳『支配の諸類型』創文社、1970, 武藤一雄・薗田宗人・薗田坦訳『宗教社会学』創文社、1976, 世良晃志郎訳『都市の類型学』創文社、1964, および世良晃志郎訳『法社会学』創文社、1974）.

Westwood, S. [1999] *Power and the Social*. London : Routledge.

White, S. [1988] *The Recent Work of Jürgen Habermas*. Cambridge : Cambridge University Press.
Wilson, B. [1974] Rationality. Oxford : Blackwell.
Winch, P. [1958] *The Idea of a Social Science*. London : RKP（森川真規雄訳『社会科学の理念：ウィトゲンシュタイン哲学と社会研究』新曜社、1996）.
Winch, P. [1972] 'Understanding a primitive society', in *Ethics and Action*. London : RKP. pp.8-49.
Winnicott, D. [1971] *Playing and Reality*. London : Tavistock（橋本雅雄訳『遊ぶことと現実』岩崎学術出版社、1979）.
Wittgenstein, L. [1953] *Philosophical Investigations*. Oxford : Blackwell（藤本隆志訳『ウィトゲンシュタイン全集　8：哲学探究』大修館書店、1976）.
Woodward, K, [1997] *Identity and Difference*. London : Sage.
Wright, E. [1985] *Classes*. London : Verso.
Wright, E. (ed.) [1989] *The Debate on Classes*. London : Verso.
Wright, E. [1997] *Class Counts*. Oxford : Oxford University Press.
Wrong, D. [1961] 'The over-socialised conception of man in modern sociology', *American Sociological Review* 26 : 184-93.

【Y】

Young, I. [1980] 'Throwing like a girl', *Human Studies* 3 : 137-56.
Young, I. [1998] 'Pregnant Embodiment', in D. Welton, *Body and Flesh*. Oxford : Blackwell, pp. 274-85.

【Z】

Zald, M. and McCarthy, J. [1994] *Social Movements in an Organisational Society*. New Brunswick : Transaction Press.
Zolberg, A. [1972] 'Moments of madness', *Politics and Society* (Winter) : 183-207.

監訳者あとがき

　本書は、Nick Crossley, *Key Concepts in Critical Social Theory*, London: Sage, 2005. の全訳である。原題を字義どおりに訳せば「批判的社会理論のキーコンセプト」となるが、日本の社会学界において最新の社会学用語をていねいに解説している辞典類がない現状に鑑みて、あえて主タイトルを『社会学キーコンセプト』とし、副題として「『批判的社会理論』の基礎概念57」を付すことにした。

著者ニック・クロスリーについて

　著者ニック・クロスリーは、イギリスのシェフィールド大学で社会学を学んで博士号を取得し、一時、精神医学に関わる研究所に身を置いた後、マンチェスター大学の社会学部教員となり、現在は同大学の社会学部教授である。本年（2008年）からは学部主任も務めている。

　クロスリー教授は1968年生まれなので、本訳書が刊行される頃にようやく40歳に達する「若手」である。しかし彼は、すでに本書を含めて8冊（近刊1冊を含む）の単著を出版し、現代社会学理論研究の領域において「第一級」の研究者となっている。彼は現在、イギリス国内だけでなく、欧米やアジアの社会学者との交流も深めており、今後ますますの活躍が期待される。「ギデンズ後」のイギリス社会学における「希望の星」といえよう。

　念のために彼の単著のリストを掲げておく。

The Politics of Subjectivity: Between Foucault and Merleau-Ponty, Aldershot: Avebury, 1994.

Intersubjectivity: The Fabric of Social Becoming, London: Sage, 1996

(西原和久訳『間主観性と公共性——社会生成の現場』新泉社、2003年).
The Social Body: Habit, Identity and Desire, London: Sage, 2001.
Making Sense of Social Movement, Buckinghamshire: Open University Press, 2002.
Key Concepts of Critical Social Theory, London: Sage, 2005（本訳書）.
Contesting Psychiatry: Social Movements in Mental Health, London: Routledge, 2006.
Reflexive Embodiment in Contemporary Society, Buckinghamshire: Open University Press, 2006.
Towards Relational Sociology, London: Sage, 2008（近刊）.

　もちろん、単に「多産」であるだけならば、世界にそうした研究者は少なからずいる。しかしながら、クロスリーは、現象学、間主観性論、身体論、精神分析学、分析哲学などの広範な現代思想にも精通した、きわめて刺激的な社会理論研究を展開しており、しかも専門書から本書のような概説を意図した著作まで世に問う「硬軟」あわせもつ点が特色である。
　かつてイギリス在外研究の折（2002年）、監訳者・西原がクロスリーと交わした議論においても、またそれ以後の継続的なやりとりにおいても、そして昨年（2007年）夏に日中仏英の若手研究者を交えてマンチェスター大学で行ったシンポジウム形式のワークショップ（タイトル「グローバル化とアジア社会」）においても——反グローバリズムや反精神医学、さらには環境問題や動物の権利などに関する社会運動にも強い関心をもつ——クロスリーの、現代社会への社会学的批判力と今後の社会

へ向けた社会学的構想力を、監訳者は間近に体感しつづけてきた。広範な問題領域に対する彼の社会学的関心とその各領域への社会理論的検討が、まさに彼の誠実な人柄と対応した形で真摯に遂行されている本書によって、読者も著者クロスリーの社会学的想像力が多方面に発揮されているのを実感できるであろう。

なお、拙訳による『間主観性と公共性──社会生成の現場』（新泉社、2003年）の「訳者あとがき」でも、クロスリーについて触れているので参考にしてほしい。

本書について

本書は、社会学を学ぶ学生から現代社会理論に関心をもつ人びとまでを対象に、クロスリーが57のキーコンセプトを選び論じたものである。キーコンセプトの選択の基準は、著者自身の「序文」で示されているので、ここではくり返さない。

その「序文」でも示唆されているように、本書は平板な辞書風の解説書ではない。本書では、グローバル化時代の今日、社会学の問うべき課題が明確に示されながら、これからの世界を生きる人びとが思考する際の基本となる概念が詳述されている。取り上げられている用語は、すでに聞いたことがあるものから聞いたことがない最新の用語にまで及ぶであろうが、そのいずれもが現代社会を読み解き、思索する際の文字どおりキーコンセプト、つまり「鍵となる概念」である。

冒頭で指摘した点を敷衍(ふえん)することになるが、現代日本の社会学界においては、大きな辞典はすでに15年あまり前の出版であり、1990年以降のグローバル化する世界に十分に対応できていない。たとえば、ジェンダ

ーやシティズンシップ、ハビトゥス、公共圏、間主観性などはまだしも、ヘクシス、イリュージオ、パフォーマティヴィティ、ハイブリディティといった概念は、現代社会学において的確に捉えられているとは言い難い。本書は、疎外やアノミーといった古典的概念の現代的解説を踏まえつつ、現代社会学の辞典類の「欠」を埋めるにも十分な著作である。

　だが——再度ここで強調しておきたいが——本書は、辞書的意義をもつと同時に、単なる辞書的な解説書を超えた著作であると述べてきた。別の角度から言い換えれば、本書は、社会学理論全体に関する恰好の入門書であると同時に、何よりも現代版の「批判理論」の展開を試みた著作である。著者クロスリーの強みは、社会学理論を基本としながら、精神分析の今日的な社会理論系への批判的切り込みと、科学哲学的な認識批判論への鋭い洞察にある。本書によって、私たちの社会を見る目を革新する視点が提供されるはずである。

　原著は、ABC順にキーコンセプトが配列されている。翻訳に際しては、日本式に五十音順にすることも考えたが、クロスリー自身がABC順に思索を重ね執筆し、それを尊重してほしいという希望をもっていることから、本翻訳書でも原著の項目順に配列した。

　各キーコンセプトの見出しに関連用語を示し、また本文中でも適宜関連語を指示するなど、概念間の相互参照を容易にする道具立ても整えられている。読者は、冒頭から読み進めることもできるし、あるいは読者自身が知りたい項目、読者自身が関心のある項目から読みはじめ、参照の矢印に従ってさらに一歩踏み込んでいく読み方もできる。

　ともかく、どこからでも構わないので、実際に読み進めてみよう。著者とともに思考しながら、同時に読者自身の思考を深め、鍛え上げていくこと、それが本書の意義の一つで、本書はあくまでも読者各自の読み

を許す書物である。

社会学的想像力と社会学的構想力

　クロスリー社会学の真髄は、身体論を出発点にした「間主観性論」、とくに間身体性論に基づく近代の「主客二元論」への「批判」、すなわち彼の目指す「関係社会学」（Relational Sociology、本書の「関係主義」の項目など参照）の展開にある。そして、その視点を社会学各領域の新旧の基本概念の再検討にまで広げて、社会学的想像力と社会学的構想力を問うたのが本書である。

　「専門性」と「実証性」にこだわりすぎるあまり、社会学それ自身のもつ「想像力」と「構想力」を自ら萎縮させてしまっているかのような現代社会学の一部の現状を思うにつけ、「批判的な社会理論」を展開するクロスリーの社会学理論研究から学ぶ点はきわめて多い、と監訳者は強く感じている。

　とくに、これから社会学を本格的に学んで自ら社会学研究を行おうと志している日本の若い研究者（の卵）たちには、日本だけに閉じこもらずに、グローバル化時代のアジアや世界の社会学の中に身を置いて研究をする方向性を推奨したいし、そのためにも哲学・人類学・心理学・言語学などと密接に関わるグローバル・スタンダードな社会学理論と社会理論の広範な基礎を、しっかりと、かつ批判的に学んでいくことが重要だと強調しておきたい。

　グローバル化時代の現代社会の中で、私たちはどのように社会学的想像力の翼を広げ、どのように社会学的構想力を展望すればよいのか。社会学理論の基層的かつ構想的な視点を検討したいと考えている読者は、

本書の「基本概念57」のうちで、たとえば「主観身体」から「グローバル化」に至るキーコンセプトを読者なりに並べかえて、本書全体を再構成してみるのもよいだろう。そうした試みの中に、社会学的な想像力と構想力を鍛える一つの方法がある。細部の内容に関しては、ぜひ読者自身が本書の諸概念に直接あたっていただき、その中で／その後で、想像力と構想力の両翼を大きく拡げていただきたい。

翻訳作業の経過

　最後に、本訳書の翻訳作業に関して記しておこう。監訳者・西原は、本書の原書が刊行されてすぐに目を通し、その基本部分を本務校（名古屋大学）の学部学生と一緒に外書講読の演習で講読して検討を加えた。たしか2005年度後期のことだった。
　また同じ頃、大学院の演習でも本書の諸概念に検討を加える機会をもった。本書の訳者たちの多くは、その大学院演習に参加していた院生である。出版に向けた訳稿作りもそのとき始まった。その過程で、若い彼ら／彼女らの第一次原稿は原形をとどめないほどに修正されることもあった。
　そうして、本訳書の基本部分が徐々にできあがっていったが、それでも一部は外部の研究者の手を煩わせざるをえなかった。他大学（京都大学、北海道大学、長崎大学、立教大学など）の活きのいい准教授や助教などの助力があって、ようやくその全体が整ってきたわけである。本訳書は、日本の若手の社会学研究者が努力して刊行までこぎ着けたものとしても意義をもつと考えている。
　しかしながら、多数の訳者が関わる翻訳には、訳語や文体の統一など

問題点も少なからず生じる。印刷用の第一次原稿の入稿にあたっては監訳者・西原が用語の統一などに努めたが、さらに万全を期すために、「訳者代表」の杉本学、郭基煥、阿部純一郎の3名に、全体を見渡しながら、原書にあたり直して、各項目の訳文をなるべく広範囲にわたって点検するという手間のかかる作業を行ってもらった。

　その点検を踏まえて、各訳者も校正を行うようにし、それをさらに西原が全体にわたって再点検するという段取りで進めてきた。二、三校段階で西原が手を加えている箇所も多々ある。したがって、本訳書の最終責任は監訳者・西原にある。それでも、誤訳や訳語の不統一があるかもしれない。読者諸氏のご指摘をいただきたいと思っている。

　ただし、原著にあった誤植等に関しては、いちいち指摘せずに本訳書では修正を施してある。また、読みやすさを考えて、原著にはない改行を行っている。さらに原著にはない人名索引も作成した（なお、文献リストの作成にあたっては、名古屋大学大学院生・笹森賢一君に世話になった。彼の名は訳者のリストには挙げられていないので、ここでその名を挙げて謝意を表しておきたい）。

　最後になったが、本訳書刊行にあたっては、いつも以上に新泉社の竹内将彦編集長の温かい励ましがあった。結果的に500ページを超える本書の刊行は、竹内氏の適切なガイドがなければ実現しなかったであろう。また今回は、もう一人、新泉社編集部の菊地幸子さんにも深く御礼申し上げたい。人名表記や訳語の不統一などが少しでも減っているとすれば、それは菊地さんのお陰である。ありがとうございました。新泉社の意欲的な出版事業に、心から謝意を表したいと思う。

　読者とともに、批判的社会理論の視点からする現代社会学のキーワードの世界に足を踏み入れ、グローバル化時代の現代社会と人間に関する

未来に向けた「批判的」な思索をいっそう豊かにすることができれば、それは監訳者として望外の喜びである。

 2008年 7 月27日

西原和久識

人名索引

【ア行】

アーチャー，M.（Archer, Margaret） 376
アインシュタイン，A.（Einstein, Albert） 112, 113, 281, 328
アドルノ，T. W.（Adorno, Theodor W.） 222, 267, 342
アリストテレス（Aristotle） 102, 104, 157, 178
アルチュセール，L.（Althusser, Louis） 108, 110, 116, 188, 190, 222-232, 282
アルヴァックス，M.（Halbwachs, Maurice） 431, 452
アンダーソン，B.（Anderson, Bob） 94

ヴァカン，L.（Wacquant, Loic） 240
ヴィトゲンシュタイン，L. J. J.（Wittgenstein, Ludwig J. J.） 167, 368, 373
ウィンチ，P.（Winch, Peter） 358, 359
ヴェーバー，M.（Weber, Max） 118, 123, 147, 157, 280, 352, 356, 427-431, 452
ウォルビー，S.（Walby, Silvia） 305

エヴァンス-プリチャード，E. E.（Evans-Pritchard, Edward E.） 358, 359
エドワーズ，G.（Edwards, Gemma） 294
エミアベーヤー，M.（Emirbayer, Mustafa） 389
エリアス，N.（Elias, Norbert） 49, 129, 157, 158, 159, 207, 270, 317, 318, 389-393, 402, 407
エンゲルス，F.（Engels, Friedrich） 71, 222, 292, 429

オーウェル，G.（Orwell, George） 322
オークレー，A.（Oakley, Anne） 410
オースティン，J. L.（Austin, John L.） 312, 313, 462
オルソン，M. L. Jr.（Olson, Mancur L. Jr.） 446

【カ行】

ガウアーズ，T.（Gowers, Timothy） 449, 452
カッシーラー，E.（Cassirer, Ernst） 389
カミュ，A.（Camus, Albert） 234, 236
ガリレオ，G.（Galileo, Galilei） 278
カンギレム，G.（Canguilhem, George） 97, 116-118, 327, 329
カント，I.（Kant, Immanuel） 19, 99-102, 212, 258, 336, 352, 368, 369

ギデンズ，A.（Giddens, Anthony） 190, 207

クーリー，C. H.（Cooley, Charles H.） 200, 201
クーン，T. S.（Kuhn, Thomas S.） 113, 114, 370
クライン，N.（Klein, Naomi） 294
クライン，M.（Klein, Melanie） 245
グラノヴェッター，M.（Granovetter,

Mark.) *420*
グラムシ, A. (Gramsci, Antonio) *70, 170-175, 222, 298*
クリステヴァ, J. (Kristeva, Julia) *282, 401*
クレンソン, M. (Crenson, Mattheu) *321*
グロース, E. (Grosz, Elizabeth) *285*
クロスリー, N. (Crossley, Nick) *294*
ケイミック, C. (Camic, Charles) *157*
ケインズ, J. M. (Keynes, John M.) *72*
ゴールドソープ, J. H. (Goldthorpe, John H.) *430, 431*
コールマン, J. S. (Coleman, James S.) *416, 417*
コジェーヴ, A. (Kojève, Alexandre) *282, 283, 377-379, 383, 385*
ゴフマン, E. (Goffman, Erving) *201, 241, 464*
ゴルドマン, L. (Goldman, Lucien) *222*
コント, A. (Comte, Auguste) *265, 364*
コンラッド, J. (Conrad, Joseph) *193*

【サ行】

サーサス, G. (Psathas, George) *94*
サイード, E. W. (Said, Edward W.) *193, 296-298, 348*
サッチャー, M. (Sachter, Margaret) *60, 73, 173, 174*
ザルド, M. (Zald, Mayer) *440-446*
サルトル, J.-P. (Sartre, Jean-Paul) *39, 135-147, 165, 184-187, 191, 283, 385-387, 403, 405*
シャーロック, W. (Sharrock, Wes) *94*
シュッツ, A. (Schutz, Alfred) *107,*
157, 161, 195, 256, 259, 280
ショー, G. B. (Shaw, G. Bernard.) *181*
ジョセフ, K. (Joseph, Keith) *60*
ジンメル, G. (Simmel, Georg) *12, 195, 393*
スカル, A. (Scull, Andrew) *330*
スタインバーク, M. (Steinberg, Marc) *399*
スマート, B. (Smart, Barry) *226*
スミス, J. (Smith, John) *294*
ソクラテス (Sōkratēs) *210*
ソシュール, F. (Saussure, Ferdinand de) *245*
ゾルバーク, A. (Zolberg, Aristide) *82*

【タ行】

ダール, R. A. (Dahl, Robert A.) *320*
タロー, S. (Tarrow, Sidney) *81, 82*
ティリー, C. (Tilly, Charles) *395-398*
デカルト, R. (Descartes, René) *24-32, 34, 199, 263, 271-273, 277-279, 367, 368*
デュルケム, E. (Durkheim, Émile) *19-22, 118, 146, 157, 158, 169, 177, 208, 246, 288, 352-354, 373, 374, 407, 419, 420, 433, 434, 437*
デリダ, J. (Derrida, Jack) *86-92, 312*
ドウォーキン, A. (Dworkin, Andera) *302*
トゥレーヌ, A. (Touraine, Alain) *293*
トラウゴット, M. (Traugott, Mark) *396, 397*
トクヴィル, A. (Tocqueville, Alexis de) *336*

513

ドストエフスキー, F. M. (Dostoevskii, Fyodor M.) *253*
トラシー, D. (Tracy, Destutte de) *220*
ドレイファス, H. L. (Dreyfus, Hubert L.) *116*

【ナ行】

ナポレオン, B. (Napoléon, Bonaparte) *220*

ニーチェ, F. W. (Nietzsche, Friedrich W.) *48, 269, 312, 314*

ニュートン, I. (Newton, Isaac) *113*

【ハ行】

パーソンズ, T. (Parsons, Talcott) *43, 76, 158, 352, 353, 467, 468*
ハーツ, N. (Hertz, Noreena) *294*
バーバ, H. (Bhabha, Homi) *193, 194*
ハーバーマス, J. Habermas, Jürgen *22, 60, 63-66, 70-72, 74-76, 78, 79, 97, 99-103, 210-214, 265-271, 280, 293, 335-343, 349, 351, 353-361, 466-472*
ハイデガー, M. (Heidegger, Martin) *37, 119, 184-186, 188, 190, 234, 237, 279*
バクラック, P. (Bacharac, Peter) *320, 321*
バシュラール, G. (Bachelard, Gaston) *97, 110-118, 120, 121, 125, 281, 323, 327-329, 332, 361, 389, 464*
バスカー, R. (Bhasker, Roy) *270, 365, 366, 368, 369*
パスカル, B. (Pascal, Blaise) *228*
パスロン, J.-C. (Passeron, Jean-Claude) *128*

パットナム, R. (Putnam, Rovert) *55, 416-420*
バトラー, J. (Butler, Judith) *40, 308-314, 412-415, 463*
バラッツ, M. (Baratz, Morton) *320, 321*
バルト, R. (Barthes, Roland) *222*
バレット, M. (Barrett, Michele) *221*

ピアジェ, J. (Piaget, Jean) *266, 359*
ヒューム, D. (Hume, David) *199, 200, 202, 362*
ビリック, M. (Billig, Michael) *403-407*
ヒンデス, B. (Hindess, Barry) *316*

ファイアストーン, S. (Firestone, Shulamith) *306*
ファノン, F. (Fanon, Franz) *41, 194, 282*
フーコー, M. (Foucault, Michel) *42-49, 60, 95-97, 108, 110, 116-118, 189-192, 226, 296-298, 310, 311, 314, 319, 322-334, 407, 408, 413, 461*
フェアクロー, N. (Fairclough, Norman) *98*
フェルナンド, S. (Fernando, Suman) *347*
フクヤマ, F. (Fukuyama, Francis) *383*
フッサール, E. (Husserl, Edmund) *29-31, 86-89, 157, 161, 253-260, 262, 263, 271-281, 368*
ブラウナー, R. (Blauner, Robert) *17*
ブルーマー, H. G. (Blumer, Herbert G.) *218, 389, 447*
ブルデュー, P. (Bourdieu, Pierre) *50, 51, 53-57, 66, 78, 79, 104-108, 110, 116, 118-121, 123-131, 142, 157, 159-*

163, 165-169, 178, 180, 190, 211, 233-241, 270, 296, 312, 338, 360, 361, 369, 371, 373, 385, 389, 393, 404, 407, 416, 420, 421, 431, 440, 446-454, 460-464
フロイト, A. (Freud, Anna)　245-247, 249
フロイト, S. (Freud, Sigmund)　198, 204-208, 269, 285, 289, 314, 400-405, 407, 408, 474-481

ヘーゲル, G. W. F. (Hegel, G. W. Friedrich)　12, 13, 15, 143, 268, 282, 283, 287, 311, 314, 336, 377-379, 381-386
ベッカー, G. S. (Becker, Gary S.)　50
ベッカー, H. S. (Becker, Howard S.)　240
ヘリテージ, J. (Heritage, John)　94
ベンサム, J. (Bentham, Jeremy)　331

ボーヴォワール, S. (Beauvoir, Simone de)　139-144, 147, 186-188, 190, 191, 289, 306, 385, 386, 410
ホール, S. M. (Hall, Stuart M.)　173
ホッブズ, T. (Hobbes, Thomas)　352
ホネット, A. (Honneth, Axel)　377, 378, 384, 385, 388
ホルクハイマー, M. (Horkheimer, Max)　222, 342

【マ行】

マーシャル, T. H. (Marshall, Thomas H.)　58-62, 385
マートン, R. K. (Merton, Robert K.)　77
マカダム, D. (McAdam, Doug)　84
マカレスター・ジョーンズ, M. (McAllester Jones, M.)　116

マキャヴェリ, N. (Machiavelli, Niccolò)　221
マッカーシー, J. (McCarthy, John)　440-446
マルクーゼ, H. (Marcuse, Herbert)　222, 280, 342, 401, 402, 408
マルクス, K. H. (Marx, Karl H.)　12-18, 52, 66-72, 79, 92, 110, 116, 125, 170, 183, 184, 188, 190, 221, 222, 226, 227, 268, 291, 292, 294, 297, 336, 382, 383, 401, 424-427, 429-431, 471
マンデル, E. (Mandel, Ernst)　69
マンハイム, K. (Mannheim, Karl)　222

ミード, G. H. (Mead, George Herbert)　100, 101, 146, 196-203, 248, 259, 262, 377, 384, 389, 420
ミル, J. S. (Mill, John Stuart)　336

ムッソリーニ, B. (Mussoline, Benito)　170
ムフ, C. (Mouffe, Chantal)　175

メルッチ, A. (Melucci, Alberto)　218, 447
メルロ＝ポンティ, M. (Merleau-Ponty, Maurice)　24-40, 140-147, 157, 161, 163, 165, 186-188, 190, 264, 277, 279, 280, 282, 378, 380, 385-387, 407

モース, M. (Mauss, Marcel)　157, 161, 163, 176-178

【ヤ行】

ヤコブソン, R. (Jakobson, Roman)　245
ヤング, I. (Young, Iris)　36, 40

ユークリッド（Euclid） 280

【ラ行】

ライト，E.（Wright, Erik） 430-432
ライル，G.（Ryle, Gilbert） 144-146
ラカン，J.（Lacan, Jacques） 206-208, 230, 231, 243-249, 282-289, 314, 379, 387
ラクラウ，E.（Laclau, Ernesto） 175
ラビノー，P.（Rabinow, Paul） 116
ラレーン，J.（Larrain, Jorge） 221

リトルウッド，R.（Littlewood, Roland） 347
リプセッジ，M.（Lipsedge, Maurice） 347

ルークス，S.（Lukes, Steven） 319-323, 326
ルクセンブルグ，R.（Luxemburg, Rosa） 69

レイバー，M.（Laver, Michael） 350, 351
レヴィ＝ストロース，C.（Lévi-Strauss, Claude） 166, 168, 189, 190, 246, 247, 301
レーダー，D.（Leder, Drew） 26
レーニン，V. I.（Lenin, Vladimir I.） 69, 170, 427

ローズ，N.（Rose, Nicolas） 330, 333, 334
ロック，J.（Locke, John） 45
ロックウッド，D.（Lockwood, David） 75
ロング，D.（Wrong, Dennis） 159

【監 訳 者】

西原　和久（にしはら　かずひさ）
　　所　属：名古屋大学・大学院環境学研究科／文学部・社会学講座教授、博士（社会学）
　　著　書：『社会学的思考を読む』（人間の科学社、1994年）、『意味の社会学』（弘文堂、1998年）、『自己と社会』（新泉社、2003年）、『聞きまくり社会学』（新泉社、2006年）ほか
　　訳　書：『シュッツ著作集』（全4巻、マルジュ社、1983-1998年、共訳）、『「間主観性」の社会学』（S. ヴァイトクス著、新泉社、1996年、共訳）、『間主観性と公共性』（N. クロスリー著、新泉社、2003年、単訳）ほか

【訳者代表】

杉本　学（すぎもと　まなぶ）：熊本学園大学商学部・准教授
　　著書等：『ジンメル社会学を学ぶ人のために』（世界思想社、菅野仁・早川洋行編、2008年）、「近接性と距離――バウマンの道徳論におけるジンメルの援用をめぐって」『コロキウム』第3号（2007年）

郭　基煥（かく　きかん）：中京大学社会学部・非常勤講師
　　著書等：『差別と抵抗の現象学――在日朝鮮人の〈経験〉を基点に』（新泉社、2006年）、「羽根を交わす蝶たち――李良枝の物語における異邦人感覚が向かうところ」『シリーズ物語論　他者との出会い』（東京大学出版会、2007年）

阿部純一郎（あべ　じゅんいちろう）：名古屋大学大学院環境学研究科・博士課程
　　著書等：「権利の開放と地位の閉鎖：デニズン問題からアイデンティティの政治まで」『現代社会理論研究』第15号（2005年）、「『人類』から『東洋』へ：19世紀転換期の人種・民族研究における比較の地平」『名古屋大学社会学論集』第27号（2007年）

【訳　　者】（50音順）

翁川　景子　日本学術振興会・特別研究員
倉島　哲　京都大学人文科学研究所・助教
瀧　則子　岐阜市立女子短期大学・非常勤講師
樽本　英樹　北海道大学大学院文学研究科・准教授
德久美生子　武蔵大学社会学部・非常勤講師
西脇　純　（株）アサツー　ディ・ケイ
葉柳　和則　長崎大学環境科学部・准教授
檜山　和也　名古屋大学大学院環境学研究科・博士課程
保坂　稔　長崎大学環境科学部・准教授
堀田　裕子　中京大学現代社会学部・非常勤講師
本田　量久　立教大学社会学部・助教
村澤　啓　済生会川口看護専門学校・非常勤講師
森上　健作　JFEスチール（株）
安田　裕昭　名古屋大学大学院環境学研究科・博士課程
渡辺　克典　名古屋大学大学院環境学研究科・助教

装幀　勝木雄二

社会学キーコンセプト──「批判的社会理論」の基礎概念57

2008年10月10日　第1版第1刷発行

著　者＝ニック・クロスリー
監訳者＝西原和久
訳者代表＝杉本学、郭基煥、阿部純一郎
発　行＝株式会社　新　泉　社
　　　　東京都文京区本郷2-5-12
　　　　振替・00170-4-160936番　TEL03(3815)1662／FAX03(3815)1422
　　　　印刷／創栄図書印刷　製本／榎本製本

ISBN978-4-7877-0811-3　C1036

間主観性と公共性　●社会生成の現場

ニック・クロスリー著　西原和久訳　4200円(税別)

人間関係や個人の行動を、心理学的な"心"の問題としてではなく、関係のあり方や社会からとらえていく間主観性論の展開。間主観性概念の明解な整理と、この概念のもつ社会理論としての可能性を問う。イギリス社会学の若き俊英の初邦訳。ピエール・ブルデュー論も収録。

自己と社会　●現象学の社会理論と〈発生社会学〉

西原和久著　3800円(税別)

自己の問題を内面ばかりでなく、社会との関係のなかでとらえ、さらに権力や制度の問題を問い直す〈発生社会学〉を展開する著者の社会理論考察の集大成。ヴェーバー、ミード、エスノメソドロジーなどを射程に入れ、現象学的社会学の視点から「社会の生成」を読み解く。

入門　グローバル化時代の新しい社会学

西原和久、保坂　稔編　2200円(税別)

急速なグローバル化の進行を踏まえて編集した、類書のない今日的な社会学入門書。「グローバル化」「社会・国家・脱国家」「人種とエスニシティ」など現代社会を知るためのキーワード65項目を【基本視点】【学説展開】【歴史的現在】【展望】の4頁で簡潔に解説していく。